*Über dieses Buch* Angelehnt an Sartres These (im ›Flaubert‹), Schriftsteller seien Menschen, die ein ursprünglich gestörtes Verhältnis zur Sprache haben, nimmt sich Gustafsson in seiner Untersuchung ›Sprache und Lüge‹ eben diese Sprache vor. In der Nachfolge seiner großen skandinavischen Kollegen Strindberg und Ibsen, die die Begriffe »öffentliche Lüge« und »Lebenslüge« in die Literatur einbrachten, für solche Ansichten, die allgemein für wahr gelten, obwohl jedermann aus eigener Lebenserfahrung weiß, daß sie nicht stimmen, fragt Gustafsson an heutigen Beispielen nach, wieweit Sprache zum Transportieren von Wahrheit taugt, wieweit Sprache überhaupt glaubwürdig ist.
Die drei im Untertitel genannten Autoren – Nietzsche, Johnson, Mauthner – benutzt er dabei als Stichwortbringer. Denn: »Keiner der drei behandelten Philosophen hatte eine offizielle Stellung als ›Philosoph‹ inne. Alexander Bryan Johnson war ein philosophierender Bankdirektor in einer Kleinstadt im New Yorker Hinterland der Pionierzeit, Friedrich Nietzsche war ein krankheitshalber in den Ruhestand versetzter Professor der Philologie und Fritz Mauthner ein geistreicher, von der Großstadt geprägter Kulturkritiker und Schriftsteller in Berlin. Es ist nicht auszuschließen, daß gerade der Amateurstatus dieser drei Denker mit zu der Anziehung beigetragen hat, die sie auf mich ausgeübt haben«.
Schwedens bedeutendster lebender Autor hat sich mit dieser Untersuchung 1979 habilitiert. Aus ihr ist faszinierend herauszulesen, mit welchen Sprach-Skrupeln sich Gustafsson beim Abfassen seiner eigenen Bücher herumschlagen mag.

*Der Autor* Lars E. E. Gustafsson wurde am 17. Mai 1936 in Västeras/Mittelschweden als Kaufmannssohn geboren; Studium von Philosophie, Soziologie und Literaturgeschichte in Oxford und Uppsala (Dr. phil. habil.); Lyriker, Dramatiker und Prosaautor; leitete von 1966 bis 1972 Schwedens bedeutendste Literaturzeitschrift *Bonniers Litterära Magasin*, lebt in seiner Geburtsstadt Västeras.
Vom selben Autor sind im Fischer Taschenbuchprogramm lieferbar: ›Eine Insel in der Nähe von Magora – Gesammelte Erzählungen und Gedichte‹ (Bd. 1401), ›Herr Gustafsson persönlich‹ (Bd. 1559), ›Sigismund – Aus den Erinnerungen eines polnischen Barockfürsten‹ (Bd. 2092) und ›Der Tod eines Bienenzüchters‹ (Bd. 2106).

LARS GUSTAFSSON

# SPRACHE UND LÜGE

## DREI SPRACHPHILOSOPHISCHE EXTREMISTEN
## FRIEDRICH NIETZSCHE
## ALEXANDER BRYAN JOHNSON
## FRITZ MAUTHNER

Aus dem Schwedischen
von Susanne Seul

FISCHER TASCHENBUCH VERLAG

Ungekürzte Ausgabe
Fischer Taschenbuch 5405
Oktober 1982
Fischer Taschenbuch Verlag GmbH, Frankfurt am Main
Lizenzausgabe mit freundlicher Genehmigung
des Carl Hanser Verlag München Wien

Originaltitel: ›Sprak och lögn‹
Die Originalausgabe erschien 1979 by Norstedt in Stockholm
Umschlagentwurf: Jan Buchholz/Reni Hinsch
Gesamtherstellung: Hanseatische Druckanstalt GmbH, Hamburg
Printed in Germany
1480-ISBN-3-596-25405-1

INHALT

Dieser Essay stellt den Versuch eines belletristischen Autors dar, sich auf dem Umweg über drei Persönlichkeiten des 19. Jahrhunderts in den philosophischen Grundlagen seines eigenen Mediums, der Sprache, zurechtzufinden.

Keiner der drei behandelten Philosophen hatte eine offizielle Stellung als »Philosoph« inne. Alexander Bryan Johnson war ein philosophierender Bankdirektor in einer Kleinstadt im New Yorker Hinterland der Pionierzeit, Friedrich Nietzsche war ein krankheitshalber in den Ruhestand versetzter Professor der Philologie und Fritz Mauthner ein geistreicher, von der Großstadt geprägter Kulturkritiker und Schriftsteller in Berlin.

Es ist nicht auszuschließen, daß gerade der Amateurstatus dieser drei Denker mit zu der Anziehung beigetragen hat, die sie auf mich ausgeübt haben.

Ich bin geneigt, Jean-Paul Sartres Auffassung zu teilen, die er vor allem in seiner Biographie über Gustave Flaubert geäußert hat, daß Dichter Menschen sind, die ein ursprünglich gestörtes Verhältnis zur Sprache haben. Mit anderen Worten Menschen, die auf irgendeine Weise das ursprüngliche Vertrauen in die Sprache verloren haben, in ihr Vermögen, die Welt widerzuspiegeln und das, was ein Mensch wahrnimmt, einem anderen auf symbolischem Wege mitteilen zu können.

Zum Paradoxen bei sprachphilosophischen Diskussionen gehört, wie bei der Philosophie überhaupt, daß man ein ziemlich großes Vertrauen besitzen muß, sowohl in die Sprache, in die Fähigkeit der Menschen, sie zu verstehen, als auch in das vernünftige Gespräch überhaupt, um den Schritt vom einsamen kindlichen Grübeln zur philosophischen Diskussion zu tun. Philosophie als Beschäftigung ist in allerhöchstem Maß gesellschaftlich.

Dieses Buch ist mehr als jedes andere, das ich geschrieben habe, Zusammenfassung von Gesprächen mit vielen vernünftigen Menschen, Austausch von Ideen. Auf diese Weise ist es das Werk von vielen. Ich bedauere, daß diese anderen

Stimmen nicht zu Gehör gebracht werden können, denn was sie zu sagen hatten, war sehr oft exakter, reicher, informierter und treffender als das, was ich zustande bekommen habe.

»Jetzt muß ich durchhalten, bis die Prozession vorüber ist.«
(Der Kaiser in H. C. Andersens »Des Kaisers neue Kleider«)

## 1.1 *Die soziale Illusion*

»›Aber er hat ja nichts an!‹ sagte ein kleines Kind. ›Herrgott, hört die Stimme des Unschuldigen!‹ sagte der Vater, und einer flüsterte dem anderen zu, was das Kind gesagt hatte. ›Er hat nichts an, sagt da ein kleines Kind, er hat nichts an.‹ ›Er hat nichts an!‹ rief schließlich das ganze Volk. Und den Kaiser schauderte es, denn er fand, daß sie recht hätten, aber dann dachte er: ›Jetzt muß ich durchhalten, bis die Prozession vorüber ist.‹ Und so hielt er sich noch stolzer, und die Kammerherren gingen und trugen die Schleppe, die gar nicht vorhanden war.«[1]

So schließt H.C.Andersens wohlbekanntes Märchen »Des Kaisers neue Kleider«. Es gehört zum ersten Heft der »Abenteuer und Geschichten«, das 1835 erschien. Nur vier Jahre später sollte Carl Love Almquist in seinem Pamphlet »Über sachliche Poesie« (1839) schreiben:

»Der allen politischen Hauptfragen unserer Zeit zugrunde liegende Sinn ist die menschliche Forderung, die tausendfachen Lügen aus den gesellschaftlichen Einrichtungen zu verbannen und an ihre Stelle einen der Wahrheit entsprechenden Inhalt treten zu lassen.«[2]

»Über öffentliche Lüge, Heiligsprechung und Festrede« lautet eine der Kapitelüberschriften in August Strindbergs »Das neue Reich«. Das ist bereits 1882.

». . . der Musiker wird jetzt zum Schauspieler, seine Kunst entwikkelt sich immer mehr als ein Talent zu lügen.«[3]

So heißt es in Friedrich Nietzsches »Das Fall Wagner«. Das ist im Jahre 1888.
H.C.Andersens kleines Märchen bildet nur die Vorhut zu einer Sturmflut von Pamphleten, Abhandlungen, satirischen Romanen, Dramen, die alle um ein verwandtes Thema kreisen, eines der großen Themen des 19. Jahrhunderts, die

dessen Kunst prägen. Es bildet eine kalte Unterwasserströmung, die dem Optimismus des industriellen und sozialen Stromes entgegenfließt, abwechselnd lähmend und stimulierend auf die Kunst jener Epoche wirkt und schließlich, wie dieses Buch zu zeigen beabsichtigt, nicht unähnlich dem Schwamm in altem Holz, tief hinein in die Philosophie kriecht, sie aufweicht und zersetzt.

Bemerkenswert an Andersens Märchen ist, außer seinem frühen Erscheinungsdatum, daß es eigenartig zusammenfaßt. Die Worte des Kindes sind unendlich oft zitiert: »Er hat nichts an.« Eine Unzahl von Schriftstellern, Gesellschaftskritikern und auch Philosophen sollten sich in den folgenden Jahrzehnten an die Stelle des kühnen und unschuldigen Kindes versetzen.

Sehr viel weniger Beachtung finden die Worte des Kaisers: »Jetzt muß ich durchhalten, bis die Prozession vorüber ist.«

Und schließlich sind da die Betrüger. Sie sind genauso wie in dem alten spanischen Vorbild, Don Manuels, »Graf Lucanor«, richtig schlaue Betrüger, und durch ihre Prämisse, daß der Stoff, aus dem die neuen Kleider des Kaisers gewebt sind, für jeden unsichtbar bleiben müsse, »der nicht für sein Amt tauge oder auch ungewöhnlich dumm sei« (bei Don Manuel heißt es, »für jeden, der nicht ehelich geboren ist« – und das ist unbestreitbar etwas anderes), wird ihre Betrügerei *systematisch*. Die Prämisse ist so angelegt, daß jedermann, der in Versuchung gerät, an der Vortrefflichkeit des kaiserlichen Gewandes zu zweifeln, auch an seinem eigenen Verstand zweifeln muß.

Nehmen wir an, die folgende Definition für »Lüge« sei plausibel, nämlich: Ein sprachlicher Satz, der eine Aussage, von deren Falschheit der Sprechende überzeugt ist, geltend macht, in der Absicht, den Empfänger irrezuführen.

(Der Vorbehalt »von deren Falschheit der Sprechende überzeugt ist«, ist notwendig, um Lügen von Unkenntnis und Mißverständnis zu unterscheiden; und der Vorbehalt »... in der Absicht, den Empfänger irrezuführen«, um zu vermeiden, daß Schmerz oder fiktive Sätze, wie man sie etwa in Märchen findet, mit einbezogen werden.)

Im Sinne dieser Definition ist das Verhalten der Betrüger im Märchen ein schlagendes Beispiel für »Lüge«.

Aber was sollen wir zum Verhalten des Kaisers sagen? Was zum Verhalten des Volkes?
Diese Lüge, der sie ausgesetzt sind, ist *systematisch irreführend* in dem Sinne, daß die Lüge auch dem Zweifelnden eine Antwort anbietet: »Kannst du nicht sehen, dann bist du dumm.«
Diese Lüge, der sie ausgesetzt sind, ist eine *öffentliche Lüge*, genau in dem Sinn, wie August Strindberg das Wort in »Das neue Reich« anwendet: Empirisch können alle dieses Verhalten sehen, alle haben Zugang zu denselben Fakten. Die Behauptung, der Kaiser sei wirklich bekleidet, kann nicht aus mangelnder Beobachtungsmöglichkeit entstehen. Der Kaiser geht so, daß er tatsächlich für alle sichtbar ist.
Während man von den Betrügern behaupten kann, daß sie lügen, läßt sich von den Betrachtern längs des Prozessionsweges eher sagen, daß sie *einer Illusion auflaufen* (infolge der Fähigkeit der ursprünglichen Lüge, systematisch irreführend zu wirken). Und diese Illusion entsteht nicht durch Sinnestäuschung, nicht durch irgendwelche sinnestäuschenden Kulissen wie in der bekannten Erzählung von Fürst Potemkin und Katharina der Großen von Rußland, sondern dadurch, daß die Zuschauer sich das, was sie bei der Prozession sehen, lieber auf eine Art *erklären*, die nicht mit der Wirklichkeit übereinstimmt, als diese realistisch zu interpretieren. Denn *die Illusion* nicht *zu akzeptieren*, zieht unangenehmere Konsequenzen nach sich, als wenn man sie akzeptiert.

> Schließlich haben wir da die oft wiederholten Worte des Kaisers: »Jetzt muß ich durchhalten, bis die Prozession vorüber ist.«

Was bedeuten sie? Weiß der Kaiser, daß er betrogen ist, oder weiß er es nicht? Welche Art von Notwendigkeit drückt dieses »muß« aus?
*Es besteht (irgendeine) Notwendigkeit für gewisse Illusionen.*
So könnte man eine Vorstellung ausdrücken, die auch im 19. Jahrhundert lebendig ist. Während der junge Arvid Falk in Strindbergs »Rotem Zimmer« sich in die Gesellschaft begibt und die Türen zu deren verschiedenen verschlossenen Zimmern in der Absicht öffnet, die Zeit zu demaskieren, sie ihrer Illusionen zu berauben, sagt dagegen der zynische Relling am Schluß von Ibsens »Wildente« (1882): »Ich sorge dafür, daß

das Flämmchen der Lebenslüge in ihm nicht erlischt. (...) Denn sehen Sie, die Lebenslüge, das ist das stimulierende Prinzip.«[4]
Etwas formaler könnte man die Situation des Kaisers vielleicht folgendermaßen ausdrücken:

*Die Person A hält die Aussage P, die falsch ist, für glaubwürdig, weil sie die Aussage Nicht-P, die wahr ist, nicht für glaubwürdig halten kann.*

Diese Erklärung enthält mindestens zwei unklare Bestandteile, nämlich *»weil«* und *»kann nicht«*. Welche Art von Kausalität drückt »weil« hier aus? Oder geht es um einen anderen Typ von Verbindung als Kausalität? Und welche Art von Unmöglichkeit drückt »kann nicht« aus? Ist es dasselbe, wie in »Ich *kann* mir nicht vorstellen, wie ein viereckiges Dreieck aussieht«, oder »Ich *kann* mir nicht vorstellen, daß der Erzbischof von Uppsala einen Bankraub verübt hat«, oder wie in »Ich *kann* mir nicht vorstellen, wie eine Kreisbahn in einem Hilbert-Raum aussehen könnte«?
Offensichtlich sind hier eine Menge Deutungsmöglichkeiten enthalten und zu analysieren.
Von 1905 an wird Sigmund Freud in einer Reihe von Arbeiten einen ähnlichen Sachverhalt untersuchen, daß man nämlich im besten Wissen eine falsche Aussage hinnimmt, weil man deren Negation nicht akzeptieren *kann*. Und er wird dies mit den Termini »Verdrängung«, »Verneinung«, »Intellektualisierung«, »Widerstand gegen Analyse« belegen.
Lange vor ihm hat Friedrich Nietzsche behauptet, wie wir in einem späteren Kapitel über seine Erkenntnistheorie sehen werden, daß wir deswegen unsere Vorstellungen von Zeit, Raum, Kausalität, Sprache und logischen Ableitungen haben, weil wir eben diese Vorstellungen haben *können*. Und Nietzsches »kann« ist nicht logisch oder modal, auch nicht intellektuell, sondern es ist – genau wie in unserem Beispiel mit dem Erzbischof – ein *psychologisches* »kann«. Allein unser Wille erklärt die Welt. Was wir nicht wollen, können wir nicht, und zwar eben deshalb, weil wir nicht wollen.
Die Frage, was »kann« bedeutet, ist wesentlich komplizierter in Karl Marx' Überbautheorie, bei der es um die Standpunkte

der Klassen geht, von denen aus gewisse Tatbestände gesehen werden können, gewisse Aussagen festgehalten werden können, und um andere Standpunkte, von denen aus Tatbestände nicht festgehalten werden können.
Ist unser Unvermögen, Wahrheiten, die unseren Interessen fundamental zuwiderlaufen, zu erkennen, ein psychologisches Unvermögen, ein Stück Selbstverteidigung der sozialen Klasse, oder handelt es sich um Begriffe, die von bestimmten Stellen in der Produktionsordnung gebildet werden? Sind die Wahrheiten der Arbeiterklasse für die Kapital besitzende Klasse unappetitlich oder *unzugänglich*?
Um diese Frage beantworten zu können, bedürfte es eines eingehenden Studiums des Marxismus. Wir begnügen uns für unseren Zweck mit der Feststellung, daß bei Freud, Nietzsche und bei Marx eine Lehre von der Illusion existiert, die bei aller sonstigen Verschiedenheit eine gemeinsame Struktur aufweist:

> *Die Person A hält die Aussage P, die falsch ist, für glaubwürdig, weil sie die Aussage Nicht-P, die wahr ist, nicht für glaubwürdig halten kann.*

Die sogenannten Fiktionalisten, wie z. B. Hans Vaihinger mit seiner »Philosophie des Als Ob« (1911), die gedanklich schon in das neue Jahrhundert weisen, oder ein präfaschistischer Denker wie Charles Maurras, haben den Standpunkt bereits in gewissem Grade trivialisiert: »kann nicht« wirkt verwässert, ist schon zum sozialdarwinistischen Programm geworden, zur Fiktion, die bewußt politisch ist.

»Bei jeder Gelegenheit haben Sie im Hinblick auf Initiative und Entschlossenheit überlegene Gaben gezeigt. Sie haben sie voll Entschlossenheit in die Tat umgesetzt, so weit, daß Sie Ihre Freunde, Ihre Kollegen, Ihre Mitbürger beinahe fehlgeleitet hätten, aber nur zu unserer gemeinsamen Ehre und zu unserem gemeinsamen Wohl, das ist wahr.«[5]

So schreibt Charles Maurras am 31. August 1898 angesichts der Verhaftung und des Selbstmords von Hubert Henry, des Mannes, dessen Dokumentenfälschungen die Deportation von Hauptmann Alfred Dreyfus zur Teufelsinsel bewirkte.
Hier stellt sich die Frage nach der Berechtigung der Lüge in einem sozialen und politischen Aktionsprogramm. So spannend die ideengeschichtlichen Wurzeln der Faschisten und

Nationalsozialisten auch sein mögen, so weichen sie doch hier vom Thema ab.
Dieser Wandel vom Bedürfnis nach Demaskierung bis zu dem Bedürfnis, die »Lüge«, die Fiktion als lebensnotwendig zuzulassen, der von Nietzsches »Über Wahrheit und Lüge im außermoralischen Sinn«[6], über Ibsens »Wildente«[7] bis zu Hans Vaihingers »Philosophie des Als Ob«[8] führt, schließt ein ganzes Spektrum ungleicher fiktionalistischer Standpunkte ein, aus dem wir ein kleineres Teilgebiet auswählen und genauer untersuchen wollen.
Die Verschwörung, die heimliche Gesellschaft, spielt über weite Strecken des 19. Jahrhunderts eine auffallende Rolle in der europäischen Romanliteratur. Balzac erfindet in »L'Histoire des Treize« eine verschwörerische Geheimgesellschaft, die nach finanzieller und politischer Macht über Paris strebt.
Wie Göran Printz-Pahlson in einer interessanten Studie[9] aufgezeigt hat, spielen die Vorstellungen von einer heimlichen Gesellschaft eine besondere Rolle in August Strindbergs »Das Rote Zimmer«.
Die Metapher der heimlichen Gesellschaft ist verallgemeinerbar, und dann läßt sich die Gesellschaft als ein von nicht offen ausgesprochenen Interessen geleitetes Ganzes betrachten. Soziale Konventionen lassen sich unter zwei Gesichtspunkten sehen: dem Anschein nach dienen sie einem bestimmten Interesse, aber unter der Oberfläche verbirgt sich ein anderes.
Die liberalen Fortschritte im 19. Jahrhundert werden mit Kompromissen erkauft, es entsteht eine Kluft zwischen der offiziellen Sprache der Gesellschaft und deren tatsächlicher Handlungsweise, die sich in offensichtlichen Widersprüchen auftut. Diese Widersprüche nähren die Theorien von Verschwörung.
Als Gunnar Ahlström die Ausgangslage der skandinavischen Literatur vor dem Durchbruch im 19. Jahrhundert analysiert, macht er folgende treffliche Bemerkung:

»›Zeitalter der Attentate und Jubelfeste‹, diese für jene Zeit charakteristische Formel, die Strindberg mit seinem Untertitel zu ›Das Neue Reich‹ schuf, barg eine tiefere Wahrheit in sich, als der Urheber absehen konnte. Attentate äußerten sich nicht so sehr im Bombenwerfen, sondern vielmehr in den täglichen Zusammenstößen zwischen Altem und Neuem, in den Tragödien des Wirtschaftslebens, in den Einzelheiten der Nivellierung, in der Proletarisierung der unteren Klasse, in Streikbewegungen und Emigration. Auf allen Seiten trafen Disharmonie und Unklarheit aufeinander und verstärkten das Bedürfnis nach Rechtfertigungsformeln und Alibierklärungen in den verantwortlichen Gesellschaftsgruppen. Aus dieser Situation heraus erklärt sich die scheinbar so paradoxe Tatsache, daß das expansive, in der täglichen Praxis so bewegliche und freie Zeitalter des Kapitals und der kämpferischen Wirtschaftsführer seinen tonangebenden geistigen Ausdruck in den Prinzipien stabiler Ordnung und traditioneller Lebenswerte fand und daran mit allen Mitteln festhielt.«[10]

Die wachsende Industriegesellschaft machte Werte *problematisch*, die eben noch selbstverständlich waren, die zu einem derart allgemeinen Konsens gehörten, daß man sich seiner kaum bewußt war. Was eben noch evident war, mußte plötzlich verteidigt werden, kodifiziert in einer öffentlichen moralischen Handlungsanleitung. Die selbstverständliche Moral früherer Zeiten, z. B. im Verhältnis zwischen Gläubiger und Schuldner, wurde problematisch, als der Geldmarkt der Industriellen die alte, zurückhaltende Wirtschaftsform der Bauerngesellschaft mit seinem Kredit und Darlehnswesen ablöst. Das Neue mußte sich in das Gewand des Alten kleiden, um Mißtrauen aus dem Weg zu gehen: dies ist ein Hauptthema und zeigt sich z. B. in der neuen Geschäftsmoral, die in August Strindbergs »Das Rote Zimmer« von der allgegenwärtigen *Seefahrtsgesellschaft Triton* repräsentiert wird.
In gleich hohem Ausmaß gilt dies selbstverständlich auch für die sexuelle Moral. Der grelle Kontrast zwischen der offiziellen Forderung nach vorehelicher Unberührtheit und der Welt des Bordells, schafft den Eindruck einer *doppelten* Gesellschaft, in der ein und dieselbe Person auf beiden Ebenen sehr ungleiche Handlungen ausführt, in der folglich die systematische Trennung der einen Handlungsebene von der anderen unwillkürlich den Eindruck von »Verschwörung«, »Geheimgesellschaft« unter der sichtbaren Oberfläche der Gesellschaft entstehen läßt. Man kann also sagen, daß Björnsons »En Hanske«[11] und Balzacs »L'Histoire des Treize« in literarisch höchst unterschiedlichem Ausgangsmaterial eine gemeinsame Struktur widerspiegeln: die Vorstellung einer *heimlichen Gesellschaft* unter der sichtbaren Oberfläche der Gesellschaft.
Notwendigerweise muß die Verschwörung Stillschweigen

und Geheimnisse bewahren, sie muß sich verkleiden. Das Geheimhalten, das Verkleiden ist ipso facto ihr verbindendes Glied. Der Außenwelt muß die Verschwörung ein alltägliches Gesicht zeigen. Sie muß imstande sein, systematisch irrezuführen.

Wenn nach 1830 die Metapher von der *Verschwörung* benutzt wird, um die Diskrepanz zwischen offiziellen Werten der Gesellschaft und tatsächlichem Handeln auszudrücken – »Nun muß ich durchhalten, bis die Prozession vorüber ist« –, liegt es auf der Hand, die Sprache, die von allen sozialen Übereinkünften am meisten verbreitet ist, als *die totale Verschwörung* zu betrachten.

»Daß Zucker süß ist«, sagt Fritz Mauthner in einer seiner Arbeiten, die in diesem Buch ausführlicher diskutiert werden soll (in seinen »Beiträge zu einer Kritik der Sprache«), »ist eine gesellschaftliche Konvention.«[12]

Die Sprache ist bei Mauthner ein systematisch irreführendes Zeichensystem, weil wir glauben, daß eine Übertragung von Information, nämlich in Form subjektiver Inhalte, da stattfindet, wo gar keine vor sich gehen kann. Seiner Behauptung liegt eine relativ weit ausgebaute semantische Theorie zugrunde – wir kommen in einem späteren Kapitel darauf zurück –, im Augenblick interessiert uns jedoch, wie er die beiden Vorstellungen von *gesellschaftlicher Konvention* oder »Gesellschaftsspiel« – auch dies einer seiner Begriffe – und Illusion miteinander verbindet.

In dem obengenannten Schema:

> Die Person A hält die Aussage P, die falsch ist, für glaubwürdig, weil sie die Aussage Nicht-P, die wahr ist, nicht für glaubwürdig halten *kann* –

kann man das Wort »kann« in sehr verschiedener Weise interpretieren. Bei Nietzsche z. B. vermischen sich biologistische, wissenstheoretische und semantische Erklärungen miteinander. Unsere Sprache ist systematisch irreführend in Hinblick auf Begriffe wie »Ding«, »Kausalität« oder »ich«, aber diesen systematisch irreführenden Eigenschaften unserer Sprache liegen Besonderheiten unserer Begriffsbildung zugrunde. Wir besitzen Begriffe deshalb, weil die durch sie implizierten Illusionen biologisch notwendig sind.

Wie wir noch sehen werden[13], spielt eine auf Locke und

Hume zurückgehende psychologische Tradition eine wichtige Rolle für Nietzsche, Alexander Bryan Johnson und in gewissem Umfang auch für Mauthner. Begriffe werden nicht wie bei den Begriffsrealisten als etwas aufgefaßt, was bleibt, unabhängig von unseren Vorstellungen, sondern als psychische Größen, psychische Inhalte verstanden.
Der für einige literarische Vertreter des 19. Jahrhunderts so wichtige Darwinismus spielt selbstverständlich für Nietzsche eine wichtige Rolle, während er für A. B. Johnson keine Bedeutung hat und sich bei Fritz Mauthner nur schwer nachweisen läßt. Gewisse Vorstellungen sind mit unserer biologischen Natur unvereinbar, da ja die Negation dieser Vorstellungen mit in die biologische Ausrüstung für den Existenzkampf eingeht, oder weil diese Vorstellungen dafür ganz einfach unnötig sind.
Man sollte die Bedeutung bestimmter postkantianischer Geistesströmungen nicht unterschätzen.
Durch Friedrich Albert Langes »Geschichte des Materialismus und Kritik seiner Bedeutung in der Gegenwart«[14] gewann Friedrich Nietzsche Zugang zur Geschichte der Philosophie. Sicherlich hat Hans Vaihinger völlig recht, wenn er in seiner »Philosophie des Als Ob«[15] Langes Bedeutung für Nietzsche hervorhebt.
Angesichts der sich verändernden Welt der Phänomene erfindet der Mensch eine Reihe von begrifflichen, wenn auch fiktiven Konstruktionen, die ihm eine Möglichkeit zum Handeln und Überleben bieten. Die unüberschaubare und veränderliche Welt der Phänomene wird durch eine frei erfundene statische, die an die Stelle der Phänomene für den Intellekt tritt, handlich gemacht. Diese statische Welt steht der Konstruktion der Ästhetik nahe: Metaphysik, Philosophie und Poesie arbeiten allesamt mit Metaphern. Diese Metaphern sind notwendig, aber gleichzeitig irreführend.
Diese Gedankengänge wird vor allem Hans Vaihinger in einer extremen Form um die Jahrhundertwende herausstellen.
Der Versuch, diesen mannigfalten Spuren ins 20. Jahrhundert hinein zu folgen, ist ideengeschichtlich außerordentlich lohnend.
Wir werden uns allerdings bei den verschiedenen möglichen

Interpretationen von »kann« – außer in dem Kapitel über Nietzsche, in dem sich eine breitere Behandlung anbietet – auf die Diskussion eines speziellen Gebietes beschränken, und zwar dasjenige, wo »kann« und »kann nicht« *eine semantische Bedeutung* erhalten. Mit anderen Worten, wir beschränken uns auf eine Teilmenge dieser von Langes Metaphysiktheorie bis zu den »Halluzinationen« Richard Wagners reichenden Illusionstheorien, so verlockend es auch wäre, die Bedeutung der anderen Theorien für die ästhetischen Doktrinen der Jahrhundertwende (ganz besonders für den Symbolismus) und ihren inneren Zusammenhang mit den faschistischen Bewegungen des folgenden Jahrhunderts zu diskutieren.

Wir werden uns eingehend mit der sprachlichen Illusion auseinandersetzen, oder wie wir es in unserer Terminologie ausdrücken würden, mit der Frage, ob die natürliche Sprache als *systematisch irreführendes Zeichensystem* fungieren kann.

In der Überschrift zu diesem Kapitel sprachen wir von der *allgemeinen* Gedankenwelt, die den Hintergrund zur Sprachauffassung der von uns behandelten Philosophen bildet.

Der Schritt von der Hervorhebung, daß die sozial akzeptierte Illusion eine Rolle im Gesellschaftsleben einnimmt, bis zur Behauptung, daß die Sprache – als dominierende soziale Konvention – mit ihrem allen Sprechenden gemeinsamen Netz von Referenzen willkürlich unseren Zugang zur Kenntnis über die Welt begrenzt, dieser Schritt mag tastend erscheinen.

Wir sind allerdings aus methodischen Gründen davon überzeugt, daß Interpretationen der philosophischen Ideen einer Epoche dann zur Beliebigkeit neigen, wenn der Interpret die *schwachen logischen Verbindungen* nicht in Betracht zieht, die die nicht ausgesprochenen Voraussetzungen dafür schaffen, daß eine Idee zu einem gewissen Zeitpunkt aktuell sein muß, um überhaupt verständlich gemacht werden zu können.

Geeignet, die schwachen logischen Zusammenhänge schärfer zu fassen, scheint uns die Betrachtungsweise, die sie als *contextual implications* auffaßt, in dem Sinn, wie P.H. Nowell-Smith den Begriff in seiner Arbeit »Ethics« (1954) eingeführt hat.

Wenn z.B. jemand fragt »War etwas im Briefkasten?«, erwartet er sicher nicht die Antwort »Ja, zwei Käfer«. Denn die

Gesprächssituation, die dieser Frage zugrunde liegt, schließt die stillschweigende Übereinkunft mit ein, daß der Gesprächsbereich auf das Thema Post begrenzt ist. Daß die Frage sich auf »Post« bezieht, ist *contextually implied.*
*Soziale Konventionen* (ob notwendig oder nicht) *mit illusorischen Wirkungen*, die oft auf dem weiteren Hintergrund des Sozialdarwinismus diskutiert werden, denken wir uns für die sprachphilosophische Diskussion als kontextabgrenzenden Hintergrund.
Von verschiedenen Möglichkeiten der Erklärung dafür, daß eine Person einer bestimmten Meinung sein muß, oder *nicht fähig* ist, eine andere Meinung zu haben – sei sie biologischer, sozialhistorischer oder psychologischer Natur –, wollen wir folgende Erklärung betrachten:

> A *kann* keinen anderen Standpunkt einnehmen als den, den er hat und der aus dem Zusammenhang der Aussagen P (1) . . . P (n) besteht, denn diese Aussagen stehen in Bezug zur natürlichen Sprache, auf die A angewiesen ist, um alle seine Aussagen zu formulieren, und zwar so, daß A außerstande ist, die Negation des Zusammenhang P (1) . . . P (n) zu denken oder zu formulieren.

Diese Herleitung ist natürlich noch keine Erklärung. Der einzige Fortschritt bezüglich des »kann nicht« besteht darin, daß »kann nicht« auf irgendeine undurchsichtige Art und Weise auf das sprachliche Zeichensystem bezogen wird, auf das A angewiesen ist, wenn er Aussagen formulieren oder sich ausdenken soll.
In derselben Weise bezieht der freudianische Begriff »Verneinung« dasselbe »kann nicht« auf das innere System, das Freud »Hemmungen« oder »Blockierungen« nennt. Und Marx bezieht »kann nicht« auf ein soziales System von Interessen, wobei der einzelne Mensch je nach seiner Situation innerhalb der Topologie des Systems entweder imstande ist, Wahrheiten zu erkennen und Begriffe zu formulieren, oder auch nicht.
Ohne Zweifel sind die drei Erklärungsansätze – trotz der Undurchsichtigkeit ihrer Bezüge – voneinander verschieden.
Bei Nietzsche finden wir Annäherungen sowohl an die sprachliche, wie auch an die freudianische Erklärung: bei

Alexander Bryan Johnson erweist sich dieses »kann nicht« als weniger streng und therapeutisch als bei Nietzsche und Mauthner: alle drei unterscheiden sich aber von Freud und Marx dadurch, daß sie ihren Schwerpunkt auf etwas verlegen, daß man *Irrationalitätserlebnis* im sprachlichen System nennen könnte.

Man ist versucht, von allen drei Erklärungsmodellen – dem sprachkritischen, dem psychoanalytisch-biologistischen und dem historisch-materialistischen – anzunehmen, daß sie für die menschliche Unfähigkeit, andere als bereits begriffene Standpunkte zu begreifen, *atheoretische* Gründe liefern, um zu erklären, daß Menschen die Standpunkte einnehmen, die sie einnehmen. Diese Erklärungen führen ebenfalls ein *statisches* Element in Hinblick auf die Begriffsgeschichte ein: sie enthalten eine implizite Kritik am rationalen Optimismus des 19. Jahrhunderts.

Bei Nietzsche besteht keine Möglichkeit zu intellektueller Entwicklung: der Wille zur Macht legt mit seinen aktiven und reaktiven Phasen die Glaubensvorstellungen fest. Nicht nach den Prämissen wird gefragt (warum?), sondern nur nach dem Willen (wer?) – dem Schlüsselbegriff für die Entwicklung von Ideen und Begriffen.

Das neurotische Unterbewußtsein der Freudschen Theorie ist eine erstarrte, eine statische Welt. Statisch wiederholt das Unterbewußte das Muster von Vergangenem mit neuem Material. Einsicht ist nur dort möglich, wo unangemessene Wünsche aufgehoben werden können. *Innerhalb* der sozialen Klasse besteht nach Marx keine Möglichkeit zu einer fortschreitenden Entwicklung eines Begriffs. Nur dadurch eröffnen sich neue Begriffshorizonte und sterben veraltete Bewußtseinsformen ab, daß durch die Veränderung der Produktionsordnung eine ganze Klasse untergeht und eine andere entsteht. Ideen leben nur mit Klassen.

William und Martha Kneale haben darauf hingewiesen[16], daß sich bereits bei Platon die Erkenntnis findet, daß ein Satz nur dann Sinn haben kann, wenn auch seine Negation Sinn hat. Die Möglichkeit, einen wahren Sinn zu konstruieren, ist mittels der Negation verknüpft mit der Möglichkeit, einen falschen Satz zu formulieren, und umgekehrt. Wenn eine Sprache Lügen erlaubt, muß sie auch die Negation der Lügen, d.h. wahre Sätze zulassen.

An dieser Stelle wird die Unterscheidung zwischen »atheoretischer« und »theoretischer« Erklärung greifbar, aber auch problematisch.
Bei einer intuitiven Auffassung bedeutet eine theoretische Erklärung (für die Tatsache, daß jemand eine Tatsache vertritt), daß derjenige von einer oder mehreren Prämissen, aus denen die Auffassung logisch folgt, überzeugt ist. Wenn jemand z. B. einen Standpunkt aus der Überzeugung heraus vertritt, seine Negation führe zu innerem Widerspruch, so hat er eine theoretische Begründung für seine Überzeugung.
Wenn jemand dagegen einen Standpunkt vertritt, weil dessen Negation eine unerträgliche Erkenntnis bedeuten würde, stellt das eine atheoretische Erklärung dar.
Das Problem wird *teilweise* durch die Existenz von Relationen z. B. zwischen sprachlichen Sätzen erschwert, von denen man intuitiv meint, sie stellten theoretische Zusammenhänge dar, die jedoch keine logischen Bezüge sind. Zum Beispiel zwischen den Sätzen:

(1) Hole alle Koffer heraus!
(2) A ist einer von den Koffern
(S) Hole A heraus!

*Zum anderen Teil* wird das Problem dadurch erschwert, daß der Zusammenhang der Aussagen (tatsächlichen oder möglichen), der in der Realität die »Lebensanschauung« eines Menschen ausmacht, unscharfe logische Grenzen hat, ohne Anfang und Ende, weder Anfangsprämissen noch ultimative Folgerungen. Sie können durch Konjunktionen verbunden sein, aber auch durch Disjunktionen und hypothetische Verbindungen.
Wenn man sich »Lebensanschauung« oder »Weltbild« als zusammenhängende Kette möglicher und tatsächlicher Aussagen vorstellt, die mit anderen Ketten dieser Art regressiv derart verbunden sind, daß weder Anfang noch Ende erkennbar ist, und wenn nun das Weltbild einer Person in einer solchen Relation zur Sprache dieser Person steht, daß sie das ihr einzig mögliche Weltbild überhaupt ist – wie muß dann diese Relation aussehen?
Wenn diese Studie eine Interpretation der Sprachphilosophien von Nietzsche, Alexander Bryan Johnson und Fritz

Mauthner sein will, dann muß sie diese Frage beantworten. Wenn überhaupt eine Antwort möglich ist.
Unser erster Impuls wäre, mit Platon darauf hinzuweisen, daß eine solche Relation zwischen Sprache und Weltbild nicht existieren kann, denn bei einem sinnvollen Satz muß auch seine Negation sinnvoll sein.
Unser zweiter Impuls aber läßt uns fragen, ob nicht solche Eigenschaften der Sprache als Vieldeutigkeit (die in verschiedenen Formen auftritt) und Unbestimmtheit (vagueness; ebenfalls in verschiedenen Formen) anzusehen sind: eine der interessantesten Eigenschaften werden wir *schwebende Referenz* nennen, die Art, wie diese semantischen Eigenschaften in den zahllosen Überredungstechniken, mit denen unsere Umgangssprache im täglichen sozialen Umgang gespickt ist, benützt werden können.
Wir erleben täglich eine Fülle verschiedener Formen solcher Überredungstricks. Die ökonomischen Interessen, die politischen Willensäußerungen schaffen in einem ständigen generativen Prozeß *Überredungsdefinitionen* und *Wesenssätze*: in der neueren philosophischen Literatur sind sie von Charles Stevenson und Sören Hallden beschrieben und mit Hilfe verschiedener analytischer Methoden systematisch erfaßt worden.

(3) *Rembrandt ist seinem Wesen nach deutsch.*
(4) *Wir haben eine unbedeutende Arbeitslosigkeit, aber eine bedeutende Menge entlassener Arbeitskräfte.*

Es gibt semantische Techniken, um Überredungstricks vom Typ (3) und (4) zu überwinden. In (3) erhält das Wort »deutsch« eine neue Konnotation, die etwa »wertvoll« bedeutet. Wir fragen:

(5) *Ist es möglich, daß X wertvoll ist und nicht deutsch?*

Die Antwort auf diese Frage lautet entweder ja oder nein, und abhängig davon, wie die Antwort ausfällt, können wir sehen, welche Konnotation bei »deutsch« in (3) vorliegt. Bei (4) fragen wir statt dessen nach der Denotation, nach den Bedeutungsumfängen der Begriffe, um zu sehen, ob sie koextensiv sind. Ist es wahr, daß

(6) *A ist arbeitslos dann, und nur dann, wenn A entlassen ist?*

Gerade Friedrich Nietzsche unternimmt eine sehr große Operation dieser Art in seinem Werk »Zur Genealogie der Moral«, indem er es nämlich auf der Grundannahme aufbaut, daß das Wort »gut« im Lauf der Weltgeschichte eine großartige Umdefinierung erfahren hat: durch den Sklavenaufstand in der Moral hat »gut« genau die umgekehrte Bedeutung von der ursprünglichen – »stark«, »aktiv«, »wertvoll« – erhalten.
Man kann Nietzsche zwar nicht als den Entdecker der Überredungskünste bezeichnen, aber doch als den ersten, der sie moralphilosophisch erfaßt hat.
Im Beispiel (4) haben wir gesehen, wie zwei Worte mit gleicher Konnotation so angewendet werden, als wenn sie verschiedene Konnotationen hätten. Im Beispiel (3) haben wir gesehen, wie ein Wort durch eine Überredungsoperation eine neue Konnotation erhält: das Wort hat im Anschluß an eine erfolgreiche Operation zwei Bedeutungen.
Wie unterscheiden sich diese Überredungsdefinitionen von den *stipulativen Definitionen*, die eine so wichtige Rolle im formellen Begriffsapparat der Naturwissenschaften spielen? Sind alle Überredungsvorgänge illegitim? Sind alle irreführend? In dem Satz

(7) *Alle Polizisten sind eine Art Faschisten*

soll nicht behauptet werden, daß alle Polizisten Anhänger von Mussolini und seiner Lehre sind, was in der Tat falsch ist, solange wir die Existenz von Polizisten annehmen. Entscheidend ist die Phrase »eine Art«.
Sie impliziert, daß die Klasse von Faschisten umfassender ist, als das, was man im normalen Sprachgebrauch Faschisten nennt. Und folglich sagt (7) aus, daß alle Polizisten eine echte Teilklasse dieser umfassenderen Klasse darstellen.
Man will uns glauben machen, in der Klasse von Faschisten seien mehr Personen abgebildet als unter der Funktion »Anhänger von Benito Mussolinis Staatslehre«, aber unbestimmt bleibt dabei, welche diese andere *modifizierte Funktion* ist. (Denn da ja der historische Faschismus wegen seiner Verbrechen kein hohes Ansehen hat, kann durch die *Unbestimmtheit*, die in der neuen Verwendung des Wortes »Faschist« liegt, dieselbe Mißbilligung mit jeder Person, mit jeder Erscheinung, auf die man das Wort anwendet, verknüpft werden.)

Beispiel (7) ist in ziemlich hohem Maße unsinnig. Betrachten wir statt dessen

(8) *Alle Traktoren sind eine Art Auto.*

Außerhalb der juristischen Kontexte ist der Sprachgebrauch schwankend. Welche Eigenschaft entscheidet darüber, ob etwas ein Auto ist? Vierrädrige Fahrzeuge mit Motorantrieb? Vierrädrige Fahrzeuge mit Motorantrieb, die eine gewisse Mindestgeschwindigkeit erreichen?
Wie in (7) macht die Phrase »eine Art« in (8) deutlich, daß die Klasse von Autos *umfassender* ist als die Klasse, die im Satz »Autos oder Traktoren« gemeint ist, und daß Traktoren eine echte Teilklasse dieser umfassenderen Denotation sind.
Die Konnotation bei »Auto« – in der Umgangssprache – über die erlaubten Kontexte hinaus, ist komplex und relativ diffus. Aus dem Komplex von Eigenschaften, die ein Ding als Auto auszeichnen kann, wählt (8) einige Eigenschaften aus, die den Begriff derart modifizieren, daß Traktoren zu einer echten Teilklasse von Autos werden.
Diese Eigenschaften brauchen nicht ebenso unbestimmt zu sein wie die modifizierte Anwendung von »Faschist«. Wir können uns vorstellen, daß (8) als Vorbereitung für eine *stipulative Definition* dient, z.B. bei der Erarbeitung einer Gesetzesvorlage.
Das zeigt, daß *Bedeutungsveränderung* an sich nicht problematisch ist. Ist das Isotop schweres Wasser Wasser?
Wenn eine Umdefinition von Wasser die Entdeckung des Isotops schweres Wasser mit einbezieht, wodurch der ursprünglich diffuse Begriff genauer gefaßt wird, kann das kaum irreführend sein.
Unser vorläufiger Schlußsatz lautet: Eine Modifikation eines Prädikats, die seinen Begriffsumfang erweitert, ist dann irreführend, wenn das Prädikat seinen Begriffsumfang *schwebend* oder unbestimmt erweitert. Das modifizierte Prädikat muß begrifflich in anderer Weise bestimmt sein, als durch die Erweiterung seines Anwendungsbereiches.
*Unbestimmtheit und Vieldeutigkeit* sind zwei Eigenschaften von Wörtern aus natürlichen Sprachen, Eigenschaften, mit denen man normalerweise »die Macht der Sprache über den Gedanken« erklären möchte – die Möglichkeit, mittels semantischer Eigenschaften der Sprache irrezuführen.

Man kann dieser Erscheinung mit geeigneten Techniken entgegnen. Wenn jemand sagt

(9) *Die Reichsbank bricht zusammen*

ist es möglich, empirische Testsätze zu konstruieren, z.B. »Die Reichsbank kann mit Zement gerettet werden« und »Die Reichsbank kann mit einem Auslandskredit gerettet werden«, Sätze, die die Vieldeutigkeit des Wortes und seine disparaten Bedeutungen zeigen.

Unser dritter Impuls ist dann zu sagen, daß die Existenz dieser verschiedenen Überredungstechniken der Sprache mit Platons Bemerkung nicht vollkommen in Widerspruch zu sein braucht. Die Sprache besitzt keine *fundamentale* irreführende Eigenschaft, sondern verfügt rein zufällig in gewissen Anwendungsfällen über sie.

Man kann sicherlich einwenden, daß alle diese Techniken eine Zielvorstellung voraussetzen, daß wir wissen, wonach wir suchen, wenn wir hinter das Spiel der Überredungstricks kommen wollen. Eine mechanische Prozedur, die Sätze und Absichten mit einer Maschine auf ihre Vieldeutigkeit hin in verschiedenen Kontexten überprüft, scheint unmöglich aufgrund der »generischen« Eigenschaft von empirischen Sätzen. Ein Satz wie »A ist aus Wasser« sagt nicht aus, daß A Element einer Klasse ist: »aus Wasser« läßt sich nicht durch Abzählen bestimmen.

Das Wasserisotop ist gleich bei der ersten Herstellung Wasser. Obwohl zuvor das Wasserisotop nie zur Klasse der als Wasser bezeichneten Erscheinungen gehört hat. Die Sprache ist keine Maschine, wo durch die gleichen Stimuli unwandelbar dieselben sprachlichen Reaktionen hervorgerufen werden – nachdem eine Anzahl ostensiver Definitionen sie mit ihren Musterbildern programmiert hat –, sie ist kein Automat, der gegen dieselbe Münze stets dieselbe Ware herausgibt.

Die Möglichkeit, eine nie zuvor gesehene Kaffeetasse »Kaffeetasse« nennen zu können, ist fundamental wichtig für die Bildung zufälliger (kontingenter) Sätze, d.h. Sätze, deren Negation nicht innerlich widersprüchlich ist, und die Möglichkeit, einen *beliebigen Tatbestand* wahr oder unwahr in einer bestimmten Weise zu beschreiben, unterscheidet eine in einem empirischen Satz formulierte Aussage von einem *Namen*.

Wenn man sagt »es regnet jetzt«, bedeutet das nicht, daß man über das herrschende Wetter spricht: »Ich taufe dich auf den Namen ›Regen‹«: »Du heißt bestimmt ›Regen‹«.
»Lars« ist kein generisches Wort wie »rot«. Eine große Anzahl von Personen hat mit Recht Anspruch auf den Namen »Lars«, und alle Inhaber dieses Vornamen konstituieren sich als Elemente einer Klasse. Aber kein einzelnes Mitglied dieser Klasse erlaubt den Schluß, keine Eigenschaft liefert uns bei unserem Entscheidungsversuch einen Hinweis darauf, ob eine andere Person Mitglied dieser Klasse ist oder nicht.
Das Wort »Lars« beansprucht eine besondere Stellung: es ist vieldeutig, aber, wie Quinte[17] hervorgehoben hat, besteht die Vieldeutigkeit darin, daß jedes Vorkommen des Wortes sich auf eine genau festgelegte einzelne Person bezieht oder sich zu beziehen scheint. Zu jedem Kontext, in dem der Name vorkommt, läßt sich ein empirischer Satz bilden (z. B. »Lars hat ›Tabb mit dem Manifest‹ geschrieben«), der *entweder vereinbar oder unvereinbar* mit den Aussagen über »Lars« im aktuellen Kontext ist.
Diese Eigenschaft unterscheidet u. a. Vieldeutigkeit von Unbestimmtheit. Für eine unbestimmte Wortgestalt besteht ein Kontext von der Art, daß – sofern die Wortgestalt in den Kontext eingeht – ein empirischer Satz existiert, der mit dem Vorkommen des Satzes, der den Kontext enthält, weder vereinbar noch unvereinbar ist.
Nehmen wir als unbestimmtes Wort »kühl«, nehmen wir als Kontext »es ist heute kühl draußen« und als empirischen Satz: »Im Freien ist es heute + 12° C.«
Kennzeichnendes Merkmal einer unbestimmten Wortgestalt ist, daß sie nicht in allen ihren Vorkommen unbestimmt ist. Ihre Vorratsmenge hat einen Bereich von Unsicherheit, aber man findet auch Bereiche ohne diese Unsicherheit, wo wir uns darüber einigen könnten, daß ein bestimmter empirischer Satz mit dem Kontext vereinbar oder nicht vereinbar ist.
Die durch ein unbestimmtes Wort geschaffene Unsicherheit ist nicht *fundamental*, denn sie beschränkt sich ausschließlich auf gewisse Anwendungen von Sprache.

Damit eine allgemein skeptische Haltung gegenüber den natürlichen Sprachen philosophisch interessant wird, scheinen genauere Aussagen nötig: die Aussage, daß Sprache bei verschiedenen sozialen Verschwörungen unterschiedlich verwendet wird, scheint für sich genommen nicht ausreichend.
Die Skepsis muß sich gegen Sprache als System richten. Oder anders ausgedrückt, der Skeptiker muß eine logische Notwendigkeit aufzeigen, mit der jede sprachlich vermittelte Information irreführend sein muß.
Wie kann man diesen Standpunkt plausibel machen?
Vielleicht durch die Behauptung, daß es eine Form von semantischem Defekt gibt, der sich nicht nur auf gewisse Wortvorkommen in gewissen Kontexten beschränkt (also auf gewisse Sprachanwendungen), sondern der auf alle Anwendungen in allen Kontexten ansteckend wirkt (folglich die Sprache als System umfaßt).
Wir wollen kurz den folgenden Ausdruck betrachten:

*»Die Achtzehn«* (De Aderton).

So geschrieben, mit Großbuchstaben und in der altertümlichen Form »aderton« statt modern »arton«, ist der Ausdruck ein *Name*, nämlich für eine bestimmte Gruppe aus 18 Mitgliedern: Die Schwedische Akademie.
Wenn wir statt dessen

*»die achtzehn«* (de arton)

schreiben, wird der Name in ein Attribut verwandelt, er ist generisch und konnotiert eine Klasse mit achtzehn Elementen. Es gibt eine unendliche Anzahl von Klassen mit der *Kardinalität* 18 (da ja 18 eine Teilklasse aller Klassen mit höherer Kardinalität als 18 ist) und jedes beliebige Element aus einer Klasse mit 18 Elementen erfüllt den Ausdruck *»Es gibt ein x, das zu den achtzehn gehört«*. Während man die Mitglieder in der Schwedischen Akademie (1980, aber auch im Gründungsjahr 1786) zählen kann, kann man das, was in eine Klasse der Kardinalität 18 eingeht, nicht abzählen.

*»eins von 18«*

ist – wenn man den Ausdruck als Eigenschaft ansieht, der in eine Klasse mit der Kardinalität 18 eingeht – *generisch, nicht unbestimmt*, und offensichtlich nicht *vieldeutig* in dem Sinne, daß »18« eine andere Kardinalität konnotieren würde, als eben gerade die Kardinalität 18. Eins von 18 zu sein ist etwas anderes, als eins von 17 oder eins von 19.
Gleichzeitig spüren wir bei dem Ausdruck wie »eins von 18« etwas tief Unbefriedigendes. Ausdrücke wie

*»Einer von 18 Nazi-Kriegsverbrechern«*
*»Einer von 18 amerikanischen Filmstars«*
*»Einer von 18 Zentauren«*

erscheinen in ganz anderer Weise präzis als der ungenaue Ausdruck »eins von 18«. Die hierfür wichtige Begründung liegt in der Tatsache (ausgehend von bestimmten Prämissen, über die sich die meisten von uns einig sind), daß wir sagen können, 18 Zentauren existieren nicht, aber 18 Nazi-Kriegsverbrecher existieren ebenso wie 18 amerikanische Filmstars. Aber unabhängig von irgendwelchen Prämissen und Auffassungen können wir nicht sagen: »18 existieren nicht«, »nicht einer von 18 existiert« oder »es trifft nicht zu, daß einer von 18 Lux-Toilettenseife verwendet.«
Der Grund dafür, daß sich bei einem Ausdruck wie »einer von 18« in der Bedeutung »eines der Elemente einer Klasse mit der Kardinalität 18«, die Frage nach der Existenz *ganz einfach nicht stellt*, ist natürlich der, daß »eins von 18« etwas als Element einer Klasse mit einer gewissen Bestimmung zuordnet, nämlich eine gewisse Kardinalität zu besitzen, aber diese Kardinalität ist eine Bestimmung für die Klasse und nicht für deren Elemente.
Wenn man den Ausdruck »einer von 18 sein« als *Attribut* auffaßt, also generisch und nicht als Name, kann man ihn also übersetzen als »eines der Elemente einer Klasse mit 18 Elementen sein«.
Dieser Ausdruck ist weder vieldeutig noch unbestimmt. Er drückt genau das aus, was er dem Anschein nach ausdrükken will, er bestimmt nämlich etwas als Element einer Klasse, wobei von der Klasse eine gewisse Kardinalität verlangt wird. Der Ausdruck ist völlig eindeutig und läßt keine Unbestimmtheit mehr zu, so wie gleichzeitig die zu bestimmende Eigenschaft generisch ist, da ja eine unend-

liche Menge einzelner Dinge die gestellte Bedingung erfüllen kann.
Wenn jedoch diese Bestimmung »ein Element in einer Klasse mit der Kardinalität 18« nicht als Bestimmung eines Dinges in seiner Funktion, nämlich Element in einer Klasse mit einer bestimmten Eigenschaft zu sein, interpretiert wird, sondern *als Eigenschaft eines einzelnen Dings*, erhält der Ausdruck eine Eigenschaft, die wir geeigneterweise *»schwebende Referenz«* nennen können.
Wie wir gesehen haben, gibt es eine endlose Menge von Einheiten, von denen sich sagen läßt, daß sie ›eins von 18‹ sind, d.h. ein Element in einer Klasse der Kardinalität 18. Das schafft weiter keine Probleme, solange wir den Sachverhalt in dieser Weise formulieren. Aber wenn wir statt dessen die Eigenschaft »eins von achtzehn« als Eigenschaft einzelner Objekte formulieren, kommen wir zu dem scheinbar paradoxen Resultat, daß es mehr als 18 Objekte gibt, alle mit der Eigenschaft »eines von 18«.
Daß dies falsch ist, läßt sich so leicht anhand des angeführten Beispiels nachweisen, daß niemand im Ernst diese Auffassung vertreten wird, aber es gibt Fälle, die trügerischer sind.
An dieser Stelle scheint mir wichtig, einem Mißverständnis vorzubeugen. Die normale logische Operation, mit Hilfe einer *Abstraktion* aus einer Klasse einen Namen für eine Eigenschaft zu erzeugen, braucht nicht unbedingt zu *schwebender Referenz* zu führen.
Wenn wir mit Hilfe des Operators, λ, den Namen:

*»λx, x ist eine geometrische Linie«*

für die Eigenschaft konstruieren, die ein Individuum hat, wenn es eine geometrische Linie ist, führt dies zu keiner Schwierigkeit semantischer Art. Wir haben einfach einen neuen Namen konstruiert, wobei der ursprüngliche Name eine exakte Definition besaß. Die Genauigkeit der Definition ist sozusagen von der Abstraktionsoperation übertragen worden.
Statt dessen ist an einer Konstruktion des Namens

*»λx, x ist eine Hexe«*

für die Eigenschaft, die ein Individuum x als Hexe hat,

problematisch, daß wir nicht wissen, für welche Eigenschaft wir den Namen haben. Die ursprüngliche Eigenschaft, von der wir durch die Abstraktion den Namen hergeleitet haben, kann eine vermutete Eigenschaft sein. Sie kann, wie in dem Falle: *die Eigenschaft, die x hat, wenn x eins von 18 ist*, eine Eigenschaft einer Klasse sein. Wesentlich ist, daß die ursprüngliche Eigenschaft begrifflich nicht so bestimmt ist, so daß wir irgendeine Entscheidungsmethode für das Element in der es abgrenzenden Klasse bekommen.

*Schwebende Referenz ist also eine Eigenschaft von Prädikatsausdrücken, die darin besteht, daß der Ausdruck aus einer Klasse abstrahiert worden ist, wobei die Klasse selbst nicht durch irgendeine begriffliche Bestimmung von ihren Elementen abgegrenzt worden ist.*

Konnotation und Denotation werden sich folglich bei einem Ausdruck gegenseitig bedingen und im Prinzip wird sich der Ausdruck auf jeden beliebigen Gegenstand und jeden beliebigen leeren oder nichtleeren Begriffsumfang anwenden lassen.

Ein Name mit einer *schwebenden Referenz* ist also nur scheinbar ein Name. Wenn man ihn jedoch wie eine Benennung verwendet, entsteht in der Folge eine *fundamentale Unsicherheit.* Wenn man den Namen so anwendet, als ob er der Name für eine n-stellige Relation wäre, wissen wir beispielsweise nicht, welche Entscheidungsmethode uns dazu berechtigen könnte anzunehmen, diese Relation sei (auch) für einen bestimmten Teil eines speziellen Bereichs gültig.

Im 60. Paragraphen des 1. Buchs seines »Novum Organum Scientiarum«[18] spricht Francis Bacon über die Art von Idolen und Trugbildern, die die *Sprache* der Vernunft aufzwingt. Er nennt sie *idola fori* – Trugbilder des Marktplatzes.

Nach Bacon gibt es davon zwei Arten. Die eine Art stellt Benennungen dar für Dinge, die es nicht gibt, z. B. »Glücksgöttin« oder »Planetensphären«. Mit dieser Art von Benennungen, die sich auf nichts beziehen, kann man nach Bacon leicht umgehen. (Mit Bertrand Russell[19] würden wir heute *proper names* und *beschreibende Ausdrücke* sagen.)

Man kann sich ihrer dadurch entledigen, daß man die dahinterstehenden Theorien bestreitet und entschieden zurückweist.

Aber größere Schwierigkeiten, meint Bacon weiterhin, ent-

stehen bei der zweiten Art Trugbilder, die durch unsere »Schwachheit und unseren Mangel an Bildung« verursacht werden[20].
Bei der Untersuchung des Wortes »Feuchtigkeit« z. B. werden wir herausfinden, daß es nichts als eine verschwommene Bezeichnung für mehrere Erscheinungen verschiedenster Art ist, für etwas, das keine feste Begrenzung hat und nicht stabil ist, für etwas, das in jede Richtung leicht nachgibt. Wenn alle diese verschiedenen Erscheinungen mit dem Namen Feuchtigkeit benannt werden, dann wäre auch die Flamme eines Feuers feucht, wenn man eine bestimmte Bedeutung gelten läßt. In anderer Bedeutung wäre die Luft nicht feucht, bei einer dritten wäre Staub feucht, in einer vierten Glas:

»so daß ganz klar ist, daß dieser Begriff voreilig nur von Wasser und gewöhnlichen Flüssigkeiten abstrahiert worden ist ohne irgendeine angemessene Verifikation«.[21]

In diesem Abschnitt steckt eine polemische Spitze Bacons, die sich gegen die Vorsokratiker und auch gegen die Substanztheoretiker wendet, die das chemische und physikalische Denken seiner Zeit beherrscht haben. Als Vertreter einer aufkommenden empirischen Art der Betrachtung protestiert Bacon dagegen, daß ganz verschiedene Erscheinungen ohne gebührende empirische Verifikation unter dem gemeinsamen abstrakten Begriff »feucht« subsumiert werden.
Spricht er hier nicht von der *Vieldeutigkeit* des Wortes?
Aber so, wie »feucht« hier als vieldeutig hingestellt wird, ist damit nicht dieselbe Art von Vieldeutigkeit wie bei dem Begriff »die Reichsbank« gemeint. Niemand käme auf die Idee, »die Reichsbank« als Gebäude und »die Reichsbank« als Institution enthielten eine gemeinsame Substanz.
In dem eben angeführten Zitat steht nun, daß das Wort »Feuchtigkeit« »auf eine voreilige Weise« von Wasser und den gewöhnlichen Flüssigkeiten »abstrahiert« worden ist, und zwar »ohne eine angemessene Verifikation«. Was es heißt, daß Wasser feucht ist, wissen wir, meint Bacon. Wenn wir aber sagen, daß nachgiebige Substanzen oder Substanzen ohne feste Begrenzung »feucht« sind, dann sind wir nicht länger zu zeigen in der Lage, daß wir gerade über die dem Wasser eigentümliche Eigenschaft »Feuchtigkeit« reden wol-

len. Auch Substanzen, die scheinbar keine gemeinsame Eigenschaft mit dem Wasser haben, wie z. B. Feuer, sind dann »feucht«.
Worin besteht nun das »Voreilige« bei diesem Verallgemeinerungstyp?
Wir haben den Begriff *Abstraktion* eingeführt (den wir im 6. Kapitel ausführlich behandeln werden). Unter Abstraktion verstehen wir ein Prädikat, das bestimmt wird durch eine beschreibende Phrase von der allgemeinen Form:

(A) *Die Eigenschaft, die allen x zukommt, und nur ihnen, die Elemente der Klasse K sind.*

Z. B. kann die Eigenschaft *Faschist zu sein*, wie folgt *abstrahiert werden*:

(10) *Die Eigenschaft, die allen x zukommt, und nur ihnen, die Elemente in der Klasse von Faschisten sind.*

Die derart in dem beschreibenden Satz (10) formulierte Eigenschaft muß allen einzelnen x, die Faschisten sind, zukommen. Die Aussage: »A ist Faschist« muß mit anderen Worten äquivalent zu der Aussage sein: »A hat eine Eigenschaft, die in (10) beschrieben wird«, d. h. die Eigenschaft von A besteht in der Abstraktion der Eigenschaft, Faschist zu sein.
*Die Abstraktion* von »Faschist« und die Eigenschaft, Faschist zu sein, sind in ihrem Begriffsumfang gleich.
Die Abstraktion kann selbstredend nicht als *Definiens* in einer Definition dienen, bei der »Faschist« das *Definiendum* ist.
Um zu wissen, ob ein beschreibender Satz wie (10) auf ein einzelnes Objekt zutrifft, müssen wir die Bestimmung der Klasse, z. B. von Faschisten, kennen; wir müssen mit anderen Worten die präzise Bedeutung, d.h. die Konnotation des Wortes »Faschist«, kennen.
Daß man einen Begriff nicht mit Hilfe der Abstraktion seines Umfangs *definieren* kann, ist so selbstverständlich wie die Tatsache, daß *der Sinn* einer sinnvollen Satzgestalt nicht identisch mit ihrer *Referenz* sein kann.
Denn logisch äquivalente singuläre Ausdrücke haben dieselbe Referenz: ebenso verändert ein zusammengesetzter singulärer Ausdruck seinen Wahrheitswert nicht, wenn man einen Teil der Zusammensetzung gegen einen anderen mit

derselben Referenz austauscht. Also haben zwei beliebige wahre oder falsche Sätze dieselbe Referenz, wenn sie denselben Wahrheitswert haben. Wäre der Sinn eines Ausdrucks identisch mit seiner Referenz, dann hätten demzufolge alle Sätze mit demselben Wahrheitswert denselben Sinn.

»Voreilig« (*temere*) bei dem von Bacon kritisierten Gebrauch von »Feuchtigkeit« ist also, daß die Abstraktion eines Begriffs den Begriff selbst ersetzen darf und folglich so behandelt wird, als ob er die Intension des Begriffs zum Inhalt hätte. Der Begriff bleibt dann unbestimmt, und es entsteht eine *schwebende Referenz* für das Wort. Wir können die Zugehörigkeit zu einer Klasse nicht mehr entscheiden.

Es ist vielleicht zweckmäßig, zur genaueren Untersuchung der Relationen zwischen *Unbestimmtheit*, *Vieldeutigkeit* und *schwebender Referenz* ein schematisches Beispiel zu konstruieren.

Nehmen wir an, wir befänden uns in einer Gesellschaft und fragten verschiedene Leute, wer mit Elsa, einer der anwesenden Damen, verheiratet sei. Dazu erhielten wir folgende Antworten:

1. »Mit dem Herrn mit dem gelichteten Haar.«
2. »Mit dem dämonisch aussehenden Herrn.«
3. »Mit Jan.«
4. »Mit einem Mitglied der nächsten Regierung.«
5. »Mit dem Herrn im roten Sakko, der da in der Türöffnung steht.«
6. »Mit dem Herrn, der mit ihr verheiratet ist.«

Alle diese Antworten haben semantische Defekte. Die 1. ist ein Beispiel für *Unbestimmtheit*: es finden sich mehrere Personen in dem Raum, die wir mit Sicherheit der Kategorie »gelichtetes Haar« oder »nicht gelichtetes Haar« zurechnen können, aber möglicherweise sind auch Personen dabei, die wir weder der einen noch der anderen Kategorie zurechnen wollen. Die 2. unterscheidet sich von der 1. in der Weise, daß wir nicht nur bei *einigen* Fällen nicht wissen, wozu wir sie rechnen sollen, sondern wir sind bei keinem sicher, ob der Ausdruck zutrifft. Die 3. ist ein Beispiel für die *Vieldeutigkeit des Namens* im Sinne Quines, während die 4. für einen anderen Typ von *Vieldeutigkeit* steht: der Ausdruck »nächste Regierung« hat in verschiedenen Kontexten verschiedene

Referenz, obwohl die in ihm enthaltenen Wörter nicht vieldeutig sind. Die 5. ist beispielhaft für eine *beschreibende Phrase* im Sinne Russells. Wenn kein Herr mit rotem Sakko in der Tür steht, oder – weisen wir die Extensionalitätsthese zurück – wenn zwei Herren in roten Sakkos in der Tür stehen, ist der Ausdruck gegenstandslos. Die 6. ist ein Beispiel für *schwebende Referenz*. Der Ausdruck ist nicht unbestimmt. Auch enthält er einen beschreibenden Ausdruck und kann gegenstandslos sein, aber die hervorstechende Eigenschaft ist folgende: im Gegensatz zu 5. vermittelt er uns keinerlei Anhaltspunkte, nichts, wonach wir im Zimmer schauen könnten, um festzustellen, ob das Beschriebene sich im Raum befindet. Die in 6. beschriebene Eigenschaft von Elsas Mann ist keine echte Bestimmung, sondern ein neuer Name für dieselbe zweistellige Relation. Und um feststellen zu können, ob es in dem Zimmer wirklich ein Individuum gibt, das in einer solchen Relation zu Elsa steht, müssen wir es auf eine andere, von dieser scheinbaren Bestimmung *unabhängige* Weise bestimmen können.

Ob man schwebende Referenz als eine spezielle Form der Vieldeutigkeit auffassen will, als eine von mehreren Formen der systematischen Vieldeutigkeit, oder ob man, so wie hier, dieser Besonderheit eines sprachlichen Ausdrucks einen Namen geben will, ist natürlich eine Frage der Terminologie.

Alle drei Philosophen dieses Buches: Johnson, Nietzsche und Mauthner haben eine gemeinsame Tendenz, die man mangels eines besseren Ausdrucks *Abstraktionsfeindlichkeit* nennen könnte.

Dies zeigt sich in ihrer kritischen Haltung oder sogar der Weigerung, logische Ausdrücke höheren Typs anzunehmen. Das Ideal einer nicht irreführenden Sprache scheint für alle drei die Sprache zu sein, bei der jede Erscheinung Name für etwas Spezielles ist. Johnson verleiht diesem Gedanken explizit Ausdruck.

Alle drei sind davon überzeugt, daß die Eigenschaft, die ich *schwebende Referenz* genannt habe, nicht nur bei den natürlichen Sprachen vorkommt, die folglich von einer fundamentalen Unsicherheit angesteckt sind: sie sind gleichermaßen davon überzeugt, daß *alle* empirischen Sätze schwebende Referenz haben *müssen*, und sie ziehen daraus den *logisch*

*notwendigen* Schluß, daß die sprachliche Kommunikation eine fundamentale Unsicherheit besitzt.
*Sprache ist ihrem Wesen nach schwebend.*
Wie kommt man zu diesem Standpunkt?
Hierzu ist eine teilweise recht detaillierte Analyse erforderlich, und ich werde in einigen Kapiteln dieses Buches versuchen, mich daran zu halten.
Einen vorläufigen und schematischen Überblick möchte ich im folgenden geben.
Trotz einer Reihe von Unterschieden sind alle drei Philosophen einer Meinung in der Frage, was bei einem sprachlichen Informationsaustausch zwischen Menschen geschieht: sinnvolle symbolische Kommunikation ist dann und nur dann möglich, wenn sich subjektive Inhalte (Wahrnehmungen, Erinnerungen, nur vorgestellte Wahrnehmungsinhalte, Emotionen) zwischen den Akteuren übertragen lassen. Dieser Standpunkt hat zur Folge, daß die Bedeutung eines sprachlichen Ausdrucks (Konnotation) immer von logisch höherem Typ sein muß als die übermittelte Botschaft. Genau daher scheint der sprachliche Ausdruck auch eine *Abstraktion* des Vermittelten zu sein und daher *muß* die Referenz des Ausdrucks schwebend sein.
Die Konsequenz aus dem *generischen* Charakter der empirischen Sätze, daß nämlich ihre Konnotation immer von logisch höherem Typ sein muß als die einzelne Wahrnehmung – ihre empirische Basis –, scheint als Standpunkt sehr einleuchtend, um nicht zu sagen, der einzig einleuchtende überhaupt.
Aber daraus folgt nicht, daß ein sprachlicher Ausdruck in bezug auf die vermittelte Botschaft eine schwebende Referenz haben *muß*.
Denn es besteht keine Notwendigkeit – und das ist ein zentraler Gedanke in der folgenden Auseinandersetzung – zu der Annahme, daß die Botschaft, die übermittelte Information, aus einem psychischen Inhalt besteht.
Wenn man nämlich mit Moritz Schlick[22] annimmt, daß nicht *Inhalt*, sondern *Form*, nicht Empfindungen, sondern Strukturen jeder symbolischen Kommunikation zugrunde liegen, wenn man weiterhin annimmt, daß wir einem Menschen durch die Struktur seiner Gefühle, niemals aber durch deren Inhalt symbolisch am nächsten kommen, dann löst sich ein

großer Teil unserer Schwierigkeiten auf – wie z.B. diese fundamentale Auffassung von sprachlicher Kommunikation.

Damit soll auch gezeigt werden, daß die drei Philosophen – trotz einer Reihe von Unzulänglichkeiten, die sich nach einem weiteren Jahrhundert intensiver Arbeit auf dem Gebiet der philosophischen Semantik aus sicherer Perspektive leicht nachweisen lassen – gute Philosophen sind, in dem Sinne, daß sie das Format besitzen, zentrale und schwierige Fragen anzupacken.

In mancher Hinsicht ist der Psychologismus der drei Philosophen in einem weiteren Zusammenhang mit der von Bernard Harrison[23] treffend benannten »empiristischen Sprachtheorie« (»The Empiricist Theory of Language«) zu sehen.

Ebenso wie Harrison meinen wir mit empiristischer Sprachtheorie eine Theorie der Bedeutung der Sprache, die besagt: Einen Begriff (z.B. *Röte*) zu besitzen bedeutet dasselbe, wie den »Sinn« des Wortes (»Röte«) zu kennen, und weiter, daß das Lernen des Begriffs (Röte) heißt, einzelne Erlebnisse *wiederzuerkennen*, indem man sie mit einer Bezeichnung gemeinsam assoziativ verknüpft.

Die empiristische Sprachtheorie geht mit anderen Worten davon aus, daß sprachlicher Sinn eng mit einem assoziativen Sprachlernen verknüpft ist und betrachtet *die ostensive Definition* (d.h. den Vorgang, bei dem der Sinn eines Wortes dadurch entsteht, daß eine Verbindung zwischen Empfindung und assoziativem Zusammenhang hergestellt wird) als notwendige Bedingung für die Entstehung einer konsistenten und sinnvollen Sprache zwischen menschlichen Wesen.

Konsequenterweise bedingt dieses empirische Modell, daß das Phänomen *schwebende Referenz* (das unserer Auffassung nach ein atypisches Phänomen ist) in jeder natürlichen Sprache weit verbreitet sein muß. Denn, wie schon gesagt, der sprachliche Ausdruck für die empirische Aussage muß generischer, muß von logisch höherem Typ sein als die einzelne Wahrnehmung, ihre empirische Basis.

Wenn wir andererseits gewisse Grundannahmen der Sprachphilosophie aufgeben, wird sich eben diese Voraussetzung für schwebende Referenz als Illusion herausstellen. Auf diese interessanten Fragen werden wir in Kapitel 7 eingehen.

Die Sprachauffassung der drei Philosophen ist durch philosophische Traditionen, durch soziale und politische Motivationen und vermutlich auch durch ihre psychischen Eigenarten geformt. Ihre Sprachkritik neigt oft zu solcher Leidenschaft, daß man von einem Haß auf die Sprache sprechen könnte.
Die allgemeine Gedankenwelt ihrer Umwelt ist optimistisch, geprägt von den verschiedenen Fortschrittsvorstellungen der Zeit. Sie selbst aber repräsentieren die pessimistische Unterströmung.
Die öffentliche Lüge wird vor allem durch die Sprache repräsentiert, der umfassendsten aller sozialen Übereinkünfte, der umfassendsten aller sozialen Verschwörungen – diese Sprache, durch die Menschen um unsichtbarer gesellschaftlicher Interessen willen manipuliert werden sollen –, die schließlich ein unüberwindbares Hindernis durch ihre essentielle fundamentale Unsicherheit darstellt: diese Sprache wird in den Schriften der drei Philosophen zu einem Feind, der entlarvt und getötet werden muß.
Ihre Arbeiten repräsentieren einen zentralen Teil der unruhigen und bohrenden Selbstsuche einer Epoche des 19. Jahrhunderts, speziell der Jahrhundertwende. Zu einem Zeitpunkt, da Die Ordnung und Der Fortschritt von Determinismus sprechen, reden Nietzsche und Mallarmé vom Zufall, vom Würfeln: zu einem Zeitpunkt, da die Zeit sich vom intellektuellen zum industriellen Fortschritt wendet, da die Weltausstellungen anstelle der Akademien in den Dienst der Macht treten, sagen Mauthner und Johnson, daß der Mensch allein und Kommunikation unmöglich sei.
Besonders diese beiden liefern in ihren sprachkritischen Untersuchungen beträchtliche Mengen schlechter Philosophie. Sie übergehen elementare Entscheidungen, ihre Arbeit ist voller Inkonsequenzen.
Eigentümlich ist, daß ihnen dennoch so viele Anregungen gelingen, daß es ihnen doch glückt, so viele schwer widerlegbare Theorien zu präsentieren.

»(...) der Musiker wird jetzt zum Schauspieler, seine Kunst entwickelt sich immer mehr als ein Talent zu lügen.«

Das sagt Friedrich Nietzsche in einer relativ dunklen Passage seines »Der Fall Wagner«. Die in unserer Arbeit zu diskutierenden kritischen Sprachströmungen haben eine philosophi-

sche, eine politische, aber auch eine ästhetische und ethische Dimension.
Wir werden uns auf den philosophischen und im strengen Sinne erkenntnistheoretischen Aspekt beschränken.
Die drei anderen Aspekte gehen nicht verloren. Unsere Auffassung von Kunst und speziell von der Rolle des Illusionismus in der Kunst, wie auch unsere Auffassung von der Rolle, die die Aufrichtigkeit im Gesellschaftsleben spielt, kann sich deren Einfluß nicht entziehen, welchen Standpunkt wir auch immer zur Zuverlässigkeit, respektive zur fundamentalen Unsicherheit von Sprache beziehen.
Wollen wir die These von der Sprache als eines fundamental irreführenden Kommunikationsmittels akzeptieren bzw. zurückweisen, muß unsere »kommunikative Ethik«, wie Edeltraud Bülow sie zutreffend bezeichnet, auch von politischen, ästhetischen und ethischen Aspekten beeinflußt werden.
In diesem Buch kommt es zur Zurückweisung dieses Standpunkts.
In seiner großen Studie über Flaubert »L'Idiot de la Famille«[24] sagt Jean-Paul Sartre über den jungen Gustave:

»(...) Gustave benennt auf Anordnung der Anderen, durch und für sie. Kehrt er zu seiner Einsamkeit zurück, findet er die Halb-Heimlichkeit der Dinge und seiner selbst wieder: die Wahrheit schwebt über seinem Kopf, er kommt nicht einmal auf die Idee, seine Augen zu heben, um sie anzuschauen.«

Diese brillante Charakterisierung eines Defektes – das Verhältnis eines in die Passivität gedrängten Kindes zur Sprache – wirft ein ungewöhnlich klares Licht auf den psychologischen Hintergrund des *philosophischen* Problemkreises.
(Denn zu behaupten, daß ein philosophisches Problem auch psychologisch sein kann, muß noch nicht zu einer Psychologisierung der Philosophie führen: vielmehr bedeutet diese Behauptung lediglich, daß einzelne Menschen es sind, die philosophische Fragen stellen, und daß besondere Erfahrungen einige Menschen dazu bringen, die Fragen intensiver zu erleben als andere.)
Nach Sartres Darstellung erlebt der junge Flaubert ganz grundlegend, daß *Worte* nur den anderen Menschen gehören. Für ihn selbst bedeuten sie Beeinträchtigung: er gebraucht sie verstohlen, als hätte er kein Recht darauf.

Das einzige, was ihm selbst gehört, sind die eigenen Wahrnehmungen, und diese kann er nur wortlos erleben, in der subjektiven Einsamkeit.

Mit einer Art Ableitung nicht des Satzkalküls, sondern einem atheoretischen Schema folgend, schließt der junge Flaubert – so wie Sartre ihn verstanden hat –, daß die Erwachsenen, die Anderen, wenn sie die Wörter verwenden, diese nicht nur stets mit einem anderen Recht, sondern auch auf andere Weise benutzen. Das soll heißen, daß sich hinter ihrem Sprechen immer ein unauflösbarer Rest verbirgt, ein heimlicher Bestandteil, von dem er selbst immer ausgeschlossen sein wird.

Dieses Buch nimmt Abstand von psychologistischen Reduktionen der philosophischen Semantik.

Doch auf paradoxe Weise knüpfen diese Probleme wiederum an der Psychologie an: falls sich die Ausführungen unserer Arbeit im großen und ganzen als richtig erweisen, ist nämlich die Vorstellung des jungen Flaubert falsch.

Der heimliche Rest von subjektivem Sinn hinter den Wörtern, von denen der Empfänger ausgeschlossen bleiben muß, existiert dann nicht.

# 2. FRIEDRICH NIETZSCHE – DIE KLUGEN TIERE

»GREGERS: Was Sie nicht sagen! Ist Hjalmar Ekdal denn auch krank?
RELLING: Die Leute sind so ziemlich alle miteinander krank, leider.
GREGERS: Und was für eine Kur wenden Sie denn bei Hjalmar an?
RELLING: Meine übliche. Ich sorge dafür, daß das Flämmchen der Lebenslüge in ihm nicht erlischt.
GREGERS: Der Lebenslüge? Ich habe wohl nicht richtig gehört?
RELLING: Doch, ich sagte Lebenslüge. Denn, sehen Sie, die Lebenslüge, das ist das stimulierende Prinzip.
GREGERS: Darf ich fragen, was das für eine Lebenslüge ist, mit der Hjalmar behaftet ist?
RELLING: Ich denke nicht daran; ein solches ärztliches Geheimnis verrate ich doch keinem Kurpfuscher (...)«

Henrik Ibsen, »Die Wildente« (1884), Akt V.

## 2.1 *Die Fabel von den klugen Tieren*

»In irgendeinem abgelegenen Winkel des in zahllosen Sonnensystemen flimmernd ausgegossenen Weltalls gab es einmal ein Gestirn, auf dem kluge Tiere das Erkennen erfanden. Es war die hochmütigste und verlogenste Minute der ›Weltgeschichte‹: aber doch nur eine Minute. Nach wenigen Atemzügen der Natur erstarrte das Gestirn, und die klugen Tiere mußten sterben. – So könnte jemand eine Fabel erfinden und würde doch nicht genügend illustriert haben, wie kläglich, wie schattenhaft und flüchtig, wie zwecklos und beliebig sich der menschliche Intellekt innerhalb der Natur ausnimmt. Es gab Ewigkeiten, in denen er nicht war; wenn es wieder mit ihm vorbei ist, wird sich nichts begeben haben. Denn es gibt für jeden Intellekt keine weitere Mission, die über das Menschenleben hinausführte.«[1]

Diese Fabel, mit der Friedrich Nietzsche seinen Essay »Über Wahrheit und Lüge im außermoralischen Sinn« einleitet, beleuchtet den markantesten Zug seiner Philosophie, Nietzsches extreme erkenntnistheoretische Skepsis; die Fabel zeigt auch Nietzsches ganz eigene Begründung für diese Skepsis, die sich stark von anderen skeptischen und relativistischen Traditionen der Philosophiegeschichte unterscheidet, wodurch seine Gedankenwelt gleichzeitig in engem Zusammenhang mit Grundmotiven des Geisteslebens des ausgehenden 19. Jahrhunderts und der Jahrhundertwende zu sehen ist.

Verwirrend wenige Kommentatoren Nietzsches haben gesehen, daß Nietzsche tatsächlich eine im gewöhnlichen Sinn kohärente Erkenntnistheorie besitzt, und nur eine verschwindend geringe Zahl hat diese Kohärenz aufzuzeigen versucht. Zu den anerkennenswerten Ausnahmen gehört Arthur C. Dantos Studie »Nietzsche as Philospher«[2] und Gilles Deleuzes Werk »Nietzsche et la Philosophie«[3].

Auf sie möchte ich gleich zurückkommen. Bei dem marxistischen Nietzsche-Kritiker Georg Lukács wird in »Die Zerstörung der Vernunft«[4] zwar mit großer Schärfe Nietzsches Anti-Intellektualismus und die starke Tendenz zum Relativismus in seiner Philosophie betont, aber einen wirklichen Versuch, den inneren Zusammenhang in der philosophischen Anschauung zu verdeutlichen, unternimmt Lukács nicht. Ein hervorragender Vertreter der modernen empirischen Philosophiegeschichte wie Anders Wedberg[5] nimmt von der ganzen Frage nach der Erkenntnistheorie Nietzsches mit höflichen Worten Abstand. Bei modernen Denkern und Kritikern, die unterschiedlich positiv zu Nietzsche stehen, wie z. B. Pierre Klossowski[6], verwandelt sich diese höfliche Distanz in einen Enthusiasmus, der genauso undifferenziert ist. Das grundlegende Motiv für die erkenntnistheoretische Skepsis oder den Nihilismus des hier angeführten Zitats wird plötzlich *als intuitiv bekannt* vorausgesetzt.[7]

Diese sehr zufällige Auswahl von Beispielen aus der umfassenden und unterschiedlichen Sekundärliteratur sagt etwas aus über die methodischen Schwierigkeiten aller Nietzsche-Interpreten, Schwierigkeiten, die sich *prinzipiell* von den intellektuell und technisch vergleichbaren oder vielleicht noch größeren Schwierigkeiten abheben, die sich etwa bei der Beschäftigung mit Leibniz' Monadenlehre auftun.

Die Schwierigkeiten Nietzsches werden häufig einer *Vieldeutigkeit* zugeschrieben.[8] Seine Philosophie ist eher Ausdruck einer *Lebensstimmung* als eine deduktive Entwicklung bestimmter Schlußfolgerungen aus bestimmten angenommenen Prämissen.

Nietzsches Fragen werden im Sinne von Carnaps[9] Behandlung von Fragen nach dem Sinn des Lebens eher als gefühlsmäßig Reaktionen auf eine Lebenssituation denn als echte, philosophische Fragen gesehen und können deshalb auch nicht in derselben Weise Gegenstand einer philosophischen Interpretation sein wie z.B. Leibniz' Monadenlehre. Der Versuch, ihn zu interpretieren, muß eher wie eine Lyrik-Interpretation als eine philosophische Deutung ausfallen. Dies ist nicht zufriedenstellend.

Wenn man mit Unbestimmtheit die normale Unbestimmtheit meint, also daß man für einen gegebenen sprachlichen Satz »S« eine Reihe interpretierender Sätze »$S_1 \ldots S_n$« formulieren kann, wobei alle Varianten einen intuitiven Zusammenhang mit »S« haben und die Anzahl der Elemente in der Reihenfolge »$S_1 \ldots S_n$« größer ist als 1. (d.h. n größer 1), dann dürfte man bei Nietzsche keine Schwierigkeit haben, unbestimmte Sätze zu finden.

Aber es besteht eigentlich keine Veranlassung anzunehmen, daß diese Unbestimmtheit bei Nietzsche umfassender wäre als bei den übrigen Philosophen des 19. Jahrhunderts. Sicherlich ist die Anzahl der Elemente in der Reihe möglicher Deutungsvarianten eines Hegeltextes bedeutend größer als etwa in »Jenseits von Gut und Böse«, in einem Text von Bolzano dagegen geringer.

Aber wenn Nietzsche z.B. die Existenz einer Ich-Substanz, von Qualitäten, von objektiven Ähnlichkeiten zwischen Gegenständen verneint, ja selbst die Existenz individueller Gegenstände überhaupt in Frage stellt, dürfte es in der Tat möglich sein, seine Aussagen im Rahmen eines relativ elementaren Klaküls zu formulieren.

Doch läßt sich kaum vorstellen, daß Formalisierungen der Klärung dienen könnten. Der Schwerpunkt von Nietzsches Philosophie liegt z.B. nicht in seiner Auffassung von modalen Zusammenhängen oder von Kants »Ding an sich«, sondern in seiner Auffassung vom erkennenden *Wissen in seiner Ganzheit.*

Es würde sich lohnen, die Frage zu diskutieren, ob ein entscheidender Unterschied zwischen einem philosophischen Text und einer Lyrik-Interpretation besteht. In beiden Fällen handelt es sich um sprachliche Abbildungen, die letztlich beide auf einem historisch gegebenen Vokabular beruhen und auf einer Syntax, die nicht allzusehr ignoriert werden darf, um nicht die prinzipielle Verstehbarkeit zu gefährden. Es ist gar nicht einzusehen, warum sich beispiels-

weise in einer Gedichtreihe von Mallarmé die einzelnen Konnotationen der Wörter nicht durch eine Reihe von Realdefinitionen festlegen lassen sollten. In der Tat dürften gerade vertiefte Gedichtanalysen so vor sich gehen. Die literaturwissenschaftliche und kritische Tradition gibt eben keine formelle Aufstellung von Definitionen vor.
Metaphorische Ausdrucksweisen treten in philosophischen Texten wohl genauso häufig auf wie in der Poesie. In sprachlichen Sätzen wie

> »Dezember. Schweden ist ein abgetakeltes Schiff, an Land gezogen« (Tranströmer)

oder

> »Monaden haben keine Fenster«

besteht weder in der Deutlichkeit noch in der *Unbestimmtheit* ein Unterschied zwischen beiden. Beide Sätze bieten in der Tat ziemlich wenig Interpretationsvarianten. Der Unterschied liegt in der ungleichen sozialen Funktion und dem sprachlichen Kontext, entsprechend dem Unterschied zwischen Philosophie und Poesie. Beide Sätze gehören zu verschiedenen Diskurssystemen und erfüllen unterschiedliche Aufgaben. Syntaktisch und semantisch unterscheiden sie sich nicht mehr als normalerweise Sätze in entsprechenden Systemen sich unterscheiden würden.
Die Frage nach dem Unterschied zwischen philosophischer Interpretation und der Interpretation eines Gedichts ist eng mit der Frage verbunden, ob nicht bestimmte philosophische Fragestellungen tatsächlich eher Ausdruck einer Lebenssituation als eines Informationsbedürfnisses sind, das durch eine präzise Antwort befriedigt werden könnte.
Fragen wie

> »Hat die menschliche Existenz einen Sinn?«

können selbstverständlich Ausdruck der Situation des Fragenden sein, und man kann sie für gefühlsbezogen halten. Die Behauptung aber scheint uns kühn, daß dies die einzige sprachliche Funktion der Frage wäre.[10]
Einfach und doch theoretisch zufriedenstellend deutet man sie als *Fragen nach einer Analogie*.
Verhält sich die einzelne menschliche Existenz in ihrem geschichtlichen Dasein so wie sich das Wort zum Text

verhält, in dem es enthalten ist? Oder verhält sich die Einzelexistenz zu diesen Größen eher wie ein bestimmter Wert in einer Tabelle mit zufälligen Permutationen sich zu der Gesamtheit der Permutationsreihen verhält?

Die Frage nach dem Sinn des Lebens ist – in dieser Formulierung – eine Frage nach einer *Strukturgleichheit* oder Isomorphie.

Da ja sowohl unsere begrifflichen Strukturen wie die uns konkret umgebende Wirklichkeit unzählige Aufzeichnungsmöglichkeiten bieten, ist es kaum einzusehen, warum die Frage nach dieser Aufzeichnungsmöglichkeit unrechtmäßig sein sollte.

Und bei der Diskussion, welche von zwei alternativen Analogien oder Aufzeichnungen die informativere und adäquatere sei, scheinen normale rationale Argumente für oder gegen den einen oder den anderen Standpunkt völlig legitim.

Man kann sich selbstverständlich fragen, *was* man eigentlich mit der Behauptung ausgesagt hat, daß die eine Analogie adäquater als die andere sei und welche Schlüsse aus der Analogie zu ziehen sind.

Aber der Standpunkt, es wäre eine völlig *atheoretische* sprachliche Handlung, zu behaupten, daß eine bestimmte Struktur (z. B. der Platz des einzelnen Menschen in der Geschichte) zu einem gegebenen System S *analoger* sei als zu einem anderen S' scheint mir völlig unhaltbar.

Nietzsche gehört zu den Philosophen, die in der Tat bestimmte Auffassungen von solchen Analogien haben: er hat eine Lehre vom Platz des Menschen in der Geschichte bereit, deren erster Teil in dem obengenannten Zitat aus »Über Wahrheit und Lüge im außermoralischen Sinn« sehr klar herausgestellt wird.

Er belegt seinen Standpunkt mit Argumenten, in Wirklichkeit mit einer Kette von Argumenten, in einer – verglichen mit anderen Philosophen des 19. Jahrhunderts – stark verkürzten, aphoristischen Form. Der Aphorismus ist nicht nur eine stilistische Eigenart, seine Art zu schreiben. Er ist Ausdruck einer bestimmten Einstellung zur Philosophie; aus seiner hoffnungslosen Einschätzung der menschlichen Erkenntnismöglichkeit heraus, aus seiner Auffassung, daß Wahrheit und Falschheit Eigenschaften der Vorstellungen

seien, ist ihm der Aphorismus seine natürliche Ausdrucksweise.
Wir können dieses Verhalten aus stilistischen wie philosophischen Gründen stark mißbilligen. Aber seine Konsequenz läßt sich kaum bestreiten.
Und vor allem läßt sich kaum bestreiten, daß der Philosoph mit seinen Beobachtungen in diesen Aphorismen de facto Argumente sammelt, die eher zugunsten einer gewissen Analogie in bezug auf die menschliche Existenz sprechen – so sie wahr sind – als zugunsten einer anderen.
Mit anderen Worten: In den zentralen Werken Nietzsches ist seine Arbeitsweise eher philosophisch als poetisch. Er begnügt sich nicht damit, ein Bild von der Welt und seinen Platz darin in verschiedenen Metaphern darzustellen. Er argumentiert auch zugunsten gewisser Metaphern. Und gegen gewisse andere.
In dem Maße, wie man Strukturähnlichkeiten als Teil des Universums gelten läßt, und darüber hinaus bereit ist zuzugeben, daß bestimmte Strukturähnlichkeiten informativ sein können, muß man erkennen, daß Nietzsche sich mit theoretischen Arbeiten befaßt, die mehr in dem philosophischen Teilgebiet der Ideengeschichte zu Hause sind als irgendwo sonst.
Die schwierigen methodischen Probleme treten erst dann richtig auf, wenn man dieses Eingeständnis gemacht hat.
Wir haben schon festgestellt, daß bei Nietzsche Sätze vorkommen, die man ebenso präzisieren könnte wie etwa Sätze bei Leibniz.
In Nietzsches Gesamtwerk wird z. B. die teilweise vorsokratisch inspirierte Idee[11] entwickelt, daß *Dinge*, d. h. bleibende oder dauerhafte Objekte oder Substanzen überhaupt nicht existieren. Eine in einem bestimmten Punkt in Raum und Zeit wahrgenommene Qualität unterscheidet sich immer von jeder anderen Qualität jedes anderen Punktes in Raum und Zeit. Das Bedürfnis nach sprachlicher Kommunikation macht es notwendig, von den Qualitäten gewisse Momente zu abstrahieren, um sie fiktiv behandeln zu können, so, als ob sie *dieselben* wiederkehrenden Qualitäten wären oder dieselbe Substanz, die in wechselnden Qualitäten wiederkehrt. Die einzige Gemeinsamkeit verschiedener Wahrnehmungsinhalte oder Momente in Wahrnehmungsinhalten besteht darin,

daß sie zur Konnotation desselben sprachlichen Ausdrucks gerechnet werden (die Identität, die die sprachlichen Ausdrücke zu ein und demselben macht, muß dann natürlich ebenfalls als Abstraktion gedacht werden) und darin, daß der Hang zur konventionellen Semantik eine menschliche Eigenart ist. Die Dinge oder der Hang, die Welt als eine Anhäufung von Dingen zu sehen, ist eine Folge des sprachlichen Bedürfnisses, also sekundär zu diesen Bedürfnissen, und sagt nichts über die objektive Wirklichkeit aus.

Eine solche Lehre könnte in ihrer Nähe zu Leibnis' Lehre von Zeit und Raum als sekundären Repräsentationsformen für allgemeinere metrische Eigenschaften des Universums, sinnvollerweise umformuliert und in einem Axiomensystem festgehalten werden.

Aber die Frage, ob wir Nietzsches Philosophie damit näherkommen, bleibt weiterhin offen. Eines seiner ihm wichtigsten Anliegen besteht darin, daß er eine andere Perspektive oder einen anderen Einfallswinkel zum Dasein in seiner Gesamtheit bieten will, das heißt andere Analogien als z.B. die des klassischen christlichen Weltbildes.

Und indem man die Anzahl der Interpretationsvarianten einzelner Textstellen begrenzt, werden diese *Analogien* nicht informativer.

Auffällig ist die Ähnlichkeit der Problematik, die Friedrich Nietzsches Philosophie aufwirft, mit der, die Ludwig Wittgenstein in den letzten Absätzen seines »Tractatus logicophilosophicus«[12] anspricht, wo er begreiflich machen will, daß seine Sätze das Universum nicht nur wie ein System von Sachverhalten abbilden, sondern zu einer Erkenntnis führen, mit der man von einem Punkt sozusagen außerhalb des abgebildeten Systems beobachten kann, *wie die Abbildung als Ganzes* vor sich geht.

Ein vergleichbares holistisches Streben durchzieht auch Nietzsches Gesamtwerk. Inwieweit der frühere Philosoph den späteren beeinflußt hat, ist eine interessante Frage, die hier nicht weiter diskutiert werden soll.[13]

Bei einer Philosophie mit derart verwirrenden Eigenschaften und Bestrebungen wie dieser, ist das ideengeschichtliche Umfeld vielleicht wichtiger als bei einer präziseren, weniger ambitiösen Philosophie.

Der ideengeschichtliche Kontext liefert Anhaltspunkte, indem er dominierende Tendenzen, *intellektuelle Richtungen* und Anspielungen auf gemeinsame Interessen verständlich macht, den Bereich, auf den die Philosophen einer bestimmten Zeit ihre Interessen schwerpunktsmäßig beziehen. Diese ideengeschichtlichen Richtungen sind gewiß vage und allgemein, aber sie sind dadurch nicht weniger informativ.

Innerhalb der Periode der abendländischen Philosophie, die durch das Dreieck Descartes, Spinoza und Leibniz abgegrenzt wird, liegt das Interesse der Philosophen ganz offensichtlich auf der *Frage nach den Substanzen.*

Im 19. Jahrhundert, besonders in der zweiten Hälfte, tritt ein ganz anders geartetes Interesse in den Vordergrund. Die umfassende intellektuelle Frage dieser Zeit ging um die *Beschaffenheit der Wahrheit.*

In dieser umfassenden Diskussion tritt als Unterströmung oder als ein Moment die Frage nach der *Rolle der atheoretischen Beweggründe in der Theorienbildung* in den Vordergrund. Dieser Prozeß steht in engem historischen Zusammenhang mit dem Aufkommen der modernen Soziologie, mit Comte, Marx, Max Weber und Vilfredo Pareto.

Für die politischen Wissenschaften, denen sich das Objektivitätsproblem häufig stellt, ist es Gemeingut, daß ein Forscher durch seinen Ort in der Gesellschaft, der er angehört und die er gleichzeitig untersucht, nicht nur in seiner Forschungsrichtung beeinflußt wird, sondern auch in seinen Schlußfolgerungen. Darüber wurde ausführlich diskutiert[14].

Darunter sind einige Fragen wissenschaftlich relevant, philosophisch aber uninteressant, andere dagegen haben philosophische Relevanz.

Philosophisch uninteressant sind z. B. Vorurteile, Bewertungen, Interessen und Neigungen, die den Weg zu gewissen Fakten oder zu einer korrekten Ableitung bestimmter Schlüsse aus faktisch gegebenen Prämissen nur *erschweren* oder emotional blockieren.

Dagegen ist philosophisch interessant, wenn ein oder mehrere Momente in der allgemeinen Situation eines Menschen (in psychologischer, historischer, anthropologischer Hinsicht) so beschaffen sind, daß es diesem Menschen – vorausgesetzt, die Momente sind in seiner Situation enthalten – *prinzipiell*

*unmöglich* ist, die Wahrheit einer bestimmten Menge von Behauptungen zu erkennen.
»Prinzipiell unmöglich« könnte dabei vielleicht eine Erklärung des Ausdrucks »in einer entscheidenden Weise« sein.
Aber der Ausdruck »prinzipiell unmöglich« ist selber in hohem Maße vieldeutig. Wenn wir sagen, es sei prinzipiell unmöglich, sich ein viereckiges Dreieck vorzustellen, meinen wir in der Umgangssprache vermutlich zweierlei:
1) Es ist *logisch unmöglich* (bei normaler Anwendung modallogischer Operatoren), daß es ein x mit der Eigenschaft gibt: x ist ein Dreieck und x hat vier Ecken.
2) *Man kann sich nicht vorstellen*, wie ein Dreieck mit vier Ecken aussehen sollte.
Man kann sich eine Science-fiction-Welt ausdenken, in der die Lebewesen in einem zweidimensionalen Raum, einer Fläche leben, so daß die Gegenstände dieses Raums nur Punkte und Linien wären.
Die Existenz von Geometrien mit mehr als drei Dimensionen zeigt, daß es prinzipiell durchaus möglich sein könnte, daß diese Lebewesen zur Erkenntnis von Sätzen über Kuben gelangen können, z. B. darüber, wie das Volumen eines Kubus berechnet werden soll.
Aber zumindest in einem Sinn bliebe die Erkenntnis von Kuben diesen Wesen wahrscheinlich verschlossen. Sie könnten sich Kuben visuell nicht vorstellen. Genausowenig können wir selbst uns visuell vorstellen, wie unsere Welt aussähe, wenn wir ein besonderes Sinnesorgan für Radiowellen besäßen. Uns vorzustellen, welche visuelle Eigenschaft eine Hochspannungsleitung hätte, wenn wir für solche elektromagnetischen Felder sensibel wären, ist uns prinzipiell unmöglich.
Diese prinzipielle Unmöglichkeit ist keine logische, aber auch keine psychologische Unmöglichkeit im üblichen Sinne. Sie ist dem Problem Humes verwandt: Ob es möglich ist, von zwei bereits *gesehenen* nahe beieinander liegenden Farbnuancen auf eine dazwischenliegende zu schließen, die man *nicht* gesehen hat.
Eine dritte, im Prinzip noch um eine Stufe schwächere Interpetation von *prinzipiell unmöglich* wäre folgende: Sie liegt noch einen Schritt näher an der psychologischen Feststellung und stimmt dennoch nicht ganz mit unserer Auffas-

sung von »es ist unmöglich, an den guten Willen der Regierung zu glauben« überein, womit wir meinen, daß derjenige nicht *fähig* ist, es nicht über sich bringen kann, an den guten Willen der Regierung zu glauben. Nehmen wir an, es gäbe gute Gründe dafür, daß der Erzbischof von Uppsala in die geplante Flugzeugentführung einer anarchistischen Gruppe verwickelt ist oder daß der Oberbefehlshaber der schwedischen Armee der Spionage verdächtigt wird. Wenn der durchschnittliche Zeitungsleser mit solch erschreckenden Nachrichten konfrontiert wird, wird er ausrufen: »Ich *kann* das nicht glauben.«

In diser Situation bedeutet »ich *kann* das nicht glauben« nicht, »das ist logisch unmöglich«, und auch nicht »ich kann mir das nicht vorstellen, selbst wenn ich es versuche, bleibt in meiner Vorstellung ein *Loch*«.

Aber »ich *kann* das nicht glauben« bedeutet auch nicht dasselbe wie: »Ich *kann* mich *nicht* dazu überwinden, an die unbefleckte Empfängnis zu glauben«, oder: »Ich *kann* mich *nicht* dazu überwinden, daran zu glauben, daß der deutsch-sowjetische Nichtangriffspakt eine geniale Kriegslist Stalins war, um Zeit für den Zweiten Weltkrieg zu gewinnen.«

Wenn ein normaler schwedischer Zeitungsleser im Jahre 1976 in der Zeitung liest, der Erzbischof habe sich zu einer aktiven Zusammenarbeit mit der Baader-Meinhof-Gruppe bekannt, und daraufhin sagt »ich *kann* das *nicht* glauben« – ist das dann nur eine psychologische Aussage, die Auskunft über die Gemütsverfassung dieses Zeitungslesers gibt?

Unter »psychologischer Behauptung über die Gemütsverfassung eines Menschen« verstehe ich Aussagen des Typs: »er *kann* seine Frau nicht mehr lieben«, »er *kann* nicht länger mit Y zusammenarbeiten«, »sie *kann* X nicht mehr trauen, wenn er sagt, er wolle Schluß mit dem Alkohol machen«.

Die Äußerung »ich *kann* das nicht glauben« in bezug auf den Erzbischof, der der Baader-Meinhof-Gruppe geholfen hat, ein Flugzeug zu entführen, hat *ein theoretisches Moment* zum Inhalt, von der Art, daß – *unabhängig davon, in welcher Gemütsverfassung* sich der Sprecher befindet – die Aussage in jedem Fall kaum zu glauben ist.

Was der in einer fiktiven Situation geäußerte Satz impliziert, ist nämlich, daß der Sprecher ein Weltbild hat, eine Menge von kohärenten und logisch konsistenten Überzeugungen (wir können sie uns als eine Reihe von Behauptungen, verbunden durch Konjunktionen, P, vorstellen), und daß die Nachricht über das Verbrechen des Erzbischofs, wir wollen es q nennen, logisch unvereinbar ist mit der gesamten Menge P. Bei der Wahl, an P oder an q festzuhalten, gibt der Sprecher dann q auf, gemäß dem in der Wissenschaftstheorie geläufigen Prinzip der Gedankenökonomie, daß *die* Hypothese vorgezogen wird, die die geringsten Änderungen des Theoriegebäudes in seiner Gesamtheit erfordert. Wenn ich, statt q aufzugeben, nicht mehr an P festhielte, zöge das eine völlige Desorientierung nach sich, ein Chaos, ein nihilistisches Durcheinander meines gesamten »Weltbildes«. q ist eine Herausforderung an das ganze System von Vorstellungen und Überzeugungen, mit deren Hilfe ich mich in meinen Überzeugungen zurechtfinde. Folglich kann ich den Glauben an P nicht zugunsten von q aufgeben. Der Grund ist psychologischer Natur: *ich ertrage kein Chaos*, aber er ist nicht nur psychologisch, denn das, was q unerträglich macht, ist seine logische Unvereinbarkeit mit meinen übrigen Überzeugungen. Auch wenn ich ein anderer Mensch wäre, mit anderen Neurosen, anderen Gemütsstimmungen, anderen Loyalitäten, würde ich in ähnlichen Situationen die gleiche Wahl treffen.

Die *dritte* Bedeutung von »A ist es prinzipiell unmöglich zu einer Einsicht über P zu kommen«, wobei A eine Person und P eine Aussage ist, könnte also auf folgende Art erklärt werden:

3) A hat ein Weltbild, das aus der Zusammensetzung konsistenter und teilweise voneinander abhängiger Aussagen besteht. A müßte dieses Weltbild aufgeben, wenn P wahr wäre. Das vermag A jedoch nicht.

Wenn Nietzsche behauptet, daß bestimmte atheoretische Momente in der Situation des Menschen ihm nicht ermöglichen – prinzipiell nicht –, zur Erkenntnis bestimmter Wahrheiten oder zur Erkenntnis irgendeiner Wahrheit überhaupt zu gelangen, steht in seiner Auseinandersetzung der Begriff »prinzipiell unmöglich« für alle diese drei Bedeutungen.

In den grundlegenden Teilen seines Werks mit mehr allgemeinem, prämissenhaften Charakter herrscht 3) vor. In den mehr sekundären oder auch abgeleiteten Teilen trifft man auf Unmöglichkeiten vom Typ 1) und Typ 2).

Seine Aussage über die Macht der Sprache über den Gedanken, d.h. über die Sprache als *systematisch irreführendes System*, die kraft ihrer syntaktischen Kategorien auf die umgebende Wirklichkeit Kategorien projeziert, z.B. die Kategorie von Dingen, die eigentlich nur als syntaktische Kategorie von Substantiven existiert – diese Aussage ist eng mit dem Unmöglichkeitstyp 1) verknüpft.

Auch »Unmöglichkeit« 2) spielt eine Rolle in seinen Auseinandersetzungen. Die Sprache verleitet uns, nach bestimmten Momenten in der Wirklichkeit zu suchen, die wir da nicht finden können, Momenten, deren gespenstische Existenz nur der Schatten einer sprachlichen Suggestion ist. Dies sind übrigens die Verbindungspunkte, an denen Nietzsches ideengeschichtliche Nähe zu anderen Geistesströmungen des 19. Jahrhunderts am deutlichsten hervortritt. Etwa zum jungen Marx, der sich die menschlichen Beziehungen im Licht des Warenwerts der Dinge als gespenstische, phantasmagorische Eigenschaften vorstellt, als Eigenschaften, die es gar nicht gibt, die nur Projektionen von etwas anderem sind.[15]

Im 19. Jahrhundert nimmt das Interesse an »Illusion« ständig zu, wobei mit Illusion nicht mehr nur das Phänomen gesehen wird, das erkenntnistheoretisch im Subjekt abläuft (physiologisch wahrnehmungsmäßig etc.), sondern das eine *soziale* Kausalbeziehung hat.

Während dieser Zeit erscheint jedoch »Unmöglichkeit« in der Bedeutung 3) als die wichtigste in Nietzsches Philosophie, die alles überschattende Unmöglichkeit, die uns an der Erkenntnis der Wahrheit hindert. Ich werde gleich darauf zurückkommen.

Eine große Schwierigkeit besteht darin, daß Nietzsche – auch darauf will ich gleich eingehen – jegliche Existenz von »Wahrheit«, der man sich nähern könnte, anzweifelt. Die »objektive« Welt ist in seiner Philosophie auf *unendliche* Weise in miteinander unvereinbaren Interpretationen interpretierbar. Jede neue Interpretation, die eine alte ersetzt, ist ein Symptom für Wachsen oder Untergang derer, die die Interpretation vornehmen; dieser Prozeß nimmt kein Ende.[16] Folglich wird es auch zu einer Tugend und ist es ein Zeichen von Stärke, sich bei der Wahl, entweder an einem alten Weltbild festzuhalten, das einem Orientierungshilfen bietet, oder sich in erkenntnistheoretisches Chaos zu stürzen, in die

Dunkelheit, also sich zugunsten einer neuen Interpretation von der Welt zu entscheiden, immer die neuere und abenteuerlichere Alternative zu wählen.

Was diese Ansicht vom Fortschreiten des Erkenntnisprozesses durch sukzessiv überholte Hypothesen vom pragmatischen Relativismus unterscheidet, den Charles Sanders Peirce[17] entwickelt hat, ist zum einen, daß bei Peirce die noch nicht widerlegte Hypothese ihren höheren Wert vor der bereits widerlegten, die schon zu Enttäuschung und Umorientierungsversuch geführt hat, behält – ein Wert, der im großen und ganzen mit unserem Wahrheitsbegriff übereinstimmt –, und zum anderen, daß »Wahrheit« für Peirce die Bedeutung eines *Limes* in einem unendlichen Erkenntnisprozeß hat.

Bei Nietzsche hat die neue Interpretation keinen anderen Wert über den der schon überholten hinaus, als daß sie neu ist:

> »Die Falschheit eines Urteils ist uns noch kein Einwand gegen ein Urteil; darin klingt unsre neue Sprache vielleicht am fremdesten.«[18]

Soweit »prinzipiell unmöglich«. Aber was bedeutet es, daß eine Bewegung im 19. Jahrhundert die Idee betont, daß *atheoretische* Tatsachen oder Momente in der menschlichen Situation gewisse Erkenntnisse unmöglich machen? Was ist ein *atheoretisches Moment?*

Wir wollen das Wort hier *nicht* im Sinne gewisser Philosophen diskutieren, die sich für *Nonsense* und die Logik in Nonsense-Sätzen interessieren, und darüber streiten, ob es so etwas wie ein Gesetz von der *Dominanz des atheoretischen Elementes* gibt, d.h. ob ein syntaktisch richtiger Satz, der ein Nonsense-Element enthält, das wirklich Verwendung in dem Satz findet, dadurch selbst als ganzer Satz atheoretisch wird.[19]

Am einfachsten wäre die Feststellung, daß ein atheoretisches Moment ganz einfach weder richtig noch falsch ist, während eine Aussage, die entweder nur etwas Informatives ausdrückt, oder etwas, das sich auf das Herleitungsverhältnis zwischen Aussagen bezieht, eine theoretische Aussage ist.

Die komplizierte Frage, ob normative Ableitungen korrekt sind, z. B.:

(1) Nimm alle Koffer heraus!
(2) A ist einer der Koffer

(S) Nimm A heraus!

und die, soviel ich sehen kann, weiterhin bestehende Frage, ob der theoretische Status der Wertaussagen (sind sie falsch, sinnlos oder wahr oder falsch) die einfache Feststellung verhindert, daß die atheorischen Momente die Form von echten Wertsätzen erhalten müssen, wenn sie in sprachlichem Gewand auftreten.

Wie wir eben gesehen haben, wird ein Satz bei Nietzsche weder dadurch entwertet, daß er wahr ist (das leuchtet sicher jedem ein), noch dadurch, daß er falsch ist.

Aber darüber hinaus behauptet er, daß Suggestionen, Interessen, Willensakte und sogenannte *weltanschaulich bedingte Interessen* die Aufstellung wahrer Sätze prinzipiell immer unmöglich machen (aber sie sind auch weder wünschenswert noch möglich).

Eine Idee, die Nietzsche häufig wieder aufgreift[20], ist, daß es *dem Menschen prinzipiell unmöglich ist, sich vorzustellen, daß irgend etwas ohne Absicht geschieht.* Auch in Zusammenhängen, bei denen man annehmen möchte, man hätte sich von solcher Vorstellung befreit – z.B. in der Naturwissenschaft seiner Zeit –, zeigt sich, selbst wenn man nur an der Oberfläche rührt, daß sich hinter Begriffen wie »Kraft«, »Ursache« und »Wirkung« finale Kategorien verbergen.[21]

Die Unmöglichkeit, sich vom Absichtsdenken zu lösen, wenn man ein Geschehen betrachtet (und nach Nietzsches Meinung ist das prägend für das gesamte physikalische Denken), ist eine *»prinzipielle Unmöglichkeit«* im Sinne von 3).

»›Anziehen‹ und ›Abstoßen‹ in rein mechanischem Sinne ist eine vollständige Fiktion: ein Wort. Wir können uns ohne eine *Absicht* ein Anziehen nicht denken. – Den Willen, sich einer Sache zu bemächtigen oder gegen ihre Macht sich zu wehren und sie zurückzustoßen – *das* ›verstehen‹ wir: Das wäre eine Interpretation, die wir brauchen könnten.

Kurz: die psychologische Nötigung zu einem Glauben an Kausalität liegt in der *Unvorstellbarkeit* eines *Geschehens ohne Absichten*: womit natürlich über Wahrheit oder Unwahrheit (Berechtigung eines solchen Glaubens) nichts gesagt ist! Der Glaube an *causae* fällt mit dem Glauben an τέλη (gegen Spinoza und dessen Kausalismus).«

So heißt es in einem Notizbuch von 1880[22].

Dieses Zitat zeigt deutlich, daß das hier behandelte »atheoretische« Moment keine Wertung und auch keine Illusion darstellt.
Es stellt eine Begrenzung des menschlichen Vermögens dar, Begriffe zu bilden und zu begreifen. Unsere Fähigkeit zur Interpretation der Wirklichkeit ist biologisch begrenzt. (Nietzsche denkt sich diese Begrenzung häufig darwinistisch: Als Säuge- und Raubtiere besitzen wir diese Fähigkeit, um uns im Überlebenskampf durchsetzen zu können; diese Begrenzung ist identisch mit den Grenzen unseres Begriffsapparates.)
Die theoretischen Eigenschaften bei unseren Schlußfolgerungen und Begriffen sind völlig von der atheoretischen Tatsache abhängig und deshalb mit ihr *identisch* – daß unsere menschliche Natur so beschaffen ist wie sie ist.
In einer Travestie auf Ludwig Wittgenstein könnte man sagen, daß Nietzsche unsere logischen Grenzen für die biologischen hält.
Und da sich niemand außerhalb dieser Grenze versetzen kann, kann auch niemand feststellen, wo die Grenze zwischen »theoretischen« und »atheoretischen« Beweggründen in unserem Denken verläuft.
Nietzsche ist also in diesem Punkt extremer als andere soziologisch oder linguistisch orientierte Skeptiker des 19. Jahrhunderts, Philosophen wie Karl Marx, Fritz Mauthner oder Alexander Bryan Johnson.
Da ja niemand weiß, wo die Grenze zwischen unseren Begriffen und unserer Art verläuft, ist die objektive Welt ein »Dunkel«, ein undifferenziertes Chaos von Empfindungen, das eine unendliche Menge vereinbarer oder unvereinbarer Interpretationsmöglichkeiten bildet.[23]
Wie unterscheidet sich dieser Standpunkt von »normaleren« Theorien über das Verhalten von theoretischen und atheoretischen Momenten im Erkenntnisprozeß und in ihrem Zusammenspiel?
Wenn wir uns (äußerst vereinfacht) vorstellen, daß ein gewöhnlicher Erkenntnisprozeß – z. B. die Flächenfeststellung eines bestimmten quadratischen Ackers – aus drei Phasen besteht: In allen diesen drei Phasen können Störfaktoren auftreten, von denen man sinnvollerweise sagen kann, sie seien »atheoretisch«.

Wir wollen annehmen, daß eine Seite des Ackers 100 m lang ist. Unvollkommenheiten am Meßinstrument, Schwierigkeiten beim Meßvorgang, eventuell auch unser Wunsch, ein bestimmtes Meßresultat zu erhalten, können die Erhebung der empirischen Prämissen stören, die für die Feststellung erforderlich sind, daß die Fläche des Ackers 10000 qm beträgt.

Um die Fläche aus den Meßdaten, die wir erhalten haben, herleiten zu können, verwenden wir die einfache Formel, daß die Fläche eines Quadrats gleich dem Produkt einer Seite mit sich selbst ist.

Man kann sich nun eine intellektuell schwächer begabte Person vorstellen, die ganz einfach *außerstande* ist oder sonst irgendwie psychisch blockiert, diese Ableitung einer Quadratfläche aus dessen Seitenlänge *zu begreifen.* Und schließlich kann man sich einen Experimentator vorstellen, der zwar korrekt messen und rechnen kann, der aber außerstande ist, dem Resultat zuzustimmen, weil es ihn vielleicht persönlich in einem Grenzstreit zwischen zwei Höfen stark benachteiligt.

Alle diese drei Blockierungen (psychologischer, praktisch-technischer, intellektueller oder soziologischer Natur) können eine Person daran hindern, die wirkliche Fläche zu erkennen, aber keine bereitet irgendein prinzipielles Problem.

Für jede von ihnen läßt sich sinnvollerweise – wenn auch nur hypothetisch – sagen, daß unter relevant veränderten Voraussetzungen eine andere Person zu dem Ergebnis kommen würde, daß die Fläche des Ackers 10000 qm beträgt.

Mit anderen Worten, der intellektuelle Prozeß, der zu der Erkenntnis führt, daß die Ackerfläche so und so groß ist, kann auf empirischer wie auf deduktiver Ebene behindert, blockiert oder gestört sein, aber keine dieser Behinderungen macht den Prozeß prinzipiell undurchführbar oder systematisch irreführend.

Was aber Nietzsche in dem oben angeführten Zitat über unser Unvermögen, uns eine Absicht ohne finale Kategorien vorzustellen, behauptet, ist, daß unsere Begriffe sich zu einer (nur hypothetischen) Wahrheit so verhalten, wie jene Störungen sich zu den normalen Begriffen verhalten.

Mit anderen Worten, Nietzsche will eine *Analogie* bilden. Er will eine Strukturähnlichkeit unserer normalen Vorurteile und Hemmungen mit unserem begrifflichen Apparat in seiner Gesamtheit aufzeigen.

Für diese erkenntnistheoretisch zum Nihilismus führende Analogie ist eine wichtige Voraussetzung, daß Nietzsche ebenso wie Spencer und Mill Begriffe als *psychologische* und nur psychologische Größen betrachtet. Mit einer Reihe anderer Denker des 19. Jahrhunderts hat Nietzsche gerade in bezug auf jene abstrakten Größen, Begriffe, Relationen und Qualitäten, die bei den Scholastikern von unserem Denken unabhängige Momente im Aufbau der Welt sind, eine Tendenz zur Psychologisierung gemeinsam.

Für Nietzsche wie für Mill meint der Inhalt eines Begriffs seinen psychologischen Inhalt. Die Konnotation eines Wortes in der Auffassung als etwas, das so ist wie es ist, ohne Rücksicht auf unsere Vorstellung, ist für Nietzsche ein fremder Gedanke.

Immer wieder kommt in seinen Schriften die Vorstellung vom Begriffsinhalt als etwas rein Psychischem vor, wie eine *Assoziation von Sinneswahrnehmungen*. Diese Assoziation wird von sprachlichen und historischen Faktoren bestimmt. Sehr klar macht das der folgende Abschnitt aus »Jenseits von Gut und Böse«[24]:

»(...) Worte sind Tonzeichen für Begriffe; Begriffe aber sind mehr oder weniger bestimmte Bildzeichen für oft wiederkehrende und zusammenkommende Empfindungen, für Empfindungs-Gruppen. Es genügt noch nicht, um sich einander zu verstehen, daß man dieselben Worte gebraucht; man muß dieselben Worte auch für dieselbe Gattung innerer Erlebnisse gebrauchen, man muß zuletzt seine Erfahrung miteinander *gemein* haben. Deshalb verstehen sich die Menschen *eines* Volkes besser untereinander als Zugehörige verschiedner Völker, selbst wenn sie sich der gleichen Sprache bedienen; oder vielmehr, wenn Menschen lange unter ähnlichen Bedingungen (des Klimas, des Bodens, der Gefahr, der Bedürfnisse, der Arbeit) zusammengelebt haben, so *entsteht* daraus etwas, das ›sich versteht‹, ein Volk. In allen Seelen hat eine gleiche Anzahl oft wiederkehrender Erlebnisse die Oberhand gewonnen über seltner kommende: Auf sie hin versteht man sich, schnell und immer schneller – die Geschichte der Sprache ist die Geschichte eines Abkürzungs-Prozesses –; auf dies schnelle Verstehen hin verbindet man sich, enger und immer enger.«

Der assoziations-psychologische Zug in Nietzsches Sprach- und Begriffs-Auffassung tritt hier klar zutage. Der kritische

Leser fragt sich natürlich angesichts des Zitats, wie »dieselbe Gattung innerer Erlebnisse« bestimmt wird, wenn der Begriff nichts anderes als ein assoziativ erworbenes »Bildzeichen« für Gruppen ähnlicher Empfindungen ist.
Was ist unter diesen Voraussetzungen eine »Gattung«? Eine Interpretationsmöglichkeit wäre natürlich, sich vorzustellen, daß die Gattung der Erlebnisse auf eine mechanische Weise bestimmt wird, einem behavioristischen Muster vergleichbar: Derselbe Stimulus einer Empfindung führt stets zu demselben verbalen Response.
Bei einer Sprachphilosophie, die nicht nur die meisten Eigenschaften von seit Jahrhunderten festgelegten philosophischen Begriffen in Abrede stellt, sondern die bisweilen das Vorkommen von *Identitäten* im Universum überhaupt verneint, beruht eine der vielen Schwierigkeiten darauf, daß eine Erklärung für das, *was* sprachlich eigentlich mitgeteilt wird, kaum zu geben ist. Die Identität selbst ist eine der Vorstellungen, der wir durch sprachliche Suggestion zum Opfer fallen[25]:

»(...) Ehemals nahm man die Veränderung, den Wechsel, das Werden überhaupt als Beweis für Scheinbarkeit, als Zeichen dafür, daß etwas da sein müsse, das uns irre führe. Heute umgekehrt sehen wir, genau so weit als das Vernunft-Vorurteil uns zwingt, Einheit, Identität, Dauer, Substanz, Ursache, Dinglichkeit, Sein anzusetzen, uns gewissermaßen verstrickt in den Irrtum, *nezessitiert* zum Irrtum; so sicher wir auf Grund einer strengen Nachrechnung bei uns darüber sind, *daß* hier der Irrtum ist.«

Auf diesem Hintergrund überrascht es nicht, daß Nietzsche in anderem Zusammenhang darauf anspielt, daß eine objektive Welt außerhalb des Subjekts überhaupt nicht existiere[26]:

»Die Frage ist, ob es nicht noch viele Arten geben könnte, eine solche *scheinbare* Welt zu schaffen – und ob nicht dieses Schaffen, Logisieren, Zurechtmachen, Fälschen die bestgarantierte *Realität* selbst ist: kurz, ob nicht das, was ›Dinge setzt‹, allein real ist; und ob nicht ›die Wirkung der äußeren Welt auf uns‹ auch nur die Folge solcher wollenden Subjekte ist... (...) Das *Subjekt allein ist beweisbar: Hypothese, daß es nur Subjekte gibt* – (...)«

Der Abschnitt entstammt einer Notiz aus dem Jahr 1880. Sie charakterisiert den aphoristisch spielerischen Zug in Nietzsches Philosophie und zeigt, daß man leicht Belege[27] auch für jene Theorie findet, wonach die Vorstellung eines substantiellen Ich, also eines mit Willen ausgestatteten Subjekts, eine grundlegende Quelle für das Mißverständnis der Philosophie ist.

»Die falsche Grundbeobachtung ist, daß ich glaube, *ich* bin's, der etwas tut, etwas leidet, der etwas ›hat‹, der eine Eigenschaft ›hat‹.«

Ein sehr »stark« angewendetes *Prinzip der vorsichtigen Deutung* [28] könnte uns vielleicht an solche Bestimmungen der Begriffe heranführen, Begriffe, wie wir sie der Reihe nach haben vorbeiziehen sehen (»Gattung«, »Identität«, »Subjekt«) und die wir der Reihe nach verworfen haben, damit sie miteinander wieder vereinbart wurden.
Im Zusammenhang mit einem Philosophen wie Leibniz hätte sich eine solche Vorgehensweise als natürlich und einzig sinnvoll erwiesen. Selbstverständliche Voraussetzung bei einem Text wie Leibniz' »Monadologie« ist, daß der Leser durch das Aufzeigen gewisser Standpunkte Schritt für Schritt zu der Überzeugung gelangt, daß die behaupteten Standpunkte mehr Berechtigung und Gewißheit haben als die verworfenen.
Um die Interpretation eines solchen Textes *plausibel* zu machen, ist es wichtig zu zeigen, daß die behaupteten Standpunkte – wenn sie richtig sind – in der Weise gelesen werden müssen, daß die verworfenen Standpunkte *nicht gleichzeitig* wahr sind.
Bei dieser Form von Kontrolle einer philosophischen Textinterpretation dient gerade die *Formalisierung* verschiedener Standpunkte als vorrangige Arbeitsmethode.
Bei einer extremistischen Philosophie, wie sie Nietzsche vertritt, bleibt diese Form von Interpretationskontrolle durch eine *reductio ad absurdum* wirkungslos.[29]
Die Inkonsistenz seiner Behauptungen hängt mit seiner grundlegenden Sehweise zusammen: der Analogie zwischen Erkenntnis und Vorurteilen.[30]
Sein Gedankengang bekommt auf diese Weise einen spielerischen Charakter, auf jeden Zug folgt ein Gegenzug. Durch eine Reihe sich einander ausschließender Alternativen wird die Vorstellung vorangetrieben, z.B. in »Jenseits von Gut und Böse« und »Götzen-Dämmerung«. In anderen Schriften kommt noch ein anderes Ausdrucksmittel hinzu, die poetische Metapher. Dies gilt vielleicht in erster Linie für »Also sprach Zarathustra«.

Am meisten fällt bei einer Philosophie im Stil Nietzsches auf, daß sie *ipso facto* nicht beweisbar ist. Etwas kann der Fall sein, ohne beweisbar zu sein. Es *kann* der Fall sein, daß die menschliche Erkenntnis den Charakter einer endlosen Kette von einander sich ablösenden Illusionen hat wie in der Vorstellung Nietzsches. Aber wie könnte ein *überzeugendes Argument* für einen Standpunkt dieser Art aussehen?
Um die Theorie zu widerlegen, daß sich unsere Erkenntnisse zu einer gedachten außermenschlichen Welt so verhalten, wie normalerweise sich unsere Vorurteile zu unseren Erkenntnissen verhalten, muß man sinnvollerweise argumentieren, daß das aus Gründen der Logik nicht möglich ist.
Wie ein modaler Beweis dieser Art aussehen würde, vermag ich nicht zu sehen. Zum Teil stieße er auf die bekannten Schwierigkeiten, die mit der Notwendigkeit empirischer Fakten verbunden sind, mit *modalitas de dicto* und *modalitas de re*.[31] Gibt es überhaupt ein Element in der Welt, das es geben *muß*, wobei »muß« eine logische Notwendigkeit ausdrückt? Mit diesem Beweis würde man sich eventuell in die Zwangslage bringen, gegen einen Standpunkt zu argumentieren, zu dessen Prämissen gehört, daß Widersprüche illusorisch sind.
Gegen Nietzsche zu argumentieren, bedeutet nicht, gegen eine Anzahl Schlußfolgerungen zu argumentieren, sondern vielmehr den Versuch zu zeigen, daß eine Analogie nicht haltbar ist. Wenn das der Fall ist, was Nietzsche zeigen will, kann man weder einen Beweis noch einen Gegenbeweis, sondern nur einen Nachweis führen.
Seine langen aphoristischen Ketten mit stark sich verändernden Argumenten und Gegenargumenten, das Spiel, das er mit Zug und Gegenzug um gewisse zentrale Fragestellungen betreibt (gar nicht so unterschiedlich zu dem, was man in Wittgensteins späten Notizbüchern liest), dies alles deutet auf etwas hin, das – falls es Gültigkeit besitzt – sich auf die Erkenntnisprozesse in ihrer Gesamtheit beziehen muß.
Wie Claudio Guillén[32] in einer ideengeschichtlichen wichtigen Studie gezeigt hat, ist die *Metapher der Perspektive* unerhört wichtig für Nietzsche. »Das *Perspektivische*, die Grundbedingung für alles Leben«, heißt es im Vorwort zu »Jenseits von Gut und Böse«.[33]
Das Wort »Perspektive« stammt aus den *trattati della pittura*,

Malerei-Handbüchern der Renaissance, in denen die Entdeckung der *verschiedenen* geometrischen Konstruktionsprinzipien, die möglich sind, um auf einer Fläche einen dreidimensionalen Raum als Pyramidenschnitt darzustellen, systematisch zur Anwendung gebracht wird. Nach wechselvollem Schicksal taucht die Perspektive-Metapher im 19. Jahrhundert als ein bedeutend abstrakterer Begriff auf, den man vielleicht folgendermaßen zusammenfassen kann: etwas unter einer bestimmten Perspektive P zu sehen, heißt x *als* y zu sehen. Die Perspektive wird ein Prinzip, eine Funktion, die x auf y abbildet.[34] Eine Veränderung oder ein Austausch von P bewirkt, daß x nicht länger als y gesehen werden kann, es sei denn, x erscheint als z.

Die Perspektive-Metapher (und ich halte ebenso wie Guillén die Feststellung für wichtig, daß es sich dabei wirklich um eine Metapher handelt und nicht um etwas Komplizierteres; ein Gesichtspunkt, den sich viele jüngere Interpreten des späten Wittgenstein zu eigen machen werden) spielt eine doppelte Rolle bei Nietzsche:

A) Die Art seines Gedankengangs baut im einzelnen auf Aspekt- und Perspektiveveränderungen auf. Er will zeigen, wie ein Begriff sich verändert, indem er zuerst als Instanz von x gesehen wird und danach als eine Instanz von y, wobei x und y verschieden sind. Als umfassenderes Beispiel kann der Hauptgedankengang seines »Zur Genealogie der Moral«[35] dienen, wo er, methodisch gesehen, zeigt, daß alles, was man in der Vergangenheit als Tugend (christliche Tugend) betrachtet hat, unter einem anderen Blickwinkel als Schwäche und Lasterhaftigkeit erscheint, als Verteidigung der Schwachen für ihre Schwäche. Ein anderes Beispiel, das Nietzsche wiederholt aufgreift, zeigt, daß das, was in dem einen Zusammenhang als Ursache und Wirkung angesehen wird, unter einem anderen Blickwinkel genau umgekehrt erscheint. Er fragt z.B.: Verhalten sich die logischen Axiome adäquat zur Wirklichkeit oder sind sie dazu da, die Wirklichkeit zu schaffen?[36]

B) Mit seiner gesamten Philosophie möchte er eine Veränderung der Perspektive bewirken. Seine Lehre von der Beschaffenheit der Erkenntnis ist eine Analogie oder Metapher.

Wie argumentiert man gegen eine Metapher? Dieses Problem, das sich wohl häufiger Lyrikkritikern als Philosophen stellt, kann man auf verschiedene Weise angehen.
Wenn wir aufgrund unserer Erfahrung eine Metapher als gelungen ansehen, z. B. Tomas Tranströmers Verszeile:
*»Gestrüpp taucht ein in Dunkelheit«*[37]
und uns fragen, was an ihr gelungen ist, so bietet sich nicht ohne weiteres eine Antwort an. Die Metapher ermöglicht uns, in der Form der Büsche eine Zeichnung zu visualisieren, was als reine Deskription nahezu unüberwindbare Schwierigkeiten böte. Eine häßliche Metapher, z. B. »Der Staatswagen segelt am Rande eines Vulkans«, ist deswegen häßlich, weil sich das, was sie ausdrücken will, nicht visualisieren läßt; das liegt daran, daß das, was wir sehen sollen, der Staat nämlich, keine logische Konsistenz hat.
Das Vergleichsobjekt in einer metaphoerischen Verbindung muß einen inneren Zusammenhang, eine logische Konsistenz besitzen.
Nur deshalb, damit die Metapher *anschaulich* wird? Die Anschaulichkeit braucht ja nicht *visuell* zu sein. Wenn Erik Gustav Geijer über die Union von Kalmar sagt, sie sei ein Ereignis, das wie ein Gedanke aussähe oder wenn in der Zeitschrift »Blandaren« in dem Jahr, in dem die Waxholmsgesellschaft ungewöhnlich viele Grundberührungen mit ihren Schiffen hatte[38], und die SJ, die schwedischen Eisenbahnen, ungewöhnlich viele Zugunfälle verzeichnete, eine im doppelten Sinn ehrenrührige Überschrift erscheint: »SJ – EINE WAXHOLMSGESELLSCHAFT AUF RÄDERN«, so handelt es sich in beiden Fällen um brillante Metaphern, die jeglicher visuellen Anschaulichkeit entbehren.
Das Vergleichsglied besitzt Struktur und Zusammenhang genug, um durch die überraschend hergestellte neue Verbindung gleichsam ganz neue Eigenschaften beim Vergleichsobjekt in Erscheinung treten zu lassen, Eigenschaften, die offensichtlich schon immer da waren, die aber in der Metapher lebendig werden.
(Bei einem Ästhetiker des Barocks wie Cladenius[39] führt diese Beobachtung zu der Theorie, daß die Metapher immer einen neuen begrifflichen Gegenstand hervorbringt; eine Theorie, an der sich der moderne, nominalistisch geschulte Leser stößt. Wenn der Mond mit einer Silbermünze vergli-

chen wird, ist anschließend auf der Welt nicht nur Mond und Silbermünze, sondern auch Mond-wie-Silbermünze als Begriff vorhanden. Diese Lehre hat zumindest einen Verdienst: Sie rückt sehr fein die Fähigkeit einer guten Metapher ins Licht, die noch nicht gesehenen Eigenschaften des Vergleichsobjekts beim Empfänger gleichsam zum Leben zu erwecken, Eigenschaften, die die ganze Zeit dagewesen, aber der tagtäglichen Aufmerksamkeit entgangen sind.)

Ein Maß für Anschaulichkeit einer Metapher ist, auf wieviele früher nicht bemerkte (aber vorhandene) Qualitäten des Vergleichsobjekts sie uns aufmerksam machen kann. Man könnte also festhalten, daß Metaphern Träger einer mehr oder weniger großen Informationsmenge zu sein vermögen, und daß diese Informationsmenge vom Grad der Konsistenz der abbildenden Struktur und der in dieser Struktur enthaltenen Informationsmenge abhängig ist.

Wenn diese Hypothese Berechtigung haben soll (in Wirklichkeit ist sie als Hypothese sehr alt und findet sich schon in Dionysios Areopagitas Abhandlung über die Kunst des Predigens[40], muß – bei Annäherung an Nietzsches Philosophie – der erste Schritt methodisch verantwortlich aus den folgenden Fragen bestehen:

1) Wie *konsistent* ist das Vergleichsobjekt, das seine Philosophie uns zur Betrachtung der Welt bietet?
2) Bis zu welchem Grad ist das Vergleichsobjekt *strukturiert* oder, mit anderen Worten, welche Informationsmenge enthält es?

Ich werde im folgenden versuchen, dieses methodische Prinzip leidlich mit dem Versuch zu veranschaulichen, den Zusammenhang von drei Gebieten seiner Philosophie zu beleuchten, die man als Schwerpunkte seines Werks bezeichnen kann. Daß ich mich auf drei beschränke, rührt nicht daher, daß es nicht mehr als drei Kernpunkte gäbe, sondern daß prinzipiell diese drei für die Frage, ob die Sprache ein systematisch irreführendes Moment im Erkenntnisprozeß darstellt, also für die Frage nach Sprache und Lüge, von speziellem Interesse ist.

1. Nietzsches Umbewertung der Fragen nach Wert und Wahrheit, die besagt, daß er Wahrheitsfragen im Verhältnis zu Wertfragen für sekundär hält.

2. Nietzsches Lehre von der Philosophiegeschichte und dabei speziell das, was er den traditionellen Unterschied zwischen der wahren und der scheinbaren Welt nennt.

3. Nietzsches Lehre von der Rolle der Sprache im Erkenntnisprozeß.

(Wie sich aus dem bisher Gesagten ergibt, darf man einen Ausdruck wie »Nietzsches Lehre« von x oder y nicht in demselben Sinn interpretieren wie »Leibniz' oder Spinozas Lehre von x oder y«. Eine angemessene, aber allzu exzentrische Ausdrucksweise wäre »Nietzsches *Spiel* mit x oder y«.)

## 2.2 *Umwertung*

Der zentrale Begriff in Nietzsches Philosophie ist *Der Wille zur Macht*. Aus diesem Willen, einem Willen zur Herrschaft, zur Beherrschung der Umwelt, ist auch das Bedürfnis nach Interpretation, nach Deutung eines Textes, des Zusammenhangs einer Gruppe von Empfindungen, ableitbar.
Eine *Interpretation* ist Ausdruck für den Willen zur Macht. Sie bedeutet sozusagen, daß wir über den interpretierten Text befehlen oder daß wir dessen Interpretation vorschreiben oder bestimmen. [41] Es gibt also keine *Tatbestände an sich*[42]:

»(...) sondern *ein Sinn muß immer erst hineingelegt werden, damit es einen Tatbestand geben kann*. (...) Die Entstehung der ›Dinge‹ ist ganz und gar das Werk der Vorstellenden, Denkenden, Wollenden, Empfindenden.«[43]

Selbst das denkende, wahrnehmende und wollende Ich ist ein geschaffenes Ding, eine Vereinfachung oder die Konstruktion einer unpersönlichen Kraft, die begrifflich bestimmt, erfindet, denkt.[44] Die Verwandtschaft zu Schopenhauer zeigt sich in diesem Punkt deutlich.
Folglich sind die Gewißheitsfragen der Philosophie sekundär zu den Wertefragen. Primär ist nicht die Frage nach dem, was in der Welt vorhanden ist, sondern danach, was nach meinem Willen vorhanden sein soll. Die Welt selbst läßt eine unendliche Menge von miteinander nicht zu vereinbarenden Deutungsmöglichkeiten zu.
Auf die Umwälzungen der Moral folgen auch neue Begriffe von der Welt. Wahrscheinlich haben viele Umwälzungen

stattgefunden.[45] Und folglich sind unsere Gewißheiten, unser theoretisches Begriffsgebäude nur eine Phase in einer langen Reihe historischer Phasen, die einander abgelöst haben. Die Geschichte der moralischen Wertungen ist die Geschichte der Lüge im Dienste des Willens zur Macht.
Nicht nur dogmatische, auch relativistische und skeptische Philosophien sind in dieser Ordnung mit inbegriffen, und man kann sagen, daß Nietzsche eine Art Skeptizismus »höherer Ordnung« vertritt, der auch skeptische Thesen umfaßt:

»Gegen die erkenntnistheoretischen Dogmen tief mißtrauisch, liebte ich es, bald aus diesem, bald aus jenem Fenster zu blicken, hütete mich, mich darin festzusetzen, hielt sie für schädlich, – und zuletzt: ist es wahrscheinlich, daß ein Werkzeug seine eigene Tauglichkeit kritisieren *kann??* – Worauf ich achtgab, war vielmehr, daß niemals eine erkenntnistheoretische Skepsis oder Dogmatik ohne Hintergedanken entstanden ist, – daß sie einen Wert zweiten Ranges hat, sobald man erwägt, *was* im Grunde zu dieser Stellung *zwang.*«[46]

## 2.3 *Geschichte der Philosophie*

Mit Ausnahme der Vorsokratiker – besonders Heraklit nennt er mit allergrößter Hochachtung – erinnert die gesamte Philosophiegeschichte Nietzsche an ein einziges Netz von zusammenhängenden Selbstbetrügereien. Am klarsten entwickelt er diesen Gedankengang in seiner »Götzen-Dämmerung«[47], und zwar in dem Abschnitt, den er »Wie die ›wahre Welt‹ endlich zur Fabel wurde« nennt.
Die Philosophen haben zu verschiedenen Zeiten beobachtet, daß sich die Welt verändert, daß keines der auftretenden Phänomene von Dauer ist.
Nach Nietzsches Auffassung haben sie unter dem Zwang der moralischen Bedürfnisse der Welt die Interpretation einer »wahren Welt« hinter oder unter der Oberfläche der wechselnden Phänomene, die die »scheinbare Welt« bedingen, aufzwingen wollen. Sie haben nach einem »Substrat« hinter den Phänomenen gesucht, um an einer statischen Welt festhalten zu können, obwohl alle zu beobachtenden Phänomene auf ununterbrochene, endlose Veränderung, auf Übergang und Flüchtigkeit deuten.[48]
*Primär* ist immer das Bedürfnis nach einem statischen Welt-

bild gewesen – da es ja ein moralisches Bedürfnis war, ein Ausdruck für den Willen zur Macht –, im Verhältnis zu Beobachtungen der Wirklichkeit. Da die Philosophen lieber den Glauben an ihre eigenen Empfindungen als an die »Stabilität« der Welt aufgeben wollten, waren sie gezwungen ein binäres System anzunehmen – *die Phänomene* auf der einen Seite, *die wahre Welt* auf der anderen. Durch Kants »Ding an sich«, Substanztheorien, gewaltige philosphische Systemgebäude von Platon bis zum Positivismus, ergab sich die Notwendigkeit, an dieser Unterscheidung festzuhalten.
Wenn man die Idee einer wahren Welt aufgibt und nicht mehr auf der doppelten Welt besteht, fällt auch das Bedürfnis nach der scheinbaren Welt fort:

»(...) mit der wahren Welt haben wir auch die scheinbare abgeschafft!«[49]

Die beiden Begriffe »wahre Welt« und »scheinbare Welt« verhalten sich also polar zueinander, d. h. ein Glied in der Unterscheidung der beiden Begriffe ist dann denkbar und nur dann, wenn die Negation denkbar ist. (Ein Beispiel für ein solches Begriffspaar wäre vielleicht »innerhalb – außerhalb«.)
Die Suche nach einer wahren Welt ist die Suche nach einer Phantasmagorie und wäre niemals notwendig gewesen, wenn nicht das Bedürfnis nach der Existenz einer solchen Welt bestanden hätte, ursprünglich aus Eigenliebe, später als Belohnung für gesühnte Sünden, und sie wurde in einem letzten Stadium zu etwas Unbekanntem und Unerreichbarem, also aus moralischen Gründen zu einer notwendigen Annahme gemacht.
Von einem »theoretischen« Gesichtspunkt her gesehen, ist also der größere Teil der Philosophiegeschichte völlig überflüssig. Die Philosophie hat nur praktischen Zielen gedient.[50]
Auch die abstrakten Begriffe sind von dieser Kritik betroffen. In einem wichtigen Absatz der »Götzen-Dämmerung«[51], dessen polemische Spitze gegen Hegels »Wissenschaft der Logik« gerichtet zu sein scheint, klagt Nietzsche über das, was er die »zweite Idiosynkrasie der Philosphen«[52] nennt, nämlich, daß diese die allgemeinsten, soll heißen die leersten Begriffe allem anderen voranstellten. Das Höhere *darf* nicht aus etwas Niedrigerem erwachsen sein, darf nicht etwas

Niedrigeres zur Ursache gehabt haben. Die Herkunft aus etwas Niedrigerem gilt als *Einwand* gegen das Höhere; das Höchste, das also das Leerste und begrifflich Dünnste ist, muß seine Ursache in sich haben.
Die Begriffshierarchie hat mit anderen Worten ein Alibi geliefert, einen Vorwand für den Glauben an Gott. Das Motiv ist außerlogisch.
Ein außerordentlich origineller Gedanke, der mit der gedanklichen Überordnung des abstrakten Begriffs über den konkreten verwandt ist, aber auch in interessantes Licht auf die Zwei-Welten-Theorie wirft, findet sich in Nietzsches hinterlassenen Aufzeichnungen aus den achtziger Jahren. An einer Stelle heißt es da[53]:

»Aus der uns bekannten Welt ist der humanitäre Gott nicht *nachzuweisen:* so weit kann man euch heute zwingen und treiben. Aber welchen Schluß zieht ihr daraus? ›Er ist *uns* nicht nachweisbar‹: Skepsis der Erkenntnis. Ihr alle *fürchtet* den Schluß, ›aus der uns bekannten Welt würde ein ganz anderer Gott *nachweisbar* sein, ein solcher, der zum mindesten *nicht* humanitär ist‹ – – und kurz und gut, ihr haltet euren Gott fest und erfindet für ihn eine Welt, die *uns nicht bekannt ist.*«

Die erkenntnistheoretische Skepsis in Form der Vorstellung, daß die reale oder eigentliche Welt sich unserer Erkenntnis entzieht, kann selbst als Vorwand eines außerlogischen Motivs dienen, nämlich der Weigerung zu erkennen, daß die Beschaffenheit der Welt unvereinbar ist mit der Annahme von der Existenz eines guten Gottes.
Aber die Beschaffenheit der Welt *kann* vereinbar sein mit der Annahme, daß ein Gott existiert, der nicht gut ist. Vor diese Wahl gestellt, stimmt Nietzsche einer alternativen, unerreichbaren Welt lieber zu – oder richtiger, er wird dazu gezwungen –, als daß er annimmt, eine nichthumanitäre Macht habe die Welt geschaffen.
Nietzsches Gedanken über die Geschichte der Philosophie führen eine Situation herbei, die einem logischen Paradoxon ähnelt:

1. Wenn wir gewissen gängigen Moralvorstellungen zustimmen, dann folgt daraus, daß unser intuitives Weltbild falsch ist.
2. Wenn unser intuitives Weltbild falsch ist, müssen auch gängige Vorstellungen von Moral falsch sein.

Oder mit Nietzsches eigenen Worten[54]:

»Moralisch ausgedrückt, *ist die Welt falsch*. Aber insofern die Moral selbst ein Stück dieser Welt ist, so ist die Moral falsch.«

Wir können also selbst die Wahl unserer Perspektive oder den Schwerpunkt unserer Untersuchung bestimmen, wo immer wir wollen. Entweder werden wir zu einem Skeptizismus gezwungen, bei dem die Unterscheidung zwischen der »scheinbaren« und der »wirklichen« Welt entsteht, und bei dem das Bemühen der Philosophen im platonischen Sinne σωξειυ τα ζαισφευα als ein Versuch erscheint, die Phänomene zu »retten«, d.h. ihnen durch Annahmen über die wirkliche Welt eine akzeptable Erklärung zu geben, oder wir werden gezwungen, unser ganzes System von bisherigen Normen, Werten und *Erwartungen* zu verwerfen.

Moral und Erkenntnistheorie sind in Nietzsches Philosophie wie zwei Seiten ein und derselben Münze. Durch eine *Veränderung der Perspektive* ist diese Identität erkennbar.

## 2.4 *Die Sprache als systematisch irreführendes Zeichensystem*

Als die große Missetäterin unter den Illusion erzeugenden Elementen, die von der Geschichte und den moralisch aufgezwungenen historischen Vorstellungen geschaffen wurden, erscheint Nietzsche die *Sprache*. Und mit der Sprache meint er *la langue*, nämlich im Sinne Saussures *die Sprache als System*.

Schon in der Vorrede zu »Jenseits von Gut und Böse«[55] spricht er von der Philosophie als Ergebnis einer Verführung, die die Grammatik angestellt hat. Er interessiert sich überhaupt mehr für die Fähigkeit der Grammatik, d.h. der grammatischen Kategorien und der Syntax, irrezuführen als für die lexikalischen Eigenschaften der Sprache. (Was ihn nicht daran hindert, in anderem Zusammenhang seiner Philosphie – z.B. bei der Ableitung der christlichen Moral – bei Worten wie »Tugend« und »Güte« philologische Erwägungen anzustellen.)

Wir haben schon gesehen, wie Nietzsche, zusammen mit anderen einflußreichen Philosophen des 19. Jahrhunderts,

dazu neigt, den Begriffsinhalt als etwas Psychisches und nur Physisches zu betrachten.[56]
Worte sind Zeichen für Begriffe, Begriffe aber sind eine Art Ideogramm für »Empfindungs-Gruppen«, und in dieser Beziehung sind die Empfindungs-Gruppen immer primär. Durch Worte legen wir einen Sinn in unsere Empfindungen.
Das primär Irreführende bei der Sprache ist, daß sie uns mittels ihrer grammatischen Kategorien (Substantive, Pronomina, Adjektive) zu dem Glauben verleitet, es existierten außerhalb der Sprache entsprechende Kategorien. Auf diese Art entstehen illusorische Vorstellungen wie die über *Dinge, Ich, erkenntnistheoretische Subjekte,* ja sogar Vorstellungen über die *Zahlen* und *mathematischen Schlußfolgerungen* sind Resultat einer sprachlichen Suggestion.[57] Sie beruhen nämlich auf der grammatisch suggerierten Vorstellung von *Differenz* und *Konstanz*. Aber in Wirklichkeit bestehen keine Dinge, die voneinander verschieden sind und folglich meßbare Größen bilden können und ebenfalls keine, die sich konstant verhalten.
Daß die Sprache sich auf diese Weise primär kausal zu unseren Vorstellungen über die Wirklichkeit verhält, ist für Nietzsche eine anthropologische Tatsache. Es ist kennzeichnend für die Gattung Mensch, die gerade so zu verhalten: Unser sprachliches Verhalten ist weitgend *angeboren,* und unsere anthropologische Natur verfügt sozusagen über einen gewissen begrenzten Spielraum für mögliche Philosophien, den die Philosophen ausfüllen.[58]
Nietzsches Lehre von der Sprache als systematisch irreführendem Zeichensystem hängt eng mit seiner Lehre vom Aufkommen des »Zwei-Welten-Systems« zusammen (vgl. 2.2), d.h. der Unterscheidung zwischen der »wahren« und der »scheinbaren« Welt.
Die grammatischen Kategorien verleiten zu der Annahme, daß wir *bereits* a priori durch eine Art Wissen über die Welt *verfügen*. Unsere Empfindungen und Erfahrungen hängen nicht mit diesen Kategorien zusammen (in der Sprache existiert die Kategorie Ding, in Wirklichkeit ist alles veränderlich), folglich also schließen wir daraus, daß eine wirkliche Welt existieren muß, die unseren (grammatischen) Kategorien besser entspricht, »heimlich«, »unter« der sinnlich wahrgenommenen Wirklichkeit:

»Ich fürchte, wir werden Gott nicht los, weil wir noch an die Grammatik glauben.«[59]

Kennzeichnend für Nietzsches Sprachauffassung ist also folgender Gedanke: Die Tatsache, daß wir in einer bestimmten (natürlichen) Sprache auf Syntax und Vokabeln angewiesen sind, *verpflichtet uns* zu der *Ontologie,* die den Zeichenvorrat der Sprache und ihrer Verwendungsregeln erfaßt. Wir werden in den Schlußkapiteln auf die Frage zurückkommen, ob dieser Standpunkt berechtigt ist. Diese zentrale Frage steht tatsächlich hinter dem Problem, ob Sprache systematisch irreführt oder ein systematisch irreführendes Zeichensystem sein kann.
Ein morderner amerikanischer Kenner Nietzsches, Arthur Danto, hat in seinem ausgezeichneten Buch »Nietzsche as Philosopher«[60] den Gedanken aufgebracht, daß Nietzsches Erkenntnistheorie tatsächlich die Negation einer extremen Korrespondenztheorie für Wahrheit sei, und daß Nietzsche folglich, wenn er von einer weniger strengen Korrespondenztheorie für Wahrheit ausgegangen wäre (oder von einer ganz anderen Wahrheitstheorie), er nicht zu einer ganz so tiefen Hoffnungslosigkeit in Fragen der Wahrheit hätte gelangen müssen.

»In gewisser Hinsicht hat er sich von seinen eigenen Argumenten verführen lassen. Weil er aussagen wollte, daß alle unsere Glaubensvorstellungen falsch sind, war er gezwungen, für sie eine Welt einzuführen, in der sie falsch sein mußten; und das *mußte* eine Welt ohne Unterscheidungen sein, ein leeres strukturloses Vorhandensein.«[61]

Ich glaube, meine Argumentation zeigt, daß Danto nicht recht hat. Wenn man im klassischen Sinne unter extremer Korrespondenztheorie für Wahrheit eine Theorie versteht, bei der Zeichen auf der einen Seite und Dinge, Qualitäten und Relationen auf der anderen einander eineindeutig zugeordnet sind (so daß die Aussage »Die Katze liegt auf dem Teppich« vier verschiedene ontologische Momente in der Wirklichkeit entsprechen müssen, damit der Satz wahr sein kann), dann glaube ich nicht, daß dies die einzige Form von Wahrheitstheorie ist, die durch Nietzsches Weltbild in Abrede gestellt wird.
Unsere Empfindungen stellen für Nietzsche die einzigen und

*endgültigen* Fakten über die Welt dar. *Sie allein besitzen Realität.*

Auch eine relativistische und pragmatische Theorie wie die von Charles Sanders Peirce in »How to make our ideas clear«[62], die die »Wahrheit der Welt« als einen unerreichbaren Endzustand in einem gedachten, fortschreitenden Deutungsprozeß sieht, bei dem jeder durch Erfahrung nicht widerlegte Standpunkt im Moment die »Wahrheit« ist – auch eine Theorie dieser Art wäre für Nietzsche nicht zufriedenstellend und würde durch seine Philosophie an Abrede gestellt.

Denn aus Nietzsches Lehre vom Zwei-Welten-System der Philosophen und der Falschheit dieses Systems folgt, daß *daran nichts ist, was den Versuch einer Interpretation wert wäre.*

Nietzsches Universum ist nicht strukturiert, weder auf unsere noch auf irgendeine andere Art. Sein Universum ist ein *amorphes Kontinuum.* Es gibt in der Tat eine Verbindung zwischen diesem Weltbild und bestimmten neueren Theorien von der Unmöglichkeit einer eindeutigen mikroskopischen Information über das Universum.[63]

Ich glaube, daß aus meiner Auseinandersetzung mit den Punkten 1., 2. und 3. hervorgegangen ist, daß Nietzsches Metapher zwei Eigenschaften hat, die ich von einer guten Metapher verlangte, *Konsistenz* und hohe *Informationsdichte.*

Wie sollen wir sie auflösen?

In der ersten von Descartes »Meditationes de Prima Philosophia«[64] findet sich die berühmte Stelle, in der unser waches Leben mit Träumen verglichen wird und Descartes die Frage stellt, wie man Traum und Wirklichkeit unterscheiden kann.

Gibt es irgendein *inneres* Kriterium?

Descartes Antwort lautet nein. Denn im Traum können Empfindungen mit derselben Konsistenz und Deutlichkeit auftreten wie im Wachzustand. Gerade jetzt, da ich am Tisch sitze, bin ich überzeugt davon, daß ich nicht träume. Aber andererseits: Wie oft habe ich nicht genau diese Situation im Traum erlebt.

Das Kriterium dafür, daß der Traum Traum ist, ist *extern:* Nur im Vergleich mit irgendeinem anderen Bewußtseinszustand läßt sich Traum definitiv als Traum nachweisen. So-

lange der Zustand, den wir als normalen Wachzustand betrachten, nicht von etwas unterbrochen wird, das sich analog zu einem Erwachen verhält, kann man nicht zeigen, daß wir träumen. Aber solange das nicht geschehen ist, kann man auch nicht beweisen, daß wir nicht träumen.
Es besteht eine Strukturähnlichkeit zwischen Descartes' Traumargument und dem völligen Infragestellen menschlicher Erkenntnis bei Friedrich Nietzsche.
Lassen wir A, B und C drei Zustände sein, die sich durch den ihnen zugestandenen Grad von Gewißheit über eine Außenwelt unterscheiden. A gewährt den geringsten Grad von Gewißheit, B einen höheren Grad als A, und C einen höheren Grad als B. Nehmen wir weiterhin an, daß die Relation transitiv ist, d. h. wenn B »stärker« als A ist und C »stärker« als B, folgt daraus, daß C »stärker« als A ist.
Man kann dann feststellen, daß Descartes und Nietzsche sich beide fragen, ob es sich möglicherweise wie folgt verhalten kann:

(T) *Es gibt drei Zustände von Gewißheit oder Erkenntnis von der Welt, A, B und C, die so beschaffen sind, daß sich C zu B wie B zu A verhält, wobei A der Traumzustand ist oder bei Nietzsche das, was man normalerweise »illusorische« Vorstellungen nennt, und B der Wachzustand oder das, was man normalerweise mit nicht-illusorischem Bewußtsein beschreibt.*

Die Schwierigkeit bei (T) liegt natürlich darin, daß A bekannt ist und sich begrifflich mit Hilfe bestimmter Termini von B bestimmen läßt, es dagegen aber keine Möglichkeit gibt, B in Termen von C zu bestimmen, da ja der Unterschied von B und C gerade das zu Beweisende wäre oder das ist, was in Frage zu stellen wäre.
Es *kann* sein, daß (T) falsch ist, und es kann sein, daß (T) nicht falsch ist. Um aber herauszufinden, welche von beiden Annahmen falsch ist, müssen wir B und C vergleichen, und das ist nur unter der Bedingung möglich, daß wir aus Fakten von B auf die Existenz und Beschaffenheit von C schließen können.
Eine Strukturähnlichkeit können wir nur erkennen, wenn wir wissen, welche Strukturen wir vergleichen wollen.
Nietzsche ermuntert uns, zwischen dem zu vergleichen, was wir normalerweise objektiv nennen – theoretischen Erkennt-

nissen – und unseren Vorurteilen, Blockierungen und Zwangsvorstellungen, um herauszufinden ob es nicht schon eine höhere Ebene gibt, von der aus sich die Erkenntnisse so darstellen, wie sich Vorurteile im Verhältnis zu Erkenntnissen dazustellen pflegen. Wir sollen eine Grenze überschreiten, wobei sich über das Neuland mangels Vergleichsobjekten nichts aussagen läßt.
Es besteht kein (theoretischer) Einwand *gegen* die Aufforderung, aber es gibt auch kein (theoretisches) Argument, das für sie spräche.
Sie selbst ist atheoretischer Natur.

# 3. ALEXANDER BRYAN JOHNSON – DIE SPRACHE SCHAFFT SCHEINPROBLEME

»Ter conatus ibi collo dare bracchia circum
ter frustra comprensa manus effugit imago
par levibus ventis, voluriqe simillima somno.«
Vergil: Aeneas II, 792-794

(»Dreimal wollte ich noch den Arm um den Nacken ihr schlingen
Dreimal wich ihr Bild den umsonst sich verschränkenden Armen,
Leicht, wie spielende Luft uns entweicht, als Traum uns entflattert.«)

## 3.1 *Biographischer Abriß*

Im Unterschied zu Friedrich Nietzsche und Fritz Mauthner, den zwei anderen Philosophen, mit deren Gedankengängen sich dieses Buch eingehender beschäftigt, ist der Amerikaner *Alexander Bryan Johnson* (1786-1867) beinahe unbekannt, selbst den meisten professionellen Philosophen. Auch in bedeutenden philosphischen Lexika fehlen Angaben zu seiner Person und zu seinem Werk.
Johnsons wichtigste philosophischen Texte, »A Treatise on Language: or the Relation Which Words Bear to Things« (1836) und »The Meaning of Words: Analysed into Words and Unverbal Things Classified into Intellections, Sensations, and Emotions« (1854) sind ursprünglich in äußerst begrenzter Auflage – nur für den Freundeskreis des Autor bestimmt – erschienen. Die Geschichte ihrer Wiederentdekkung um 1940, als es dank der Bemühungen Stillman Drakes und David Rynins zu Neuauflagen kam, ist ein eigener spannend zu lesender Bericht.[1] Wohl als Wendepunkt aus der Vergessenheit und zurück in die Diskussion, die zu einer besseren Einschätzung seiner Person führte, muß man das Seminar betrachten, das anläßlich der 100. Wiederkehr seines Todestages 1967 in seiner Heimatstadt Utica im Staat New Yord stattfand, *The Centennial Conference on the Life and Works of Alexander Bryan Johnson*. Auf die Beiträge dieses Seminars, die Charles Todd und Russel Blackwood 1969[2] herausgegeben haben, werde ich noch einige Male zurückkommen, da

beinahe alle qualifizierten Kommentare dieses Jahrhunderts zu Johnsons Philosophie in diesem einen Band versammelt sind.[3]

Doch ist Johnson immer noch ein Unbekannter, und das trotz des Interesses, das seine Philosophie bei denjenigen wecken müßte, die sich mit Wittgensteins später Philosophie auseinandersetzen: daher erscheint mir ein biographischer Abriß angebracht, bevor wir uns seiner Gedankenwelt zuwenden. Ich stütze mich im folgenden auf Darstellungen von Charles L. Todd[4], Russel T. Blackwood[5], Joseph Dorfman[6], Johnsons eigene, jetzt veröffentlichte »Autobiography«[7] und eigene Untersuchungen, die ich in der Stadtbibliothek von Utica angestellt habe, sowie auf Material, das mir freundlicherweise Herr Alexander Bryan Johnson III. in New York zugänglich gemacht hat. Zu dem letzteren gehören die wirklich interessanten Angaben über Johnsons Privatbibliothek in ihrem Stand nach seinem Tod 1867.

Das Leben Johnsons beginnt in Gosport, England, wo er am 27. Mai 1786 geboren wurde. Sein Vater, Bryan Johnson, war »paymaster« (Zahlmeister) und Zulieferer der englischen Flotte. Er entstammte einer deutsch-jüdischen Familie, die den Namen Johnson wahrscheinlich nach ihrer Einwanderung in England angenommen hat. Zwei Kindheitserinnerungen spielen für Johnson eine große Rolle: die große Meuterei der Kanalflotte bei Spithead und die Hinrichtung eines der Meuterer, deren Augenzeuge er anscheinend als kleiner Junge war.

1801 wanderte die Familie in die Vereinigten Staaten aus: Im April des Jahres 1801 kamen sie in New York an. Sie siedelten sich in der noch weitgehend unberührten Gegend bei Utica im Hinterland von New York an, südlich der Fingerseen.

In dieser Gegend waren kraftvolle und originelle Menschen nicht selten, die von einem orthodoxen Luthertum geprägt waren, das gelegentlich in plötzlichen Erweckungsbewegungen aufflammte, die auch in Johnsons Werk einen gewissen hemmenden Faktor hinterlassen haben.[8]

Bryan Johnson gründete zuerst einen Großhandel in Utica. Die Geschäfte auf diesem rasch aufblühenden Handelsposten am Mohawk-Fluß (bei der Ankunft Bryan Johnsons trug er noch seinen alten Namen *Fort Schuyler*) müssen wohl recht gut gegangen sein, denn 1810 finden wir die Familie in umfassende kommerzielle Unternehmungen verwickelt, wie Bankgeschäfte und lokale industrielle Geldanlagen. 1810 tritt Johnson außerdem als einer von zwei Juniorchefs in einen Glashüttenbetrieb ein. Die beiden Teilhaber trennen sich allerdings nach einer Reise zu verschiedenen Glashütten, die sie angetreten hatten, um Glasbläser anzuwerben.

Zwischen 1811 und 1815 hält sich Alexander Bryan Johnson in New York auf, wo er sich im wesentlichen mit dem aus der Glashütte erwirtschafteten Kapital der Börsenspekulation widmet.

In New York erscheint 1813 auch sein erstes Buch: »An Inquiry into the Value and Nature of Capital«. Bevor wir darauf eingehen, scheint es mir angebracht, etwas zu Johnsons Schulzeit, seiner Bildung und seiner intellektuellen Umgebung zu sagen.

Seine ersten Schuljahre, eine wohl wenig erfolgreiche Zeit, verbrachte er in Gosport. Etwas später erhielt er Unterweisung in »dancing, drawing, and the rudiments of English« in einer Privatschule in Kent, wurde aber von seinem Vater schnell wieder von dort weggeholt, nachdem sich dieser von den brutalen Methoden, mit denen die Schüler dort behandelt wurden, überzeugt hatte. Schon aus der Londoner Zeit wird berichtet, daß Johnson intensiv las. Zu seiner ersten Lektüre gehörten wohl die Werke von Tom Paine, um 1810 findet er eine wahre Goldgrube in Gestalt der »Circulation Library« des Richters Nathan Williams, die dieser in seinem Büro in Utica unterhielt. Bereits zu diesem Zeitpunkt verlegt Johnson seinen literarischen Schwerpunkt auf »philosophy, grammar, and ethymology«.[9] Im wesentlichen scheint Johnson seine Bildung aus eigenem Antrieb gewonnen zu haben – und sie scheint umfangreich gewesen zu sein. Davon legt seine Bibliothek Zeugnis ab, die er viele Jahre später als gut situierter Bankdirektor in Utica hinterlassen hat.

Insofern der Besitz eines Buches garantiert, daß sein Besitzer es auch gelesen hat (und bei einem so bildungshungrigen und gewissenhaften Mann wie Alexander Bryan Johnson zählen die Indizien doch wohl stärker als gewöhnlich), läßt sich an Johnsons Bücherbestand feststellen, daß er die Empiristen Hume und Thomas Reid gelesen hat, aber auch die sprachphilosophisch interessanten Franzosen wie Destutt de Tracy und Condorcet, Condillac und Degerando. Joseph Dorfman z. B. hat bemerkt, daß Johnson ein »Mann der sparsamen Fußnote« (»a poor footnoter«) war, ein Autor also, der in ungewöhnlich hohem Umfang Quellenangaben zu vermeiden suchte. Und das gilt in besonderem Maße für seine philosophischen Arbeiten. Während er in seinen Schriften Hume tatsächlich nennt, habe ich nirgends einen Hinweis auf Bischof Berkeley finden können, obwohl – wie wir sehen werden – Berkeleys »A New Theory of Vision« für Johnsons Vorstellung vom Verhältnis der Sinnesmodalitäten zueinander eine wichtige Rolle gespielt hat.

Johnsons Philosophie entsteht in einem intellektuell isolierten Milieu; er hat nicht systematisch gelesen, wie wir das bei den »richtigen« professionellen Philosophen seiner Zeit erwarten – doch dürfen wir uns von diesen Beobachtungen nicht zu der Analyse verleiten lassen, Johnson sei eine Art exzentrischer Provinzler gewesen.

Der Mangel an ihm ebenbürtigen Intellektuellen in seiner Umgebung in Utica hat sich wohl eher darin bemerkbar gemacht, daß ihm Gesprächspartner und Zuhörer gefehlt haben, als im Mangel an philosophischer Literatur, die in der Zeit von 1839-1860 zur Allgemeinlektüre in gebildeten und besonders interessierten Kreisen gehörte.

Das nationalökonomische Werk »An Enquiry« von 1813, das am Anfang von Johnsons schriftstellerischem Wege steht, zeigt nach dem Urteil eines bedeutenden Experten wie Joseph Dorfman nicht nur, daß Johnson seine Lehrjahre in der Wirtschaft gut darin verarbeitet: es ist auch hochoriginell.[10] In zweierlei Hinsicht ist Johnson den nationalökonomischen Perspektiven seiner Zeit voraus. Er sieht die Unzulänglichkeiten der Goldwährung: in seinem Plädoyer für eine »soft money policy« nimmt er eine spätere Entwicklung der amerikanischen monetären Grundsätze vorweg. Auffallender noch ist sein Weitblick, der sich in seiner Einstellung zu Staatsschulden und zu öffentlichen Anleihen überhaupt äußert. Johnson nimmt Keynes in seiner Argumentation klar vorweg, daß eine öffentliche Anleihe als Mittel und Anreiz für den Markt dient, deren Wirksamkeit in der Folge durch verschiedene einzelne Initiativen erhöht wird. Diese Grundsätze entwickelt er später auch in einer Reihe von Pamphleten in den Jahren um 1840 und um 1860.[11]

In seinem Erstlingswerk, der Abhandlung über das Kapital, sucht man vergeblich nach dem frühesten Ferment zu Johnsons erkenntnistheoretischen Bemühungen. Bei einer etwas großzügigen Beurteilung könnte man im »Behaviorism« oder »Enquiry« Ansätze zu der tiefen Abneigung gegen abstrakte Größen in seiner späteren Erkenntnistheorie sehen, indem er nämlich von Anfang an abstrakte, ökonomische Größen ablehnt, wenn sie keinen Einfluß auf das menschliche Handeln am Markt haben.
Ein genauer Zeitpunkt, der als Geburtsstunde für Johnsons Philosophie gelten könnte, läßt sich nicht bestimmen: er muß in die Jahre zwischen 1813-1828 fallen, als Johnson erstmals mit seiner Philosophie in populärwissenschaftlichen Vorlesungen in Utica an die Öffentlichkeit tritt. Seine große Autobiographie ist leider in jeder Hinsicht wenig aufschlußreich, endlose Abschriften privater Korrespondenz und ziemlich naive Reisebeschreibungen sind darin aufgenommen, sie gibt also keinen Anhaltspunkt. Er betont dort lediglich, wie auch in seiner Korrespondenz mit verschiedenen Zeitgenossen – nicht zuletzt mit seinem Schwiegervater John Quincy Adams –, daß die Leidenschaft für philosophische Spekulation und Untersuchungen ihn sein Leben lang in seiner freien Zeit beherrscht und sein Leben privat wie im Beruf grundlegend bestimmt hat. (Als Johnson gegen Ende seines Lebens von einer unerwarteten Katastrophe überrascht wird, dem Bankrott der Bank von Ontario, 18 Monate nach deren Neuaufbau im Jahre 1858, wollte er die Schuld an dem Unglück seinen gelehrten philosophischen Interessen zuschieben. Sie hätten ihn davon abgehalten, einen – wie sich später herausstellen sollte – unzuverlässigen Kassierer streng zu kontrollieren, wie er es so häufig in seinen Handbüchern über kommerzielle Themen anderen hatte einprägen wollen.)
Als Grund für seine Beschäftigung mit der Philosophie nennt Johnson des öfteren mit einem geradezu schockierenden Freimut Eitelkeit. Es ist möglich, daß er hier einem Bedürfnis nachgibt, sich im koketten Stil der Epoche gegen eine Kritik zu wehren, die sicher in seiner sehr bürgerlichen Umgebung nicht von der Hand zu weisen war. Aber der Tonfall, den er anschlägt, nicht zuletzt in seinem Briefwechsel mit John Qincy Adams, deutet sehr stark darauf hin, daß sein Bedürf-

nis, bei der Nachwelt als einfallsreicher Denker Anerkennung zu finden, ihm, dem kleinen Finanzmann im Norden des Staates New York, Antrieb gewesen sein muß, weiter an seinen philosophischen Werken zu arbeiten, trotz der Gleichgültigkeit seiner Umgebung und der gelehrten Welt seiner Zeit.

In all ihrer Anspruchslosigkeit zeigen wohl auch diese Zeilen – in weit höherem Maße aber das Interesse, das moderne große Forscher wie Alonzo Church, Max Black und Georg Henrik von Wright seiner Philosophie bewiesen haben[12] –, daß Johnsons philosophische Investition, die wohl abenteuerlichste seines Lebens, ebenfalls eine gute Entscheidung war.

1813 verläßt er New York, wo er einige Jahre teils mit der Abfassung seiner Abhandlung über das Kapital, teils mit der – erfolgreichen – Verwaltung von Teilen des väterlichen Vermögens und seines eigenen Kapitals an der damals noch jungen Effektenbörse zugebracht hat. Vermutlich treibt ihn das Gerücht von einer beabsichtigten Beschießung der Stadt New York wieder zurück nach Utica, der Stadt, die bis zu Johnsons Tod sein hauptsächlicher Aufenthaltsort bleiben sollte.

Dort geht er im Alter von 28 Jahren[13] bei einem Rechtsanwalt in die Lehre – nach dem Brauch der Zeit als Praktikant –, in das Büro eines Freundes seines Vaters, des Richters Nathan Williams.[14]

Drei Jahre später wird er als Rechtsanwalt zugelassen. 1819 wird er Direktor der Ontario Branch Bank und im September desselben Jahres Präsident dieser Bank, eine Position, die er bis Ende 1855 innehat.

Zur Geschichte des Staates New York der frühen zwanziger Jahre des 19. Jahrhunderts gehört unter anderem auch die sogenannte *Lyzeumsbewegung*.

1826 entstand das Manifest dieser Bewegung, die die Volksbildung auf ihre Fahnen geschrieben hatte (von Josiah Holbrook und Benjamin Silliman) – wohl in der Folge der allgemeinen Reformbewegung, die in diesen Jahren von Oneida ausging, dem Port-Royal[15] dieser Zeit und Gegend. In Europa ließe sich diese Bewegung am ehesten mit den frühen Arbeiterbildungsvereinen vergleichen.

Johnson gründete bereits 1823 mit einigen anderen Bürgern

Uticas nach englischem Vorbild das Lyzeum von Utica und wurde im Februar des folgenden Jahres Präsident der neuen Einrichtung. Anliegen der Begründer war es, in allgemeinbildenden Vorträgen »Kenntnisse über die Geschichte der Natur und andere nützliche Wissenschaften«[16] zu vermitteln.

Dieses Ereignis ist von großer Bedeutung für Johnsons Philosophie. Hier nämlich findet er sein philosophisches Publikum. Sein erstes Werk über das Verhältnis von Sprache und außersprachlicher Wirklichkeit erscheint 1825 in der Urfassung – als Vorlesungsreihe am *Lyzeum von Utica*. Wenn man Johnsons »Treatise on Language« gelesen hat, ist man geneigt, in die Begeisterung Timothy Flints, eines frühen Kritikers des Buches im 19. Jahrhundert, einzustimmen[17]:

»Welche Zuhörerschaft muß das im Lyzeum von Utica gewesen sein, die diesem Mann so geduldig in seinen scharfsinnigen, feingesponnenen und manchmal dunkel gewobenen Gedankengängen folgte.«

An dieser Stelle ist vielleicht eine charakteristische Eigenheit Johnsons anzumerken, die das Studium seines Werkes zugleich bereichert und erschwert: sein Stil. Dieser ist ebenfalls für das Verständnis seiner Philosophie von Bedeutung. In Johnsons Darstellungsweise liegen Kraft und Offenheit. Aber gleichzeitig stößt sein allzu intensiver Gebrauch von Metaphern unangenehm auf, sein Hang zu Aphorismen; vor allem aber die Wiederholungen sind es, die den Leser ermüden. Bestimmte Sätze kehren mit leitmotivischer Monotonie wieder und lassen, im schlimmsten Fall, die Lektüre seiner beiden philosophischen Hauptwerke zu einer Art Wanderung durch die Wüste werden.

Diese stilistischen Eigenarten werden erst verständlich, wenn wir uns in die Lage des Philosophen versetzen. Die Wiederholungen ebenso wie die mal treffenden, mal schwerfälligen Metaphern entsprechen genau dem, was man bei einem Mann erwarten kann, der wie Johnson mit einer doppelten Aufgabe kämpft, einerseits klassische philosophische Probleme ins Licht radikal neuer (wie ihm scheint) Ideen zu rücken und zu überprüfen, die er andererseits einem Publikum nahezubringen versucht, das weder die geringsten philosophischen Vorkenntnisse noch die Fähigkeit mitbringt, die Originalität der vorgestellten Gedanken zu begreifen. Das ist genau die Situation Johnsons bei den Vorlesungen am Lyzeum von Utica 1825.

Sicherlich hätten seine Bücher wenigstens zum Teil anders ausgesehen, wenn ein hinreichend philosophisch vorgebildetes Publikum ihn verstanden und ihm gedanklichen Widerstand entgegengesetzt hätte.

Diese Einsicht ist wichtig, weil man sonst allzu rasch einer zu genauen Interpretation seiner Terminologie verfällt.

Worte wie »verbal«, »significant«, »word« und »name« haben eine Bedeutung, die oft nur Schritt um Schritt anhand von Beispielen festgestellt wird (diese Methode erinnert auffallend an die von Karl Marx, wenn er den Begriff »Wert« im ersten Band des »Kapitals« durch eine Reihe sich gegenseitig ausschließender Präzisierungen einführt), und wenn wir diese Weise voreilig mit den entsprechenden Termini der Philosophie seiner oder unserer Zeit gleichsetzen, laufen wir große Gefahr, uns auf Deutungen festzulegen, die Johnsons Philosophie als uninteressant oder absurd ausweisen, bevor wir sie überhaupt ernsthaft haben zu Wort kommen lassen. Das »Prinzip der vorsichtigen Interpretation« muß hier beachtet werden.

Sein Stil ist ein Grund dafür, daß wir ihn nicht unmittelbar mit einem bestimmten »semantischen System« oder einer bestimmten »Ontologie« in Zusammenhang bringen dürfen.

Wenn Johnsons beispielsweise über »name« spricht, bindet er sich noch lange nicht an eine »bearer theory« der Wortbedeutung. Ebensogut ist es möglich, daß er mit »name« seine Zuhörer mit der Bedeutung des Wortes »word« vertraut machen will.

Die Darstellungsweise bestimmt sich aus seiner Situation; diese Einsicht warnt uns, seine Terminologie unkritisch im Lichte eines Wortschatzes aufzufassen, der durch spätere semantische Theorien festgelegt wird.

Die erste Auflage – oder richtiger, die erste *Fassung* – von Johnson »Treatise on Language« erschien 1828 in New York, in einer sehr begrenzten Zahl. Der vollständige Titel lautet: »The Philosophy of Human Knowledge, or A Treatise on Language«.

1836 entschloß sich Johnson zu einer neuen veränderten Auflage: sie ist diejenige, auf die man sich normalerweise bezieht, wenn man über »Treatise on Language« spricht. Diese Ausgabe trägt den vollständigen Titel: »A Treatise on Language: or The Relation Which Words Bear to Things«.[18]

Mit einer wichtigen Ausnahme scheint es in Johnsons Philosophie von dem Augenblick seines ersten Auftritts im Lyzeum von Utica 1825 bis hin zu seinem letzten Buch keine entscheidende Veränderung gegeben zu haben.

Die Sprache läßt uns durch ihre sinnbildenden Strukturen dort Einheiten in der Natur vermuten, wo keine sind. Solche Suggestionen führen zu Aporien, philosophischen Problemen, die ihrerseits dadurch aufgelöst werden können, daß der Wortsinn wiederum reduziert wird auf seinen ursprünglichen empirischen Inhalt.

Die Ausnahme ist Johnsons Auffassung von diesem Inhalt. Von 1836 an will er diesen empirischen Inhalt auf Empfindungen der fünf Sinne Sehen, Hören, Fühlen, Riechen, Schmecken reduzieren.

Als Antwort auf die Kritik, die seine beiden ersten Fassungen von »A Treatise on Language« erfahren hatten, kommen spätestens 1854 zwei neue Kategorien hinzu, »emotions« und »intellections«. Diese Veränderung bedeutet, daß er bis zu einem gewissen Grade seine sehr enge Auffassung von Begriff erweitert. Von einem extrem nominalistischen Standpunkt findet er den Weg zu einer Auffassung, die man widerstrebenden Konzeptionalismus nennen könnte.

Eine tiefgehende Veränderung seiner grundlegenden Gedanken bedeutet dieser Schritt nicht.

Kenner seines Werks haben häufig die Frage diskutiert, wieso Johnsons »A Treatise on Language« 1828 wie auch 1836 derart unbemerkt von der gelehrten Welt seiner Zeit bleiben konnte und nur gelegentlich sehr höfliche Kommentare ausgelöst hat. Nicht haltbar ist natürlich der Standpunkt, daß das geringe Echo ein Beweis für die Bedeutungslosigkeit des Werks darstelle: ein solcher Kreisschluß träfe auf eine Reihe bedeutender Leistungen der abendländischen Ideengeschichte zu.

Man hat auf das äußerst dürftige intellektuelle Milieu hingewiesen, in dem Johnson lebte, auf den weitverbreiteten Unwillen zeitgenössischer europäischer Zeitschriften, sich mit amerikanischen Büchern zu befassen (in dieser Zeit wird ein Aufnahmegesuch von Louis Moreau Gottschalk ins Pariser Konservatorium mit der Begründung abgelehnt: »aus Amerika kommen nur Dampfmaschinen«), und man hat sich vorzustellen versucht, daß es für die Zeitgenossen schwer war, den Banker Johnson auch als Philosophen zu akzeptieren.

Die fachkundigste Rezension, die »A Treatise on Language« von 1828 erhielt, stammt von Timothy Flint und wurde in der kleinen Zeitschrift »Western Monthly Review«[19] veröffentlicht, deren Erscheinen kurz darauf eingestellt wurde. Russel Blackwood[20] zitiert in einer Studie über die zeitgenössische Aufnahme, die Johnsons Werk fand, einen Brief Auguste Comtes, eine Empfangsbestätigung für »The Meaning of Words«.

Der Brief ist bezeichnend in seiner höflich ablehnenden Haltung. Comte sagt darin, daß das im Werk behandelte Problem eines der fundamentalsten der Philosophie sei, daß er aber leider nicht versprechen könne es zu lesen, da ein Prinzip seiner »hygiène cérébrale« das verhindere, um die Originalität seiner Gedanken zu bewahren. Er verspricht jedoch, einen seiner hervorragenden Schüler mit dem Lesen zu beauftragen, um sich darüber ein Urteil zu verschaffen.

Der ausschlaggebende Grund für die mangelnde Resonanz seiner Zeitgenossen ist schwer zu ermitteln. Im Gegensatz zu Friedrich Nietzsche erhält er im Laufe der Zeit wohlwollende und höfliche Rezensionen, inspiriert aber niemand in seiner Umwelt.

Johnson war dreimal verheiratet. Seine erste Ehe, die er nach seiner Rückkehr nach Utica einging, war vielleicht die interessanteste: 1814 heiratete er eine Enkelin des Präsidenten der USA, John Adams. Dies verschaffte ihm lebhaften Kontakt mit einigen der politisch führenden Kreise der Zeit und führte zu einer recht ausführlichen Korrespondenz mit John Quincy Adams. In den Briefen seines Schwiegervaters taucht eine religiös motivierte Skepsis gegenüber den philosophischen Amibtionen des Schwiegersohns auf. Johnsons häusliches Leben scheint in allen drei Ehen von einer gewissen Gefühlskälte geprägt gewesen zu sein.

Nach 1855, dem Jahr der Bankkatastrophe, scheint er sich immer mehr auf seine Philosophie zurückgezogen zu haben.

In dem ausführlichen Nachruf, der im *Utica Morning Herald* am 12. September 1867 erschien, zwei Tage nach Johnsons Beerdigung, heißt es unter anderem:

»Sein Umgang und seine Gewohnheiten waren die eines Einzelgängers und bewirkten, daß er in vielerlei Hinsicht mißverstanden wurde. Er wußte, daß ihm der Ruf vorausging, er widme sich vorwiegend dem Geldmachen.«[21]

Johnson muß gegen Ende seines Lebens den Glauben an den Wert seiner philosophischen Arbeiten verloren haben. Das kompakte Schweigen, dem er zu seinen Lebzeiten mit Ausnahme einiger weniger freundschaftlicher, aber weit verstreut erschienener Rezensionen und anderer Reaktionen begegnete, scheint selbst für eine solche Vitalität und Eigenständigkeit zuviel gewesen zu sein.
Auf einer der letzten Seiten seiner »Autobiography«[22] gibt er eine recht pessimistische Zusammenfassung:

»Und wenn ich jetzt Abschied nehme von meinen verschiedenen Schriften... merke ich, daß es vergebliche Mühe war, was die Anerkennung meiner Lehren durch die Welt oder den Einfluß auf die Gedanken denkender Menschen betrifft. Lehren, die wie die meine radikal die Aufgabe vorhandener Begriffe fordern, haben mit Schwierigkeiten zu kämpfen, die man wohl für unüberwindlich halten kann, während die mit herrschenden Meinungen harmonisierenden Lehren bereitwillig angenommen werden.«

Von den drei Persönlichkeiten, deren Gedanken wir in diesem Buch näher vorstellen wollen, hat sicherlich Alexander Bryan Johnson unmittelbar die geringste Anziehungskraft. Er hat nichts von Friedrich Nietzsches unbestreitbarem Charme, seiner Sensibilität und psychologischen Hellhörigkeit. Auch hat er nichts von Fritz Mauthners weltmännischer Lebhaftigkeit, seiner Gabe zu überzeugen, nicht immer nur durch Argumente, sondern auch durch gute Konversation: eine Eigenschaft, die Mauthner vielleicht mehr als jede andere mit seiner intellektuellen Umgebung des Berlins um die Jahrhundertwende verbindet.
Groß, grau und ernst betrachten uns Johnsons Augen aus den Porträts. Unzählige Male ringt er – streng, pädagogisch und aufrecht – mit der Aufgabe, uns von dem begrifflichen Ballast zu befreien, den er, der philosophierende Bankmann, für unnütz und belastend hält. Nicht selten gewinnt man den Eindruck, sein allgegenwärtiger Widerwille gegen Abstrak-

tionen, seine Begriffsfeindlichkeit, seien durch einen für seine strebsame und puritanische Umgebung typischen Widerwillen gegen alles, was nicht handfest ist, bestimmt. Sein radikaler Nominalismus, sein radikaler Empirismus könnten – auf literarischer Ebene – Ausdruck des Puritanismus Neu-Englands sein, kombiniert mit dem Streben des Bankmanns, stets liquid zu bleiben.

In seinem Werk findet man kaum einen Scherz, und wo dennoch einer auftaucht, ist er häufig das Ergebnis seiner Überarbeitung.

Wie wir gleich sehen werden, nimmt Johnson in seiner Erkenntnistheorie mehr oder weniger ausdrücklich eine Reihe moderner Ideen voraus: das Verifikationsprinzip, P.W. Bridgmans Operationalismus, bestimmte Fragestellungen des späten Wittgenstein. Um so bewundernswerter erscheint uns Johnson, wenn wir ihn in der Perspektive jener Begrenzungen sehen, die seine Umgebung, sein geistiger Horizont und sein Temperament ihm auferlegten.

Alexander Bryan Johnson liegt in Utica im Staate New York begraben. Sein Grabstein trägt die von ihm selbst gewählten Worte:

»THE AUTHOR OF MANY BOOKS:
A LAWYER BY EDUCATION:
A BANKER DURING ACTIVE LIFE:
A STUDENT OF PHILOSOPHY ALWAYS«.

## 3.2 *Verbale und nicht-verbale Dinge. Referenz*

Grundlegend in Johnsons Philosophie ist die Unterscheidung zwischen verbalen und nicht-verbalen Dingen. Zu der verbalen Kategorie gehören in erster Linie Wörter, ferner Sätze (statements), die als wohlgebildete Ketten von Wörtern definiert werden, und drittens die Bedeutungen der Wörter (»Bedeutung« ist natürlich ein Begriff, der einer genaueren Beschreibung bedarf, aber gerade dies stellt eines der Probleme dar, auf die man bei der Auseinandersetzung mit Johnsons Philosophie stößt), insofern *deren Bedeutung aus anderen Wörtern besteht*. (Nach einer wichtigen Grundannahme John-

sons, die im Abschnitt 3.5 behandelt werden soll, kann die Bedeutung eines Wortes aus anderen Worten bestehen.)
Zum nicht-verbalen Teil der Welt gehört alles, was nicht zum verbalen Teil gehört.
Eine Unterscheidung zwischen semantischer Objektsprache und Metasprache findet sich nicht bei Johnson, aber er hätte wohl der Annahme zugestimmt, daß ein Wort unter bestimmten Umständen zur nicht-verbalen Welt gehört, dann nämlich, wenn wir von seiner *Zeichengestalt* absehen und nur auf das einzelne *Zeichenvorkommen,* einen Laut oder eine visuelle Empfindung, achten.
Um das Problem der abstrakten Entitäten zu umgehen, kann man sich beispielsweise vorstellen, daß die Zeichengestalt das Moment im Zeichenvorkommen sei, das für etwas anderes steht.
Die seit der Port-Royal-Logik[23] gängige Unterscheidung zwischen natürlichen Zeichen (Rauch als Zeichen für Feuer, Blässe als Zeichen für Schwangerschaft, Wirkung als Zeichen für Ursache) und konventionellen Zeichen (Sprachzeichen, Rot als Zeichen für Gefahr an einer Wegkreuzung, der hebräische Buchstabe Aleph in einem mathematischen Text als Zeichen für eine Menge) erscheint in Johnsons Philosophie jedoch nicht in expliziter Form.
Daß er diese Unterscheidung unbeachtet läßt, geht am deutlichsten aus seiner späten Philosophie hervor, z. B. bei der Diskussion von »intellections« in »The Meaning of Words«. Unsere Begriffe und die Gedanken ( »thoughts«), die wir mit ihrer Hilfe konstruieren, sind »intellections«. Diese sind ihrerseits zunächst natürliche Zeichen für bestimmte organische Dispositionen. Sie sind nicht angeboren, sondern entstehen im Zusammenspiel zwischen Mensch und Außenwelt. Das ist Johnsons Erklärung des Ursachenbegriffs. Er ist Zeichen für eine organische Disposition, und diese Disposition äußert sich darin, daß wir nach Ursachen der Außenwelterscheinungen suchen.
Dieser Gedankengang Johnsons erinnert auffallend an Nietzsches Idee, daß ein Ereignis ohne Absicht nicht denkbar ist[24], aber auch an moderne ontogenetisch orientierte Gedankengänge über die Natur des Erkennens, wie wir sie bei Jean Piaget[25] finden. Wir werden darauf im Kapitel 3.8 zurückkommen.

Ein in all seiner scheinbaren Banalität außerordentlich wichtiger Gedanke für Johnsons Auffassung von Semantik ist, daß der nicht-verbale Teil der Wirklichkeit mehr Elemente enthält und dichter und reicher differenziert ist als der verbale Teil.
Dieser Gedanke taucht in allen seinen philosophischen Schriften an zahllosen Stellen wieder auf, typisch ist eine Formulierung wie die folgende[26]:

»Wir müssen unterscheiden zwischen dem Umfang und der Mannigfaltigkeit der Schöpfung und der Unzulänglichkeit der Sprache.«

Dieser Gedanke ist deshalb von großer Bedeutung für Johnson, weil er daraus den Schluß zieht, daß die Sprache die Wirklichkeit insgesamt nur dann wiedergeben kann, wenn man *systematische Vieldeutigkeit* dafür in Kauf nimmt. (Wiedergeben ist »beschreiben« oder »abbilden« – je nachdem, an welche Theorie für semantische Referenz man sich hält.)
Eine Reihe konkreter Begriffe, vor allem solcher, die mit bestimmten Kategorien von Dingen und Qualitäten verknüpft sind, fallen bei Johnson unter diese Rubrik:

»Das Wort Stern z.B. bezeichnet einen Anblick ohne Assoziationen (einen Anblick, der nicht mit irgendwelchen Gefühlen etc. assoziiert wird), aber das Wort, das da nur einen Anblick zu bezeichnen scheint, bezeichnet eine große Anzahl von Anblicken, die sich in Größe, Glanz, Farbe, Gestalt etc. unterscheiden. Ich stelle das fest, damit Sie erkennen können, daß verbale Bezeichnungen ein unangemessenes Mittel sind, die Mannigfaltigkeit und Zahl der natürlichen Existenzen einzuschätzen.«[27]

Aber vor allem die abstrakten und allgemeinen Begriffe und Bestimmungen in Johnsons früher wie später Philosophie – wenn auch z.T. in verschiedenem Zusammenhang – sind von diesem Urteil betroffen.
Daß Johnson konsequent Abstraktion als eine Form von Vieldeutigkeit auffaßt, ist für seine gesamte Sprachkritik kennzeichnend.

»Die Gravitation, die so viel in den astronomischen Theorien bewirkt – die Atlas ersetzt hat und ihm an Einssein entspricht, ist, soweit es ihre Identität betrifft, nur eine Sprachtäuschung. Das Wort Gravitation bezeichnet viele interessante und wichtige Phänomene, aber wenn wir darüber hinaus nach der Gravitation selber suchen, benehmen wir uns wie das Kind in der Oper, das nach ungeduldigem Anhören von Musik, Gesang und Tanz sagte: ›Ich habe genug von all dem, ich will jetzt Oper haben.‹«[28]

Die Idee, daß die Sprache dürftig ist, d.h. weniger Elemente als die Wirklichkeit in ihrer Gesamtheit besitzt, und daß die Wirklichkeit als Folge davon nicht erschöpfend durch sprachliche Symbole repräsentiert werden kann, ist keineswegs originell.
Originell ist die Art, wie Johnson die Idee anwendet. Es ist jedoch außerordentlich schwierig, diesen Gedanken unmißverständlich zu interpretieren.
Von Bedeutung ist, für welche *Referenz*theorie wir uns entscheiden. Intuitiv scheint eine Referenztheorie des Namen-Träger-Typs von Relevanz, d.h. die Vorstellung, daß jedem sprachlichen Zeichen ein Element in der außersprachlichen Wirklichkeit ein-eindeutig zugeordnet wird, genauso, wie man sich vorstellen kann, daß der Eigenname sich ein-eindeutig auf seinen Träger bezieht.
Die Anwendung solcher *Eins-zu-Eins-Korrespondenztheorien* für *Bedeutung* ist aus demselben Grund problematisch, aus dem *Korrespondenztheorien auf Wahrheit* angewendet problematisch sind: es läßt sich kaum erklären, wie falsche Sätze so ausgedrückt werden können, daß sie bedeutungsvoll sind: bei abstrakten Begriffen stoßen wir auf dieselbe Schwierigkeit, so daß sich schließlich die Idee einer ein-eindeutigen Abbildung kaum mit unserem Wissen über die Syntax der natürlichen Sprache in Einklang bringen läßt.
Es ist jedoch überhaupt nicht selbstverständlich, daß Johnsons Grundannahme falsch sein muß, selbst dann, wenn man alle Namentheorien für Bedeutung zurückweisen könnte, da man sich ohne weiteres Abbildungen einer Menge auf eine andere oder einer Menge auf sich selbst vorstellen kann, die von allgemeineren Funktionen als ein-eindeutiger Zuordnung bestimmt werden.
Alle Namentheorien für Bedeutung sind Bildtheorien (wenn man mit Abbildung meint, daß eine Sache einer anderen gemäß einer Regel, einer Funktion zugeordnet wird), aber nicht alle Bildtheorien sind Namentheorien. Die Frage, ob die Grundannahme richtig sei, muß also unabhängig von der Frage nach dem semantischen Wert der Namentheorie diskutiert werden.

Aber bei Johnson ist diese Theorie natürlich gleichzeitig mit der Frage nach Referenz und Bedeutung verflochten.

Man scheint kaum eine Deutung der Theorie von der Dürftigkeit der Sprache im Gegensatz zum Reichtum der Wirklichkeit vorschlagen zu können, ohne gleichzeitig eine bestimmte Auffassung davon zu besitzen, welche Beziehung zwischen der Bedeutung einer Aussage und ihrer Referenz besteht.

Mindestens zwei bedeutende Kenner der Philosophie Johnsons, nämlich Max Black[29] und David Rynin[30], haben sehr emphatisch behauptet, daß Bedeutung und Referenz bei Johnson tatsächlich identisch seien. Ein wahrer Aussagesatz ist ein *Name* für den Sachverhalt, der ihn wahr macht. Wie wir schon im Einleitungskapitel festgestellt haben, hat dieser Standpunkt die unhaltbare Konsequenz, daß alle wahren Sätze dieselbe Bedeutung haben und ebenso alle falschen, wenn auch eine andere.

Dennoch werde ich zu zeigen versuchen, daß dieses Bild von Johnsons Semantik eine nicht zulässige Vereinfachung enthält, und zwar mit der Begründung, daß bestimmte Ideen Johnsons gute Argumente gegen eine solche Auffassung darstellen. Zuerst aber wollen wir versuchen, uns sinnvoll dagegen zu behaupten, daß die Sprache in ihrer Gesamtheit weniger Elemente als die Wirklichkeit hat, und daß folglich die Wirklichkeit nicht vollständig von sprachlichen Symbolen repräsentiert werden kann.

Was meinen wir mit »Elemente der Wirklichkeit in ihrer Gesamtheit«? Vergegenwärtigen wir uns die empirischen Begriffe Carnaps, wie er sie in seinem Werk »Der logische Aufbau der Welt« rekonstruiert: Im Strom der Erlebnisse können wir verschiedene – als eigenschaftslose und punktuelle Orte gedachte – »Stellen« unterscheiden. Zwischen diesen »Stellen«, die als eine Art Einzelkonstanten anzusehen sind, lassen sich Relationen erkennen. (Und bei Carnap werden dann die Wahrnehmungseigenschaften durch *»Ähnlichkeitskreise«* zwischen diesen »Stellen« konstruiert.)

Wir stellen uns ferner eine Anzahl n-stelliger Relationen über jede Teilmenge der punktuellen Orte und über die gesamte Menge der Carnapschen Grundelemente vor, die in unserem Erlebnisstrom über einen gegebenen Zeitraum vorkommen. Wir wollen diese Menge »U« nennen.

Können wir mit Hilfe irgendeiner Grammatik eine Zeichenmenge (wir wollen sie »V« nennen) konstruieren, die gleich umfangreich ist wie diese Menge »U«, d.h. die die Eigenschaft hat, für jedes Element in U ein Element zu besitzen, das sich dem Element in U eins-zu-eins zuordnen läßt?
Da jede *Zeichengestalt*, sagen wir die Buchstaben »a«, »b«, »c« etc., im Prinzip in einer unendlichen *Vorratsmenge* wiederholt werden kann, ist es natürlich auch möglich, eine Funktion zu finden, die durch *Iteration* einen beliebig großen Zeichenvorrat erzeugt, also z. B. a, b, aab, aaab etc.
*Prinzipiell* kann man also einen Wortschatz mit einer transfiniten Menge von Zeichen konstruieren.
Es ist also möglich, die Menge V so zu konstruieren, daß sie transfinit ist.
Für die Menge U gilt, daß sie entweder finit oder transfinit ist. Ist sie finit, gibt es immer hinreichend viele Zeichen in V, um jedem Element in U eines aus V zuzuordnen. Ist U transfinit (und abzählbar), so ist U gleich umfangreich wie V, denn dies ist gerade die Bedeutung der Aussage, daß eine Menge transfinit und abzählbar ist.
Dies sind Gedankengänge, die natürlich nur die prinzipielle Seite der Sache beleuchten.[31]
Es ist plausibel anzunehmen, daß so, wie die natürlichen Sprachen de facto vorliegen, ihr Wortschatz nicht ausreicht, z. B. sämtliche Nuancen und Sättigungsgrade innerhalb einer Farbe zu unterscheiden, die in einem gegebenen Ausschnitt unseres Erlebnisstroms vorkommen. Auch unsere feinsten Farbdifferenzierungen sind ungenauer als unsere tatsächlichen Farberlebnisse.
Der prinzipielle Gedankengang hat eine andere Bedeutung: er zeigt, daß nicht die tatsächliche Größe des *Wortschatzes* das Problem verursacht, wenn wir versuchen, uns einen Teilbereich unseres Wirklichkeitserlebnisses vollständig beschrieben vorzustellen, sondern die Natur der *Referenz*.
Mit guten Gründen kann man die Frage stellen, ob diese Deutung mit Johnsons Absichten übereinstimmt. Seine Ansicht von der Wirklichkeit scheint allzu ausgeklügelt, als daß er eine Aufteilung der Natur in diskrete Qualitäten hätte akzeptieren können, wie das oben angeführte Argument es verlangt. Dazu ein wichtiger Abschnitt aus »A Treatise on Language«[32]:

»*Kein Anblick, den ich nicht gesehen habe, kann durch meine Worte aufgedeckt werden*. Wahrheit besitzt im allgemeinen zwei Aspekte – einen, der so grob ist, daß jeder ihn sieht: den anderen, der so subtil ist, daß auch der Genaueste ihn unbemerkt übergeht. Daß z.B. Worte einem Blinden keine Farben enthüllen können, ist offensichtlich: während die verwandte Tatsache, daß kein Anblick, den eine Person nicht gesehen hat, ihr *bekannt* sein kann, selbst von dem scharfsinnigen Hume in Abrede gestellt worden ist.
Er sagt, ›angenommen, ein Mensch besitzt die Kenntnis von jeder Farbe außer einer besonderen Nuance von Blau. Setzen wir ihm nun alle Blau-Nuancen bis auf die eine ebengenannte in einer Anordnung vor, die allmählich vom dunkelsten Blau bis zum hellsten abnimmt: wird dieser Mensch dann nicht kraft seiner Phantasie imstande sein, Kenntnis von der fehlenden Nuance zu erlangen?‹
Hume versichert, daß er es kann. Er irrt. Die nicht vorhandene Nuance ist ein Anblick: nur das Auge kann ihn enthüllen. Das Gesetz, das Blinde daran hindert, irgendeine Farbe zu kennen, macht es ihm unmöglich, die nicht vorhandene Nuance zu kennen.
Wenn wir daher keine neue Erscheinungsform lernen können, können wir dann nicht durch etwas geistige Anstrengung bekannte Anblicke zusammenwürfeln und die Auswirkungen entdecken? Nein. Eine Veränderung der Erscheinungsform ist ein neuer Anblick und hoffnungslos unbekannt, bis unsere Augen ihn enthüllt haben. Wenn eine Putzmacherin wissen will, wie ein vor ihr liegendes Band an dem Hut aussieht, verläßt sie sich nicht auf ihre Fähigkeit, Ideen zusammenzusetzen, sondern aus der praktischen Erfahrung mit ihren beschränkten Fähigkeiten heftet sie das Band an den Hut.«

Dieser in verschiedenen Varianten in Johnsons Werk häufiger wiederkehrende Gedankengang zeigt, daß man seine Idee von der Unzulänglichkeit der Sprache eher als das Verhältnis zwischen einer abzählbaren und einer nicht abzählbaren Menge rekonstruieren kann, denn als das Verhältnis zwischen einer finiten und einer transfiniten Menge.
Wir stellen uns Blau im sichtbaren Spektrum als eine metrische Menge C vor, die sich von c(m) bis c(n) erstreckt.
Humes Problem läßt sich dann als Frage formulieren:
Angenommen, wir würden alle Elemente in dieser geordneten Menge kennen, mit Ausnahme derer, die in einem bestimmten Intervall liegen, und wir wüßten, wo in der Ordnung dieses bestimmte Intervall sich befände, könnten wir dann aus unserer Kenntnis der Position dieses Intervalls und der übrigen Elemente schließen, wie der Inhalt dieses Intervalls aussehen müßte?

Das Problem führt zu einigen Komplikationen sinnesphysiologischer Natur.
Zunächst dürfte die Annahme sinnvoll sein, daß es einen kleinsten Frequenzunterschied gibt, auf den die Fotorezeptoren des Auges zu reagieren vermögen.[33] Das spricht für eine finitistische Behandlung von Humes Problem. Die Anzahl der Farbnuancen innerhalb eines Teils unseres subjektiven Spektrums oder wiederum eines Teils davon, das wir als *dasselbe wie* oder als *anders als* zu unterscheiden vermögen, ist endlich.
Das Wissen, wie die Verarbeitung optischer Signale im Nervensystem und im Gehirn zur *Kontrastverstärkung* abläuft, über das wir im Gegensatz zu Hume heutzutage verfügen, kompliziert unser Bild von subjektiven Farberlebnissen noch mehr.
Die Vorstellung, daß so etwas wie »die wirkliche Farbe des Gegenstandes« existieren kann, gilt in diesem Forschungsbereich als überholt.[34] Das menschliche Auge arbeitet mit dem zentralen Nervensystem zusammen, um in einer Welt wechselnder Lichtquellen, Dämpfungen und Beleuchtungsstärken gewisse konstante Relationen zu fixieren, die wir als Farbe empfinden. Edwin Lands Experimente in den 50er Jahren haben gezeigt[35], daß die menschlichen Rezeptoren und das zentrale Nervensystem imstande sind, selbst unter extrem wechselnden Frequenzen eine konstante Relation zwischen verschiedenen Farben in einem visuellen Feld festzuhalten, was zu der Theorie geführt hat, daß das, was wir als subjektives Erlebnis einer Farbnuance annehmen, in Wirklichkeit das Ergebnis einer Verarbeitung von Daten in der *Hirnrinde* ist, die über drei verschiedene Kanäle von der *Netzhaut* dorthin gelangt sind. Dabei bleibt das Endresultat unabhängig von der Intensität der einfallenden Energie, aber dennoch genauestens korreliert mit den physikalischen Reflektionseigenschaften des Objekts. (Die sogenannte *Retinextheorie* des Farbsehens.) Gleichartige Resultate liegen auf dem Gebiet des Geruchssinns vor: man kann zeigen, daß zwei Moleküle, die aus zwei sehr verschiedenen Stoffen stammen, jedoch isomorphe Ladungsmuster haben, subjektiv den Eindruck *desselben* Geruchs vermitteln können. *Tiophen*-Moleküle können also den Geruch erzeugen, der mit *Benzen* übereinstimmt.

Diese neueren Untersuchungsergebnisse zum Konstanzphänomen sind insofern für Humes Problem von Interesse, als sie bestätigen, daß eine »einfach« wahrgenommene Qualität, sagen wir eine spezielle Farbnuance, sich nicht ohne weiteres als eine Eins-zu-Eins-Beziehung zu einer entsprechend einfachen Qualität der Außenwelt annehmen läßt.
Zwei Moleküle mit denselben Ladungsmustern, aber von ganz unterschiedlichen Stoffen können denselben Duft erzeugen, zwei Fotoströme mit demselben Modulationsmuster aber unterschiedlicher Intensität können *dasselbe* Farberlebnis erzeugen.
Es ist selbstverständlich, daß in dem folgenden Sinne die Frage von David Hume mit »Ja« beantwortet werden kann:
Wenn wir mit einem Zollstock vor einer Reihe von Holzstäben gestellt werden, deren am weitesten links stehender 1 m lang ist, und die in Abfolge nach rechts folgenden Stäbe jeweils 5 cm kürzer sind als die Vorgänger, dann scheint die Annahme plausibel, wenn wir schließlich vor einem Intervall der metrischen Ordnung stehen, daß ein Stab in dieser Lücke – *wenn es ihn gäbe* – 5 cm kürzer als der vorhergehende und 5 cm länger als der nachfolgende *wäre*.
Aber dieses *»wäre«* bedeutet hier nichts anderes, als daß, *unter der Annahme*, daß die auf der Stabmenge erkannte metrische Ordnung *vollständig realisiert* sei, dies genau dadurch gewährleistet wird, daß ein Stab mit der Länge, die in die Lücke paßt, existiert.
Dagegen dürfen wir nicht daraus schließen, daß ein solcher Stab in dem angedeuteten speziellen Bereich auch *existiert*. In der oben zitierten Erörterung zu Humes Frage sagt Johnson:

»Die nicht vorhandene Nuance ist ein Anblick *(sight)*, und nur das Auge kann sie aufdecken. Das Gesetz, das Blinde daran hindert, irgendeine Farbe zu kennen, macht es ihm unmöglich, eine nicht vorhandene Farbe kennenzulernen.«

Der Punkt, auf den es ankommt, ist klar: eine spezielle Sinnesempfindung läßt sich nicht durch eine andere ersetzen.
In seinem *niedrigsten Determinat* ist es nicht möglich, eine wahrgenommene Qualität gegen eine andere auszutauschen und ihre Information beizubehalten.

Nehmen wir an, wir wollten einen *genauen* Katalog über den sichtbaren Teil des Spektrums aufstellen, sagen wir von Blau-Nuancen unterschiedlicher Intensität, aber identischem Sättigungsgrad. Der Katalog soll als Hilfsmittel zur Farbidentifizierung dienen. Wir konstruieren dazu eine Reihe von Brüchen, die aus m-stelligen Zahlen mit n Stellen hinter dem Komma bestehen:

.a (1), a (2), a (3), . . ., a (n)

Nehmen wir nun an, eine Versuchsperson (VP) teile einem ihrer Farberlebnisse die Katalognummer 6.123 zu. Daraufhin wird ihr eine sehr ähnliche Farbe gezeigt, die sie spontan für *dieselbe* halten möchte. Diese zweite Nuance muß sich also ebenfalls auf Nummer 6.123 beziehen.
Die Frage ist nun: *wie kann sie das wissen?*
Nicht deshalb, weil sie ihr dieselbe Nummer zuteilt, denn das hat sie ja getan, weil sie sie als Vorkommen *derselben Nuance erlebt*.
Natürlich hätte der Katalog eine noch feinere Klassifikation ermöglicht, wenn wir statt 3 Dezimalstellen 4 genommen hätten.
Woher weiß die VP, daß die zweite Nuance wirklich *dieselbe* ist wie Nr. 6.123 des Katalogs und sich nicht in dem Zwischenraum zur nächsten Dezimalstelle befindet, *wenn dort irgend etwas existiert?*
Die Antwort unserer VP lautet verständlicherweise, daß das wohl möglich sei, sie *könne* aber (vielleicht aus Gründen, die mit ihren Rezeptoren oder mit ihrem Nervensystem zusammenhängen) keinen Unterschied feststellen.
Die Farbnuancen könnten, was sie beträfe, beliebig auf noch kleiner unterteilte Intervalle verteilt werden, und der Katalog in Brüche mit immer mehr Stellen.
Dies stellt keine Hilfe für unsere VP dar. Wenn sie anderes nicht sehen *kann,* als daß die beiden Empfindungen Instanzen *derselben Nuance* sind, hilft ihr auch kein feiner unterteiltes Modell.
Die Nuancen können innerhalb des Intervalls, das sie für *dieselbe Nuance* hält, eine beliebige Stelle einnehmen und werden doch für gleich gehalten.
Denn *innerhalb* eines solchen Intervalls verhält sich eine VP zu den Farbunterschieden wie ein Blinder zu allen Farbnuancen.

Ein *spezieller* Anblick kann keinen anderen ersetzen: gerade darin besteht seine Einmaligkeit. Johnson ist also kein naiver Realist.

Ein Katalog des angedeuteten Typs wird sich zu dem visuellen Erlebnis wie eine *abzählbare* Menge zu einer *nicht abzählbaren* verhalten, die einzelnen *Anblicke* lassen sich nicht eindeutig in einem Katalog des angedeuteten Typs einordnen, was dagegen bei den *Nuancen,* den Erlebnissen *derselben Qualität* möglich ist.

Subjektiv gesehen sind Erlebnisse *derselben* Qualität unter diesem Gesichtspunkt resistent gegen Zweifel und Gegenargumente. Ein subjektiver Wahrnehmungsinhalt kann einen anderen nicht ersetzen und folglich auch nicht als Argument gegen einen anderen angeführt werden.

Was Johnson zum Begriff der Bedeutung vorbringt, ist durchgehend unklar, summarisch, und für jemanden, der die moderne philosophische Darstellungsweise gewöhnt ist, verwirrend.

Die Konvention, daß man ein Wort in Anführungszeichen setzt, wenn man vom Sinn des Wortes spricht statt dem Wort selbst, ist Johnson unbekannt. Für den Begriff »Sinn« verwendet er durchwegs »signification« (entsprechend für das Verb »to signify«).

Was »signification« bei Johnson bedeutet, liegt überhaupt nicht fest, und dies wird noch dadurch erschwert, daß die Unterscheidung zwischen seinen Ausdrücken »verbal signification« (verbale »significance« mit dem entsprechenden Adjektiv) und »sensible signification« (»sensible significance«) die wichtigste in seiner gesamten Philosophie ist.

Auf diese Unterscheidung werde ich gleich zurückkommen und zu zeigen versuchen, daß sie weder der klassischen Unterscheidung von *Konnotation* und *Denotation* entspricht, noch der etwas modifizierten Unterscheidung Gottlieb Freges zwischen *Sinn* und *Bedeutung.* Johnsons Unterscheidung ist sozusagen eine direkte Konsequenz seiner Philosophie und vermittelt eine andere semantische Einteilungsgrundlage als die genannten.

Zuvor wollen wir aber festhalten, daß in Johnsons normalem Sprachgebrauch Wörter als *Namen* für Dinge, Eigenschaften und Relationen benutzt werden[36]:

»Wir sollten danach streben, Wörter nur als Namen von Dingen zu betrachten.«

Wie stark ist die Betonung auf *Name*? Ist Johnson der Auffassung, daß ein Name dann und nur dann bedeutungsvoll ist, wenn er einen *Träger* hat? Oder ist Name hier ausschließlich ein – im Licht späterer semantischer Theorien – unglücklich gewählter Terminus, der besagen soll, daß Wörter nur *repräsentieren* können, sich nur auf die nichtverbalen Dinge *beziehen* können? Die spätere Interpretation legt die Betonung nicht auf Name, sondern auf »nur«.
Johnsons historische Situation – und darunter verstehe ich auch seine weitgehende Isoliertheit und sein Publikum – spricht zugunsten der zweiten Interpretation, bei der »Name« eine abgeschwächte Bedeutung hat.
Max Black deutet »Name« im starken Sinne.[37]
Er zitiert dazu »A Treatise on Language«:

»Wörter bezeichnen die Objekte, auf die sie sich beziehen.«[38]

*»Die genaue* Bedeutung *des Wortes in dem einzelnen Anwendungsfall ist der Anblick selber, den das Objekt zur Schau stellt.«*[39]
Man kann tatsächlich die Argumentation Max Blacks mit noch überzeugenderen Belegstellen erweitern, als Argument für die starke Interpretation von Name. Für die Auffassung also, daß die Bedeutung eines Wortes identisch ist mit dem jeweiligen Objekt, auf das es sich bezieht, oder mit anderen Worten, daß Johnsons »signification« identisch ist mit der *Denotation* des Wortes oder mit der *Bedeutung* im Sinne Freges.
In »The Meaning of Words« sagt Johnson[40]:

»Die Musterungsrolle einer Armee besteht aus Wörtern, die die nicht-verbalen Komponenten der Armee benennen, und wenn die Namen bei einer Musterung aufgerufen werden, antwortet jede der nicht-verbalen Komponenten auf ihren Namen: könnten wir in derselben Weise alle Wörter und Sätze der englischen Sprache aufrufen, und könnte jedes nicht-verbale Ding sich selbst präsentieren, wenn das Wort oder der Satz, der sich auf es bezieht, aufgerufen wird, dann würde die Musterung die nicht-verbalen Dinge getrennt von den Wörtern, die sich auf sie beziehen, aufzeigen.«

Eine anschaulichere und malerischere Beschreibung für eine Namen-Theorie der Bedeutungen läßt sich kaum vorstellen.

Und genauso kann man sich natürlich auch bei allen Namen-Träger-Theorien fragen, wer denn bei Johnsons Musterung »Hier« rufen soll, wenn die falschen Sätze der englischen Sprache es aufrufen.

Gegen eine Theorie, die Bedeutung auf folgende Weise definiert:

T hat Bedeutung in der Sprache S soll per difinitionem dann und nur dann gelten, *wenn es mindestens ein x aus s mit der Eigenschaft gibt, T ist der Name von x.*

... lautet der Einwand allgemein, daß T keine Bedeutung hat, wenn es falsch ist, daß x existiert.

Aber Sätze und Wörter wie »Einhorn«, »die Personen, die sich nicht in meinem Zimmer aufhalten«, »Don Quijote« und »alle Zentauren, die Sozialdemokraten sind« haben offenbar eine Bedeutung.

Sowohl nach der Auffassung von David Rynin wie auch von Stillman Drake sieht Johnson in der Tat Sätze, die sich nicht auf etwas Existierendes beziehen, als bedeutungslos an. Rynin:

> »Mit Ausnahme solcher wichtigen aber speziellen Fälle, in denen der Satz sich nicht auf Einzelnes, sinnlich Wahrnehmbares bezieht, in dem Sinne, daß er nicht verifizierbar ist, sind wir der Meinung, daß Johnsons Auffassung von ›bedeutungslos‹ dem entspricht, was wir und die meisten Menschen mit ›ist falsch‹ oder ›ist, soweit wir wissen, nicht wahr‹, meinen.«[41]

Und Max Blacks Aussage:

> »Was wir nicht akzeptieren können, ist die heimliche Verschmelzung, auf die Johnson dauernd zurückgreift, nämlich von Mangel an wahrnehmbarer Referenz und Mangel an Sinn.«[42]

Aus einigen Abschnitten der bedeutenderen Werke Johnsons können wir den wohl plausiblen Schluß ziehen, daß er Referenz gerne als etwas gesehen hätte, das der Relation zwischen Namen und Träger vergleichbar wäre.

Aber aus anderen Abschitten geht mit gleicher Deutlichkeit hervor, daß er entweder die logische Folge dieser Stellungnahme nicht beabsichtigt hat – daß nämlich falsche Sätze oder Sätze mit Namen für fiktive Träger sinnlos sein müssen – oder aber – und das ist der Standpunkt Rynins –, daß Johnson nie eingesehen hat, daß diese Folgerung tatsächlich gezogen werden muß.

Beispielsweise behauptet er an einer Stelle in »A Treatise on Language« ausdrücklich, daß ein Satz, der falsch ist, falsch bleibt, solange er überhaupt irgendeine Bedeutung (signification) besitzt:

»Hume sagt, ›Unsere Sinne geben uns Auskunft über Farbe, Gewicht und Konsistenz von Brot, aber weder die Sinne noch der Verstand können uns Auskunft über die Qualitäten geben, die das Brot als Nahrungsmittel und zur Unterstützung des menschlichen Körpers geeignet scheinen lassen‹. Soweit die Aussage Humes jedoch irgendeine Bedeutung hat, ist sie nicht wahr.«[43]

Außerdem enthält eine frühe Ausgabe von »A Treatise on Language« (1828) folgende interessante Überlegung:

»Wenn also mittels einer Definition ein noch nie erfahrener Anblick, ein Geräusch, Geschmack, Gefühl oder Geruch enthüllt werden sollen, so ist der Versuch vergebens: und er ist ebenso vergeblich bei einfachen wie bei komplexen Ideen, im Wort ›weiß‹ wie auch bei ›Regenbogen‹. Aber wenn wir durch eine Definition den verbalen Sinn irgendeines Wortes kennenlernen sollen, dann ist diese Lehreinheit nützlich und angemessen.«[44]

Verwunderlich ist natürlich, daß Johnson auf einmal eine Information – nämlich die über die verbale Bedeutung des Wortes – für wertvoll und angemessen halten sollte, wenn er doch gleichzeitig Wörter, Phrasen und Sätze mit ausschließlich verbaler Bedeutung als bedeutungslos erachtet.
Die Verwirrung des Lesers angesichts dieser anscheinend widersprüchlichen Zitate und Deutungsmöglichkeiten, die – obwohl sie sich widersprechen – etwa in gleichem Umfang im Text belegt werden können, ist verständlich.
Es handelt sich hier um mehrere eng miteinander verflochtene Interpretationsfragen. Methodisch notwendig ist zunächst eine elementare Unterscheidung zwischen dem, was ich hier *biographische* und *logische* Deutung nennen möchte. Eine biographische Deutung kann mit einer logischen Deutung identisch sein und die Wahrheit der einen ist dann das einzig natürliche logische Äquivalent zur Wahrheit der anderen. Aber es kann auch sein, daß sich eine biographische Deutung von einer logischen unterscheidet, und daß beide wahr sind.
Mit *biographischer* Deutung meine ich den Versuch, die *Denkweise* des Autors nachzuvollziehen, mit dem *psychischen*

*Inhalt,* den er in seinem Text auszudrücken versuchte. Eine biographische Deutung ist demnach eine psychologische Hypothese über den Gedankeninhalt einer bestimmten Person zu einem gewissen Zeitpunkt. Die Merkmale auf dem Weg zu einer derartigen Hypothese können über den Text hinaus historisch, philologisch, biographisch und ideengeschichtlich beeinflußt sein.

Eine *logische* Deutung ist eine Hypothese über die Voraussetzungen, die erfüllt sein müssen, damit die Behauptung des untersuchten Textes wahr sein kann. Die Prämissen, um die es sich bei der logischen Deutung handelt, brauchen weder biographisch wahrscheinlich noch wahr zu sein, das Objekt der Untersuchung ist weder historischer noch psychologischer Natur, sondern besteht in dem Verhältnis eines Begriffs zu anderen Begriffen.

Wenn Leibniz z. B. in der »Monadenlehre« von *Perzeptionen*[45] spricht und uns davor warnt, wie die Cartesianer Perzeption mit *Apperzeption* oder Bewußtsein zu verwechseln, kann die Frage nach dem Begriff *Perzeption* auf zweierlei verschiedene Weise gestellt werden.

Man kann sich fragen, wie Leibniz sich eine Perzeption vorgestellt hat. Dachte er dabei an eine Art innere *Disposition* der Monaden? Vielleicht ja.

Aber wir können uns auch fragen, welche Prämissen die Behauptung Leibniz', daß alle Monaden Perzeptionen haben, als wahr oder wahrscheinlich rechtfertigen.

Eine solche Prämisse bestünde in der Zuordnung folgender Eigenschaften zum Universum: irgendeines oder jedes seiner Elemente ist eine nichtleere Menge. Für jede solche nichtleere Menge gibt es mindestens eine Funktion d mit der Eigenschaft, daß das ganze Universum in der in Frage stehenden Menge systematisch erfaßt wird.

Oder einfacher ausgedrückt: alles ist ausreichend komplex, so daß es auch in seinen kleinsten Teilchen als Abbild des Ganzen dienen könnte.

Das wäre eine logische Deutung Leibniz'. Ob sie korrekt oder nicht korrekt ist, ist unabhängig davon, ob sie als biographische Deutung korrekt ist oder nicht.

(Selbstverständlich schließt diese Unterscheidung nicht aus, daß eine logische Deutung Argumente für eine biographische Deutung liefern kann und umgekehrt.)

Wenn wir nun rekapitulieren, was wir über Johnsons Lehre von der Referenz herausgefunden haben, können wir ein paar unmißverständlich formulierte Fakten in folgenden Punkten festhalten:

1. Wörter sind Namen.

2. Das Verhältnis zwischen Namen und dem, was Namen bezeichnen, ist analog dem Verhältnis zwischen einer Heeresrolle und den nach der Rolle aufgerufenen Soldaten eben dieses Heeres.

3. Eine echte Teilmenge der Wörter in der Sprache hat sowohl eine sinnlich wahrnehmbare Bedeutung (»sensible signification«) als auch eine verbale Bedeutung (»verbal signification«). Eine zweite echte Teilmenge hat ausschließlich verbale Bedeutung, und eine dritte hat überhaupt keine Bedeutung.

1., 2. und 3. bilden zusammen einen Gedankengang, der konsistent zu sein scheint, aber mit unseren sonstigen Kenntnissen über Semantik unvereinbar ist. Manche Wörter wie zum Beispiel »größer als«, »und«, »wenn – dann«, »Dreieck« verhalten sich in ihrer Bedeutung offenbar anders als die Soldatennamen in der Rolle zu den Soldaten.

Die Analogie zu der Rolle ist unrealistisch, da ja die Rolle keine Wörter enthält, die sich auf Soldaten im allgemeinen beziehen, oder auf Soldaten, die es nie gegeben hat. Wir können mit Johnson annehmen, daß gewisse Namen in der Rolle – nämlich diejenigen, deren Träger nicht antworten, weil sie gefallen oder desertiert sind – analog zu den Wörtern in der Sprache ausschließlich verbale Bedeutung haben können. Kann Johnson gemeint haben, daß alle falschen Sätze bedeutungslos sind?

Andererseits können wir folgende Punkte in unserer Liste hinzufügen:

4. Sätze können bedeutungsvoll sein, ohne daß sie wahr sein müssen.

5. Es besteht ein Mißverhältnis zwischen der Unzulänglichkeit der Sprache und dem Reichtum der Empfindungen, der bewirkt, daß kein Wort eindeutig einem Element im Strom der Empfindungen zugeordnet werden kann.

Punkt 4. zumindest scheint mit einer Interpretation von 3. in Widerspruch zu stehen, und Punkt 5. mit 1. und 2.

Meiner Überzeugung nach vermag kein noch so sorgfältiges

Studium der Werke Johnsons, noch eine eingehendere Beschäftigung mit seiner Biographie oder seiner historischen Umgebung ein entscheidendes Argument für oder gegen die eine oder andere biographische Deutung seiner Referenz-Theorie zu liefern.
Dagegen könnte es sich als interessant und fruchtbar erweisen, den Versuch einer logischen Deutung zu unternehmen.
Dabei muß man von zwei Annahmen ausgehen:

1. Die Menge der in einer Sprache vorkommenden Zeichen: (Sprache *in abstracto*) verhält sich zu den unmittelbaren Erlebnissen der Wirklichkeit wie eine abzählbare Menge zu einer nicht abzählbaren.

2. Die Bedeutung eines sprachlichen Zeichens (Wort, Phrase oder Satz) ist ewas anderes als der Gegenstand, auf den sie sich bezieht.

Es fragt sich nun, von welchen sonstigen Annahmen wir sinnvollerweise noch ausgehen sollten, damit Johnsons Lehre vom Verhältnis zwischen Sprache und nicht-verbaler Welt wahrscheinlich wird.
Um hier weiterzukommen, müssen wir uns zunächst zwei Gebieten eingehender zuwenden: den Aussagen, die Johnson zum einen über Sensibilia, Emotionen und abstrakte Begriffe macht und zum anderen über sinnlich wahrnehmbare und verbale Bedeutung. Für den ersten Bereich wird Johnson sich als Phänomenalist und Atomist erweisen. In dem zweiten Bereich werden wir sehen, daß seine Unterscheidung nicht mit Freges Unterscheidung zwischen »Sinn« und »Bedeutung« eines Wortes zusammenfällt.

### 3.3 *Phänomenalismus und Atomismus*

Wie wir eben angedeutet haben, ist Johnson Phänomenalist:

»Wo immer ich das Wort physisch verwende, ist es ein Synonym für sinnlich wahrnehmbar: und beide Begriffe werden häufig als Bezeichnung für das angewandt, was die Sinne mir als Anblick, Geräusch, Geschmack, Gefühl oder Geruch zu erkennen geben.«[46]

Seine Philosophie in »A Treatise on Language« ist extrem

phänomenalistisch, selbst Emotionen und »intellections« (wie Johnson sie nennt) werden auf dieselbe Weise wie Empfindungen behandelt. Allerdings scheint Johnson ihnen in »A Treatise on Language« ebenfalls eine Art selbständigen Status einzuräumen.[47] Er stellt fest, daß wir die Tendenz haben, unsere inneren Empfindungen (»internal feelings«) in geringerem Maß Unterscheidungen zu unterwerfen als unsere äußeren. In jeder denkbaren Hinsicht sind die inneren Empfindungen denselben semantischen Gesetzen unterworfen wie die äußeren. Dieser extreme Phänomenalismus wird in »The Meaning of Words« in gewissem Sinne revidiert, worauf ich gleich näher eingehen werde.
Wie sehen Johnsons »Empfindungen« aus? In der Natur treten sie in Gruppen, den sogenannten »sensible groups« auf, eine Idee, die auffallend an Nietzsches »Empfindungsgruppen«[48] erinnert.
Über das, was diese Gruppen zusammenhält, schweigt Johnson sich aus.
Bei Johnson müßte man wohl rein aus Prinzip zunächst annehmen, daß diese Gruppenzugehörigkeit ausschließlich der sprachlichen Konstruktion entstammt, jedoch sucht man in seinen Schriften vergebens nach einem derartigen Verweis. Unklar ist ferner, ob er mit Empfindungsgruppen Anhäufungen von Empfindungen unterschiedlicher Sinne meint, z. B. den Duft eines Apfels, seinen Geschmack und sein Aussehen, oder ob er Empfindungen derselben Sinnesrichtung meint. Er versucht nicht zu erklären, warum wir sowohl Purpur als auch Orange zu Farbempfindungen rechnen, und das müßte ihm eigentlich, bei seinem extremen *Atomismus,* von dem seine Empfindungsauffassung gekennzeichnet ist, einige Probleme bereiten.
Sowohl in einem engeren als auch in einem weiteren Sinne besteht Johnson mit großem Nachdruck auf der Behauptung, daß es aus logischen Gründen unmöglich sei, von einer Sinnesempfindung auf eine andere zu schließen.
In einer weiteren Bedeutung läßt sich Johnsons Atomismus auf folgende Weise formulieren:

3. Aus der Empfindung in einer Sinnesrichtung (z. B. des Sehsinns) ergibt sich keine logische Konsequenz für die Empfindung in einer anderen (z. B. Tastsinn).

Denselben Gedanken entwickelt George Berkeley im 49. Paragraphen seines »A New Theory of Vision«[49], und Molyneux erörtert dieselbe Frage in seiner Korrespondenz mit John Locke: wenn eine blindgeborene Person gelernt hat, zwischen einem Würfel und einer Kugel durch taktile Empfindungen zu unterscheiden, könnte sie dann, wenn sie plötzlich das Augenlicht wiedergewönne, dieselbe Unterscheidung mit Hilfe des Sehsinnes treffen?
Berkeley beantwortet diese Frage negativ: die Objekte des Sehsinns und des Tastsinns sind hier wie in allen anderen Fällen zwei ganz unterschiedliche Dinge. Was uns an der Erkenntnis hindert, so sagt Berkeley – und seine Formulierung kommt der Johnsons so nahe, daß man seinen Einfluß kaum ausschließen kann –, ist, daß Vorstellungen des Sehsinns konstant dieselben Namen haben wie Vorstellungen des Tastsinns, Vorstellungen, die notwendigerweise miteinander verbunden werden, da die Sprache nun einmal so funktioniert.[50]
Dies ist nach Johnson allerdings nur die eine Seite. Er behauptet nicht nur die Richtigkeit von 3., sondern geht – wie wir schon gesehen haben – mit seiner Behauptung noch einen Schritt weiter:

> 3.1 Aus einer einzelnen Empfindung ergibt sich keine logische Konsequenz für eine andere Empfindung derselben Sinnesrichtung.

Aus 3. folgt, daß alle Wörter, die sich auf die physische Wirklichkeit beziehen – sofern sie sich überhaupt auf irgendeine physische Wirklichkeit beziehen –, systematisch vieldeutig sind. Das Wort »Kugel« kann sich auf eine Gefühlsempfindung, eine optische Empfindung, vielleicht auch eine akustische Empfindung beziehen: einen logisch notwendigen Zusammenhang zwischen diesen Empfindungen gibt es nicht. Aus der Tatsache, daß ein Gegenstand rund aussieht, folgt nicht, daß er sich rund anfühlen muß. Aus diesem Grund hat das Wort »Rundheit« z. B. eine ganz andere Bedeutung, wenn wir von der »Rundheit« der Erde sprechen oder von der »Rundheit« einer kleinen Kugel, die wir in der Hand halten.[51]
Johnson ficht eine Reihe erkenntnistheoretischer Aussagen

mit Hilfe dieser Theorie an, und er meint, damit klassische erkenntnistheoretische Antinomien auflösen zu können.
Ohne seine Theorie von Vieldeutigkeit so weit zu entwikkeln, daß sie auch im entferntesten als vollständige Erkenntnistheorie durchgängig wäre, entwickelt Johnson doch einige äußerst interessante Gedankengänge auf diesem Gebiet.
Gewiß, Johnson bleibt in dieser Hinsicht in einem traditionellen Rahmen. Sowohl Condillacs »Traité des Sensations«[52], der hartnäckig an dem Gedanken festhält, daß Denken nichts anderes sei als ein Zusammenstellen von Sensationen (Empfindungen), wie auch die Tradition des schottischen Realismus haben eine große Bedeutung für ihn gehabt.
Wenn z. B. Thomas Reid in seinen »Essays on the Intellectual Power of Man« von der Vieldeutigkeit der Eigenschaftsworte spricht, hat man wirklich den Eindruck, sich ganz in der Nähe von Johnsons Philosophie zu befinden.

»Man muß hier beachten, daß die Empfindung, die ich fühle, und die Eigenschaft der Rose, die ich empfinde, beide mit demselben Namen bezeichnet werden. Rosenduft ist der Name, der beiden gegeben wird, so daß der Name zwei Bedeutungen hat: wenn man aber die verschiedenen Bedeutungen voneinander trennt, ist alle Verwirrung beseitigt, und wir vermögen klare und unmißverständliche Antworten auf Fragen zu geben, über die Philosophen viel disputiert haben.«[53]

Über den schon genannten Unterschied hinaus – daß nämlich Johnson Verfechter einer sehr viel größeren Unabhängigkeit zwischen den Sinnesempfindungen ist – besteht ein weiterer Unterschied zu den schottischen Common-Sense-Philosophen darin, daß sich Johnson erkenntnistheoretischen Fragen viel mehr auf dem linguistischen Weg nähert. Für die Art, wie Johnson mit Hilfe von 3. argumentiert, ist das folgende Beispiel charakteristisch[54]:

»Dies steht in Verbindung mit dem allgemein gewonnenen Eindruck, daß die Sinne trügerisch sind. Wenn wir einen Stock ins Wasser halten, aber einen Teil nicht eintauchen lassen, dann erscheint der Stock krumm, was – wie wir gelernt haben – eine Sinnestäuschung ist: denn der Stock ist gerade. Krumm bezeichnet angeblich nur eine Existenz, in Wirklichkeit aber bezeichnet er zwei, einen Anblick und ein Gefühl. Der krumme Anblick ist mit dem Gefühl nicht identisch, außer dem Namen nach, wodurch wir beide durcheinander werfen. Wahr ist, daß sie im allgemeinen miteinander verbunden sind, aber wenn wir daraus folgern, daß sie identisch seien, oder sogar, daß sie nie getrennt existierten, müssen wir das unserem Mangel an Erfahrung zuschreiben. Die Sinne selber hätten uns immer gelehrt, daß der krumme Anblick von einem Gefühl trennbar ist, wenn wir einen Stock ins Wasser geworfen hätten. Sie sind in diesem Fall nicht mehr für unsre irrigen Schlußfolgerungen verantwortlich, wie sie es aber wären, wenn wir glaubten – weil wir noch nie einen anderen schwarzen Gegenstand gesehen hätten als einen, der unsere Hände verfärbt –, daß die Verfärbung eine notwendige Folge der Schwärze sei, wie ich das bei Kindern erlebt habe.«

Es ist nicht möglich, daß ein und derselbe Stab gleichzeitig krumm und gerade ist. Wenn eine Sinnesempfindung den Eindruck erweckt, daß ein Stab gerade sei, und eine andere gleichzeitige Sinnesempfindung, daß er krumm sei, muß – so haben eine Reihe Philosophen argumentiert – zumindest eine dieser Sinnesempfindungen irreführend sein. Also können wir unsere Sinnesempfindungen von Dingen nicht unmittelbar selber mit Dingen gleichsetzen, sie müssen intermediär und als unzuverlässiges Zeugnis von etwas Widerspruchsfreiem auftreten können, das logisch unabhängig von unseren Empfindungen ist.

Johnsons semantische Alternative zu einer Sinnesdaten-Theorie zielt darauf ab, das Problem durch die Erklärung zu lösen, die Erscheinung, daß ein Stab gleichzeitig krumm und gerade erscheint, sei kein Wiederspruch, sondern durch eine *Vieldeutigkeit* des Wortes »krumm« verursacht worden. Visuell existiert ein gebrochener Stab und taktil ein gerader Stab, und was das Auge als gebrochen empfindet, schließt die taktile Empfindung von Geradheit nicht aus.

Oder, mit anderen Worten, wir haben es mit *zwei* Stäben zu tun, einem visuellen und einem taktilen. Johnsons Vorschlag ist interessant, da er die Möglichkeit zeigt, wie gewisse klassische erkenntnistheoretische Aporien umgangen werden können, ohne »Dinge an sich« hinter den Empfindungen zu postulieren.

Die auffallendste Schwäche des Versuchs hängt natürlich damit zusammen, daß die Anzahl der Dinge in der Welt ungeheuer zunimmt, eine Konsequenz, der Johnson wahrscheinlich mit Rücksicht auf die Theorie von den zwei Arten von Bedeutung der Wörter zugestimmt hätte, auf die ich gleich zurückkommen werde.

Zu dem wohlbekannten cartesischen Argument für Sinnestäuschung in seinen »Meditationes de Prima Philosophia«[55], daß nämlich ein Turm aus der Nähe viereckig, aus einiger Entfernung aber rund auszusehen vermag, müßte die Erklärung Johnsons plausiblerweise lauten, daß dies nicht ein Argument für Sinnestäuschung sei, sondern nur dafür, daß tatsächlich zu jedem gegebenen Punkt auf der Strecke zwischen Turm und Horizont visuell ein Turm steht, und daß alle Elemente in dieser Reihe von Türmen voneinander verschieden sind. Schwierig ist natürlich auch die Frage, wie wir darauf kommen, die Rundheit einer Münze sowohl taktil als auch visuell zu assoziieren, auch wenn beides nicht identisch ist.

Johnsons Antwort auf diese Frage ist unbestimmt. Sie besitzen keine andere Identität als den Namen, sagt er in dem eben zitierten Abschitt.

»Anblicke, Gefühlsempfindungen etc. werden uns von der Natur in gewissen Gruppen dargeboten«[56], heißt es in einem der ersten Absätze von »A Treatise on Language«. Etwas, das zusammen mit anderem auftritt, braucht damit nicht identisch zu sein, Donner braucht nicht identisch mit Blitz zu sein, aber was veranlaßt uns, Empfindungen in Gruppen zusammenzufassen? Warum lokalisieren wir z. B. die taktilen Eigenschaften des Stabes an derselben Stelle im Wasser, wo wir auch seine visuellen Eigenschaften lokalisieren?

Oder, um ein Beispiel von Thomas Reid zu nehmen: Wenn ich meine Handfläche gegen eine Mauer drücke, deute ich die erhaltene Gefühlsempfindung so, daß die Mauer einen Widerstand bietet, sie ist hart. Diese Härte lokalisiere ich an der Mauer. Wenn ich jetzt die Handfläche noch stärker gegen die Wand drücke, wird zu der ursprünglichen Empfindung von Härte noch eine von Schmerz hinzukommen. Wie soll man erklären, daß ich den Schmerz in der Hand, die Härte aber in der Mauer lokalisiere?

Nehmen wir an, auf dem Tisch läge eine Münze. Die Münzoberfläche erscheint aus allen Blickwinkeln außer dem rechten als verschiedene Ellipsen mit veränderten Brennpunkten.

Der taktilen Empfindung erscheint dagegen die Kreisform der Münze als konstant.

Dem gesunden Menschenverstand liegt es näher, in dem

konstanten Gefühlseindruck von Rundheit irgendwie eine Bestätigung zu sehen. Aber Bestätigung wofür?
Daß die Münze *eigentlich* so aussieht wie aus dem Winkel aus 90 Grad?
Aber eine *Empfindung* braucht nicht bestätigt zu werden. Entweder ist sie vorhanden oder nicht. Und die verschiedenen visuellen Empfindungen von der elliptischen Form der Münze hören nicht auf zu existieren, weil sie nicht vereinbar sind mit dem Eindruck des Tastsinns: während ein einzelnes Element in der Reihe möglicher visueller Eindrücke vereinbar ist mit dem konstanten Eindruck des Tastsinns von etwas Rundem.
Das, was der Tasteindruck bestätigt, ist – sofern er nicht einen anderen Gefühlseindruck bestätigt – eine *Hypothese*.
Aber welche?
Daß die *Münze an sich* nicht elliptisch ist und auch die Form nicht ändert zwischen Kreis und verschiedenen Ellipsen, sondern konstant kreisförmig ist? Aber was ist eine Münze an sich? Ist es nicht logisch möglich, daß die *Münze an sich* weder die eine noch die andere Form und Ausdehnung besitzt?
Eine Möglichkeit, das weite Gebiet der sich hier auftuenden philosophischen Schwierigkeiten zu umgehen, bietet sich mit der Annahme, die Münze als eine Konstruktion von Sinnesdaten zu verstehen. Die konstante Empfindung der Kreisform bestätigt dabei die Hypothese, daß die Münze aus dem einen Winkel, und nur aus diesem in der Kreisform erscheint, nämlich, wenn man sie genau im Lot betrachtet. Diese Konstruktion ist eine von mehreren möglichen.
Wenn wir Johnsons These zustimmen, daß »rund« ein systematisch vieldeutiges Wort sei, erscheint diese Idee äußerst problematisch.
In seiner Ontologie gibt es keinen Platz für Illusionen, da die Vorstellung von einem unabhängigen »Ding«, mit dem man die verschiedenen Wahrnehmungen vergleicht, auf einem systematischen Mißverständnis beruht.
Man findet aber auch keinen Platz für die Annahme, daß eine taktile Kreisform die Hypothese bestätigen könnte, daß aus einem bestimmten Winkel eine Münze dem Auge kreisförmig erscheint, weil Wörter wie »Rundheit« oder »Kreisform« in taktilem oder visuellem Kontext etwas völlig Verschiedenes bedeuten, und sich nicht gegenseitig austauschen lassen.

Die Frage, weshalb wir dann darauf beharren, einen perspektivischen Zusammenhang zwischen der taktilen Form einer Münze und ihrer visuellen Form zu suchen, bleibt ein Rätsel, ebenso wie unser Bedürfnis, den Zusammenhang zwischen dem Aussehen eines Stabes im Wasser und seinen taktilen Eigenschaften zu klären.
Ein moderner Sinnesdaten-Theoretiker würde an dieser Stelle hinzufügen, daß es visuelle – zu Johnsons Zeit noch nicht beachtete *Konstanzphänomene* gibt: auch aus Winkeln, aus denen das physikalische Bild der Münze auf der Netzhaut elliptisch sein muß, »sehen« wir wegen der Organisation unseres visuellen Raumes die Münze weiterhin als kreisförmig an. Wir neigen dazu, eine menschliche Gestalt räumlich zu »sehen«, selbst aus einiger Distanz, wobei das optische Bild keinerlei Anhalt dafür liefert, daß die Gestalt nicht zweidimensional ist. Wir sehen einen Besucher, der in unser Zimmer tritt, als »genauso groß wie ich selbst«, obgleich sein optisches Bild keinen größeren Teil meines Gesichtsfeldes beansprucht, als ein Bleistift auf dem Tisch usw.
Dieser Umstand kompliziert unseren Gedankengang, bedeutet aber keinen relevanten Einwand dagegen. Wenn der Konstanzeffekt bewirkt, daß eine Münze kreisförmig aussieht, lange nachdem sie in ein elliptisches Netzhautbild übergegangen ist, kann man sagen, daß er einer visuellen Form vor allen den Vorzug gibt, wenn diese mit der taktilen Form übereinstimmt.
Wenn Johnson nun recht hat und das taktile Formerleben mit dem von der Konstanz in unserem Wahrnehmungssystem begünstigten visuellen Formerleben nichts anderes als den Namen gemeinsam hat, ist wiederum die Frage zu stellen: warum wird gerade diese Form begünstigt?
Eine einsichtige Antwort darauf dürfte sein, daß unser Wahrnehmungsraum aus Gründen der Zweckmäßigkeit so aufgebaut ist, daß das Erleben von Sehen und Fühlen zu einer Gesamtheit koordiniert und zu einem Zusammenhang geführt werden kann.
Aber logisch zwingend ist dieses Argument nicht. Es könnte ja auch zweckmäßig sein, logisch voneinander unabhängige Informationen von verschiedenen Sinnesrichtungen zu subjektiven Einheiten zusammenzufügen.
Erst wenn wir gegen Johnson anführen, daß visuelle Rund-

heit und taktile Rundheit etwas gemeinsam haben, unabhängig von Name und Sinnesrichtung, scheinen wir eine hinlängliche Prämisse zu besitzen, die erklärt, warum gerade die visuelle Kreisform sowohl vom Konstanzphänomen wie auch von unserer bewußten Interpretation begünstigt wird.

Johnsons Theorie befreit uns zwar von dem Problem der scheinbaren Eigenschaften der Dinge und von den Widersprüchen zwischen Sinneseindrücken, aber der Preis dafür mag einigen allzu hoch scheinen: durch seine Lehre von der unendlichen Vieldeutigkeit schließt er die Möglichkeit aus, überhaupt einen generellen Schluß aus einem empirischen Tatbestand zu ziehen. Durch eine Empfindung wird nichts bestätigt.

Seine Unfähigkeit zu erkennen, daß ein taktil gerade Stab mit einem visuell geraden etwas gemeinsam haben kann, ist Ausdruck seiner allgemeinen Abstraktionsfeindlichkeit. Er lehnt es ab, Geradesein oder Rundheit als abstrakte Eigenschaften zu sehen, die einer Reihe einzelner Erscheinungen, die in jeder anderen Hinsicht sehr verschieden sein mögen, gemeinsam sein könnten. Statt dessen sieht er Wörter wie »Rundheit« und »Geradesein« als unendlich vieldeutig an.

Der Preis für diesen extremen Nominalismus ist ein Universum, das in eine unendliche Menge disparater und logisch unverbundener Elemente zerfällt.

Diese logische Unverbundenheit zeigt sich am eindrücklichsten in Johnsons Prinzip, das ich so formuliert habe:

> 3.1 Aus einer einzelnen Empfindung ergibt sich keine logische Konsequenz für eine andere Empfindung derselben Sinnesrichtung.

Dieses Prinzip ist der entscheidende Gedanke hinter seiner originellen Lehre von der verbalen respektive sinnlich wahrnehmbaren Bedeutung und steht in einem gewissen Verhältnis zu seiner Auffassung vom Verhältnis zwischen Form und Inhalt.

Wenn Johnson betont, daß jeder Sinn letztlich abhängig ist vom Zeugnis unserer Sinne, scheint diese Aussage möglicherweise die der logischen Empiristen zu sein. Sicherlich wäre Johnson mit B. Russell einer Meinung, wenn dieser feststellt:

»Jede Aussage, die wir verstehen können, muß völlig aus uns bekannten Bestandteilen zusammengesetzt sein.«[57]

Worin besteht der Unterschied zwischen Johnsons Standpunkt und dem der logischen Empiristen? Der empirische Reduktionismus geht davon aus, daß alle Sätze, die keine analytischen Wahrheiten sind, durch Definition aller Ausdrücke, die keine logischen Bindewörter sind, sich auf Sätze über empirische Erfahrungen reduzieren lassen müssen. Das verlangt, daß einige Ausdrücke, z. B. bestimmte Beschreibungen, in eine geeignete Form umgeformt müssen[58], die dann zeigen kann, ob eine Aussage wahr oder falsch ist. Das verlangt, daß gewisse Begriffe, die sich nicht weiter durch Worte erklären lassen, statt dessen durch ostensive Definitionen, d.h. durch direktes Aufzeigen der Qualität in der Wirklichkeit, auf die sich Erfahrungen beziehen, erklärt werden. Das ganze Programm ist voller technischer Schwierigkeiten, von denen Quine [59] die vielleicht überzeugendsten systematisch erfaßt hat.

Wenn Johnson sagt:

»Nearly every word possesses a verbal meaning as well as a sensible meaning.«
(»Beinahe jedes Wort hat sowohl eine verbale Bedeutung als auch eine sinnlich wahrnehmbare.«)[60]
»The senses alone can reveal us the sensible signification of words.«
(»Allein die Sinne können uns die sinnlich wahrnehmbare Bedeutung von Wörtern erschließen.«)[61]
»The sensible signification of a sentence ist the sensible existence to which the sentence refers.«
(»Die sinnlich wahrnehmbare Bedeutung eines Satzes ist die sinnlich wahrnehmbare Existenz, auf die der Satz sich bezieht.«)[62]
»Words can yield us nothing but the verbal signification of words.«
(»Wörter können uns nur die verbale Bedeutung von Wörtern liefern.«)[63]

»Your language is sensibly significant of all the sensible revelations to which it refers, but all beyond is verbal.«
(»Ihre Sprache ist für alle sinnlich wahrnehmbaren Offenbarungen, auf die sie sich bezieht, sinnlich bedeutungsvoll, aber alles, was darüber hinausgeht, ist verbal.«)[64]

vermag sein Gedankengang verwirrend ähnlich der normalen programmatischen Reduktion der Empiristen erscheinen, zu der sich Russell in dem angeführten Zitat bekennt.
In Wirklichkeit sind die Unterschiede bedeutend.
Zunächst einmal ist es nicht ganz leicht, zu ermitteln, was Johnson mit »verbal significance« meint. Aus seinen Worten möchte man gerne auf seine tatsächliche Überzeugung schließen, daß die Bedeutung eines Satzes aus einem anderen bestehen kann, die Bedeutung eines Wortes aus einem anderen Wort – eine natürlich bis auf wenige Ausnahmen etwas seltsam anmutende semantische Theorie.
Wenn ich sage, die Konnotation des Wortes »Brüder« sei *männliche Geschwister*, meine ich natürlich nicht, daß die Konnotation aus der Phrase »männliche Geschwister« besteht. (Dies ist statt dessen, cum grano salis, die Konnotation der Zeichenfolge »männliche Geschwister«, wobei das Anführungszeichen darauf hinweisen soll, daß wir von Zeichen und nicht von Bezeichnetem sprechen.)
Mit größter Wahrscheinlichkeit ist das aber nicht die Absicht Johnsons. Mit verbaler Bedeutung von Wort oder Phrase meint er das, was wir normalerweise *Definiens* von Wort oder Phrase nennen würden, also die Phrase oder den Satz, der in extensionalem Zusammenhang, ohne die Wahrheit zu verändern, den ursprünglichen Begriff ersetzen kann.
Und bei ihm ist dabei entscheidend, daß ein solches Definiens niemals mit Empfindung ausgetaucht werden kann – ein an sich natürlich trivialer Satz.
Sehr viele Wörter einer Sprache, z. B. »Brüder« oder »Dreieck«, können vermittels Realdefinitionen festgelegt werden, die ihrerseits verbal sind. Von einer anderen Klasse von Wörtern, z.B. »Röte« oder »schmerzhaft«, scheint man sinnvollerweise sagen zu können, daß ihre Bedeutung letztlich auf der direkten Bekanntschaft mit dem Phänomen, das sie konnotieren, beruhen muß.
Wir wollen Wörter der erstgenannten Kategorie »definier-

bar« und die der zweiten Kategorie »nicht definierbar« nennen.
Ein empirischer Gedanke, der der gesamten Idee der Reduktion des sprachlichen Bedeutungsinhalts von Sinnesdaten zugrunde liegt, ist nun der, daß nicht definierbare Wörter konstituierende von Sätzen sein können, die ihrerseits als Definitionen von definierbaren Wörtern dienen können.
Daß »gelb« nicht definierbar ist, stellt kein Hindernis für die Aussage dar, daß »Zitronenfalter« als »gelbgeflügelte Falter zu der Klasse der Tagschmetterlinge und zur Familie der Weißlinge gehören«. Die Reduktion der Bedeutung von sprachlichen Sätzen auf die unmittelbare Sinneserfahrung kann sozusagen schrittweise mit Realdefinitionen als Zwischenstufen vorgenommen werden. Und der Rest von empirisch nicht weiter reduzierbaren Sätzen fällt in die Kategorie »mehr oder weniger qualifizierte Nonsense-Sätze«.
Wenn Johnson eine vergleichbare Meinung verträte – wie wir sehen werden, kommt er dieser Auffassung, wenn er Wissenschaft meint, oft recht nahe –, wäre er ganz einfach ein Philosoph innerhalb einer empiristischen Tradition, die von Locke und Hume bis zu Bertrand Russell und Carnap reicht.
Aber Johnson verneint gerade, daß die Bedeutung eines Wortes, z.B. »gelb«, als *Konstituierende* zur Bedeutung eines anderen Wortes, z.B. »Zitronenfalter« gehören kann, und das trennt ihn von der empiristischen Tradition.
Johnson fordert von jeder Erkenntnis, daß sie nicht zusammengesetzt sein soll, wie kompliziert ihre sprachliche Formulierung auch sei. Das ist eine Folge seiner Lehre von der gegenseitigen logischen Unverbundenheit der sinnlich wahrnehmbaren Einzelempfindungen, so wie wir sie in 3. und 3.1 formuliert haben.
In einem prinzipiell wichtigen Abschnitt in »A Treatise on Language« (der merkwürdigerweise den meisten späteren Kommentatoren von Johnsons Werk entgangen zu sein scheint) sagt er:

»Sie (unsere scharfsinnigsten Metaphysiker) ignorieren ständig, wie einfach unsere Erkenntnis ist, und sie suchen entweder an der Oberfläche nach Wahrheit oder darunter. Sie haben deswegen wiederum der Natur eine Eigenschaft zugeschrieben, die nur in der Sprache existiert: das heißt, sie haben erkannt, daß manche Wörter auf andere Wörter reduzierbar sind und daß einige sich nicht reduzieren lassen: so kann Mord z. B. auf einen Satz reduziert werden: ›ein verbrecherisches Töten mit vorsätzlicher böser Absicht‹. Das Wort ›weiß‹ kann nicht auf diese Art übertragen werden: es bezeichnet nur einen Anblick. Der Unterschied, der nur ein sprachlicher Kunstgriff ist, um einen Satz zu einem einzigen Wort zu verdichten, hat man für einen mysteriösen gedanklichen Prozeß gehalten: und die Wörter, die solche Verdichtungen bewirken, sind mit Begriffen wie komplexe Ideen, Abstraktionen etc. belegt worden.«[65]

Die Stelle ist sprachlich ungeschickt formuliert. Wenn Johnson »der Unterschied« sagt und dieses grammatische Subjekt in einem Satz verwendet, in dem das Prädikat aus »nur ein sprachlicher Kunstgriff ist«, besteht, ist es offensichtlich, daß er nicht den Unterschied meint, sondern das erste Glied seiner Unterscheidung. Das, was hier als »komplexe Ideen, Abstraktionen etc.« aufgefaßt wird, ist tatsächlich nichts anderes als sprachliche Verkürzung, die es seiner Meinung nach möglich macht, einen Satz durch ein Wort auszudrücken.
Aber in einem anderen Abschnitt von »A Treatise on Language« heißt es:

»Wörter können keine Stelle eines Sinns *ersetzen*. Sie können uns einfach auf das verweisen, was unsere Sinne erschlossen haben.«[66]

Das wichtigste Wort in diesem Abschnitt ist ersetzen, »supply«, ein relativ vager Ausdruck. Wenn das Wort als »vertreten« oder »repräsentieren« gedeutet wird, folgt daraus eine absurde semantische Theorie, nämlich, daß Worte unsere Sinneswahrnehmungen überhaupt nicht konnotieren können: in diesem Fall ist eine sinnvolle Sprache überhaupt unmöglich. In einem bestimmten Sinne können selbstverständlich Worte an die Stelle von Empfindungen treten, und genau den Sinn beschreibt Johnson im zweiten der beiden zitierten Sätze.
Man kann sagen, daß dieser seine Auffassung von jener semantischen Referenz enthält, die nicht definierbare Wörter für unsere sinnliche Wahrnehmung haben: die Wörter lenken unsere Aufmerksamkeit auf das, was unsere Sinne uns erschlossen haben.
Johnson meint sinnvollerweise wohl mit »supply«, daß die Erkenntnis von Empfindungen nicht durch Wörter ersetzt werden kann.

Worte können also nie sinnlich wahrnehmbare Wortbedeutungen (»sensible signification«) vermitteln, im Gegensatz zu ihrer verbalen Bedeutung, sie können vielmehr lediglich unsere Aufmerksamkeit auf die Sinnesempfindungen und deren einmaligen »einfachen« Charakter lenken.

Im Abschnitt 3.2 haben wir die logischen Annahmen diskutiert, die für die innere Konsequenz einer Semantik wie der Johnsons notwendig sind. Zwei Prämissen haben wir festgehalten:

1. Die Menge der in einer Sprache vorkommenden Zeichen (Sprache *in abstracto)* verhält sich zu den unmittelbaren Erlebnissen der Wirklichkeit wie eine abzählbare Menge zu einer nicht abzählbaren.

2. Die Bedeutung eines sprachlichen Zeichens (Wort, Phrase, oder Satz) ist etwas anderes als der Gegenstand, auf den sie sich bezieht.

Allmählich wird klar, durch welche ergänzende Prämisse Johnsons Standpunkt glaubhaft wird.

Johnson begreift Erkenntnis konsequent als *etwas Inhaltliches*. Enthauptung zu kennen, ist nach Johnson nur möglich, wenn man Zeuge eines solchen Schauspiels gewesen ist. »Rundheit« und »Röte« zu kennen, fällt für Johnson zusammen mit der Erfahrung dieser Eigenschaften.

Wir haben schon festgestellt, daß nach seiner Auffassung die taktile Rundheit eines Gegenstands nichts mit der visuellen Rundheit eben dieses Gegenstandes gemeinsam hat, was über den *Namen* hinausginge.

Rundheit als eine gemeinsame abstrakte *Form,* die der taktile Eindruck mit dem visuellen gemeinsam hat, wird genau wie alle anderen abstrakten Eigenschaften, z.B. Strukturgleichheiten, auf einen gemeinsamen *Namen* reduziert, der sich an verschiedenen Stellen einer Skala mit zunehmender Vieldeutigkeit befinden kann.

Indem er Erkenntnis in einem extrem nominalistischen Geist mit Russells »acquaintance« identifiziert, d.h. mit einzelnen und unmittelbaren Wahrnehmungsinhalten, erscheint Johnson dem Zauberer – der Lieblingsfigur aller Philosophen – nicht unähnlich, der vor der Vorstellung ein Kaninchen in den Hut schmuggelt und es dann vor dem erstaunten Zuschauer wieder herausholt.

Der erste Schritt, der der Situation des Zauberers entspricht, bevor er die Bühne betritt, besteht darin, als *Erkenntnis* nur spezifische individuelle Eigenschaften zu erlauben, die Wahrnehmungsinhalte sind.

Der zweite Teil, der unter den Augen der Öffentlichkeit stattfindet, besteht in der Frage, wie die Sprache (in abstracto) anders, als uns von neuem auf unsere individuellen und spezifischen Sinnesempfindungen zurückzuverweisen, Erkenntnisse über den Teil der Wirklichkeit vermitteln kann, der nicht Sprache ist.

Da das Rot, das ich sehe, sich nie als identisch mit dem Rot herausstellen kann, das Du siehst, muß die Antwort darin bestehen daß beide Erlebnisse von Rot eine abstraktere und allgemeinere Eigenschaft gemeinsam haben können.

Aber, da Johnson diese Antwort prinzipiell verschlossen bleibt, muß er nun notwendigerweise zu der dritten Stufe gelangen, entsprechend dem Augenblick, in dem das Kaninchen aus dem Zauberhut hervorgeholt wird.

Sprache kann keine Erkenntnis vermitteln. Sie kann uns nur immer wieder auf unsere eigenen Erlebnisse zurückverweisen. Sprachliche Bestimmungen sind nichts anderes als unendlich vieldeutige Namen. Deren Bedeutung besteht in ihren Definitionen, und da ja die letzteren wiederum nur aus Wörtern bestehen, gelangen wir in eine Regression, die sich nur dadurch abbrechen läßt, daß wir auf unsere eigenen spezifischen Sinnesempfindungen zurückgreifen:

»Wir müssen unsere Sinne zu dem machen, was Worte erklären sollen, anstatt Worte das erklären zu lassen, was unsere Sinne empfinden.«[67]

### 3.5 *Abstrakte Begriffe, »intellections« und Emotionen*

Johnsons allgemeine Auffassung von abstrakten Begriffen ergibt sich aus dem schon Gesagten. Die folgende Stelle in »A Treatise on Language« beleuchtet sehr konkret seine Art, sich dem Problem zu nähern:

»Das Wort Haufen bezeichnet einen Anblick und eine Gefühlsempfindung und besitzt von daher eine Existenz und eine Einheit, ohne sich auf die einzelnen Körner zu beziehen, aus denen der Haufen besteht: – während die Einheit Gravitation in der Natur keine

Existenz unabhängig von ihren konstituierenden Teilen besitzt. Gravitation, als Einheit, ist eine sprachliche Anhäufung, während der Haufen als Einheit eine sinnlich wahrnehmbare Einheit ist. Die Sprache ignoriert die Unterscheidung, indem die sprachliche Einheit in beiden Fällen gleich ist.«[68]

Das Schlüsselwort in diesem Zitat ist natürlich »sprachliche Anhäufung«. Johnson vermag die Existenz von Allgemeinbegriffen nicht als etwas zu sehen, das unabhängig von dem einen oder anderen Individuum ist, das unter den Begriff fällt. Aber er sieht sie auch nicht »generisch« wie Spencer und Mill, die Allgemeinbegriffe psychologisch verankert, als eine Art von verallgemeinerten Wahrnehmungen (perceptions) oder als Erinnerungsbilder sahen.
Folglich muß Johnson sie als *Anhäufung* betrachten: eine Art von Reihe, wobei jede unter diesen Begriff fallende Einzelempfindung ein Glied in der Reihe bleibt, die sinnvollerweise als eine additive Reihe aufgefaßt werden muß.
Der philosophisch bewanderte Leser fragt sich natürlich sogleich, wie unter diesen Voraussetzungen mit mathematischen Größen, z.B. mit den natürlichen Zahlen umzugehen ist und wie Logik, insbesondere der logische Widerspruch und die logische Folgerung zu sehen sind.
Eine allgemeine Antwort kann man Johnsons Kapitelüberschrift zum vierten Kapitel von »A Treatise on Language« entnehmen.
Dort sagt er lakonisch:

»Zu jeder beliebigen Aussage gründet sich unsere Zustimmung auf unsere sinnliche Erfahrung.«[69]

Johnsons Behauptung überrascht nicht, daß Sätze der Logik sowie mathematische Sätze sich ausschließlich auf *Wörter* und Verknüpfungen zwischen Wörtern beziehen und nicht verwechselt werden dürfen mit der sinnlich erfahrbaren Wirklichkeit.[70]
Ein mathematischer Punkt hat ausschließlich sprachliche Existenz.[71]
Die Vorstellung, daß eine Strecke unendlich oft teilbar sein könnte, ist eine rein sprachliche Vorstellung, die keine Entsprechung in der außersprachlichen Wirklichkeit hat. Eine solche sprachliche Vorstellung, d.h. eine neue Definition, kann bisweilen der äußerste Sinn des Wortes sein.[72]

Johnson erklärt nicht, wie ein ausschließlich sprachlicher Sinn überhaupt ein Sinn sein kann, aber es ist offensichtlich, daß die mathematischen Begriffe in dem Maße, wie sie sich nicht sinnlich konkretisieren lassen, in denselben Abschnitt seiner Philosophie fallen. Angeregt von Campbell muß ein Beweis Euklids[73] für Johnson zur Illustration seiner These herhalten, daß jede logische Ableitung auf Tautologien beruht. Ein mathematischer Beweis besitzt nur sprachlich eine Notwendigkeit: Sein zwingender Charakter ist scheinbar und beruht nur darauf, daß Prämissen und Schlüsse auf zweierlei Art ein und dieselbe Sache ausdrücken.

Von speziellem Interesse ist hier die Lehre Johnsons über die Natur der *Widersprüche* und der *Negationen*.

Johnson behauptet, es sei eine empirische Tatsache, daß z. B. derselbe Gegenstand nicht gleichzeitig sichtbar und unsichtbar sein kann.[74] Und daß ein Gegenstand unmöglich gleichzeitig sichtbar und unsichtbar sein kann, beruht nicht auf dem »menschlichen Einvernehmen« (»the consent of mankind«).

Die Tatsache, daß kein Messer gleichzeitig sichtbar und unsichtbar ist, kann nur auf die Weise erklärt werden, daß man praktisch versucht, ein Zusammentreffen der beiden Sachverhalte zustandezubringen. Dabei erfährt man, daß das nicht geht. Und genau diese Erfahrung stellt die einzige Bedeutung[75] von Widerspruch dar.

Wenn wir also Johnson wörtlich nehmen, müssen wir ihn wohl so verstehen, daß seiner Meinung nach einem Wort wie »Widerspruch« die wörtliche Bedeutung fehlt. Dies dürfte zutreffen, denn schon im folgenden Absatz heißt es:

»*Die Übereinstimmung und Nichtübereinstimmung zweier beliebiger Behauptungen sind nicht das Resultat der konventionellen Bedeutung von Worten.*

Warum kann derselbe Fleck nicht gleichzeitig weiß und schwarz sein? Weil das Wort weiß impliziert, daß der Fleck nicht schwarz ist. Aber wie ist das Wort weiß zu dieser Implikation gekommen? Durch die Willkür jener, die die Sprache geformt haben? Nein. Die Unvereinbarkeit von zwei Farben ist das Ergebnis von Erfahrung. Wenn ich versichere, daß derselbe Fleck nicht zugleich weiß und hart sein kann, dann ist die Aussage unwahr. Warum? Weil meine Sinne eine derartige Übereinstimmung erschließen können. Aus keinem anderen Grund.«[76]

Johnsons Standpunkt zu diesem klassischen Problem ist also außerordentlich originell. In der neueren Philosophie wird meist die Ansicht vertreten, bei dem Satz »ein und dieselbe Fläche kann nicht zugleich schwarz und weiß sein« handele es sich um ein *analytisches Urteil a priori* – in Kants Terminologie –, d. h. um ein Urteil, dessen Wahrheitsgehalt unabhängig von Erfahrungen ist und dessen Wahrheit auf der speziellen Bedeutung des Wortes »schwarz« beruht, die Bedeutung des Wortes »weiß« auszuschließen. Weniger häufig, aber ebenfalls vertreten wird der Standpunkt, daß diese Unmöglichkeit ein *synthetisches Urteil a priori* ist, d.h. ein Urteil, dessen Wahrheit nicht von den Erfahrungen logisch abhängt, jedoch nicht darauf beruht, daß der Begriff *schwarz* den Begriff *nicht-weiß* umfaßt. Wenn man diesem Standpunkt zustimmt, darf man erkenntnistheoretisch sehr weitreichende Folgen erwarten.

Johnson vertritt einen dritten Standpunkt, dem wir noch bei keinem anderen Philosophen begegnet sind, nämlich, daß die Wahrheit des Urteils *synthetisch a posteriori* bestimmt wird, d. h. logisch abhängig von der Erfahrung ist und nicht auf dem Verhältnis zwischen den Begriffen *schwarz* und *weiß* beruht. Mit diesem originellen Standpunkt fällt das Urteil in dieselbe Kategorie wie Sätze des Typs »irgendwelche Flecken sind weich und hart« oder »irgendwelche Flecken sind weiß und nicht hart«.

Offensichtlich schwer fällt bei diesem radikal empirischen Standpunkt die Erklärung, weshalb das Urteil *immer* wahr ist. Da ja das Urteil logisch abhängig ist von Erfahrungen und logisch unabhängig ist von dem Verhältnis der dazugehörigen Begriffe zueinander, müßte es immer möglich sein, auf einen Fleck zu treffen, der tatsächlich sowohl schwarz als auch weiß ist.

Eine Kritik an Johnsons Lehre über Widersprüche liegt auf der Hand, er verwechselt nämlich ganz einfach zwei Kategorien von Fragen:

1. *Fragen, die die Natur der Negation betreffen.*
2. *Fragen, die die Natur des Negierten betreffen.*

Ein Beispiel für 1. ist das folgende Problem: der Satz »a ist rot« impliziert, »a ist gefärbt«. Der Satz »a ist nicht rot« impliziert weder »a ist nicht gefärbt«, denn a kann ja blau

sein, noch »a ist gefärbt«, denn a kann die natürliche Zahl 2 sein. Ein affirmativer Satz ist also spezifischer als die Negation desselben Satzes.
Eine gute Theorie zur Natur der Negation muß diese Eigenschaft erklären können. Die Vorstellung, daß empirische Beobachtungen in der Außenwelt eine derartige Theorie unterstützen könnten, ist allerdings völlig unmöglich.
Meine Küche sieht in dem Falle, daß sich dort kein Krokodil aufhielte, oder in dem anderen Falle, daß sich dort kein SS-Offizier aufhielte, völlig gleich aus. Und man kann sich keine empirische Untersuchung vorstellen, weder zu meiner Küche noch zu ihrem Inventar, weder zu Krokodilen noch zu SS-Offizieren, die genauer erhellen könnte, weshalb das sein muß. Denn was wir hie beobachten, ist eine Eigenschaft der Negation, und keine Eigenschaft von Küche, Krokodilen oder alten Nazis.
Ein Beispiel für 2. wäre, daß meine Küchenwände nicht rot gestrichen sind. Um eine solche Frage diskutieren zu können, bedarf es gewiß sozialer Konventionen, zumindest eines normal funktionierenden Einverständnisses darüber, was »rot« bedeuten kann.
Aber wie Johnson richtig behauptet, gibt es wenigstens eine Tatsache, die nicht Gegenstand einer soziologischen Untersuchung werden kann: wenn wir uns darüber geeinigt haben, daß die Wände nicht rot sind, können wir uns nicht außerdem auch noch darauf festlegen, daß sie ebenfalls (zum gleichen Zeitpunkt und mit gleichem Umfang) rot sind. Keine sprachliche Konvention, also keine soziale Tatsache, kann diesen Sachverhalt ändern. Weder sind Veränderungen der Wände in meiner Küche denkbar, noch wäre es sinnvoll zu versuchen, neue Eigenschaften der Wände zu entdecken, um diese Tatsache ändern zu können.
Der Grund dafür, daß die Wände nicht gleichzeitig rot und nicht-rot sein können, liegt in der Natur der Negation, und nicht in der Natur der Sprache noch der Küche.
Aber wie verhält es sich mit der Tatsache, daß die Wände nicht gleichzeitig und im selben Umfang blau und rot sein können? Wenn wir diese Frage diskutieren, fragen wir dann nach sprachlichen Konventionen, nach der Natur der Negation oder nach der Natur der Farbqualitäten rot und blau?
Daß wir harte Gegenstände »hart« und weiße Gegenstände

»weiß« nennen, ist nach Johnson ebenfalls sprachliche Konvention. Aber es gibt nichts, was dagegen spräche, daß ein harter Gegenstand weiß, noch daß ein weißer Gegenstand weich wäre.

Erwidert nun jemand, daß diese Verschiedenheit darauf beruht, daß gewisse sprachliche Konventionen Gegenstände der außersprachlichen Wirklichkeit in Kategorien ordnen, die sich untereinander vereinbaren lassen und andere in Kategorien, die miteinander unvereinbar sind, dann hat er die Frage, *weshalb* gewisse Kategorien miteinander vereinbar sind und andere nicht, damit noch nicht beantwortet.

Man kann z.B. behaupten, daß der blaue Teil des Spektrums kontinuierlich in den violetten übergeht und daß die Frage, ab welcher Grenze eine Farbe als blau zu sehen ist, reine Konvention sei. Die Sprache hätte ebensogut den halben Blau- und den halben Grünbereich unter einem allgemeinen Farbausdruck zusammenfassen können und den Rest des Blaubereichs mit dem violetten unter einem anderen. Blau wird deshalb »blau« genannt, weil eine sprachliche Konvention dieses Wort für einen bestimmten Bereich sinnlich wahrnehmbarer Farbnuancen festgelegt hat.

Aber die Sprache kann den Platz einer Farbnuance in der Menge der Abstufungen, aus denen die Farbskala besteht, nicht verändern. Denn in dieser Menge gibt es eine definierbare, partielle Ordnungsfunktion, wir wollen sie »$\leqslant$« nennen, zwischen den Elementen, die die drei folgenden Eigenschaften hat:

A) X $\leqslant$ X FÜR JEDES X [REFLEXIVITÄT]
B) WENN X $\leqslant$ Y und Y $\leqslant$ X DANN X = Y [ANTISYMMETRIE]
C) WENN X $\leqslant$ Y UND Y $\leqslant$ Z DANN X $\leqslant$ Z [TRANSITIVITÄT]

Diese Eigenschaften hängen nicht mit sprachlicher Konvention zusammen, denn sie wären auch vorhanden, wenn jeder Farbausdruck ganz andere Intervalle der subjektiven Farberfahrung abdeckten, als das in einer normalen indoeuropäischen Sprache der Fall ist.

Es gibt keine sprachliche Konvention, die dem Blaubereich einen wärmeren Ton geben kann als dem Rotbereich.

Soweit müssen wir Johnson recht geben.

Aber ist die Tatsache, daß sie nicht gleichzeitig rot und blau sein können, eine Eigenschaft meiner Küchenwände?
In dem Falle nur in einem äußerst sekundären Sinn.
In Übereinstimmung mit einer transfiniten Menge von Erscheinungen können meine Küchenwände nicht einerseits zwei verschiedene Plätze in einer Partialmenge einnehmen, die durch eine partielle Ordnungsfunktion definiert ist (wobei die anderen Plätze von einer transfiniten Menge von gedachten Küchenwänden eingenommen werden) und dann andererseits gleichzeitig denselben Platz in der Menge einnehmen.
B), die Antisymmetrie-Eigenschaft, die wir oben bestimmt haben, besagt, daß unter der Voraussetzung, daß X Vorgänger von Y ist und gleichzeitig Y der Vorgänger von X, daß dann X = Y ist. Wenn aber Identität darin besteht, daß X Vorgänger von Y und Y Vorgänger von X ist, dann müssen X und Y in dem Fall verschieden sein, wenn X Vorgänger von Y, aber Y nicht Vorgänger von X ist.
Man kann dies als Definition von »Identität« innerhalb einer partiell geordneten Menge ansehen, aber man kann die Antisymmetrie-Eigenschaft auch als eine Eigenschaft der Negation ansehen: zwei verschiedene Erscheinungen können nicht gleichzeitig und in derselben Hinsicht sowohl verschieden als auch identisch sein.
Nun läßt sich natürlich feststellen, daß dies eine Eigenschaft des Universums ist, da sie ja nicht Folge einer sozialen Konvention ist. Aber in dem Fall nicht eine Eigenschaft der Küchenwände, sondern aller Mengen des Universums, für die sich eine partielle Ordnung angeben läßt.
Ich verlasse nun Johnsons Ausführungen über *Widersprüche* und werde mich seiner Lehre über *Negationen* zuwenden.
Genau wie Widerspruch bei Johnson ein verbal nicht definierbarer Begriff ist, der nur als eine sinnlich wahrnehmbare Qualität unserer Wahrnehmungen erlebt werden kann, muß sich Negation immer auf *etwas sinnlich Wahrnehmbares* beziehen:

»Eine Negation, die sich auf nichts bezieht, ist ebenso sinnlos wie eine Behauptung, die sich auf nichts bezieht. Beide müssen mit Hilfe sinnlich wahrnehmbarer Phänomene, auf die sich Worte beziehen, interpretiert werden.«[77]

In »The Meaning of Words« entwickelt Johnson denselben Gedanken. Eine Negation, die sich nicht auf ein physisches Objekt bezieht, ist physisch bedeutungslos, während eine affirmative Aussage mit universellem Charakter dennoch bedeutungsvoll ist für die einzelnen sinnlich wahrnehmbaren Objekte, auf die sie sich bezieht.
Diese Lehre hat zur Folge, daß negative allgemeine Aussagen bedeutungslos sind, da keine Wahrnehmungen existieren, auf die sie sich beziehen können.[78]
An diesem Punkt kommt Johnson den Erörterungen des frühen 20. Jahrhunderts sehr nahe, die sich mit Bedeutung und Verifizierbarkeit auseinandersetzen.
Kenner Johnsons, wie z. B. David Rynin[79], haben behauptet, daß Johnson die Umstände, unter denen eine Aussage wahr ist, mit ihrer Bedeutung identifiziert und so zu dem absurden Schluß gelangt, daß eine Aussage dann und nur dann wahr ist, wenn sie bedeutungsvoll ist. Oder mit anderen Worten, daß alle falschen Sätze bedeutungslos sein müssen.
Ich kann nicht sehen, daß dies die Folge aus Johnsons Lehre sein muß, die ja von *universellen* negativen Sätzen handelt.
Eines seiner Beispiele lautet: Nichts deutet darauf hin, daß der menschliche Körper nach dem Tode Schmerzen empfindet. Aber nehmen wir nun an, jemand sagte: alles spricht zwar dafür, daß er keine Empfindungen hat, aber logisch ist doch nicht auszuschließen, daß er dennoch Schmerzen empfindet.[80]
Mit anderen Worten, wir verneinen auf einer universellen Ebene alle Symptome, die man normalerweise für entscheidende Zeichen für Gefühl- oder Bewußtlosigkeit hält.
Diese Negation ist für Johnson aufgrund ihrer Universalität bedeutungslos, da es keine Wahrnehmung gibt, die sich darauf bezöge.
Die Ähnlichkeit mit A. J. Ayers frühen Formulierungen des sog. Verifizierbarkeitsprinzips[81] ist auffallend, und ins Auge springend ist die Ähnlichkeit mit Wittgensteins »behaviouristischem« Argument, ob Schmerzen ohne Schmerzausdruck vorstellbar seien[82], das er in den »Philosophischen Untersuchungen« verwendet.
Ein anderes Beispiel Johnsons handelt von der Gewißheit des Todes. Ein Pfarrer aus Johnsons Umgebung hat bezweifelt, ob wir wirklich sicher sein können, daß wir sterben. Die

Erfahrung kann ja nur in der Vergangenheit gemacht werden. Welche Erfahrungen können Aussagen darüber machen, was mit den jetzt Lebenden in der Zukunft geschieht?
Johnson antwortet auf diesen Einwand, daß die Vorstellung über unser Sterben von unserer sinnlich wahrnehmbaren Bedeutung her allerdings nur auf die Vergangenheit hinweist, daß aber jeder Zweifel, jede Negation, bedeutungslos sein muß, da er sich auf keine sinnlich wahrnehmbaren Erfahrungen beziehen kann.[83]
Wenn jemand sagt: »Es ist keine Milch im Kühlschrank«, kann man sich vorstellen, daß ich zum Kühlschrank gehe und ihn öffne, um nachzusehen, ob diese negative Aussage wahr ist.
Ich finde verschiedene Dosen und Schüsseln im Eisschrank, aber keine, die Milch enthält. Oder philosophisch ausgedrückt: Im Kühlschrank befindet sich keine Packung, die identisch mit einer Milchpackung ist.
Wenn meine Untersuchung des Kühlschranks die Aussage »Es gibt keine Milch im Kühlschrank« verifiziert, beruht das nicht darauf, daß ich darin etwas, was ein negatives Ding ist, wahrgenommen habe, ein ›Abwesend-Sein -von-Milch, umgeben von einem Abwesend-Sein-von-Milchverpackung‹, sondern, daß ich der Reihe nach jeden einzelnen Gegenstand in dem Kühlschrank wahrgenommen und im einzelnen festgestellt habe, daß das Vorgefundene verschieden ist von einer Milchpackung.
Ob man – so wie vermutlich irrtümlich Johnson – behauptet, daß die Bedeutung einer Aussage letzten Endes identisch mit der sie verifizierenden Wahrnehmung ist, oder ob man behauptet, daß die Bedeutung der Aussage etwas anderes, Abstrakteres als die sie verifizierenden Wahrnehmungen ist, muß man sich sagen, daß in diesem Beispiel normale positive Wahrnehmungen – und möglicherweise die Überzeugung, daß diese Wahrnehmungen *alle* für die Frage relevant sind – eine negative Aussage verifizieren.
Er scheint deshalb ungerechtfertigt, Johnson eine Lehre zuzuschreiben, bei der alle sinnvollen Sätze affirmativ sein müssen.
Wenn nun bei meiner Kühlschrankuntersuchung doch eine Milchpackung zum Vorschein kommt, betrachte ich natürlich die negative Aussage als falsifiziert.

Wenn nun die ursprüngliche Behauptung, daß keine Milch im Kühlschrank sei, sich erhärtet – z. B. deshalb, weil er oder sie sich der Lehre Berkeleys anschließen, daß – *esse est percipi* in seiner extremsten Form, deswegen also keine Milch da sein kann, wenn die Tür verschlossen ist, und niemand den Inhalt des Kühlschranks einsehen kann –, genau dann entsteht ein solches universelles negatives Urteil, an das Johnson gedacht hat. Nichts ist vorhanden, was ich aufzeigen kann, keine Wahrnehmung, die eine derartige These entweder bestätigen oder widerlegen kann.

Es läßt sich kaum bestreiten, daß Johnson hier eine scharfsinnige und für seine Zeit äußerst fortschrittliche Unterscheidung trifft.

Die Frage, ob die Bedeutung eines Satzes wirklich identisch ist mit der Methode, die seiner Verifikation dient, oder mit anderen Worten, die Frage, ob der Satz »Es ist keine Milch im Kühlschrank« in dieser Interpretation ein bedeutungsloser Satz ist, muß gesondert behandelt werden.

Johnsons Lehre von den *Emotionen* ( »feelings«) ist dürftig. Diese Dürftigkeit steht nicht nur mit einem Desinteresse in Zusammenhang, vielmehr fühlt er sich hier, da dieser Bereich für ihn religiösen Fragen nahesteht, auf gefährlichem Boden.

Das Grundprinzip ist sehr einfach. Wörter, sagt Johnson, die sich auf innere Gefühle beziehen, sind alle den Interpretationsregeln unterworfen, die wir schon auf die äußeren Empfindungen angewendet haben.[84]

Das bedeutet mit anderen Worten, daß Emotionen nichts anderes als Sensationen oder Empfindungen sind, die wir in unseren eigenen Organismus verlegen. Genau so, als wenn es um sprachliche Ausdrücke für Dinge der Außenwelt geht, kann ein Ausdruck für eine Emotion eine Vorstellung von Einheitlichkeit oder Einfachheit erwecken, die die wirkliche Empfindung, auf die der Ausdruck sich bezieht, nicht besitzt.

Johnsons wenig poetisches Beispiel bezieht sich auf einen Vergleich zwischen der Vieldeutigkeit des Wortes »Fisch« in seiner Zuordnung (Referenz) zu verschiedenen Empfindungen und des Wortes »Liebe«, das in derselben Weise sich auf eine Reihe verschiedener »emotionaler Empfindungen« beziehen kann.

Irgendeinen Erklärungsversuch, weshalb wir gewisse Wahrnehmungen, z. B. taktile Wahrnehmungen von Härte, außer uns selbst verlegen, dagegen andere, z. B. solche, die mit »Sorge« zusammenhängen, in uns hinein, unternimmt Johnson nicht, obgleich das offensichtlich Aufgabe seiner Emotionstheorie hätte sein müssen. Dagegen behauptet er, daß innere Empfindungen, also Emotionen, von Natur aus weniger spezifisch sind als Wahrnehmungen, die wir mit der Außenwelt verbinden.[85]

Die Emotionen-Lehre in »A Treatise on Language« stellt nicht viel mehr dar als den Versuch, Emotionen zusammen mit *Gedanken* (»thoughts«) an einen sicheren Ort zu bannen, wo sie des Autors Reduktion aller bedeutungsvollen Aussagen auf visuelle Eindrücke, Tast-, Gehörs-, Geruchs- und Geschmacksempfindungen nicht stören.

Max Black äußert sich dazu in seiner Studie über Johnsons Philosophie eher böswillig als einfühlsam: »Der Intellekt nimmt bei Johnson allmählich immer mehr den Charakter eines riesengroßen Fundbüros an.«[86]

Die Rolle, die die Gedanken in »A Treatise on Language«[87] spielen, ist fragmentarisch und unklar.

Einige können offenbar als Empfindungen innerhalb der fünf Sinnesrichtungen gelten, sie können aber auch als Wörter auftreten, und möglicherweise hat Johnson sich vorgestellt, daß sie Empfindungen von Wörtern sein können.

Wie Max Black hervorgehoben hat[88], scheint Johnson in »ATreatise on Language« weder zwischen Gedanken und Empfindungen (»sensations«) unterscheiden zu wollen noch zwischen Gedanken und Reden.

Die in »The Meaning of Words« entwickelte Lehre bedeutet einen Versuch, mit der überwältigenden Problematik in der Folge von Johnsons extremem Nominalismus fertig zu werden. Sie ist wie die Lehre von »internal consciousness«[89] viel zu primitiv und unbeholfen, um sie abzuhandeln, auch diese Theorie tendiert etwas zum »Fundbüro«, das in der ersten Theorie sicherlich enthalten ist: sie ist aber u. a. interessant wegen ihrer weitgehenden Ähnlichkeit mit entsprechenden Gedanken Friedrich Nietzsches. Johnson selbst schildert sein Ausgangsproblem folgendermaßen[90]:

Wie kommt es, daß zwei Sinne, z. B. Tast- und Sehsinn, mir Mitteilungen von *einer* Kugel machen können, wenn man

gleichzeitig über Tastempfindungen aus einer visuellen Empfindung keinen Schluß ziehen kann und umgekehrt?
Um die Frage zu beantworten – d.h. um aus dem Dilemma herauszukommen, das anscheinend darin besteht, daß wir über die *Rundheit derselben* Münze sprechen, während wir es offenbar gleichzeitig mit zwei *Rundheiten* zu tun haben – habe ich, sagt Johnson, die Lösung in der Vieldeutigkeit der Sprache gesucht. Ein und dasselbe Wort »Rundheit« wird angewendet, um sowohl taktile wie visuelle Rundheit zu bezeichnen.
Aber, sagt Johnson weiter, auch diese Lösung des Dilemmas war nicht zufriedenstellend, da sie nicht erklärt, weshalb tatsächlich alle Sprachen auf denselben Wörtern für taktile und visuelle Rundheit beharren. Die Übereinstimmung scheint für eine reine Konvention allzu umfassend.
Folglich, fügt er hinzu, wurde mit langsam klar,

»(...) daß die Einheit des Globus, da er nicht sinnlich wahrnehmbar ist, verstandesmäßig sein muß: und der Intellekt so *organisiert* sein muß, daß der Anblick des Globus und die Gefühlsempfindung dem Intellekt den Eindruck von einer Einheit vermitteln und die Sprache so *beschaffen* sein muß, daß sie sich bei allen Namen für Dinge auf die verstandesmäßig aufgefaßte Einheit bezieht.«[91]

Ein erklärender Hinweis dazu, daß der Intellekt *so organisiert* ist, wie er ist, besagt ja nicht viel.
Ebenso kann es den Leser auch verwundern, daß Johnson sich über Eigentümlichkeiten der verschiedenen Sprachen klar wird, indem er darauf besteht, visuelle und taktile Rundheit dieselbe Sache zu nennen. Aus einem sehr viel zwingenderen Grund kommt man nämlich auf einen besseren Gedankengang:
Nicht nur die Philosophen interessieren sich nämlich für die Verbindungen von Wahrnehmungen verschiedener Sinnesrichtungen. Solche Verbindungen und Vergleiche zwischen Wahrnehmungen spielen tatsächlich eine entscheidende Rolle bei dem subjektiven Aufbau der Außenwelt.
Wenn meine Uhr stehengeblieben zu sein scheint – die Zeiger haben sich anscheinend eine Stunde lang nicht bewegt –, halte ich sie ans Ohr, um zu hören, ob das Uhrwerk noch tickt. Meine Ahnung, daß die Uhr steht, wird je nachdem, was ich höre, bestätigt oder falsifiziert.
Wenn der Satz »das Uhrwerk läuft« nur vieldeutig ist und bei

näherer Analyse zu einem von zwei Sätzen präzisiert werden muß – entweder »das Uhrwerk läuft in auditiver Hinsicht« oder »das Uhrwerk läuft in visueller Hinsicht« –, könnte eine visuelle Empfindung den ersten Satz natürlich weder bestätigen noch falsifizieren. Und eine auditive Empfindung könnte den zweiten Satz nicht verifizieren oder als falsch nachweisen. Was hat ein visuelles Uhrwerk mit einem auditiven zu tun?

So wie »A Treatise on Language« den Aufbau der Welt impliziert, entfallen sicherlich mehrere klassische erkenntnistheoretische Probleme, aber dabei bleibt keine Möglichkeit, die Empfindungen zu *interpretieren*. Denn bei dem Satz »mein Uhrwerk läuft« geht es weder um ein visuelles noch ein auditives Uhrwerk, er teilt vielmehr das Resultat einer konstruktiven Deutung von verschiedenen Empfindungen mit, und zur Konstruktion wird eine ganze Reihe von Annahmen über Kausalität, die topologische Organisation des Raumes usw. benutzt, die diese Aussage in logische Verbindung mit der Organisation unseres physischen Weltbildes in seiner Gesamtheit bringen.

Wenn ein Stab im Wasser unserem Gesichtssinn krumm erscheint, unserem Tastsinn aber gerade, erklärten wir diesen visuellen Eindruck mit dem anderen Brechungsindex von Wasser. Logisch wäre es möglich, den Widerspruch aufzulösen, indem wir statt dessen sagen, daß sich Stöcke tatsächlich beim Eintauchen ins Wasser krümmen, daß aber Unvollkommenheiten unseres Tastsinns verhindern, daß wir diese Veränderung taktil erfahren können.

Der Grund dafür, daß wir in dieser Weise keine Schlüsse ziehen, ist letzten Endes der, daß eine Aussage wie »dieser Stock ist in Wirklichkeit gerade« nicht als isolierter Begriffsinhalt werden kann. Logisch ist die Aussage abhängig von der Organisation unseres Weltbildes in seiner Gesamtheit.

Wenn man diese begriffliche Organisation der Welt auf eine systematische Vieldeutigkeit unserer Sprache zurückführt – wobei gewisse visuelle Vorstellungen eine Rolle spielen –, löst sich auch die Welt in eine amorphe Suppe atomarer Wahrnehmungsinhalte auf.

Johnson hat also guten Grund, den Begriff *intellections* einzuführen, den er in »The Meaning of Words« erstmals verwendet.

Es ist fraglich, ob er selbst erkannt hat, in welchem Ausmaß diese »intellections« seiner gesamten Philosophie die Spitze nehmen.
Johnson räumt jetzt ein, daß die Bedeutung eines Wortes wie »orange« sich nicht nur auf orangefarbene Gegenstände bezieht, die er tatsächlich gesehen hat, es muß auch eine Möglichkeit geben, Gegenstände mit dieser Farbeigenschaft zu belegen, die man vorher nie gesehen hat. Das, was sie gemeinsam haben, mit Johnson ihre »nominal identity«, ist ein »intellection«.[92]

»Wenn wir zufrieden festgestellt haben, daß die nominale Einheit eine ›intellection‹ ist, können wir sie nicht weiter analysieren. In dieser Beziehung sind wir am letzten Punkt unserer nicht-verbalen Analyse angelangt, wie ein Chemiker, der eine Verbindung in ihre letzten Elemente zerlegt hat.«[93]

Wenn ein Mann Mauersteine aufeinanderlegt und sie mit Mörtel verbindet, nehmen wir nichts anderes wahr als den Mann und seine Arbeit, aber darüber hinaus, sagt Johnson, getrennt und trennbar von diesem Verlauf her, sieht der Intellekt die Beziehung zwischen Erbauer und Erbautem, zwischen Konstruktion und Konstrukteur, dem Getanen und dem, der tut.[94]
Ein Schatten ist nichts anderes als ein »nominal unit«, das für den Intellekt einen Gegenstand bildet. Eine Stadt mit 100000 Einwohnern und 10000 Häusern ist für den Intellekt eine Einheit, Stadt.[95]
In derselben Weise begreift der Intellekt eine Kausalität, wobei die Sinne nur isolierte und voneinander unabhängige Ereignisse unterscheiden können.[96]
»Intellections« sind etwa Organisches, sind Ausdruck für eine organische Disposition des Menschen. Wie Friedrich Nietzsche und heutzutage Jean Piaget[97] sieht Johnson den menschlichen Begriffsbildungsprozeß anscheinend als Ausdruck für das Bedürfnis des biologischen Wesens, eine »biologische Ordnung« (Piaget) in die logische Ordnung der Wirklichkeit hineinzuprojizieren.
Irgendeine Diskussion über das Verhältnis zwischen dem psychologischen Ursprung eines Begriffs und seiner logischen Adäquanz findet man weder bei Johnson noch bei Nietzsche. Anscheinend müssen aus Johnsons Sicht – anders als bei Nietzsche – »intellections« als letztendlich nicht

analysierbare grundlegende Elemente angenommen werden in unserem Verhalten zur Umwelt:

»Ich habe gegen keine der verstandesmäßigen Verbindungen etwas einzuwenden, denn sie sind organisch, aber ich habe etwas dagegen einzuwenden, diese Verbindungen so zu beurteilen, als wären sie eine Art sinnliche Wahrnehmungen. Die Verbindungen haben eine *subjektive* Bedeutung in unserem *Organismus*, keine objektive Bedeutung in *sinnlich wahrnehmbaren Dingen*, die sie sprachlich zu besitzen scheinen: deswegen besteht kein echter Grund zu Überraschung und Verwunderung darüber, daß wir *mit unseren Sinnen* bei keiner Gelegenheit sehen können, was wir *verstandesmäßig* begreifen.«[98]

Vor allem in zwei Situationen, sagt Johnson, hat die Verwechslung von Operationen des Intellekts mit dem unmittelbaren Zeugnis der Sinne schicksalsschwere Folgen.
Die eine Situation entsteht dann, wenn der Intellekt von etwas eine Einheit schafft, das in der Welt der Sinne nur als Vielfalt vorkommt.
Sein Lieblingsbeispiel ist die Gravitation als einer verstandesmäßigen Einheit, die hinter einer Reihe unterschiedlicher sichtbarer Phänomene steht.
Der andere Fall liegt vor, wenn etwas, das in sinnlicher Form heterogen ist, vom Verstand als homogen aufgefaßt wird.
Das Verhältnis zwischen den Aufzeichnungen unserer Sinneseindrücke und unserer begrifflichen Deutung davon, wirft eine Reihe von Fragen auf.
Hinter dem Beispiel der Gravitation verbirgt sich ein ganzer Problemkreis, mit dem wir uns in einem weiteren Kapitel dieses Buches auseinandersetzen (Kap. 6; *»Abstraktionen«*).
Johnsons anthropomorphe Auffassung von Intellekt und Begriffsbildung zieht andere Probleme nach sich.
Ideengeschichtlich interessant, aber kaum zu beurteilen, ist die Frage, inwieweit Kants Kritiken und insbesondere Kants Lehre über Anschauungsformen und Kategorien Johnson beeinflußt haben können. Man sucht vergebens danach in seinen beiden Hauptwerken. Es ist bekannt, daß Johnsons Bibliothek keine Kantliteratur enthielt. Beides läßt keinen endgültigen Schluß zu.
Seine Idee, daß »intellections« bei letzter Analyse ebenso einfach sind wie chemische Elemente, enthält unbestreitbar Keime einer Kategorienlehre.
Wir lassen diese Frage offen.

Die umfassendere Frage nach der anthropomorphen Natur der Begriffe und der begrifflichen Wirklichkeitsinterpretation, stellt philosophisch gewaltige Anforderungen an die Untersuchung. Man erinnere sich, daß zu der Reihe von Lösungsversuchen zu diesem Problem auch Kants »Kritik der reinen Vernunft« gehört. Wir wollen zur Abgrenzung dieser Fragestellung – dieser hochalpinen Landschaft der Erkenntnistheorie – in aller Bescheidenheit nur einige Fragen in der Art aufwerfen, daß unsere Antworten darauf ebenfalls für unsere Antworten auf Johnsons Vorschlag zu einer Theorie der Natur der menschlichen Erkenntnis maßgebend werden.

1. Welche logische Relation besteht zwischen den (psychologischen, biologischen, sozialen etc.) Entstehungsbedingungen einer Vorstellung und der Wahrheit dieser Vorstellung?

2. Welches Erklärungsvermögen hat ein Satz wie »X ist eine organische Disposition des Menschen«? Eine Disposition, die, wenn wir Johnson hier recht geben wollen, uns veranlaßt, eine kausale Verkettung zwischen der Tatsache, daß die Lampe angezündet ist und der, daß es im Raum hell wird, hineinzulesen. Aber warum läßt uns dann dieselbe organische Disposition *keine* kausale Verkettung zwischen dem Faktum, daß es Nacht wird und daß es Tag wird hineinlesen? Eine kausale Disposition *ad hoc* erklärt überhaupt nichts, da sie nur ein Wiederholen der Tatsache bedeutet. Aber Johnsons Dispositionen sind letztendlich einfach und nicht analysierbar. Woher weiß man, daß eine nicht analysierbare Disposition keine Disposition *ad hoc* ist?

3. Unsere visuellen Eindrücke, z.B. von der Härte eines Körpers, werden von unseren taktilen Empfindungen manchmal verifiziert und manchmal falsifiziert. Nach Johnson ist das eine Vereinfachung, denn der *Körper* ist nur eine »intellection«. *Was* ist dann nach der ersten Mondlandung verifiziert worden, als sich herausstellte, daß die Mondoberfläche dem Astronautenfuß ungefähr den erwarteten Widerstand entgegensetzte? Daß eine verstandesmäßige Einsicht (intellection) in einer bestimmten Weise

beschaffen war? Oder daß der einzige natürliche Satellit der Erde in einer bestimmten Weise beschaffen war? (Diese Fragen stehen entsprechenden Fragen der Sinnesdatentheorie [von z. B. Bertrand Russell] sehr nahe.[99] Wenn Gegenstände wie Kaffeetassen und Kachelöfen perspektivische Konstruktionen von Sinnesdaten sind, gehen dann logische Konstruktionen beim Abwaschen in die Brüche und qualmen logische Konstruktionen, wenn wir vergessen haben, die Ofenklappe zu schließen?)

Auf ein viertes Problem, das direkte sprachphilosophische Relevanz hat, werde ich in Kapitel 3.7 zurückkommen. Vereinfacht kann man es wie folgt ausdrücken:

4. Was wird vermittelt, wenn ein X dem Menschen eine Erkenntnis vermittelt? Ein Inhalt, d. h. Wahrnehmungen, die die Information enthalten, oder eine Form, d. h. etwas, das zwei Strukturen gemeinsam aufweist, die das informative Element in der Erkenntnisvermittlung darstellen?

## 3.6 *Wissenschaftstheorie*

Wir kommen nun zur Wissenschaftstheorie, einem Gebiet, das einige der fruchtbarsten Ideen Johnsons enthält. Denn auf diesem Gebiet gibt seine Lehre von der Natur der universellen Negation, seine Lehre von sinnlich wahrnehmbaren und von verbalen Bedeutungen und seine Lehre von nur begrifflich bestehenden Einheiten und Homogenitäten, Anlaß zu Betrachtungen, die klar operationalistische Strömungen des 19. und 20. Jahrhunderts, vor allem Theorien Ernst Machs und P. W. Bridgmans, vorwegnehmen.
Johnsons nachdrückliche Behauptung, daß eine wissenschaftliche Theorie ihrer eigentlichen Bedeutung nach identisch sei mit den empirischen Beobachtungen und implizierten Voraussetzungen, die sie zur Folge hat, erweist sich – trotz aller Unklarheit seiner Hintergrund-Prämissen – als außerordentlich vorausschauend.
Was er über wissenschaftliche Begriffe und wissenschaftliche Theoriebildung zu sagen hat, ist in seine übrige Philosophie eingebunden: man kann überall mit der Darstellung beginnen.

Als Ausgangspunkt eignet sich der Gedankengang, den er in »The Meaning of Words«[100] über universelle Sätze entwikkelt.

Ein und derselbe Satz, sagt Johnson, kann, wenn er universell ist, sehr verschiedene Referenzen haben. Als Beispiel dient ihm der Satz »Dampf ist gefährlich«, der einmal vor und einmal nach der Erfindung der Dampfmaschine geäußert wird.

Allein die realen Dinge, die eine affirmative universelle Aussage bestätigen, können uns über die Bedeutung der Dinge aufklären. Die These von der 24stündigen Erdumdrehung hat einen nicht-verbalen Sinn, der auf die sinnlich wahrnehmbaren Fakten beschränkt ist, die wir im Anschluß an diese These entdecken können. Ein Schriftsteller hat behauptet, daß man bei gewissen Inseln im Stillen Ozean eigentümliche Gezeiten beobachten kann.[101] Unabhängig von der Mondphase steht das Wasser am niedrigsten um 6.00 Uhr morgens und um 6.00 Uhr abends und am höchsten mittags und um Mitternacht. *Wenn die Gezeiten*, schreibt der von Johnson zitierte Entdeckungsreisende, *tatsächlich vom Mond beeinflußt werden, so muß das hier in sehr geringem Ausmaß der Fall sein.*

Dazu bemerkt Johnson:

»Der Schreiber scheint verwirrt angesichts der üblichen unkritischen Haltung bei der Unterscheidung zwischen dem verstandesmäßig begriffenen allgemeinen Satz – in bezug auf den Einfluß des Mondes auf die Gezeiten – und den objektiven physischen Fakten. Wenn die See, auf die der Schreiber anspielt, sinnlich wahrnehmbar keine Antwort auf die verstandesmäßig begriffene Kraft des Mondes zeigt, ist dieser Mangel kein Wunderwerk objektiver Natur, sondern ein Beispiel dafür, wie ungeeignet die verstandesmäßige Begriffsbildung des Menschen ist. Der Satz, der sich auf Anziehungskraft von Sonne und Mond bezieht, bedeutet, objektiv gesehen, nicht jedes objektive Ereignis und Ding, für das der Satz, so weit wir spekulativ sehen können, angebracht ist, sondern objektiv bedeutet er solche objektiven Dinge, die wir mittels der Sinne für übereinstimmend mit dem Satz halten.«[102]

Theorien und Beobachtungen sind, um mit Stephen Toulmin[103] zu sprechen, nicht deduktiv verbunden. Es ist etwas unklar, ob man Johnsons Gedankengang im engen Sinn wie Ernst Mach zu interpretieren hat, der behauptet, daß eine Theorie letzten Endes nur sich selbst bestätigende Beobachtungen zum Inhalt hat, oder in dem abgeschwächten Sinne, daß die Theorie über die Beobachtungen hinausgeht, aber nicht deduktiv mit ihnen verbunden ist.

Johnsons Lehre von den »intellections« läßt auch diese Deutungsmöglichkeit zu. Jedoch hat ihn seine Bedeutungstheorie vermutlich daran gehindert, diese Möglichkeit zu sehen.

Verschiedene, aus der Beobachtung gewonnene Fakten können dieselbe wissenschaftliche Theorie stützen. Aber dieselben Tatsachen können auch verschiedene Theorien verifizieren.

Detailliertere Untersuchungen der logischen Relationen innerhalb und zwischen den naturwissenschaftlichen Theorien nimmt Johnson allerdings nicht vor; wie immer in seinen Abhandlungen hört die Diskussion in dem Augenblick auf, da er gezeigt hat – oder jedenfalls dieser Meinung ist –, daß die Substanz einer Behauptung aus den gegebenen oder möglichen Sinnesempfindungen besteht, auf die er sich beziehen kann.

Johnsons Diskussion der universellen negativen Sätze im Zusammenhang mit den Naturwissenschaften führt, wie schon festgestellt, zum Prinzip der Verifizierbarkeit mit Formulierungen, die denen des Wiener Kreises und A. J. Ayer ähneln. Nehmen wir an, sagt Johnson, man behauptet, daß die These: der Einfluß der Sonne und des Mondes bewirkt die Bewegung der Gezeiten, falsch sei. Eine solche Negation hat über die Empfindungen hinaus, auf die sich die Negation beziehen kann, keine »physische« (sic) Bedeutung.

Johnsons Diskussion des Begriffs *Gravitation* ist ein Muster für die verschiedenen Methoden, mit denen er sich einer bestimmten naturwissenschaftlichen Problematik nähert.

Einleitend stellt er fest[104], daß die antike Theorie, nach der die Erde auf den Schultern des Riesen Atlas ruht, und die moderne Gravitationstheorie – auch wenn sie begrifflich völlig verschiedenartig sind – auf dasselbe wahrnehmbare Phänomen Bezug nehmen.

Die Gravitation, die so verschiedenartige Phänomene erklärt wie etwa, daß Steine zur Erde fallen, wenn nichts sie aufhält, und daß Himmelskörper kreisen, ist eine »intellection« und hat außer in den Phänomenen, die sie erklären will, keine Entsprechung in *anderen* sinnlich wahrnehmbaren Größen der Natur. *Gravitation* ist also im Unterschied zu dem Begriff »Anhäufung« beispielsweise, eine sinnlich nicht wahrnehmbare, eine rein intellektuelle Einheit.[105]

Wenn es nicht möglich ist, sagt Johnson, eine wahrnehmbare Ursache zu einem Handlungsablauf zu finden, steht dies nicht in *Konflikt* mit den früher beobachteten Tatsachen, sondern bleibt als Tatsache *weiterhin* bestehen. Die Notwendigkeit, eine Ursache zu finden, ist rein intellektuell, während die Schwierigkeit, sie zu entdecken, physisch begründet ist.

Die Schwachstelle in Johnsons wissenschaftstheoretischen Ansätzen liegt darin, daß sie so eng mit seiner Bedeutungstheorie verbunden ist. Die Notwendigkeit, die empirischen Beobachtungen als die *Bedeutung* einer Theorie aufzufassen, macht ihn blind für die theoretische Rolle, die die Theorie tatsächlich spielt; diese Rolle agiert anders als die der Beobachtungen.

Die Optik besteht z.B. nicht aus unseren gesammelten Erinnerungen von Lichtempfindungen, sondern aus einer begrenzten Ansammlung verschiedener *Begriffe*, die miteinander in logischem Zusammenhang stehen. Dieser Begriffsapparat, der anderes als der der empirischen Beobachtungen ist, ermöglicht es, die beobachteten Phänomene logisch konsistent zu erklären.

Ein Wort wie der Begriff aus der Optik: »Brechungsindex« hat als seine Referenz keine Empfindungen. Die Referenz ist eine mathematische Funktion, die den Winkel, den ein einfallender Lichtstrahl zu dem ausfallenden an einer Koordinatenachse bildet, in ein bestimmtes Verhältnis zu dem lichtbrechenden Medium setzt. Glas und Diamant haben einen unterschiedlichen optischen Brechungsindex, aber das Wort »Brechungsindex« bezieht sich nicht auf etwas, das innerhalb des lichtbrechenden Materials von den Bestandteilen Kohlenstoff und Soda verursacht wird, sondern auf eine *Funktion* zwischen zwei Mengen, die sich in ihren Materialien unterscheiden und z. B. erklären, weshalb sich der Brillant in seinem Lüster als »stärker« herausstellt als gewöhnliches Glas.

Die Stärke in Johnsons Ansatz besteht darin, daß sein hartnäckiges Insistieren darauf, daß unsere sinnlichen Wahrnehmungen für unsere Deutung der Natur vorrangig seien, ihn

zu der Einsicht gebracht haben, daß physikalische Größen wie »Gravitation«, »Kraft«, »Masse« etc. nicht Dinge sind, die zur Natur gehören wie die Planeten oder wie Steine, sondern daß diese Größen auf einem ganz anderen Abstraktionsniveau existent sind. Dem Niveau nämlich, das die Möglichkeit in sich schließt, die wahrnehmbaren Vorgänge in der Natur *kausal zu erklären*. Durch seinen extremen Nominalismus ist es aber für Johnson schwierig, für diese Kategorie von Größen sozusagen eine ontologische Heimat zu finden.
In seinen früheren Werken versucht er, sie auf sprachliche Konventionen zu reduzieren und in den späteren auf organische Dispositionen des Menschen.
Beide Versuche ziehen, wie wir in Kapitel 3.5 gesehen haben, unplausible Konsequenzen nach sich. Aber seine Fähigkeit, die für seine Zeit typischen Hypostatierungen der »Naturkräfte« zu durchschauen, verlangt Respekt, besonders wenn wir uns erinnern, daß die ersten Ansätze bereits aus dem Jahre 1828 stammen.

## 3.7 *I-System und F-System*

Ich werde nun versuchen, systematischer zu Alexander Bryan Johnsons Semantik Stellung zu nehmen.
In den Kapiteln 3.2 und 3.4 haben wir eine logisch sinnvolle Deutung eines Grundgedankens von Johnsons Philosophie vorgeschlagen:

1. Die Menge die in der Sprache vorkommenden Zeichen (Sprache *in abstracto)* verhält sich zu den unmittelbaren Erlebnissen der Wirklichkeit wie eine abzählbare Menge zu einer nicht abzählbaren.

Die einzige Art und Weise, wie die Wirklichkeit sich uns bekunden kann, besteht in der Vermittlung unserer Sinnesempfindungen wie Schmecken, Riechen, Hören, Fühlen, Sehen, ein sprachliches Zeichen, z. B. das Wort »Röte«, wird uns durch ein Zeichenvorkommen vermittelt, das selbst eine Seh- oder Hörempfindung ist. Aber diese Empfindung kann eine andere Empfindung nie ersetzen. Ein Wort, das symbolisch eine Empfindung vertritt, ist etwas anderes als die

Empfindung, die es vertritt oder auf die es sich bezieht. Wir formulieren:

4. Die Information, die eine gegebene Empfindung oder eine Gruppe von Empfindungen enthält, kann nicht völlig von anderen Empfindungen ersetzt werden.

Wir kommen damit zu einer großen Komplikation in Johnsons Semantik:
Grammatisch wohlgeformte, empirische Sätze einer Sprache haben, sofern sie nicht universelle Negationen sind, *Bedeutung*. Diese Bedeutung kann nicht dadurch erklärt werden, daß die verschiedenen dazugehörenden Wörter Definitionen bekommen, die selber aus Wörtern mit Bedeutung bestehen, denn in diesem Fall geraten wir in eine unendliche Regression. Letzten Endes muß die Fähigkeit der grammatisch wohlgebildeten und bedeutungsvollen Sätze, Bedeutung zu haben, so erklärt werden, daß sie in irgendeiner bestimmten Relation zu etwas stehen, das nicht auf sozialer Konvention beruht.
Da ja, so Johnson, die einzige Art und Weise, wie sich die Wirklichkeit uns zu erkennen gibt, in den Empfindungen der fünf Sinnesrichtungen besteht, müssen Worte irgendwie *so* auf diese sinnlich wahrnehmbare Wirklichkeit bezogen sein, *daß* sie Bedeutung bekommen.
Mit anderen Worten, wir brauchen eine Theorie für sprachliche Referenz.
Johnson sucht dieses Problem durch die Aussage zu lösen, daß Worte am Ende Namen für Sinneswahrnehmungen sind. Das einzige, was die Sprache in bezug auf Information leisten kann, ist, daß sie uns immer wieder an unsere eigenen spezifischen und individuellen Sinnesempfindungen *erinnert*.
Aus 1. und 4. folgt, daß jede Sprache systematisch vieldeutig ist.
Nun ist ja die Sprache tatsächlich imstande, uns in grammatisch wohlgeformten, empirischen, speziellen und wahren Sätzen über uns vorher nicht bekannte Sachverhalte zu informieren. Der Satz »das rote Handtuch im Badezimmer ist trocken«, den jemand zu mir sagt, *überträgt* tatsächlich *Information* vom Sprecher des Satzes auf mich.

Aber *was wird übertragen*, wenn die Sprache »spricht«, etwa in dem angegebenen Satz?
Mit seiner Aussage über das Handtuch beabsichtigt der Absender nicht, mich über eine soziale Konvention zu informieren, sondern genau darüber, daß ein gewisses, an seiner Farbe wiedererkennbares Handtuch trocken und folglich wiederzuverwenden ist, wenn ich aus der Dusche komme.
Wenn mein Verhalten gewisse Handlungserwartungen des Absenders erfüllt, nachdem ich die in dem Satz enthaltene Mitteilung erhalten habe, wir der Absender den Schluß ziehen, daß er verstanden worden ist, d.h., daß eine Übertragung von Information, und zwar genau der beabsichtigten, erfolgt ist.
Erwartung ist in diesem Falle die Erwartung einer nichtverbalen Reaktion. In einem anderen Fall könnte sie in der Erwartung einer verbalen Reaktion bestanden haben. Dieser Punkt ist deswegen wichtig, weil nur so festzustellen ist, daß sprachliche Information übertragen worden ist. Wir haben keinen direkten Zugang zu den psychischen Prozessen anderer Menschen.
Nehmen wir an, ich handelte in dem oben angeführten Fall wirklich so, als ob der Satz die gewünschte Information übertragen hätte.
*Was* ist dann übertragen worden?
Für Johnsons Referenztheorie gibt es zwei Möglichkeiten:

A) Die Mitteilung hat bei mir Erinnerungen an frühere Wahrnehmungen von Röte, Trockenheit etc. geweckt.

B) Die Mitteilung bezieht sich bei letzter Analyse auf die spezifischen Sinneswahrnehmungen von trockenem rotem Frottierstoff etc., die ich erfahren werde, wenn ich der Anweisung folge, die der Satz »das rote Handtuch im Badezimmer ist trocken« implizit enthält. D.h. der Satz bezieht sich nicht auf meine früheren Empfindungen von Röte und Trockenheit, sondern auf meine Empfindung genau der Röte und Trockenheit dieses Handtuchs.

Beide Möglichkeiten sind absurd. Wenn 4. wahr ist, also keine Wahrnehmung eine andere ersetzen kann, *und* Johnsons Referenztheorie wahr ist, kann der Satz keine Referenz übertragen.

Wenn der Satz sich auf meine künftigen Erlebnisse im Badezimmer bezieht, kann die Theorie nicht einmal erklären, weshalb der Absender ihn in der Hoffnung äußert, ich solle in einer bestimmten Weise handeln.
Wenn die einzige Form von Wissen über die Umwelt über Empfindungen läuft, kann ich nichts von Empfindungen wissen, die ich nicht zuvor gehabt habe, kann also auch nicht die Bedeutung des Satzes verstehen, und erst recht nicht danach handeln.
Es scheint, als ob wir Johnsons Referenztheorie aufgeben müßten:

> (J) Notwendige Bedingung dafür, daß Zeichengestalten in der Sprache *(in abstracto)* Bedeutung haben, ist, daß sie sich auf spezielle und einzelne Sinneswahrnehmungen beziehen.

Aber können wir (J) aufgeben, ohne dabei auf 1. zu verzichten? Anders ausgedrückt: Können wir Johnsons Referenztheorie ablehnen, ohne dabei ebenso die außersprachliche, als einer in gewissem, definiertem Sinne faktisch reicheren Wirklichkeit abzulehnen?
Die Antwort lautet ja. Wir können nämlich statt dessen 4. aufgeben, d.h. die These, daß die Information, die in einer Empfindung oder einer Gruppe von Empfindungen enthalten ist, nicht völlig durch andere Empfindungen ersetzt werden kann.
Eine semantische Theorie, zu deren Prämissen 4. gehört wie bei Johnson, nenne ich eine *Theorie des Inhalts-Typs* oder kurz: eine Theorie des *I-Typs*.
Kennzeichnend für eine Theorie des *I-Typs* ist, daß sie *das, was* (in irgendeiner Form) *übertragen wird,* wenn Information durch sprachliche Repräsentation der Wirklichkeit übertragen wird, als Inhalt ansieht. Diesen Inhalt muß man sich als etwas Einzelnes und Spezifisches vorstellen, das sich zur sprachlichen Mitteilung so verhält wie Wahrnehmungsinhalt zur Wahrnehmung.
Eine Theorie, die auf 4. oder auf einen Satz desselben Typs mit den entsprechenden Prämissen verzichten kann, nenne ich eine *Theorie des Form-Typs* oder kurz: eine Theorie des *F-Typs*.
Eine Theorie des *F-Typs* umgeht die in Johnsons Semantik

enthaltene Schwierigkeit, gleichzeitig zu erklären, wie die Sprache neue Informationen vermitteln kann und wie sie das erreichen kann, obwohl die Wirklichkeit unendlich viel mehr Inhalt hat als die Sprache.[106]

Ein Beispiel für eine semantische Theorie des *F-Typs* ist der von Moritz Schlick in seinem berühmten Aufsatz »Form and Content« im Jahr 1938 entwickelte Gedankengang.[107]

Die Fähigkeit der Sprache, die Wirklichkeit wiederzugeben, beruht bei einer Theorie des F-Typs keineswegs auf ihrer Fähigkeit, Empfindungen zu vermitteln. Tatsächlich vermittelt sie überhaupt keine Inhalte. Das einzige, was sie vermittelt, sind Formen oder Strukturen. Die Verifikation eines Satzes besteht darin, eine Struktur mit einer anderen zu vergleichen, nicht aber einen Wahrnehmungsinhalt mit einem anderen.

Die Möglichkeit, eine Tatsache zu beschreiben oder auszudrücken, kann nicht als echte »Eigenschaft« dieser Tatsache angesehen werden, die sie haben kann oder nicht.[108]

Nicht genug damit, der Unterschied zwischen Struktur und Material, zwischen Form und Inhalt, besteht – stark verallgemeinert – in dem, was ausgedrückt, und dem, was nicht ausgedrückt werden kann.[109]

Bei einer Theorie des F-Typs ist die sprachliche Formulierung eines Sachverhalts eine Abbildung von dem, was sie in einem anderen Material formuliert.

Das abbildende Material kann sich völlig vom abgebildeten unterscheiden. Wenn das abgebildete Material Wahrnehmungsinhalte sind, kann das abbildende Material aus einer ganz anderen Reihe von Wahrnehmungsinhalten bestehen.

Und die Funktion, die die eine Menge auf eine zweite abbildet, braucht keineswegs eine Eins-zu-Eins-Beziehung sein. Die Abbildung braucht mit anderen Worten nicht die abgebildete Menge in ihrer Gesamtheit abzubilden. Es reicht aus, wenn die Funktion, die die Abbildung aus der abgebildeten Menge definiert, eine Anzahl von Elementen auswählt, die – in irgendeiner geeigneten Weise – eine gemeinsame Struktur mit der abbildenden Menge haben.

Die gemeinsame Struktur – und nur sie – vermittelt in einer Theorie des F-Typs sprachliche Information, und die Struktur ist das einzige, was sie vermitteln kann.

Bei Moritz Schlick heißt es:

»Es ist Unsinn, die Erkenntnis des Dings gegen die Kenntnis ihrer Beschreibung abzuheben. (...) (Das Ding ist nicht das Vollständigste seiner eigenen Beschreibungen, sondern etwas völlig davon Verschiedenes.«)[110]

Im Zentrum von Alexander Bryan Johnsons Philosophie steht die Vorstellung, daß das Ding das Vollkommenste seiner eigenen Beschreibungen ist.

# 4. FRITZ MAUTHNER – SPRACHE ALS SOZIALES SPIEL

»Er sah hier diese Leute, die ganz sicher rechtschaffen und achtenswert waren, wie sie an einer unsichtbaren Kette gingen, an der sie dann und wann mit unterdrückter Raserei um sich bissen – –«)

August Strindberg, »Das Rote Zimmer«

»Ich habe etwa vier Jahrzehnte lang Rose und Auto und Himmel genannt, nur weil andere es auch taten. Aber erst jetzt wundere ich mich darüber. Es ist nichts mehr selbstverständlich.«

Caroline Muhr, »Depressionen. Tagebuch einer Krankheit«

## 4.1 *Fritz Mauthners Leben und Werk*

»Alle Philosophie ist Sprachkritik. (Allerdings nicht im Sinne Mauthners).«[1]

Für eine Generation von Studierenden der modernen Philosophie war wahrscheinlich der etwas dunkle, in Klammern gesetzte Hinweis in Ludwig Wittgensteins »Tractatus logico-philosophicus« – im übrigen eine der äußerst wenigen Stellen in diesem Buch, wo ein einzelner Philosoph namentlich erwähnt wird – die erste und meistens auch einzige Verbindung zu dem Philosophen Fritz Mauthner, der 1849 in Horitz in Böhmen geboren wurde und 1923 in Meersburg am Bodensee starb.

Wittgensteins »Tractatus« schließt mit einer berühmten Passage[2], wo der Philosoph seine Sätze mit einer Leiter vergleicht, die der Leser fortstoßen kann, wenn er mit ihrer Hilfe einen bestimmten Punkt erreicht hat, wo er die Leiter nicht mehr braucht.

Schon auf der ersten Seite seines sprachphilosophischen Hauptwerks, »Beiträge zu einer Kritik der Sprache«, in dem Mauthner in drei umfangreichen Bänden von 1901-1902 sein extrem sprachkritisches Programm[3] vorlegen sollte, heißt es:

»Will ich emporklimmen in der Sprachkritik, die gegenwärtig das wichtigste Geschäft der denkenden Menschheit ist, so muß ich die Sprache hinter mir und vor mir und in mir vernichten von Schritt zu

Schritt, so muß ich jede Sprosse der Leiter zertrümmern, indem ich sie betrete. Wer folgen will, der zimmere die Sprossen wieder, um sie abermals zu zerstören.«[4]

Das Bild ist alt: es findet sich bei dem antiken Philosophen Sextus Empiricus[5], den Mauthner stolz zu seinen Vorgängern zählte. In seinen »Philosophischen Untersuchungen«[6] spricht Wittgenstein an einer Stelle davon, daß die Kinder eines Volkes, dem die Eisenbahn unbekannt ist, von anderen das Eisenbahn-Spielen übernommen haben und dieses Spiel spielen könnten, ohne zu wissen, daß sie damit etwas nachahmen.
Man kann etwas »nachahmen«, ohne daß dieses Nachgeahmte von einem psychischen Prozeß begleitet zu sein braucht.
Ein australischer Ureinwohner, der niemals eine Eisenbahn gesehen hat und nie davon hat reden hören, hat keinen Zugang zu dem Wort, da er ja die Sache nicht kennt. Wie könnten wir ihm den Begriff Eisenbahn vermitteln?
So heißt es in Fritz Mauthners »Beiträgen«[7], und seine Überlegung klingt, als ob er Wittgenstein das Stichwort gegeben hätte. Denn auch Mauthners Frage kommt aus einem Zusammenhang, dessen Problematik darin besteht, daß es keinen Raum für einen psychologischen Prozeß gibt, wo wir normalerweise einen annehmen.
Schon recht früh in den »Philosophischen Untersuchungen«[8] führt Wittgenstein den Begriff »Sprachspiel« für eine Art Modellsituation ein, gedachten sprachlichen Situationen und Zusammenhängen von Sprachanwendung, deren Aufgabe es ist, der philosophischen Analyse als Vergleichsobjekt zu dienen.
Dem späten Wittgenstein bedeutet »Sprache« die Summe der verschiedenen »Sprachspiele« in ihrer ganzen Vielfalt und Unterschiedlichkeit, auf den verschiedenen Ebenen, auf denen sich die Sprachspiele abspielen.
Für Mauthner ist Sprache ein majestätisches »Gesellschaftsspiel« (im Wort schwingen beide Bedeutungen, »Gesellschaftsspiel« und das allgemeinere »soziale Spiel« mit) und sein philosophisches Hauptproblem ordnet den beiden Begriffen »Spiel« und »Spielregel« eine Schlüsselrolle zu, wie wir im Verlauf der Abhandlung sehen werden.
Der Hinweis auf Mauthner im »Tractatus« war also nicht ganz so zufällig, wie es vielleicht ausgesehen haben mochte.

Andererseits wäre der Versuch überstürzt, Verbindungen von Ludwig Wittgenstein und Fritz Mauthner auf irgendeine aufsehenerregende Weise herbeiführen zu wollen.
Zwei philosophische Grundprobleme haben beide Philosophen gemeinsam, deren sie sich zutiefst bewußt sind.
Das erste hängt mit der Existenz von etwas zusammen, das man etwas verallgemeinert »psychische Akte« nennen könnte. Den empirischen Standpunkt zu diesem Problem pflegt man folgendermaßen zu formulieren: »Nihil est in intellectu, quod non prius fuerit in sensu.« (»Nichts ist im Intellekt, was nicht zuvor im Bereich der Sinneswahrnehmungen war.«) Leibnitz verbesserte dieses Prinzip mit: »nisi intellectus ipse« (»außer dem Intellekt selbst«). Aber was ist dieser *Intellekt*? Ist das etwas, das handeln kann? Gibt es intellektuelle *Handlungen*? Worin besteht das Denken?
Mauthner nähert sich diesem Problem in einem radikal empirischen und reduktionistischen Geist. Er will beweisen, daß Denken nichts anderes ist als sprachliches Verhalten, Sprechen, wenn man so will. Wie John Locke sieht er unser »Inneres« erfüllt von Warnehmungen und Erinnerungen an Wahrnehmungen, und zwar ausschließlich diesen beiden. Und die Sprache, die ihre Zusammenfassung in Klassen und die Wiedererinnerung ermöglicht, wenn eine neue Wahrnehmung auftaucht, diese Sprache, die bei letzter Analyse nichts anderes als eine Aktivität ist, die Sprachaktivität eines einzelnen Individuums, stellt für ihn die ganze Bedeutung von Leibniz' »intellectus« dar.
In einer Reihe kühner Gedankenexperimente versucht Wittgenstein in seinen »Philosophischen Untersuchungen« Punkt für Punkt die Annahme von psychischen Prozessen zu eliminieren, um herauszufinden, inwieweit eine Erklärung ohne sie auskommen kann.
Kann man z. B. etwas *nachahmen*, ohne zu wissen, was man nachahmt? Was heißt *einer Regel folgen*? Kann man einer Regel folgen, ohne zu wissen, welcher Regel man folgt? Was, außer dem »Schmerzverhalten«, stellt das »Empfinden von Schmerz« dar?
Das gemeinsame Problem führt beide Philosophen in reduktionistische Richtung, sie versuchen etwas, was später »behaviouristische« Deutung der Verstandesaktivitäten genannt wird.[9]

Zu dieser Verstandesaktivität gehört auch die intersubjektive Kommunikation, die Vermittlung von Information von einem Individuum zum anderen.
Hier beginnt das zweite Problem, das beide gemeinsam haben.
Man könnte es als *Problem des intersubjektiven Moments* im Kommunikationsprozeß formulieren.
Wort hat Sinn. Unter optimalen Bedingungen können gesprochene oder geschriebene sprachliche Sätze Kommunikation von einem Individuum zum anderen vermitteln.
Aber was wird eigentlich vermittelt, wenn Sprache Information vermittelt?
Ein Wort wie »Schmerz« kann nicht mit Hilfe anderer Worte definiert werden. Der Sinn, den ich mit dem Wort verbinde, gründet sich ganz und gar auf meine eigenen Schmerzempfindungen. Dasselbe gilt für dich. Wenn du sagst: »Ich habe Schmerzen in einem Eckzahn«, verbinde ich damit das Erlebnis, das ausschließlich du zu haben behauptest, mit eigenen Schmerzempfindungen. Ich nehme an, daß »Schmerz« für dich dasselbe wie für mich bedeutet. Daß wir in einem intuitiven Sinn von »demselben Schmerz« sprechen. Aber was macht nun meinen subjektiven »Schmerz« und deinen subjektiven »Schmerz« zum speziellen Beispiel für dieselbe universale Größe »Schmerz«? Welches ist das intersubjektive Moment?
Beide, Mauthner und Wittgenstein, kommen zu dem extremen Resultat, daß »der Schmerz« selbst etwas ist, das man vom Gedankengang abkoppeln, ein Weg, den man »abkürzen« kann. Wenn man die Grammatik für Ausdrücke der Empfindungen nach dem Modell »Objekt und Name«[10] konstruiert, dann fällt das Objekt als irrelevant aus der Betrachtung heraus, sagt Wittgenstein.
Das Zucker süß schmeckt, ist eine soziale Konvention, sagt Mauthner.[11] Er ist der Ansicht, daß das intersubjektive Moment ganz einfach durch die Tatsache konstituiert wird, daß ein Satz wie: »Die Suppe schmeckt süß« von den Empfängern akzeptiert wird. Es gibt zwischen den verschiedenen Kommunikationsteilnehmern nichts über diese Übereinstimmung hinaus, was im Kommunikationsprozeß vermittelt wird.
So wie Ernst Mach, mit dem er zeitweilig eifrig korrespon-

dierte[12], meint Mauthner mit *Objekte* immer *interne Objekte*. Es gibt Empfindungen und es gibt die Fähigkeit der Sprache, durch diese Empfindungen systematisch den Eindruck von komplexen, intersubjektiv zu beobachtenden Dingen zu erwecken. Aber in gleich hohem Maß wie »das Ich«, ist »die Sache« eine Illusion, ein Produkt der systematisch irreführenden Eigenschaften der Sprache.

So weit die Übereinstimmung beider Philosophen. Methodisch unterscheiden sie sich erheblich voneinander. Wittgensteins methodische Orientierung ist vor allem logisch ausgerichtet.

Man kann seine Sprachspiele als eine Reihe von Approximationen an eine ungeheuer komplexe sprachliche Wirklichkeit auffassen, wobei er keinerlei Hoffnung hegt, eine endgültige Übersicht zu gewinnen.

Für Mauthner ist das Problem durch die Einsicht gelöst, daß Sprache ihrem eigentlichen Wesen zufolge »Gesellschaftsspiel« ist.

In ihrer Auffassung von solchen Fragen, die mit »Abbildung«, »Bedeutung«, »Begriff« und »Regel« zu tun haben – nicht zu vergessen: in ihrer Auffassung von Logik (die Mauthner – darin nur Nietzsche vergleichbar – mit extrem nominalistischer Skepsis betrachtet) –, unterscheiden sich beide Philosophen außerordentlich voneinander.

Die direkten Auswirkungen von Fritz Mauthners Debut auf der philosophischen Bühne kurz nach der Jahrhundertwende (mit seinen »Beiträgen«) waren relativ unbedeutend. Das direkte Eche auf sein Werk war sehr verhalten. Es scheint, als ob die Philologen sein Buch als Sache der Philosophen angesehen, und die Philosophen es den Philologen zugeschoben hätten. (Die beiden Exemplare, die sich in öffentlichen schwedischen Bibliotheken befinden, sind beide fälschlich unter »Allgemeine Sprachwissenschaft« katalogisiert.) Der Mangel an begeistertem Echo von seiten der Philosophen von Beruf war sicherlich ebenfalls ein Grund für die oft direkt beleidigenden Wendungen, mit denen Mauthner die zeitgenössischen Universitätsphilosophie abfertigte.

Eine Ausnahme machte schon früh eine (immer noch) sehr wertvolle Analyse von Walter Eisen mit seiner Dissertation »Fritz Mauthners Kritik der Sprache«[13], die 1929, also wenige Jahre nach Mauthners Tod, veröffentlicht worden ist.

Zwischen dieser Arbeit und Gershom Weilers »Mauthner's Critique of Language« von 1970[14], läßt sich kaum eine wirklich engagierte und professionelle Untersuchung zu Mauthners Philosophie finden.
Durch seine Freundschaft mit dem Anarchisten Gustav Landauer, der selber – angeregt von Mauthners Ideen – ein Buch zu diesem Thema geschrieben hat, »Skepsis und Mystik«[15], wurde Mauthners Name in der deutschen sozialistischen Debatte ein Begriff.
Seine Bedeutung für Mach und über Mach für Bogdanov, Lenin und die erkenntnistheoretische Auseinandersetzung in Sowjetrußland ist äußerst schwer zu beurteilen.
Mauthners Schicksal als Philosoph ruft u.a. das *Repräsentativitätsproblem*[16] in der Ideengeschichte ins Bewußtsein, ein Problem, das wir schon kurz im Einleitungskapitel berührt haben.
Sein Werk ist in Hinblick auf neue Ideen quantitativ unbedeutend. Dabei ist es durch seine extrem konsequente Durchführung *idealtypisch* für einen sprachkritischen, nominalistischen und reduktionistischen Gedankengang.
Die Familie war jüdisch, als solche deutschsprachig und wohlsituiert. Mauthners Schulerlebnisse, vor allem aus dem Kleinseitner Gymnasium in Prag, wo er 1869 seine Reifeprüfung bestand, scheinen sehr stark zu Mauthners Skepsis gegenüber der Bildungsvorstellung seiner Zeit beigetragen zu haben, einer Skepsis, vor allem gegenüber ihrem sprachlichen Inhalt, von solcher Intensität, daß es schwerfällt, das Wort Neurose nicht zu verwenden.
Mauthners Auseinandersetzung mit der Sprache, mit ihrer Fähigkeit, systematisch irrezuführen, behält sein ganzes Leben lang einen eigentümlich persönlichen Charakter. Mauthners Erlebnis der Schule mit ihrem Auswendiglernen scheint sehr eng verknüpft mit der Vorstellung von sprachlicher Substanzlosigkeit.
Eine Neigung zum Deutsch-Nationalismus (gegen den tschechischen Nationalismus seiner Umgebung und gegen die jüdische Atmosphäre seiner Familie, die er als eingeschränkt ritualistisch erlebt) scheint ebenfalls zu diesem Syndrom zu gehören, seinem traumatischen Erleben von »öffentlicher Lüge« als der Diskrepanz zwischen Wort und Wirklichkeit in der sozialen Umgebung.

Um so verwunderlicher scheint sein frühzeitiger Entschluß, Schriftsteller zu werden. Nach seinen Rechtsstudien am Carolinum in Prag, die er anscheinend verabscheut hat, benützt er 1873 den Ausbruch seiner Tuberkulose, um sich als freier Schriftsteller zu etablieren.
Selbst dem sehr wohlwollenden Leser scheint seine literarische Produktion (der Gedichtband »Die große Revolution«, 1872, das Drama »Anna«, 1874, eine Novellensammlung »Sonntage der Baronin«, 1882) zum Mißlingen verurteilt.
In den Jahren 1873 bis 1876 finden wir Mauthner als Theaterkritiker in Prag, zwischen 1876 und 1900 in Berlin, wo er glücklich als Theaterkritiker und erfolgreicher Autor landet. Seine Parodien erscheinen zuerst in dem damals gerade neu erscheinenden *Berliner Tageblatt*, ab 1877 im *Deutschen Montagsblatt.* Hier entsteht eine Reihe von Romanen mit zeitgenössischem und historischem Inhalt, über die leider dasselbe Urteil wie über seine Prager Produkte gefällt werden muß.
Die Periode von 1876 bis 1900 ist der Höhepunkt in Mauthners Werdegang. Er hat eine bedeutende und einflußreiche Stellung im publizistischen Leben des damaligen Berlin inne. Er ist ein ernstgenommener Richter in Fragen des ästhetischen Geschmacks – bedeutend durch seine Verteidigung des Realismus – und ein gefürchteter Satiriker.
Gleichzeitig kann man aus seiner Tätigkeit in diesen Jahren, besonders kurz vor der Jahrhundertwende, unschwer eine zunehmende Unlust, einen Widerwillen gegen die publizistische Tätigkeit herauslesen. In der Satire »Schmock« (1888), in dem Roman »Die Fanfare« (1886) und in seinen »Aturenbriefen« – diese eine Satire, die auf einer ähnlichen Idee wie Montesquieus »Lettres Persanes« zurückgreifen: ein junger Wilder aus einem primitiven Land, wo der Gebrauch der Lüge unbekannt ist, kommt nach Berlin und lernt dort den Wert der Sprache und dadurch auch der Lüge kennen – in allen diesen Werken kommt ein zunehmender Haß gegen die Journalistik zum Ausdruck.
Das Bild des Zeitungsmannes und seiner Welt, das Mauthner hier zeichnet, erinnert in der Tat sehr an Arvid Falks journalistisches Abenteuer in August Strindbergs »Rotem Zimmer«. Speziell in den »Aturenbriefen« taucht dieselbe Idee der

»öffentlichen Lüge« auf, die eine wichtige Rolle in August Strindbergs »Das neue Reich« (1882) spielt. Die öffentliche Anwendung der Sprache in der Gesellschaft dient vor allem dem Ziel, allgemein bekannte, aber niemals offen zugegebene Unwahrheiten aufrechtzuerhalten, denn diese sind eine notwendige Bedingung für die Gesellschaftslüge.

Der philosophische Gedanke, den Mauthner in den letzten Jahren des 19. Jahrhunderts systematisch in den »Beiträgen« entwickelt, nämlich, daß die Sprache ein systematisch irreführendes Zeichensystem ist, steht also in direktem Zusammenhang mit den allgemeineren und in logischer Hinsicht schwächeren fiktionalistischen Strömungen seiner Zeit.

Mauthners Idee, eine Sprachkritik zu verfassen, geht jedoch zurück auf das Jahr 1873. In seinen »Erinnerungen« (1918), die seinem Biographen Joachim Kühn zufolge[17] wahrscheinlich etwas stilisiert sind, macht Mauthner geltend, ihm sei die Idee einer Sprachkritik wie ein augenblickliches Erlebnis im Jahre 1873 gekommen. In einem anderen autobiographischen Zusammenhang verlegt er das Erlebnis ins Jahr 1869.[18] Er spricht von einem überwältigenden Erlebnis eines »Sprachschreckens«, einer Furcht vor der unerhört suggestiven Macht der Sprache über den Menschen.

Jedenfalls steht fest, daß Mauthner bereits 1873 ein Manuskript mit dem Titel »Kritik der Sprache« angefertigt hat, das er allerdings verbrennt, wahrscheinlich deswegen, weil er zu der Einsicht kam, daß seine philosophischen Vorbereitungen – das gilt vor allem für die Kantstudien – allzu dilettantisch waren.

Die Arbeiten zu den »Beiträgen« beginnen 1891.[19] Von 1898 an ist der damals noch junge Agitator und Philosoph Gustav Landauer näher mit der Arbeit verbunden, als eine Art Schützling, Freund und als deren erster Kritiker.[20]

Spuren seiner Verbundenheit lassen sich in der Einleitung vermuten[21], und zwar in dem Abschnitt, in dem Mauthner das Verhältnis von Sozialismus und Sprache in einer Lars Ahlin[22] auffallend ähnelnden Weise diskutiert: Durch die Sprache ist ein für allemal eine unauflösbare Gemeinschaft aller Menschen hergestellt, denn die Erlebnisse, die sich durch ihre Individualität dem sozialen Bereich der Sprache entziehen – sich nicht mitteilen lassen –, entbehren bei letzter Analyse der Realität. Die Wirklichkeit, so wie sie sich im

Wissen von Natur und Menschen darstellt, ist ein soziales Phänomen, identisch mit der Sprache, und durch ihre sprachliche Gemeinschaft haben alle Menschen denselben Anteil an der Wirklichkeit.

Mauthner brauchte neun Jahre, um die »Beiträge« zu schreiben. Im Juli 1902 ist die Arbeit abgeschlossen.[23] Über die Aufnahme, die das Werk fand, haben wir schon gesprochen.

Wie immer man es auch beurteilen mag – J. Kühn[24] behauptet in seiner Biographie, daß das Buch in Wirklichkeit bedeutend lebhafter diskutiert worden ist, als Mauthners »Erinnerungen« das erkennen lassen wollen –, so kann man doch nicht sagen, daß das Werk zu einem philosophischen Durchbruch geführt hätte, weder zum Zeitpunkt seiner Veröffentlichung noch später.

1905 bricht Mauthner seine letzten Verbindungen zur Berliner Presse ab und läßt sich in Freiburg, später in Meersburg, nieder. Sein weiteres Leben bis 1923 gleicht dem eines Eremiten.

Aus diesem letzten Lebensabschnitt stammen zwei umfangreiche Werke, »Wörterbuch der Philosophie« (zwei Bände 1910)[25] und das erst mit seinem Tode abgeschlossene »Der Atheismus und seine Geschichte im Abendlande« (vier Bände, 1921-23).[26]

Das einmal aus den »Beiträgen« gewonnene Bild Mauthners als Philosoph verändert sich nicht mehr grundlegend, trotz des bedeutenden Umfangs seiner Werke.

Gewisse Artikel im »Wörterbuch der Philosophie« sind interessant, weil sie zeigen, wie er mit ungelösten Problemen fortgesetzt ringt, oder Probleme aufnimmt, deren Lösungen Mauthner in den »Beiträgen« nicht zufriedengestellt haben. Das gilt z. B. für den Artikel »Zeit« und andererseits für eine Reihe von Artikeln, in denen er Kerngedanken aus den »Beiträgen« wieder aufgreift, nämlich die Lehre, daß Denken und Sprechen identisch sind. Hiermit versucht er, die Kette von Problemen zu bewältigen, in die dieser radikale Standpunkt ihn verwickelt.

Es ist nicht einfach, Mauthner zu lesen. Die Art seiner Darstellung ist nicht professionell: Argumente unterschiedlichen Niveaus werden nicht selten miteinander vermischt. Exkurse und anekdotische Abweichungen von der Haupt-

linie tragen mit den oft sehr emotionalen, um nicht zu sagen, haßgeladenen Ausbrüchen gegen die suggestive Allmacht der Sprache, dazu bei, den Leser zu ermüden.
Die »Beiträge« sind ein äußerst umfängliches Werk, das im Verlauf von beinah zweitausend Seiten die Sprache und ihr Verhältnis zur Wirklichkeit unter den verschiedensten Aspekten behandelt.
Sprachwissenschaftliche, psychologische und naturwissenschaftliche Gesichtspunkte wechseln ab mit Analysen semantischen und erkenntnistheoretischen Inhalts – bis hin zu Erscheinungen wie der Frauensprache und der Pflanzenseele, die vor allem in den oft mehr soziologisch als philosophisch ausgerichteten beiden letzten Bänden Gegenstand der Reflexion sind.
In der folgenden Darstellung werden wir einen einzigen, jedoch zentralen Gedankengang der »Beiträge« nachvollziehen und kritisch untersuchen. Nämlich die Frage, was man unter dem *intersubjektiven Moment* im sprachlichen Kommunikationsprozeß verstehen könnte.
Wenn zwei Personen im Gespräch zum Beispiel das Wort »rot« verwenden, in der Weise, daß sie zu übereinstimmenden Resultaten gelangen, d.h. einander nicht widersprechen, wenn sie behaupten, daß z.B. reife Tomaten rot und nichtreife Tomaten nicht rot seien, so kann das so verstanden werden, daß das Wort »rot« von beiden mit demselben Inhalt verwendet wird.
Beide verwenden, könnte man sagen, das Wort, um sich auf dieselbe Wahrnehmungsqualität zu beziehen. (In diesem Stadium unserer gedanklichen Entwicklung ist es noch zu früh, sich ein Bild von »sich beziehen« zu machen.)
Wahrnehmungen von zwei verschiedenen Personen sind subjektive Phänomene. *Ein und dieselbe* Person hat keine Möglichkeit, die Wahrnehmungen von *zwei* Personen zu vergleichen. (Man kann auch in Frage stellen, ob ein und dieselbe Person zwei ihrer eigenen Wahrnehmungen von verschiedenen Zeitpunkten vergleichen kann.) Das Wort »rot« funktioniert für die beiden, die sich unterhalten, ungefähr so, wie wir uns vorstellen, daß Sprache sinnvollerweise funktionieren soll: sie zeigen einander Tomaten, die reif zum Pflücken sind, »reif« und »rot« verwenden sie dabei in einer *konvergenten* Weise, d.h. ohne Rücksicht darauf, wer die

Körbe gefüllt hat, werden die Körbe dazu tendieren, nur solche Tomaten zu enthalten, die auch der andere Pflücker für geeignet gehalten hätte.
Im Verhalten der Pflücker gibt es also ein Moment, das konstant zu bleiben scheint, ohne Rücksicht darauf, wer in welchen Korb pflückt.
Das konstante Moment im sprachlichen Verhalten besteht in der Verwendung des Wortes »rot«, das mit dem konstanten Moment in ihrem außersprachlichen Verhalten übereinzustimmen scheint.
Wenn ein Wort wie »rot« auf diese Weise »denselben Inhalt« für zwei Tomatenpflücker zu haben scheint, gibt es dann ein *intersubjektives Moment* im Kommunikationsprozeß, *etwas über die Tatsache hinaus*, daß sie das Wort »rot« konvergierend verwenden, das zwischen den Agierenden *vermittelt wird*?
Anstelle der beiden menschlichen Tomatenpflücker können wir uns auch zwei Automaten vorstellen, die die Anweisung haben, die Tomaten, die das Licht einer bestimmten Frequenz reflektieren, in die Körbe einzusortieren und alle anderen Tomaten liegenzulassen.
Man kann sich diese Automaten in der Weise komplettiert vorstellen, daß bei jeder Tomate, die der eine Automat für gut befindet, eine rote Lampe aufleuchtet. Der zweite Automat prüft nun seinerseits dieselbe Tomate und läßt nun entweder eine rote Lampe aufleuchten, woraufhin der erste die Tomate in den Korb legt, oder aber Automat Nummer zwei läßt eine grüne Lampe aufleuchten, wodurch das Vorhaben des ersten Automaten, die Tomate in den Korb zu sortieren, annuliert wird. Die Tomate bleibt ungepflückt.
Die Beschreibung dieses Systems durch einen unbeteiligten Beobachter könnte etwa folgendermaßen lauten: die zwei Automaten verhalten sich so, daß der eine, Nr. 1, von dem anderen, Nr. 2, der ihm *übergeordnet* ist, in seinem Verhalten modifiziert wird: dies geschieht, indem Nr. 2 die *Information*, die Nr. 1 übermittelt, *kontrolliert*.
Wir würden in diesem Fall nicht sagen, daß zwischen den Automaten *Wahrnehmungsinhalte kommuniziert* würden.
Wenn wir nun ihre Rollen vertauschten, so daß Nr. 1 jetzt der »Kontrolleur« von Nr. 2 wird, und sonst nichts änderten, und wenn dann nach dieser Vertauschung zwischen Herr und Sklave die Resultate (betrachtet als die statistische Häufig-

keit, mit der reife Tomaten vor und nach der Umstellung in den Korb fallen) konvergierten, also *konstant* wären, so hätte diese *Konstanz* eine erstaunliche Ähnlichkeit mit jener, die der sprachliche Kommunikationsprozeß zwischen Menschen im normalen Umgang aufweist. (Einigkeit ist gleichermaßen sensationell wie Uneinigkeit – es ist tatsächlich äußerst ungewöhnlich und es überrascht mich, wenn mir jemand eine Zange gibt, wenn ich ausdrücklich und deutlich um einen Hammer gebeten habe.)

Im Falle der Automaten würden wir diese Konstanz nicht damit erklären, daß zwischen ihnen etwas *vermittelt* würde, etwas, das *über* ein Signal *hinausginge*, mit dem der eine das Verhalten des anderen Automaten abändert.

Und dieses Signal würde anstelle von Lampen, die der Empfänger ablesen muß, einfach als Stromkreis realisiert, der bewirkt, daß der »Rotkreis« des untergeordneten Automaten nicht geschlossen werden kann – wodurch die Tomaten in die Körbe gelangen –, wenn nicht der »Rotkreis« des Übergeordneten ebenfalls geschlossen ist.

Um die Konstanz der maschinellen Resultate zu erklären, könnten wir von einer Art »Parallel-Hypothese« ausgehen. Dann würden wir annehmen, daß beide Maschinen in ihrer Konstruktion weitgehend symmetrisch wären.

Wir können weiter annehmen, daß die Meßinstrumente in beiden Fällen die gleichen Objekte erfassen, in diesem Fall also Licht eines bestimmten Frequenzbereichs, und daß sie z. B. auf Änderungen der Frequenz des einfallenden Lichts mit demselben Ausschlag, in verschiedenen Meßfällen reagierten. Das bedeutet mit anderen Worten, daß wir beiden Apparaten, als Meßinstrumente aufgefaßt, *Validität* und *Reliabilität* zuschreiben, und daüber hinaus, daß beide *denselben* Grad dieser Eigenschaften haben sollen.

Dies ist eine denkbare Erklärung für die Konvergenz beider Phasen des Experiments, der ersten, wo Nr. 2 Nr. 1 kontrolliert, und der zweiten, wo Nr. 1 Nr. 2 kontrolliert.

Diese Erklärung ist allerdings nicht die einzig mögliche.

Wir haben bei dieser Erklärung eine *Eindimensionalität* zwischen den Meßinstrumenten vorausgesetzt.

Nehmen wir jedoch an, daß der eine Automat sichtbares Licht im roten Bereich des Spektrums mißt, während der andere (unter der Annahme von Validität und Reliabilität)

sagen wir, eine akustische Schwingung mißt, indem er die Absorption eines ausgesandten Schalls feststellt, die signifikant zwischen reifen und nicht-reifen Tomaten variieren soll.
Im jetzigen Zustand unseres Automatenexperiments gibt es keinerlei Hinweis darauf, womit wir zwischen der eindimensionalen und der nicht eindimensionalen Messung unterscheiden können.
In diesem letzten Fall, wo die Automaten in unterschiedlichen Meßdimensionen messen, ist das, was die Signale weiterleiten oder transportieren, die Information über etwas, das man »Reife der Tomaten« nennen könnte. Die Automaten wären nicht imstande, die gegenseitigen Meßergebnisse, also von *Wellenlänge des Lichts* bzw. von dem *Absorptionsvermögen für Schall* zu überprüfen, und zwar unter keinen Umständen. (Für den anderen Fall nehmen wir an, jeder Automat habe nur Meßinstrumente für jeweils eine Meßdimension.)
Dagegen wären sie sehr wohl imstande, sich wechselseitig in Hinblick auf Parameter oder der Variablen »Reife« zu kontrollieren.
Diese *Reife* könnte dann in Termen von Konstanz im Signalement der beiden Automaten und deren Verhalten definiert werden.
Das intersubjektive Moment im Signalaustausch beider Maschinen bestünde dann in der Konstanz und nur in der Konstanz dieser Signale.
Über dieses Signal könnten wir dann aussagen, daß es nicht imstande wäre, Informationen über die Außenwelt (die Tomaten) zwischen beiden Systemen zu übertragen. Es wäre nur imstande, das wechselseitige Systemverhalten z. B. so zu modifizieren, daß die Resultate konvergieren. (Aber das würde ein drittes System erforderlich machen, um diesen Fall zu entdecken, wenn er eintritt.)
Echte Information, d. h. Meßdaten über die Qualität des reflektierten Lichtes, bzw. der Stärke der Schallabsorption der Tomaten können nur innerhalb jedes einzelnen Systems existieren.
Die eben beschriebene Situation kommt jener sehr nahe, die – wie Mauthner in seinen »Beiträgen« behauptet – sich bei jeder Form sprachlicher Kommunikation einstellt.

Wir werden in aller Kürze zeigen, wie er zu diesem Standpunkt kommt, und versuchen, ihn einer kritischen Diskussion zu unterwerfen.

## 4.2 *Sprache, Denken, Gedächtnis*

Der grundlegende Gesichtspunkt Mauthners ist extrem empirisch ausgelegt und schließt in historischer Hinsicht an John Locke an.

Alle Größen wie: Ich, Denken, Begriff, Wille, Emotionen, die traditionelles Forschungsgebiet der Psychologie sind, leiten sich von Sinneswahrnehmungen der Außenwelt ab.[27] Sein Empirismus unterscheidet sich von dem Lockes darin, daß jener den sekundär abgeleiteten Größen, seinen »ideas«, eine wenigstens teilweise selbständige Existenz[28] zugesteht, während Mauthners Philosophie anderen psychischen Ereignissen als Perzeptionen keinen Raum zugesteht. Sein grundlegendes Argument für die Behauptung, daß Psychologie nicht möglich sei – daß sie eine Wissenschaft sei, die des Untersuchungsobjektes entbehre –, ist, daß eine Introspektion nicht möglich sei.[29]

Das bekannte Argument gegen die Existenz eines substantiellen Ichs in David Humes »Treatise« (daß anscheinend kein introspektiver Prozeß je erkennen läßt, daß das Bewußtsein etwas anderes umfassen könnte als Wahrnehmungen und Ideen) erweitert Mauthner derart, daß alle psychologischen Größen mit eingeschlossen werden.

Nichts ist im menschlichen Verstand oder in der Sprache, das nicht zuvor in den Sinnen war, und die Sinne lassen sich nicht nach innen wenden.[30] Es gibt kein Wort in der Sprache, und wenn es auch noch so abstrakt oder subtil wäre, dessen Sinn sich nicht letzten Endes auf eine körperliche Empfindung zurückführen ließe. Psychologie gibt es aus dem einzigen Grunde nicht, weil wir keine wissenschaftliche Terminologie für den inneren Verlauf besitzen. Aus dieser Sicht betrachtet Mauthner die Ansätze seiner Zeit zu einer physiologischen Psychologie als Anfang zur »unbewußten Einsicht in die Unmöglichkeit der Psychologie«.[31]

Was man normalerweise »Denken« nennt, besteht ausnahmslos aus Sprachakten.[32] Sprachakte und Denkakte lassen sich nicht voreinander trennen. Denken ist *ipso facto* Wörter hervorbringen.

Mauthner führt zwei Argumente zur Unterstützung dieses Standpunkts an – der eine extreme Richtung des modernen Behaviourismus vorwegnimmt und gleichzeitig eine Schwierigkeit in Mauthners Philosophie erzeugt, deren Bewältigung niemals recht geglückt ist (ich werde gleich darauf zurückkommen).

Das erste Argument geht quasi naturwissenschaftlich ganz naiv davon aus, daß es eine Art stummes Sprechen gibt, das sich in Bewegungsansätzen der Kehle und des lauterzeugenden Muskelsystems nachweisen läßt und das den Sprachakt des stummen Denkers darstellt, ohne den es unmöglich wäre, überhaupt Gedanken zu formulieren. Der Sprachakt muß allerdings nicht aus einem Laut bestehen. Er kann ebenso, wie die Taubstummensprache zeigt, durch Fingerbewegungen ersetzt werden. Wesentlich an diesen Beobachtungen ist, daß jede Form von Denken einen physischen Akt erfordert, der gleichzeitig den Gedanken repräsentiert und mit ihm identisch ist.

Dieses physiologische Argument fällt weniger ins Gewicht.

Denn selbst wenn das Denken immer von einer Form von physischen Bewegungsansätzen begleitet wäre, hätte das nicht zur Folge, daß Denken *dasselbe* wäre wie ein physischer Bewegungsansatz.

Wenn z.B. der französiche König im ersten Akt von Shakespeares »Henry V« dem englischen König Tennisbälle schickt, ist das ein Beispiel für einen materiellen Akt, aber gleichzeitig auch eine Form, den König von England zu beleidigen. Und das ist auch ein Akt.

Aber wer wäre damit einverstanden, daß die Handlung, jemandem Tennisbälle zu senden, identisch sein soll mit der Handlung, jemanden zu beleidigen?

Wenn ein Maler Farben auf die Leinwand aufträgt, ist das ein physischer Akt. Gleichzeitig aber führt der Maler auch eine Abbildung aus.

Die Behauptung, jemanden zu beleidigen sei *nichts anderes* als der physische Akt, der irgendwie Beleidigung überträgt, oder die Behauptung, Abbildungen seien *nichts anderes* als der physische Akt, der irgendwie eine Menge von Erscheinungen auf eine andere Menge von Erscheinungen der physischen Welt derart bezieht, daß eine Abbildungsrelation entsteht: diese Behauptung hat offenbar seltsame Konsequenzen.

Jede Abbildung fordert offenbar die eine oder andere geschickte Handhabung physischer Erscheinungen, z. B. Farben- oder Zeichen, aber nicht jede geschickte Handhabung (Manipulation) ist Abbildung.

Mauthners zweites Argument dafür, daß Denken immer *synonym* ist mit »Reden« – »Reden« muß dabei immer eine physische Sprachaktivität bedeuten –, ist logischer Natur.

Das logische Argument ist bedeutend komplizierter als das physiologische, und unsere Stellungnahme muß sich de facto mit einer Stellungnahme zu bestimmten Kernfragen der Erkenntnistheorie begnügen.

Um dem logischen Argument gerecht werden zu können, müssen wir zuerst zwei wichtige Punkte in Mauthners Philosophie klären, nämlich seine Auffassung von den Sinneseindrücken und vom Gedächtnis.

Seine Auffassung von diesen beiden Erscheinungen – die er nie ganz ohne Widersprüche vorgetragen hat – ist theoretisch am ehesten wohl mit dem Begriff »Logischer Atomismus« zu bezeichnen.

Wie G. Weiler in seiner wertvollen Mauthner-Studie hervorgehoben hat, muß man geradezu fragen, ob nicht bereits in Lockes »Essay« diese Auffassung auftaucht.[34]

Lockes Empirismus geht ja von der Annahme aus, daß alles, was im Bewußtsein existiert, entweder Sinneseindrücke oder auch die Phänomene, die er »ideas« nennt, sind. Letztere sind aus Sinneseindrücken abgeleitet und können einfach oder zusammengesetzt sein: d. h. Gedächtnisspuren von Sinneseindrücken oder Kombinationen davon. Sie können konkret oder abstrakt sein.

Man hat die Frage diskutiert[35], ob Locke wirklich seine »ideas« als *Abbildungen* der Außenwelt aufgefaßt hat.

Berkeley hat in der Einleitung zu seinen »Principles« behauptet, ein solcher Standpunkt mache die Vorstellung von allgemeinen Ideen zweifelhaft. Wenn wir uns ein Dreieck vorstellen, können wir das niemals von einem Dreieck im allgemeinen repräsentieren lassen, sondern nur von einem konkreten Dreieck. Und er hat behauptet, daß ein allgemei-

nes Dreieck de facto eine Unzahl von Winkeln *gleichzeitig* haben müßte, um der Forderung nach einer generellen Idee Genüge zu leisten.
Eine der besten Formulierungen zur Charakterisierung der allgemeinen Schwäche solcher Bildtheorien ist Lyubov Akselrods vernichtende Rezension zu Lenins »Materialismus und Empiriokritizismus«[36]:

»Zuzustimmen, daß Empfindungen (sensations) Bilder oder Kopien von Objekten seien, heißt von neuem den unüberbrückbaren dualistischen Abgrund zwischen Subjekt und Objekt zu schaffen.«[37]

Es ist eben nicht vollständig bewiesen, daß Locke seine »ideas« wirklich als Bilder aufgefaßt hat.
Der stark psychologistische Zug seiner Erkenntnistheorie hat jedoch eine andere wichtige Seite: Wörter sind Zeichen für Ideen, und Wörter können nie für andere Ideen Zeichen sein als für diejenigen Ideen, die sich bei dem Anwender finden. Die Zeichen für spezielle Ideen sind Eigennamen, und für allgemeine Ideen stehen allgemeine Wörter (general words).
Lockes Analyse führt also zu dem Ergebnis, daß Wörter letzten Endes immer Zeichen sind für etwas, das im Bewußtsein des Sprechers vorhanden ist.
Der gesunde Menschenverstand wird sicherlich diesem Standpunkt widersprechen, denn es ist offensichtlich, daß sich das allgemeine Wort »Apfel« auf etwas bezieht, das man normalerweise außerhalb des Menschen antrifft und nicht in seinem Verstand.
Die sprachliche Kommunizierbarkeit wird in der Folge dieser Psychologisierung der Semantik problematisch, außerdem muß man erklären, wie sich das einzelne sprachliche Zeichen mit den subjektiven Ideen desjenigen, der es verwendet oder empfängt, verbindet.
Mauthner unterscheidet sich in zweierlei Hinsicht von Locke. Er bestreitet die sichere Existenz allgemeiner Ideen und stellt sich damit auf den Standpunkt Berkeleys, jede Vorstellung sei eine Vorstellung von etwas Konkretem. Aber »Vorstellung« muß hier als bildlicher Ausdruck aufgefaßt werden. Vorstellungen sind für Mauthner *Tätigkeiten des Gedächtnisses*.[38] Für Mauthner haben »ideas« oder – wie er sagt – »Vorstellungen« keinen Bildcharakter, überhaupt keine selbständige Existenz.

Sie sind *identisch* mit Tätigkeiten des Gedächtnisses.
Die theoretische Grundlage, die Mauthner und Locke im übrigen noch gemeinsam haben, besteht darin, daß alle sprachliche Bedeutung subjektiv bezogen ist, oder mit Lockes Worten:

»Ein Mensch kann seine Worte weder zu Zeichen für dingliche Qualitäten machen noch für Begriffe im Verstand eines anderen Menschen, wenn er sie selbst nicht hat.«[39]

Der bekannte erkenntnistheoretische Einwand gegen diese subjektivistische Variante des Konzeptionalismus besteht in dem Vorwurf, er führe zu Begriffen, die sich nur auf endliche Klassen anwenden lassen.
Wenn der Begriff *Pferd* nur die einzelnen Pferde umschließt, die ich erlebt habe und an die ich mich erinnere, wie soll ich dann entscheiden können, ob ein neues Tier, dem ich zufällig begegne, ein Pferd ist oder nicht?
Und wenn der Begriff *Wasser per definitionem* nur das Wasser umschließt, das ich wirklich erlebt habe, wie kann ich dann einem Schüler die Kenntnis von Schwerem Wasser vermitteln?
*Die subjektivistische These:*

(ST) *Jede sprachliche Bedeutung ist auf subjektive Inhalte bezogen.*

scheint zu einem statischen Bild der menschlichen Begriffsbildung zu führen, so daß das Klassifizieren, Lernen und Entdecken neuer Phänomene, bzw. das Einordnen neuer Phänomene in einen bereits bestehenden Begriffsvorrat unerklärbar bleibt.
Daß Mauthner Anhänger der Theorie ist, die wir hier (ST) genannt haben und daß er das damit auf ihn zukommende Problem, daß nämlich die Entstehung neuer Erkenntnis und neuer Begriffe so schwer erklärbar sind, zu lösen versucht, geht aus der Art und Weise hervor, mit der er einen zweiten Begriff einführt, nämlich »Bedeutungswandel«.
Ein Begriff besteht aus Erinnerung, und Denken besteht im Vergleichen von Erinnerungen untereinander.[40]
Die Beobachtung, die Konrad Röntgen macht, als er die Röntgenstrahlen entdeckt – also eine Form von Licht, die für das Auge unsichtbar ist –, ist für Mauthner ganz neu.[41]

Wie kann Röntgen sie beschreiben, wenn Denken im Vergleichen von Erinnerungen besteht und Sprache und Denken identisch sind? Professor Röntgen muß einen »Bedeutungswandel« vornehmen, »momentan in seinem eigenen Gehirn«. Professor Röntgen erweitert »metaphorisch« das Wort »Strahl«, so daß es jetzt auch Phänomene wie das nicht sichtbare Licht, dessen Existenz er gerade festgestellt hat, umfaßt.[42]
Wenn man nun sagt, fährt Mauthner fort, daß die Beobachtung der Röntgenstrahlen während Röntgens Forschertätigkeit vor der Wortbildung stattgefunden hat, so ist das wahr, aber nur in einem mechanistischen Sinne: die Beobachtung war eher da, nicht aber der Begriff.[43]
Professor Röntgen hat in Wirklichkeit nur zwei Erinnerungen verglichen, oder Erinnerungsgruppen, seine Beobachtungen von normalem Licht und seine neuen Beobachtungen eines nicht sichtbaren Lichts.
Wir sind jetzt in der Lage, über Mauthners Argument das, was wir die *»Linguistische These«* nennen wollen, anzuwenden:

(LT) *Alles Denken ist ipso facto Handhabung sprachlicher Zeichen.*

Das, was andere Philosophen meist »Vorstellungen« nennen, Lockes »ideas«, also die subjektive Vorstellung eines sprechenden und denkenden Subjekts für einen Sachverhalt in der Außenwelt, muß sich nach Mauthner[44] von einem einfachen Sinneseindruck in der Weise unterscheiden, daß die »Vorstellung« oder die »Idee« etwas anderes als sich selbst repräsentiert.
Die Vorstellung unterscheidet sich nämlich von einem einfachen Sinneseindruck in der Weise, daß sie mindestens zwei Sinneseindrücke miteinander in Beziehung setzt.
Eine notwendige Bedingung dafür, so meint Mauthner offensichtlich, daß wir uns eine Vorstellung von Röte machen können, ist, daß wir in der Lage sind, mindestens zwei einfache Sinneseindrücke von rot aufeinander zu beziehen.
Ein einziger einfacher Sinneseindruck allein könnte überhaupt nicht in Bezug zu irgend etwas gesetzt werden. Ebenso wie das unbestimmte und unmittelbare reine Sein in der Einleitung zu Hegels »Wissenschaft der Logik« könnte er weder Anlaß zu Affirmation noch zu Negation liefern:

»Wir kommen da ohne das Bild von Bildern oder Zeichen nicht aus. Gedächtnis ohne Gedächtniszeichen ist nicht möglich, und Zeichen sind im weitesten Sinne sprachliche Akte.«[45]

Mauthners Ausdrucksweise ist alles andere als exakt, eine Eigenschaft, die dieses Zitat mit unzähligen anderen Abschnitten in den »Beiträgen« gemeinsam hat.
Gerade in seiner Art der Darstellung kann sich Mauthner als Philosoph sehr laienhaft anstellen. Aber er unterscheidet sich von vielen bedeutend exakteren und professionelleren Denkern eben durch seine Fähigkeit, interessante Fehler zu machen. Seine extremen Thesen oder – wenn man so will – seine Unvorsichtigkeit werfen oft ein überraschendes Licht auf zentrale erkenntnistheoretische Fragen.
Das gilt auch für das logische Argument der Linguistischen These (LT).
Wenn wir nun den ontologischen Standpunkt, den wir hier die Subjektivistische These ganannt haben (ST), akzeptieren – und er ist offenbar für Mauthner eine diskutable Prämisse –, könnten wir seine Argumente wie folgt formulieren:

(I) *Jede sprachliche Bedeutung ist auf subjektive Inhalte bezogen.* (ST)

(II) *Die subjektiven Inhalte bestehen aus individuellen Sinneseindrücken und ausschließlich aus Sinneseindrücken.*

Denken besteht in der Handhabung von Sinneseindrücken. Erinnern verlangt z. B., daß ein subjektiver Sinneseindruck auf einen anderen, früheren bezogen wird. Klassifikation besteht darin, daß ein Sinneseindruck als *von derselben Art* wie ein anderer bestimmt wird. Denken fordert mit anderen Worten Zugang zu etwas, das anderes als sich selbst *repräsentieren* kann. Eine Vorstellung muß einen Inhalt haben, eine Erinnerung muß eine Erinnerung an etwas sein.
Wie ist diese *Repräsentation* möglich, wenn (II) wahr ist?
Zu sagen, daß die einzelnen, einfachen Sinneseindrücke immer in Bezug stehen, so daß Sinneseindruck N sich auf Sinneseindruck N + 1 bezieht, scheint ein Ausweg, ist aber in Wirklichkeit keiner. Denn dies würde ebensowenig eine Möglichkeit zu begrifflicher Repräsentation schaffen, wie in einem Alphabet ein Buchstabe die folgenden bezeichnen kann.

Woher soll ich wissen, daß ein Ton, den ich gerade höre, *dieselbe Tonhöhe* hat wie der Ton, den ich vor fünfzehn Sekunden gehört habe? Und wie *ein anderer*, den ich vor zehn Sekunden gehört habe?
Wenn ich den Sinneseindruck, den ich vor fünfzehn Sekunden hatte, den Sinneseindruck repräsentieren lasse, den ich gerade jetzt habe, muß ich mich sogleich fragen: warum gerade diese Tonhöhe? Warum nicht die, die ich vor zehn Sekunden gehört habe?
Solange ich mich an einfache Sinneseindrücke halte, scheint es vollkommen beliebig, was ich wodurch repräsentieren lasse. Denn welche ihre einzelnen Eigenschaften sind, kann ich erst feststellen, wenn ich weiß, was sie repräsentieren oder wodurch sie repräsentiert werden.
Diese Regression ist nichts anderes als die übliche realistische Argumentation gegen die Nominalisten: vorausgesetzt, die Allgemeinbegriffe seien Namen und nichts als Namen für verschiedene einzelne Erscheinungen, wie kommen sie dann dazu, hartnäckig zu behaupten, sie würden *gleichartige* Erscheinungen unter demselben Namen zusammen fassen?
Damit einfache Sinneseindrücke alles darstellen, was das subjektive Bewußtsein enthält, müssen sie also durch etwas, das sich außerhalb dieses Inhalts befindet, repräsentiert werden

(III) *Denken fordert Zugang zu etwas, das die Sinneseindrücke repräsentieren kann.* (»Beiträge«, Bd. I, S, 212)

(IV) *Sinneseindrücke können nicht durch sich selbst repräsentiert werden.* (Lemma)

Aber gemäß (ST) werden die subjektiven Inhalte von sprachlichen Zeichen (im weitesten Sinn) repräsentiert.
Also folgt, so meint Mauthner:

(LT) *Alles Denken ist ipso facto Handhabung von sprachlichen Zeichen.*

Natürlich ist dieser Gedankengang aus unterschiedlichen Gründen nicht zufriedenstellend. Auch Mauthner selbst ist nicht zufrieden mit seiner Behandlung des Problems, weshalb er es sich noch mehrmals vornimmt, zuletzt in den Artikeln seines »Wörterbuchs der Philosophie«.

Dabei scheint er nie richtig erkannt zu haben, *wie* wichtig dieses Argument für seine gesamte Sprachphilosophie ist. Mit einer eigentümlichen Mischung aus Bescheidenheit und Selbstsicherheit sagt er in den »Beiträgen« gerade in dem Kapitel, in dem er die These entwickelt, daß alles Denken Handhabung von sprachlichen Zeichen sei:

»Wir werden weiterhin mit dem Begriffe Gedächtnis nur noch als wie mit einer Unbekannten operieren können, aber dennoch viel mit ihm operieren müssen.
So viel scheint uns aber jetzt schon gewiß, daß sowohl das Denken als das Sprechen in dem Begriff des Gedächtnisses zusammenfließt, und daß für denjenigen, der das Wesen der Erinnerung erkannt hatte, ein Gegensatz zwischen Denken und Sprechen nicht mehr vorhanden wäre.«[46]

Gegen Mauthners Argumente lassen sich eine Reihe von Einwänden erheben. Der nächstliegendste ist natürlich, die Subjektivistische These anzugreifen. Ebenso wie Nietzsche und Johnson hält es Mauthner, dabei sicherlich von Locke inspiriert, für selbstverständlich, daß sowohl das, womit wir in Gedankenprozessen umgehen, subjektive Inhalte sind, als auch das, was die sprachlichen Ausdrücke konnotieren.
Dieser Standpunkt ist de facto äußerst fragwürdig, denn ihm zufolge müßte ein Mathematiker, der einen Artikel über die Abelschen Gruppen schreibt, in Wirklichkeit über seinen subjektiven Bewußtseinsinhalt schreiben.
Das ist genauso absurd wie die Behauptung, daß jemand, der über die französiche Literatur des 18. Jahrhunderts schreibt, sich in Wirklichkeit über seine subjektiven Erlebnisse mit dem Alphabet verbreitet.
Eine ausführlichere Argumentation gegen die Subjektivistische These haben wir in anderem Zusammenhang bei der Auseinandersetzung mit Johnson entwickelt.
Ein weiterer Einwand hängt mit dem Problem des intersubjektiven Moments, wie wir es genannt haben, zusammen.
Wenn alle sprachliche Referenz Referenz zu subjektiven Inhalten ist, und wenn Erinnerung nichts anderes als das Zuordnen von Sinneseindrücken zu denselben sprachlichen Zeichen ist, dann scheint es keine Möglichkeit zu geben, aus rationalen Gründen zu fragen, ob die Erinnerungen eines

Menschen richtig sind. Die Subjektivistische These (ST) erzeugt zusammen mit der Linguistischen These (LT) eine perfekte Sperre gegen jeden Versuch intersubjektiver Kontrolle von Wahrnehmungen und Erinnerungen.

Das müßte zur Folge haben, daß Naturwissenschaft, nach unserem normalen Sprachgebrauch, prinzipiell unmöglich ist.

Lockes einfache Sinneseindrücke stellen wie die Sinnesdaten der späteren und wie die Ereignisse, von denen Carnaps Protokollsätze vermutlich berichten, problematische Entitäten dar. Hat jemals ein wirkliches biologisches Wesen so etwas wie ein Sinnesdatum beobachtet?

Ebenso wie Wittgenstein[47] haben wir Schwierigkeiten, die Finesse zu sehen, die in dem Austausch der Sätze »Ich sehe jetzt einen roten Apfel« und »Ich nehme zum Zeitpunkt t(n) und im Raumpunkt R(n) mit den Koordinaten r(1), r(2), r(3) ein visuelles Sinnesdatum von rot wahr« bestehen soll. Denn diese Übersetzung oder Erklärung der Aussage bleibt wirkungslos, wenn dem Wort »rot« im zweiten Satz nicht eine allgemein zugängliche Bedeutung gegeben werden kann.

Die Frage, ob irgend jemand je so etwas wie ein Sinnesdatum wahrgenommen hat, hängt davon ab, welche Sinnesdatentheorie wir zugrunde legen.

Der schwerwiegendste Einwand ist jedoch, wie Eino Kaila[47a] es ausgedrückt hat, daß etwas Rotes, das uns ins Auge fällt, immer etwas *einzelnes* ist, während die Position *Rot* im Spektrum als *Klasse* betrachtet werden muß. *Eine Kaffeetasse* ist ein Begriff, der bereits eine Reihe von Verallgemeinerungen erfordert, während *diejenige*, die meiner Hand Widerstand leistet, etwas einzelnes ist. (Einzelne Kaffeetassen können zerbrechen, Klassen nicht.)

Die Schwierigkeit, eine gute Sinnesdatentheorie zu konstruieren, ist genau die, die Akselrod für Lenins Bildtheorie[48] geschildert hat. Die Schwierigkeit besteht darin, einer Theorie zu entgehen, die nur eine Verdopplung der zu erklärenden Entitäten bedeuten würde. Eine Verdopplung bringt ein Problem der Lösung nicht näher.

Den dritten Einwand gegen Mauthner können wir formulieren, wenn wir annehmen, es gäbe so etwas wie einfache Sinneseindrücke.

Wir haben soeben die Schwierigkeit genannt sich vorzustellen, wie eine intersubjektive Kontrolle von Erinnerungen möglich sei, wenn Mauthner recht hat.
In Wirklichkeit leidet die Theorie schon auf dem innersubjektiven Gebiet an einer isomorphen Schwierigkeit.

> »Gedächtnis ohne Gedächtniszeichen ist nicht möglich, und Zeichen sind im weitesten Sinne sprachliche Akte.«

Eine sinnvolle Bedeutung, die man dieser Äußerung zugrunde legen kann, ist die, daß Erinnerung sich nicht nur – wie wir gesehen haben – auf den Vergleich einfacher Sinneseindrücke miteinander beschränken kann.
Wenn ich durch mein offenes Fenster einen Hund bellen höre und mir selber sage, »derselbe Hund wie eben«, kann man dies in Mauthners Terminologie so ausdrücken, daß ich zwei Sinneseindrücke miteinander vergleiche.
Im Prinzip gibt es eine ungeheure Menge von Sinneseindrükken in meinem vergangenen subjektiven Inhalt, den ich mit dieser jetzigen Wahrnehmung vergleichen könnte. Damit *genau dieser Vergleich* einen Bezugspunkt hat, ist ein Zeichen notwendig, das als Vertreter oder Repräsentant dieses Sinneseindrucks fungiert. Und dies ist »im weitesten Sinne« sprachlich.
Locke hat dies eine »idea« genannt. (Dieser Ausweg bleibt Mauthner verschlossen.)
Ich vergleiche nun also meine Hörwahrnehmung mit einer früheren, um zu sehen, ob sie auf dieselbe Art mit dieser »idea«, diesem »Zeichen«, dieser »Repräsentation« in Bezug stehen. (Wir lassen offen, mit welcher Art Gegenstand wir es zu tun haben.)
Aber was bedeutet »auf dieselbe Art in Bezug stehen«?
Wenn wir uns vorstellen, daß das Zeichen oder die Repräsantation wirklich ein *Bild*, ein *Prototyp* ist, und daß Erinnerung darin besteht, die beiden Sinneseindrücke mit dem Prototyp zu vergleichen, geraten wir in dieselbe Schwierigkeit wie der bekannte »dritte Mensch« in Platons Kritik: wenn der Prototyp dieselben Eigenschaften haben muß wie die Objekte, mit denen wir ihn vergleichen, müssen Prototyp und Vergleichsobjekte einen höheren Prototyp gemeinsam haben, und die Übereinstimmung von Prototyp Nr. 1 mit seinem Vergleichsobjekt muß als Übereinstimmung aller dieser Objekte

mit dem Prototypen höherer Ordnung erklärt werden – und so geht es weiter in einer infiniten Regression.
Durch *reductio ad absurdum* folgt, daß die Verknüpfung zwischen Repräsentation und Sinneseindruck nicht in einer gemeinsamen Eigenschaft bestehen kann.
Aber was vergleichen wir dann, wenn wir die Empfindungen vergleichen?
Welchen Bezug haben sie zu dem Etwas, das zumindest eine von ihnen repräsentiert?
Wie wissen wir überhaupt, daß ein bestimmtes Zeichen einen bestimmten Sinneseindruck repräsentiert?
Wenn ich – um auf das Beispiel zurückzukommen – durch das offene Fenster einen Hund bellen höre und zu mir selber sage: »Dasselbe Gebell wie eben« – auf was bezieht sich dann das »eben«?
Wie weiß ich, mit *welchem* meiner zahlreichen vergangenen Sinneseindrücke ich den gerade vorliegenden vergleiche?
Der gesunde Menschenverstand sagt: Ich weiß es, weil der vergangene Sinneseindruck *denselben Charakter* hatte.
Die Bedeutung von »dasselbe Gebell wie eben« muß etwas mehr sein als bloß die Bedeutung von »dasselbe wie eben«. Die zweite Phrase ist allzu universell, um unter den unzähligen Paaren von Sinneseindrücken, die sich in das Schema *dasselbe wie eben* einfügen, gerade dieses Paar herauszufinden.
Daß zwei Sinneseindrücken dasselbe Zeichen zugewiesen wird (wobei das Zeichen einen außersprachlichen Charakter: »Vorstellung«, »Bild«, »Idee« – oder wie bei Mauthner einen sprachlichen Charakter: »Repräsentation« haben kann), diese Tatsache erlaubt uns nicht, das Gesuchte zu indentifizieren.
Aber wenn wir es nicht identifizieren können, können wir auch die Bedeutung von »dasselbe wie eben« nicht konkretisieren.
Mauthners Versuch, das Verhältnis von Erinnerung, Sinneseindruck (oder Wahrnehmung) und dem, was er gewöhnlich »Vorstellung« nennt, zu bestimmen, muß mißlingen.
Denn wenn korrekt wahrzunehmen bedeutet, Sinneseindrücke desselben Charakters auf ein und dieselbe Repräsentation oder Vorstellung zu beziehen, dann kann »derselbe Charakter« (Eigenschaft, Qualität) nicht mit Hilfe von Repräsentationen definiert werden.

Gershom Weiler hat gegen Mauthner einen ähnlichen Einwand formuliert: Die durchgängige Schwäche seiner Sprachphilosophie sei die vieldeutige Verwendung des Wortes »Sprache«.[49]

Im Prinzip verneint Mauthner die Unterscheidung von *langue* und *parole*, zwischen der *Sprachform* im abstrakten Sinn und den *Sprachakten*, die Ferdinand de Saussure[50] eingeführt hat. Sprache ist für Mauthner stets Sprechen.

In der Praxis dagegen verwendet er das Wort »Sprache« in beiden Bedeutungen.

Er behauptet z.B., daß die Beschäftigung mit Philosophiegeschichte deswegen töricht sei, weil die Sprache des Historikers nicht mehr die Sprache derer ist, die er verstehen will. Weiler weist darauf hin, daß es hier offenbar nicht mehr um Sprachakte geht.[51]

Mauthner bestreitet die Existenz einer »langue«.[52] Die Sprache hat keine Realität außerhalb der Sprachakte. Sprache bedeutet zweckmäßiges Verhalten und darüber hinaus nichts.

Wenn ich Mauthners Gedanken zu veranschaulichen suche, drängt sich mir das Bild vom Straßenverkehr einer Stadt auf. Er ist gesetzlichen Regeln und Konventionen unterworfen, die jedoch nur im Verhalten einzelner Fahrzeuge präsent sind.

Eine Folge der Subjektivistischen These ist, daß die Sprache uns einzig und allein auf unsere eigene Erinnerung zurückführen kann. Alle Begriffe bleiben Individualbegriffe und sind prinzipiell nicht kommunizierbar.

Bedeutung ist für Mauthner ein rein psychologischer Begriff.[53] Der Unterschied zwischen einem Begriff und einem Wort liegt für Mauthner ganz einfach im Grad der Aufmerksamkeit, mit der wir das Wort unsere Assoziationen hervorrufen lassen. Aufmerksamkeit ist der Akt, der gegenwärtige Erfahrungen mit Erinnerung verbindet.

Diesem Standpunkt zufolge kann es Synonymik im eigentlichen Sinne nicht geben.[54]

Wir haben bereits auf die Schwierigkeiten hingewiesen, die die Subjektivistische These nach sich zieht.

Selbstverständlich sind sie eng mit der Schwierigkeit verbunden, eine Semantik zu konstruieren, die nicht zwischen Sinn und Bedeutung unterscheidet oder, wenn man so will,

zwischen Konnotation und Denotation in der Referenz der sprachlichen Zeichen.
Wenn ich z. B. die folgenden Sätze vergleiche:

(A) »Das Buch, das am weitesten links im *dritten Regal von oben* steht, ist ein Mathematikbuch.«

(B) »Das Buch, das am weitesten links im *zweiten Regal von unten* steht, ist ein Mathematikbuch.« –

ist leicht einzusehen, daß Konnotation oder »Sinn« verschieden sind. Ob sie dieselbe Denotation haben, ist davon abhängig, ob das Regal vier Regalbretter hat oder nicht (ein Teil der allgemeinen Schwierigkeiten, die für derartige Fragen typisch sind, soll im Kapitel »Abstraktionen« diskutiert werden).
Es scheint zuzutreffen, daß (A) und (B) dieselbe Bedeutung im Sinne Mauthners haben können, obwohl sie offensichtlich unterschiedliche Konnotationen haben, denn es ist logisch möglich, daß der eine Satz wahr und der andere falsch ist.
Denn für Mauthner ist der Sinn eines sprachlichen Ausdrucks identisch mit dem individuellen Erlebnis, das mit dem Ausdruck verknüpft ist. Wenn das Bücherregal mir gehört, ich mich gut darin zurechtfinde und wenn es vier Regalbretter hat, ist es sehr wahrscheinlich, daß ich den in (A) beschriebenen Gegenstand unmittelbar mit dem in (B) beschriebenen identifiziere, d. h. beide Beschreibungen mit denselben Sinneseindrücken verbinde. Das ist in Mauthners Philosophie »dieselbe Bedeutung«.
Die zeigt jedoch ebenfalls, daß Mauthner mit Bedeutung weder Konnotation noch Denotation meint.
Eigenartig ist eine Folgerung, die sich aus diesem Bedeutungsbegriff begründet: Falls dieser Bedeutungsbegriff die endgültige Wahrheit des Begriffs Bedeutung darstellt, ist es nicht mehr möglich zu begründen, warum man einem Schüler beibringen soll, daß in der ebenen Geometrie die Winkelsumme im Dreieck 180 Grad beträgt.
Denn entweder geht diese Wahrheit schon in die subjektive kindliche Vorstellung von Dreiecken ein, dann besteht kein Grund, diese Tatsache zu lehren. Oder sie geht nicht in die Dreiecksvorstellung des Kindes ein, in diesem Fall ist es

unmöglich, dem Kind jemals zu beweisen, daß sie wahr ist, weil ja Begriffe identisch sind mit subjektivem Inhalt.

### 4.3 *Das intersubjektive Moment*

Die Konfrontation mit diesem widersprüchlichen Gedanken verleitet den ungeduldigen Leser vielleicht schon dazu, Fritz Mauthner die Bekanntschaft aufzukündigen.

Ein guter Grund, dem nicht nachzugeben, liegt – wir haben das bereits angedeutet – in der oft laienhaften doch originellen Fragetechnik, mit der Probleme untersucht werden, die sich dadurch auszeichnen, daß die Antworten entscheidende Bedeutung für die gesamte philosophische Sehweise erlangen.

Nach dieser Diskussion wollen wir nun zwei weitere Behauptungen Mauthners festhalten:

> (M1) Im sprachlichen Kommunikationsprozeß wird nichts, was »psychischer Inhalt« wäre, zwischen den am Prozeß beteiligten Subjekten übermittelt oder transportiert.
>
> (M1.1) Aus (M1) folgt, daß Sprache keine Information zwischen den erkenntnistheoretischen Subjekten übertragen kann.

Wir neigen zu der Annahme, daß die Behauptung (M1) wahr ist und daß die oben geführte Diskussion dazu beigetragen hat, sie plausibler zu machen. Zu (M1.1) können wir schnell feststellen, daß dieser Standpunkt seltsame Konsequenzen hat, deren seltsamste vielleicht ist, daß es nicht die geringste Motivation gäbe, ihn zu formulieren, falls er wahr ist.

Es spricht für Mauthner, daß er sich dieser Komplikation bewußt ist.[55]

Wenn wir aber (M1) akzeptieren und gleichzeitig (M1.1) vermeiden wollen, müssen wir in anderer Weise herausfinden, wie die Information im sprachlichen Prozeß übertragen wird.

Mit einem gewissen Recht könnte man diese Aufgabe als das Kernproblem der Sprachphilosophie charakterisieren. Im Kapitel 3.7 haben wir unsere Sympathien für einen Lösungsweg des Problems bekundet, den Moritz Schlick in seinem

Aufsatz »Form and Content« (1938) einschlägt: das, was im sprachlichen Prozeß vermittelt wird, sind Strukturgleichheiten.

Mauthners Antwort auf die durch (M1) provozierten Fragen haben wir hier *die Linguistische These* genannt: Denken ist ipso facto Handhabung von sprachlichen Zeichen.

Wir haben versucht, die Unzulänglichkeit dieser These aufzuzeigen. Auch wenn wir sie zurückweisen, bleiben doch Probleme bestehen, deren Eigenschaften sie zugleich zu seinen und unseren machen. Das erste Problem hängt mit Mauthners origineller Idee zusammen, daß unsere Sinne, wie er sagt, »Zufallssinne«[56] seien. Dieser Gedankengang, den Mauthner nach eigener Aussage von Leibniz über Lessing übernommen hat und den er mit Nietzsche[57] verbindet, geht kurz gesagt davon aus, daß es eine rein *zufällige* Tatsache sei, daß unsere Sinnesrichtungen so sind wie sie sind und folglich die theoretisch mögliche Menge von Sinneseindrücken in bestimmter Weise begrenzt ist.

Mauthner schwankt zwischen zwei Ideen. Die eine[58] äußert sich in der Zufälligkeit der Begrenzung unserer Sinne. Zufällig ist z.B., daß das menschliche Gehör über einen festgelegten Frequenzbereich hinaus keine Schwingungen aufnehmen kann.

Die sicher interessantere, zweite Idee, kann auf folgende Weise zusammengefaßt werden:

Alle Begriffsbildung, d.h. Namengebung, ist Klassifikation, also in Mauthners Philosophie »Aufmerksamkeit für Gleichheiten«.[59]

Alle »Aufmerksamkeit für Gleichheiten« ist »eine Funktion unserer Sinnesorgane«.[60]

Unsere Sinnesorgane sind jedoch vermutlich biologisch dadurch entstanden, daß sich die Aufmerksamkeit der Art immer mehr auf bestimmte »Bewegungsgruppen«[61] in der Außenwelt eingerichtet hat. Diese Aufmerksamkeit wird in biologischen Überlebensinteressen gesteuert.

So ist mit anderen Worten nicht nur der Empfangsbereich unserer Sinne zufällig begrenzt, sondern auch die Art, in der sie einen Ausschnitt aus dem theoretisch möglichen Bereich aus der Natur, den Frequenzen etc. darstellen: es handelt sich lediglich um eine *Auswahl*.

Es scheint, als ob Mauthner sich diese Auswahl der Sinne als eine geordnete, aber nicht abzählbare Folge von realen physikalischen Ereignisverläufen vorgestellt hat.[62] Auch was wir als unterschiedliche Wahrnehmungsqualitäten erleben, hängt vom Entwicklungsgrad unserer Sinnesorgane ab.[63] Zwei Sinneseindrücke, die sich für die Amöbe als gleiche Qualität erweisen, können für den Menschen zwei verschiedene Qualitäten bedeuten.[64]

Wenn aber der Aufbau unserer Sinne letzten Endes von der geschichtlich bedingten Einstellung der Art zur Aufmerksamkeit abhängt, und wenn die Aufmerksamkeit für Gleichheiten eine Funktion unserer Sinnesorgane ist, folgt konsequenterweise daraus, daß man unsere Sinneseindrücke nicht als »data«, als etwas Gegebenes, auffassen kann.

Sie sind so wie sie sind, genau deswegen, *weil wir uns entschieden haben,* daß sie so sein sollen. Wenn wir beispielsweise eine Farbempfindung haben, die das Erlebnis »derselben Farbe« wie in einem anderen Erlebnis vermittelt, folgt daraus nicht notwendigerweise, daß zwei Gegenstände wirklich dieselbe Qualität haben müssen, denn die Wirklichkeit kann Brüche in der Kontinuität aufweisen, die durch die Auswahl unserer Sinne »negiert« werden.

Dieser Gedanke stimmt in auffälliger Weise mit einem ähnlichen, jedoch nicht gleich deutlich durchgeführten Gedanken bei Nietzsche[65] überein: unsere unterschiedlichen Sinnesrichtungen verhalten sich zur Wirklichkeit außerhalb von uns wie die Sprache zu unseren Empfindungen, und die Wahrnehmungen verhalten sich zu den Begebenheiten der Wirklichkeit wie die einzelnen Wörter der Sprache zu den einzelnen Wahrnehmungen. Genau wie die Relation zwischen Name und Benanntem zufälligen und konventionellen Charakter hat und nicht auf irgendwelchen inneren Eigenschaften beruht, ebenso sieht Mauthners Philosophie die Relation zwischen Empfindung und Wirklichkeit als Produkt des gleichen Zufalls. Selbst die Empfindungen sind Zeichen:

»Was von den Vorstellungen gilt, das gilt auch von ihren untersten Vorausetzungen, den Empfindungen. Subjektiv ist unser Weltbild von seiner untersten Stufe, wo wir die Empfindungen nur höchst metaphorisch eine Sprache nennen können, bis hinauf zu den dünnsten Abstraktionen des Denkens.«[66]

Nichts ist unmittelbar gegeben. Die durch unseren subjektiven Inhalt scheinbar konstituierte Welt ist bodenlos – denn sie hat letztlich keine konstitutive Einheit, von der wir sagen könnten, sie müsse notwendigerweise aus Gründen der Logik mit etwas anderem als sich selbst übereinstimmen.

Es ist in der Tat schwer, Mauthners Gedanken exakt zu formulieren.

Die Vorstellung von einer roten Fahne bei einer Demonstration braucht z. B. nichts mit einer roten Fahne gemeinsam zu haben – wenn wir nicht daran festhalten, daß Vorstellungen Bilder sein müssen.

Aber wenn wir umgangsprachlich von »ein Geruch wie Rauch« oder von einer Empfindung von rauch(-ähnlichem) Geruch oder von einer »Sinnesempfindung von Orange« sprechen, meinen wir nicht nur, daß es zwei Größen gibt – zum einen, was man »Sinneseindruck« oder »Sinnesdatum« nennen könnte, und zum anderen eine Qualität –, sondern daß darüber hinaus Sinneseindrücke und Qualitäten so aufeinander bezogen sind, daß man ganz korrekt von einem »Sinneseindruck von etwas Ähnlichem wie Rot« oder einem »Sinneseindruck von etwas wie Orange« sprechen könnte.

Zu der Analyse dieser Relation gehört ebenfalls, daß der Geruch (als Phänomen) oder die Farbe (als Phänomen) *konstitutive Elemente* in der Wahrnehmung sind. Oder mit anderen Worten, daß der Inhalt von Wahrnehmungen genau die Eigenschaft hat, wodurch er wahrnehmbar wird.

Dieser *Inhaltsrealismus* wird außerordentlich ausführlich und subtil u. a. von den Philosophen der Uppsala-Schule diskutiert.

Bedeutende Vertreter für den *inhaltsrealistischen* Standpunkt sind Adolf Phalén und Konrad Marc-Wogau[67], letzterer am deutlichsten in seinem Werk »Zur Theorie der Sinnesdaten« (1945).

Ein bedeutender Vertreter des konkurrierenden *Inhaltsnominalismus* ist Andries Mac Leod[68], am ausführlichsten in »Beschaffenheit und Inhalt eines Bewußtseins« (1960), in dem er von einem *begriffsnominalistischen* Ausgangspunkt aus auch den Inhaltsrealismus zurückweist.

Wir können uns hier nicht mit den außerordentlich detaillierten und ausführlichen Diskussionen über die Problematik von Wahrnehmungen in der neueren Philosophie beschäftigen.

Stellen wir nur fest, daß Phalén, wenn auch unter gewissen Vorbehalten, bereit ist zuzugeben, daß das Wahrgenommene ein *Konstituent* der Wahrnehmung sein kann – obwohl er die *Identität* einer Sache mit der Wahrnehmung derselben Sache für absurd hält.

Auf der anderen Seite verneint der Philosoph C. D. Broad[69] mit Bestimmtheit, daß der objektive Bestandteil in einer Wahrnehmung – d. h. ein Sinnesdatum – jemals identisch sein kann mit dem Objekt, das wir wahrnehmen oder vielmehr wahrzunehmen glauben.

Er vertritt also eine Form von Inhaltsnominalismus.

Fritz Mauthners Idee von den »Zufallssinnen« wirft nun ein interessantes Licht auf diesen Streit zwischen Inhaltsrealisten und Inhaltsnominalisten.

Wir wollen eine Eigenschaft, z. B. *rot*, annehmen, die als eine *Determinable* näher bestimmt werden kann. Diese Bestimmung, z. B. hellrot, soll Determinat der Determinablen rot heißen. Wir wollen weiterhin festlegen, daß unter der Voraussetzung, daß ein Determinat einer Determinablen ein anderes Determinat derselben Determinablen impliziert, aber nicht umgekehrt, das implizierte Determinat *niedriger* sein soll als das implizierende.

*Schwach hellrot* ist eine Eigenschaft, die hellrot impliziert, aber nicht umgekehrt. *Schwach hellrot* ist also ein niedrigeres Determinat als hellrot.

Mauthners Lehre von den *Zufallssinnen* kann jetzt folgendermaßen gedeutet werden:

(K1) Daß unsere Sinne so sind, wie sie sind, ist eine zufällige Tatsache. Logisch ist es also möglich, daß sie exakter hätten sein können.

(K2) Aus (K1) folgt, daß logisch für jedes Determinat einer Eigenschaft, die wir mit unseren Sinnen aufnehmen können, die Möglichkeit besteht, daß es ein niedrigeres Determinat derselben Eigenschaft gibt, das wir mit unseren Sinnen nicht aufnehmen können.

(Lemma) Die Vorstellung, daß ein konkretes Ding in einem anderen Determinat der Determinablen als dem niedrigsten existieren könnte, ist absurd.

(S1) Aus Lemma und (K1) ergibt sich die logische Möglichkeit für jeden Wahrnehmungsinhalt, daß die Eigenschaft, von der der Sinneseindruck ein Eindruck ist, verschieden von jedem Determinat ist, das wir sinnlich wahrnehmen können.

(S2) Die konkrete Eigenschaft kann nicht in die Wahrnehmungsanalyse einbezogen werden, denn wenn sie dazugehörte, würde sie mit Sicherheit die Stelle des niedrigsten Determinats einnehmen. Die Relation zwischen Wahrnehmungsinhalt und der konkreten Wirklichkeit kann nicht die der Identität sein. (S1)

Statt dessen, behauptet Mauthner, ist sie eine Zeichenrelation, der Wahrnehmungsinhalt verhält sich zu den Eigenschaften der konkreten Wirklichkeit wie der Name zum Benannten.

Das Originelle an dieser Form von Inhaltsnominalismus besteht darin, daß er sowohl mit Begriffsnominalismus (der am häufigsten Ursache für das Auftreten eines Inhaltsnominalismus ist: wenn keine Eigenschaften vorhanden sind, können folglich auch keine als Inhalt von Sinneseindrücken auftreten) als auch mit Begriffsrealismus vereinbar ist.

Denn nach unserer Interpretation des Mauthnerschen Standpunkts läßt sich ohne Widerspruch behaupten, daß Universalien existieren, und daß die konkreten individuellen Dinge sich immer einer Erfahrung entziehen.

Dies ist allerdings nicht der von Mauthner selbst angestrebte Standpunkt.

Von diesem Charakter eines grundlosen Brunnens her, den das Ding durch die Lehre der Zufallssinne erhält, kommt er zu extrem nominalistischen Schlußfolgerungen, die mit seiner Lehre von der Sprache als sozialem Spiel verknüpft sind.

»Der Satz ›der Zucker ist süß‹ ist ein Teil unserer Welterkenntnis, wenn auch ein kleiner. Doch diese kleine Erkenntnis läßt sich selbst wieder verschieden betrachten, je nachdem ich mit diesem Satz die subjektive Tatsche gemeint habe, daß dieses Stückchen Zucker eben die Empfindung süß in mir ausgelöst hat, oder daß nach meiner Erfahrung und der Erfahrung der Menschheit der Stoff Zucker allgemein oder objektiv süße Empfindungen verursacht. Im zweiten Falle ist es die Spielregel der Menschheit, den Stoff Zucker und die Empfindung süß zu nennen, aber es ist über das Sprachliche hinaus eine Spielregel des menschlichen Organismus, nach Berührung dieses Stoffs mit Zunge oder Gaumen die und die besonders differenzierte angenehme Empfindung zu spüren.«[70]

Dieser Abschnitt stellt hohe Ansprüche an unsere Interpretationsbereitschaft, da sich an der Oberfläche der Formulierungen eine Reihe von Widersprüchen auftun. Der vielleicht wichtigste ist der, daß in demselben Zusammenhang, wo von »objektiv süßen Empfindungen« die Rede ist, gleichzeitig gesagt wird, daß diese Objektivität nicht existieren kann.

»Spielregel« ist in zweierlei Hinsicht zu verstehen, als sprachliche Spielregel und als »Spielregel des menschlichen Organismus«.

Gershom Weiler[71], dessen Verständnis für Mauthners Texte uns im allgemeinen vorbildlich erscheint in der Mischung aus Bereitschaft zu Interpretation und kritischer Aufmerksamkeit, unternimmt erstaunlicherweise keinen Versuch, Mauthners Lehre von den Zufallssinnen, d. h. seiner speziellen Form des Inhaltsnominalismus, mit seiner Lehre von den Spielregeln zu kombinieren.

Das eben angeführte Zitat zeigt, daß es Mauthner ganz natürlich erscheint, diese beiden Thesen als Teile ein und desselben Gedankengangs darzustellen. Wir wollen einen derartigen Deutungsversuch unternehmen.

Gemäß der Subjektivistischen These (ST) ist jede sprachliche Bedeutung auf subjektive Inhalte bezogen. (Und zu subjektiven Inhalten gehören natürlich Empfindungsinhalte.)

Welchen Bezug haben nun die subjektiven Inhalte ihrerseits zur »objektiven« Wirklichkeit? Mauthners inhaltsnominalistischer Standpunkt bietet eine Antwort auf diese Frage an: logisch gesehen können Qualitäten der objektiven Wirklichkeit (falls solche existent sind) immer anders sein als das, was wir bei unseren Sinneseindrücken erleben. Sie können nicht konstituierender Bestandteil der Analyse unserer Sinneseindrücke sein.

Der Grund dafür ist, daß wir bei einer wahrgenommenen Qualität niemals wissen können, ob wir die Qualität in ihrer niedrigsten Determinante wahrgenommen haben.

Beide Relationsklassen, zwischen sprachlichem Ausdruck und subjektivem Inhalt auf der einen Seite, und zwischen subjektivem Inhalt und einer unbekannten objektiven Wirklichkeit auf der anderen, müssen auf andere Weise als in Begriffen von Inhalt und dessen Konstituenten analysiert werden.

Eine Kandidatin für die Rolle des *Analysans* ist die *Zeichenrelation, die dem Spielenden eine Spielregel R vorschreibt*: jedesmal wenn ein Etwas, A, erscheint, A durch B vertreten zu lassen, wobei B etwas anderes ist als A.

Das Sprachzeichen vertritt also letzten Endes immer subjektive Inhalte. Aber was vertreten dann die subjektiven Inhalte? Die einzig sinnvolle Antwort an dieser Stelle ist: *sprachliche Zeichengestalten.*

Die einzige Art, wie wir zwei subjektiv erlebte verschiedene Determinate einer Qualität auf dieselbe Determinable beziehen können, ist, sie auf dieselbe Zeichengestalt zu beziehen. (»Zeichengestalt« muß man sich als durch Erinnerungsoperationen *rekursiv* definiert vorstellen. Die Schwierigkeiten haben wir schon angedeutet.)

Wenn zwei Personen, A und B, sich darüber einig sind, daß die Farbe auf einem physischen Gegenstand, den beide sehen – zum Beispiel eine Apfelsine –, orange ist, dann ist das einzige, worüber sie sich einig sind, die Tatsache, daß sie ihre jeweiligen Farberlebnisse auf dieselbe Zeichengestalt, nämlich das Wort »orange« beziehen. Dies empfindet der gesunde Menschenverstand als störend.

Denn einer Person zuzustimmen, die behauptet, ein Gegenstand sei orange, bedeutet in der Regel, daß man etwas über die Farbe des Objektes aussagen will, eventuell auch darüber, wie mir selber die Farbe sich darstellt, die Zustimmung heißt aber nicht, daß man etwas über eine Zeichengestalt aussagen will.

Andries Mac Leod hat den begriffsnominalistischen Standpunkt auf folgende Weise treffend charakterisiert:

»Die nominalistische Attributen-Theorie behauptet zwei scheinbar nicht mit einander zu vereinbarende Thesen. Die erste These kann auf folgende Art formuliert werden: ein Attribut an sich ist nichts, es ist eine reine Nichtigkeit. Nach der zweiten These kann man trotzdem wahre Behauptungen in bezug auf Attribute machen.«[72]

Dies ist ebenfalls eine treffende Charakterisierung der Mauthnerschen Idee des Sprachspiels.

Seine Welt ist also von Menschen bevölkert, die zu Sprachakten imstande sind. Die Sprachakte werden durch Ereignisse ausgelöst, die anderen als dem Agierenden prinzipiell unzugänglich sind, und insofern auch dem Agierenden, als er sie auf nichts anderes beziehen kann.

Diese sprachlichen Akte werden von den übrigen Akteuren belohnt oder bestraft, durch Einverständnis oder dessen Verweigerung. Die Akte repräsentieren das »Ziehen« in einem sozialen Spiel, genauso wie das Figurenrücken den Zug im Schachspiel darstellt und im Spiel belohnt oder bestraft wird.

Das intersubjektive Moment ist also nichts anderes als die positive oder negative *Sanktion*, die durch den Sprachakt ausgelöst wird. Einer Grundidee Friedrich Nietzsches vergleichbar, wird hier deutlich, daß die einzige Entität, mit der der eine *Wille* interagieren kann, ein anderer *Wille* ist: das gesamte sprachliche Kommunikationssystem ist ein Medium für Willensakte, mit einem reaktiven Verhalten, das von den ursprünglichen Willensakten veranlaßt worden ist.

Eine solche Theorie wird natürlich ungeheuer kompliziert, wenn sie auch noch den ontologischen Status erklären soll, den die sprachlichen Akte bzw. die sprachlichen *Zeichengestalten* haben.

Sinnvollerweise müssen sie eine Art von intersubjektivem logischem Raum einnehmen, da es sonst keinen Grund dafür geben kann, daß das eine Subjekt sich einem anderen bemerkbar machen könnte.

Wir lassen diesen Gegenstand auf sich beruhen.

Methodisch bequemer, begriffs- und gedankenökonomischer läßt sich Mauthners Lehre vom intersubjektiven Moment angreifen, wenn man seinen *logischen Atomismus* nachweist.

In einem Sachverhalt, wo die sprachliche Kommunikation ein soziales Spiel ist – in der Art, wie wir es bei Mauthner gesehen haben –, bleibt Raum für ein System von Beziehungen, die in einer zumindest teilweisen Abbildungsrelation zu den Eigenschaften zu stehen scheinen, die wir normalerweise mit Aussagen verknüpfen.

Eine Aussage als wahr einzuschätzen, ist analog dazu, eine positive Sanktion für einen gegebenen Sprachakt zu erwarten oder zu erteilen; sie für falsch zu halten, ist dann analog dazu, für einen aktuellen Sprachakt eine negative Sanktion zu erteilen oder zu erwarten.

Eine negative Aussage für wahr zu halten, ist dann analog dazu, eine negative Sanktion bei einem *anderen* Sprachakt zu erwarten. Da in diesem Spiel kein Raum für *Negation* bleibt, muß die Relation zwischen den beiden Sprachakten genau in *Termen* der Verschiedenheit bei den Sanktionen definiert werden, die von den beiden Sprachakten erwartet wird.

*Positiv* bzw. *negativ* als Eigenschaft bei den Sanktionen ist dann eine elementare Eigenschaft.

Die Theorie kann offenbar nicht erklären, weshalb gerade *gewisse* Sprachakte sich auf *gewisse* andere beziehen, analog zum Verhältnis einer negativen Aussage zu dem, was sie negiert. Ebenfalls kann sie wohl *nicht* erklären, warum die Sprachzeichen – mittels größerer Einheiten wie Sätze oder Diskurse – in einer offenbar nicht willkürlichen Beziehung zueinander stehen.

Mauthners soziales Spiel gleicht einem Spiel zwischen Automaten, die nach einem komplizierten Muster Wortbälle fortstoßen und wieder auffangen (mir schwebt dabei das Bild des Flipperautomaten vor).

Der Typus von sprachkommunikativem Akt rationaler Überredung, der dem Leser gerade vorgestellt wird, scheint keineswegs durch Spielautomaten erklärbar zu sein. Jemandem z. B. in Worten darzustellen, daß ein Standpunkt des anderen zu Folgerungen führt, denen zuzustimmen er nicht bereit sein wird, hat nowendig zur Bedingung, daß die Zustimmung zu gewissen Sprachakten auch die zu anderen nach sich zieht.

Ich vermag keinerlei Erklärung zu sehen, warum es so sein müßte, wenn Wahrheit und Falschheit nichts anderes wären als verschiedene Sanktionsweisen eines Empfängers.

### 4.4 *»Ontological commitment«*

Eine wichtige Konsequenz aus Mauthners Inhaltsnominalismus ist darin zu sehen, daß die Terminologie in einer Sprache, gerade weil sie *ipso facto* eine Klassifikation unserer Erfahrung (als subjektiver Inhalt verstanden[73]) darstellt, uns logisch auf eine bestimmte Ontologie festlegt.

Denn da unsere subjektiven Inhalte als die niedrigsten Determinate der Eigenschaften der Wirklichkeit, die sie repräsentieren, nicht vorzuzeigen sind, existiert stets die Möglichkeit,

daß eine andere Klassifikation der objektiven Wirklichkeit näherkommt.
Dieses Argument benutzt Mauthner gegen Leibniz' Idee einer formalisierten Idealsprache. Um eine solche Sprache verwirklichen zu können, frei von jeder Form der Vieldeutigkeit und Unbestimmtheit, brauchten wir *a priori* einen »Weltkatalog«[74], d.h. eine Möglichkeit, um auch noch die letzten Bestandteile der Wirklichkeit – die niedrigsten Determinate aller Determinablen – zu verzeichnen. Um eine Idealsprache zu entwerfen, brauchen wir mit anderen Worten Zugang zu einer *korrekten* Klassifikation der Wirklichkeit.[75]
Und das ist absurd, weil folglich die Idealsprache sich selbst zur notwendigen Bedingung hätte.
Dieser Gedankengang enthält zwei Annahmen, die beide geradezu verwegen anmuten:
Die eine die bereits diskutierte Subjektivistische These (ST).
Sinnvolle Sprache ist, wie wir dazu ausgeführt haben, möglich, ohne daß subjektive Inhalte überhaupt zu dem, was »Bedeutung« des Sprachzeichens oder größerer sprachlicher Einheiten darstellt, als konstituierende Elemente zugezogen werden. Logisch ist es also nicht zwingend, daß wir *unsere Erfahrung* (in der Bedeutung von »subjektiver Inhalt«) überhaupt klassifizieren, wenn wir dem Wort eine bestimmte Bedeutung geben.
Die zweite Annahme, die zu weitläufigen Auseinandersetzungen in der empirischen Philosophie der Moderne geführt hat – u.a. zwischen Quine[76] und verschiedenen Gegnern –, geht davon aus, daß die Wahl eines Klassifizierungssystems, z.B. in Form einer Sprache mit der begleitenden Semantik, notwendigerweise gewisse Annahmen über das, was in der Welt *existiert*, nach sich zieht.
Wenn wir, als Mittel uns auszudrücken, einer Sprache zustimmen, die klassifikatorisch zwischen Klassen, Eigenschaften und individuellen Einzelheiten unterscheidet, haben wir uns damit dann auch zu einer Ontologie verpflichtet, die Klassen, Eigenschaften und Individuen zu Bestandteilen der Wirklichkeit erklärt? Vereinfacht ausgedrückt, lautet Mauthners Antwort darauf, daß ein solches »ontological commitment« tatsächlich vorliege: die Terminologie bestimmt unsere Ontologie.

Aber was legt Mauthner in dieses »bestimmen« hinein? Ist die Relation logisch oder kausal?
Gershom Weiler, selbst stark beeinflußt von den Linguisten der Oxforder Schule, deutet Mauthners Standpunkt, mit dem er übereinzustimmen scheint, folgendermaßen:

»Eine knappe Formulierung von Mauthners These scheint die folgende zu sein: von der Wirklichkeit wird verlangt, daß sie mit der Sprache korreliert. In diesem Sinne, meine ich, müssen wir seine Aussage deuten, daß jede Wirklichkeit zufällig sei, oder daß die Wirklichkeit ihre eigene »Spielregel« hat, zu der sie sich entsprechend verhält. Die Wirklichkeit ist zufällig, weil die Sprache zufällig ist, und die Wirklichkeit ist Regeln unterworfen, weil die Sprache es ist. Aber es ist unmöglich, dies aufzuzeigen, indem wir Sprache und Wirklichkeit mit Hilfe eines Vergleichs korrelieren, der es uns ermöglicht, sie getrennt zu sehen. Wir folgern die Wirklichkeit aus der Sprache.«[77]

Dies ist eine logische Deutung von der Relation: aus dem klassifikatorischen Apparat in der Semantik einer gegebenen Sprache folgt logisch, daß gewisse Dinge außerhalb dieses Apparats existieren müssen, die Dinge nämlich, die das Korrelat darstellen. Wenn z. B. die klassifikatorische Kategorie »Eigenschaften« ein konstitutiver Teil sprachlicher Kategorien ist, und wenn wir diese Sprache zur Konstruktion sinnvoller Sätze verwenden wollen, müssen wir notwendigerweise auch fordern, daß es so etwas wie Eigenschaften gibt, die (irgendwie) mit der sprachlichen Kategorie korrelieren.
Daß diese logische Deutung einer kausalen vorzuziehen ist, ergibt sich aus Mauthners Lehre von den *Zufallssinnen.* Wenn es immer Zufall ist, daß wir die Kategorien von Dingen in der für uns sichtbaren Wirklichkeit sehen, und wir ebensogut ganz andere gesehen haben könnten, dann kann man sich kaum irgendeine Gesetzmäßigkeit vorstellen, die konstant auf die Beziehung zwischen unserer Sprache und dem, was wir sehen, einwirken sollte. Wir bleiben also bei Weilers Deutung: die Relation zwischen klassifikatorischem System und Korrelat ist eine *logische* Relation. Aber *was für eine Art* von logischer Relation?
Weiler scheint in diesem Punkt eigenartig unkritisch.
Da aus Mauthners Subjektivistischer These (ST) – »Gegenstand« ist immer etwas »Inneres« – folgt, daß man keiner Klassifikation der Wirklichkeit vor einer anderen den Vorzug geben kann, kommt er zu dem Schluß, daß objektive Er-

kenntnis über die Außenwelt ausgeschlossen ist. Denn irgendeine uns von der Sprache aufgezwungene Ontologie könnte ja von einer alternativen ersetzt worden sein.
Unsere Begriffe sind die assoziativen Nebenphänomene zu einem sozialen Spiel. Definitionen fassen nur die Regeln in diesem Spiel zusammen.[78] Ordnungsbegriffe der Naturwissenschaften sind Konventionen: »Wirklich ist nur die momentane Erinnerung.«[79]
Der Kommentator Weiler ist nicht gewillt, diese radikale skeptische These zu akzeptieren.[80] Er hält sie für unvereinbar sowohl mit der Linguistischen These, wie auch mit der These, daß *langue* und *parole* identisch seien. Denn die Erkenntnis kann weder von unserem Denken noch von unseren Sprachaktivitäten logisch abhängig sein, sie kann ebenfalls nicht mit ihnen identisch sein (was bei Mauthner also dasselbe ist – [LT]), da offensichtlich einige unserer Aussagen falsch sind und folglich auch nicht zur Summe unserer Erkenntnis beitragen können.
Weilers Haupteinwand ist mit anderen Worten, daß Mauthners Theorie es nicht vermag, die Sprachaktivität zu erklären, die zu falschen Sätzen führt.
Wir wollen diesem Argument nicht weiter nachgehen, sondern uns mit der Feststellung begnügen, daß Weilers Gedankengang verlangt, falsche Sätze müßten gewisse Eigenschaften haben, und zwar genau die Eigenschaften, die sie nach Mauthner nicht haben können.
»Wir folgern die Wirklichkeit aus der Sprache«, bemerkt Weiler in dem Referat, das wir eben angeführt haben.[81]
Dieser Satz ist natürlich vage, er bedarf genauerer Präzisierung, damit wir ihn überhaupt diskutieren können.
Ein geeignetes Beispiel, das Verhältnis zwischen den klassifikatorischen Systemen der Sprache (beispielsweise in Form verschiedener Kategorien der Syntax) und dem Korrelat dieses Systems in der Wirklichkeit, d. h. auf der Objektebene, zu charakterisieren, wäre vielleicht das folgende:
In einer kleineren Autoreparaturwerkstatt in Nord-Västmanland hat man, um die Werkzeuge in Ordnung zu halten, eine Querwand folgendermaßen unterteilt:
Eine Reihe herausziehbarer, im Aussehen völlig gleicher Schubladen ist mit Etiketten versehen, auf denen zu lesen ist, was in die Schubladen hineingehört oder was man in ihnen

finden kann. Folgende Etiketten sind also an den Schubladen angebracht (ich kann mich nicht mehr an alle erinnern, werde aber eine repräsentative Auswahl geben):

STECKSCHLÜSSEL (GROSS)
STECKSCHLÜSSEL (KLEIN)
SCHRAUBENSCHLÜSSEL
ABZIEHSCHLÜSSEL
FLACHZANGEN
BEISSZANGEN
SCHRAUBENZIEHER
STEMMEISEN
CITROËN-WERKZEUG

Mit dem letzten Etikett auf der Liste ist vermutlich das Spezialwerkzeug des Citroënwerks gemeint, mit dem die Firma ihre Vertragswerkstätten versieht: es unterscheidet sich vom allgemeinen Werkzeug dadurch, daß man es nicht verstellen muß, weil es genau auf die verschiedenen Muttern, Schrauben und Scheiben eines Citroën paßt und nur auf diese.

Ich habe mich nie getraut, mit dem Werkstattbesitzer die philosophischen Aspekte seiner Klassifikation zu diskutieren, da er ziemlich gehetzt erscheint, muskulös ist und leicht aufbrausend im Charakter.

Es wäre sonst nämlich leicht gewesen, ihm die logischen Mängel in seinem System aufzuzeigen.

Von einer »mathesis universalis« ist es ziemlich weit entfernt.

Das System gleicht in seinen logisch nicht zusammenhängenden Einteilungsprinzipien eher einer Umganssprache als auch nur im mindesten einer einfachen formalisierten Sprache.

Was geschieht mit einem speziell vom Citroënwerk gefertigten Steckschlüssel? Soll man ihn in die Schublade für STECKSCHLÜSSEL (GROSS), STECKSCHLÜSSEL (KLEIN) oder CITROËN-WERKZEUG legen?

Eins steht fest: Physisch ist es in dieser Werkstatt nicht möglich, ein und dasselbe Werkzeug gleichzeitig in zwei verschiedene Schubladen zu legen. Man muß sich entscheiden. Aber sinnvollerweise müßten gewisse Werkzeuge – z. B. ein großer SPEZIAL-STECKSCHLÜSSEL von Citroën – in zwei verschiedene Schubladen zugleich zu legen sein. Andernfalls muß man in zwei Schubladen suchen. Ist der Schlüssel nicht auffallend groß oder klein, muß man im schlimmsten Fall sogar in dreien suchen.

Um irgendwelche analytisch wahren Urteile kann es bei diesem System nicht gehen, denn wenn ein Schraubenschlüssel in der Schublade für Beißzangen landet, wird er damit noch nicht zur Beißzange. Der Irrtum tritt erst dann zutage, wenn einer, der die Zange herausnimmt, den Irrtum bemerkt.

Man könnte jedoch dieses System leicht analysierbar machen.

Möglich wäre z. B., eine Schublade folgendermaßen zu etikettieren:

WERKZEUG, DAS IN KEINE ANDERE SCHUBLADE DIESES SYSTEMS GELEGT WORDEN IST.

Durch die Zuordnung zum System als ganzem bekommt dieses Etikett den Charakter eines Carnapschen »Pseudo-Objektsatzes«: Scheinbar ist vom Werkzeug die Rede, tatsächlich aber geht es um seine Stellung in Relation zu einem Klassifizierungssystem. Das Etikett gehört in eine Metasprache. (Es wäre ein Beispiel für schwebende Referenz.)

Eine Schwäche des Systems besteht, wie wir gesehen haben, darin, daß seine Klassen gewisse nicht-leere Produkte haben, die keine Entsprechung in einem Element der Menge der Schubladen haben. Die Menge möglicher Einteilungsvarianten für Werkzeuge wird durch die Menge der Schubladen nicht eindeutig abgebildet (da ja die Etiketten nicht paarweise disjunkt sind).

Aussagen darüber, wo sich ein Werkzeug »W« befindet, bekommen zuweilen den Charakter von Disjunktionen: »W ist in Schublade 1 oder 2.« Und »oder« ist hier das exklusive »entweder – oder«.

Wenn z. B. eine Beißzange ein Spezialwerkzeug für Citroën ist, gehört sie *entweder* in die Schublade BEISSZANGEN *oder* in die Schublade CITROËN-WERKZEUG. Wie wir das System jetzt konstruiert haben, müssen beide Wahlmöglichkeiten korrekt sein. Dagegen wäre es einfach *verkehrt*, eine Beißzange in eine Schublade zu legen, auf der STECKSCHLÜSSEL steht.

Das System kann also nutzbringend verwendet werden, obwohl die Menge möglicher Werkzeugkategorien nicht

eindeutig von der Menge der Schubladen abgebildet wird, wenn seine Syntax außer den Schubladen mit ihren Etiketten (was hier dieselbe Bedeutung hat) durch weitere Hilfsmittel komplettiert wird, i. e. der Konstanten »entweder – oder«, und wenn gewisse Regeln für eine WFF (= wohlformulierte Formel) z. B. »entweder – oder« nicht gestatten, zwei Erscheinungen mit demselben Etikett zu verbinden.
Selbstverständlich können wir Ketten von Disjunktionen bilden, die Namen für mehrere oder alle Schubladen mit »entweder – oder« verbinden.
Ein Satz wie: »W befindet sich in einer der Schubladen«, kann dann als verkürzter Ausdruck einer solchen Disjunktion betrachtet werden, die gleich viele Glieder hat wie Schubladen vorhanden sind. Der Satz kann dann bei jeder beliebigen Schublade verifiziert, jedoch nur bei einer Untersuchung sämtlicher Schubladen falsifiziert werden. Und wenn die Zahl der Schubladen transfinit ist, kann die Aussage nie falsifiziert, sehr wohl aber verifiziert werden.
Wie wir gesehen haben, beeinflußt die Existenz einer Schublade nicht die Eigenschaften des Objekts, das sich zufälligerweise in der Schublade befindet. Daraus folgt, daß eine Schublade sehr wohl leer sein kann.
Ebenso kann ein Werkzeug auftauchen, das mit keiner der vorhandenen Etiketten übereinstimmt, sagen wir ein Lötkolben.
Was dann?
Wir können ihn in *igendeine* der Schublade legen.
Wir haben die Wahl, Lötkolben konsequent zu den Schraubenziehern zu legen, weil sie keinem anderen Werkzeug der Werkstatt so sehr ähneln wie den Schraubenziehern. (Lötkolben sind *eine Art* Schraubenzieher.)[82] In keinem Fall wird das, was in die Schubladen gelegt wird, von der Etikettierung beeinflußt.
Wenn wir den Lötkolben in *irgendeine* Schublade legen, schaffen wir gewisse Nachteile beim Suchen, aber der Satz: »er befindet sich in irgendeiner Schublade«, bleibt weiterhin ein wahrer Satz.
Wenn wir den Lötkolben in die Schublade für Schraubenzieher legen, verringern wir den praktischen Nachteil: wir wissen, wo wir suchen sollen, aber wir werden auch in unserer Beziehung zu dieser Schublade beeinflußt, unser

Vertrauen wird geringer: wir wissen, daß wir mit dem, was in der Schublade SCHRAUBENZIEHER finden, nicht in jedem Fall Schrauben ziehen können. Die Etikettierung ist unbestimmter, problematischer geworden: von uns wird eine weitere Operation verlangt als nur die, die Schublade aufzuziehen und den erstbesten Gegenstand herauszunehmen.

Diese *Quasi-Extension* der Etikettierung SCHRAUBENZIEHER schafft Gelegenheit für Überraschungen.

Auch wenn wir nicht zu diesem Provisorium gezwungen wären, bestünden trotzdem diese Gelegenheiten für Überraschungen und negative Entdeckung im System.

Denn nicht alle Steckschlüssel passen zu allen Muttern, nicht alle Schraubenzieher zu allen Schrauben.

Mir ausreichendem Vorrat an Schubladen könnten wir das System natürlich sehr viel feiner unterteilen, indem wir für jede Werkzeuggröße eine besondere Schublade anlegen.

Aber wo lassen wir die Forderung nach feiner Unterteilung enden? Gibt es in unserem System zwei Werkzeuge, die exakt gleich groß sind? Bekommen wir nicht auf einem gewissen Unterteilungsniveau ebenso viele Schubladen wie einzelne Werkzeuge in der Werkstatt, und hat dann nicht das System sein Ziel, schnell und überschaubar das gewünschte Werkzeug zur Verfügung zu stellen, verfehlt?

Besteht in unserem System irgendein anderes grundlegendes Klassifikationsprinzip als das des einzelnen Werkzeugs? Und was gewinnt man mit einer Klassifikation, bei der die Klassen notwendigerweise nur ein Element enthalten können? Der Bedarf an Schubladen und Etiketten würde natürlich wegfallen, da wir ebensogut jedes Werkzeug seinen eigenen Vertreter sein lassen und folglich das einzelne Werkzeug prüfen könnten, um zu sehen, ob es unserem aktuellen Bedarf entspricht, anstatt sich an eine Schublade mit Etikett zu wenden.

Wir können uns auch in anderer – unrealistischer – Weise das System vervollständigt vorstellen. Diese Vorstellung wirft ein bestimmtes Licht auf die Frage, welche *ontological commitments* eine Klassifikation wohl zur Folge haben kann und welche nicht.

Außer Schubladen und Etiketten, die wir schon beschrieben haben, führen wir andere ein, so daß die durch die Etikette

repräsentierten Klassen andere, bereits im System repräsentierte Klassen als echte Teilklassen haben.
In dem erweiterten System haben wir dann, außer den schon beschriebenen, Etiketten wie:

KNEIFWERKZEUG
SCHLAGWERKZEUG
DREHWERKZEUG

Eine grundlegende Einschränkung, die unser System z.B. von einer natürlichen Sprache unterscheidet, ist die, daß sich in unserem System ein und dasselbe Werkzeug nicht gleichzeitig in zwei verschiedenen Schubladen befinden kann.
Wir behalten diese Einschränkung bei.
Dagegen leuchtet ein, daß nach dem Aufbau dieses Systems ein und dasselbe Werkzeug in zwei verschiedenen Schubladen *Hausrecht* hat.
Eine einzelne Quetschzange hat nun z.B. im erweiterten System sowohl in der Schublade KNEIFWERKZEUG wie auch in der Schublade FLACHZANGE *Hausrecht*, was wiederum auch durch eine Disjunktion mit einem nun allerdings nicht ausschließenden »oder« ausgedrückt werden kann.
Um die Frage: »Haben wir eine Quetschzange?« zu beantworten, reicht es also nicht aus, in der Schublade FLACHZANGEN zu suchen, sondern wir müssen auch in der Schublade KNEIFWERKZEUG nachsehen. Und um die Frage: »Haben wir irgendwelche Kneifwerkzeuge?« zu beantworten, müssen wir evtl. eine ganze Reihe von Schubladen untersuchen.
In diesem hierarchisch erweiterten System kann eine Bestandsaufnahme des Werkzeugvorrats nicht so vor sich gehen, daß man den Inhalt den verschiedenen Schubladen zählt und addiert:

KNEIFWERKZEUG 3 Stück
BEISSZANGEN 4 Stück etc.

Man kann sich ein primitives System der Bestandsaufnahme vorstellen, das nur festestellen will, *ob irgend ein Werkzeug* in jeder Kategorie existiert.
Die Schubladen werden also der Reihe nach herausgezogen, einer leeren Schublade wird die Zahl 0 zugeordnet, einer nicht-leeren Schublade die Zahl 1.

Eine Liste kann folgendermaßen aussehen:

KNEIFWERKZEUG = 0
BEISSZANGEN = 1
SCHRAUBENZIEHER = 1
SCHRAUBENWERKZEUG = 1
SCHRAUBENSCHLÜSSEL = 0 etc.

Um von einer vorläufigen Liste dieser Art zu einem guten Ergebnis der Inventur zu kommen, müssen wir gewisse Definitionen und Forderungen aufstellen, die den Übergang von einer Reihe der Liste zu einer gewissen anderen ermöglicht.

*Beispiel:*
(Definition 1) Eine Schublade L (1) ist einer Schublade L (2) *übergeordnet,* soll per definitionem bedeuten:
Die Klasse, die L (1) repräsentiert, enthält die Klasse, die L (2) repräsentiert, als echte Teilmenge.

(Definition 2) Eine Schublade L (n) ist einer Schublade L (2) *untergeordnet*, soll heißen:

Die Klasse, die L (n) repräsentiert, ist eine echte Teilmenge der Klasse, die L (2) repräsentiert.

Wenn L zu L' übergeordnet ist und L nicht leer ist, folgt allerdings, was leicht einzusehen ist, daraus nicht, daß L' = 1 gesetzt wird. Denn das Werkzeug, das in L enthalten ist, könnte in irgendeiner dritten Schublade Hausrecht haben, die L, aber nicht L' untergeordnet ist.
Das ist nur dann der Fall, wenn alle untergeordneten Schubladen von L den Wert 0 haben und wenn der Inhalt von L' dort Hausrecht hat, wo L' und L den Wert 1 haben.
Aber wie verfahren wir, wenn L (1) übergeordnet ist zu L (2) und L (3), und die vorläufige Liste die folgenden Daten hat?

L (1) = 1
L (2) = 0
L (3) = 1

Ist L (2) wirklich = 0, oder ist sie nur deswegen leer, weil das Werkzeug, das dort Hausrecht hat, statt dessen in L (1) liegt?
Es gibt keine Möglichkeit, dieses lediglich anhand der vorliegenden Liste zu entscheiden.

Wir können selbstverständlich die Liste weglegen und konkret prüfen, in welcher untergeordneten Schublade von L (1) der Gegenstand Hausrecht hat. Man wird die Frage entscheiden müssen, ob L (2) *echt* leer ist oder nur *scheinbar*, d.h., ob es nicht ein Werkzeug gibt, das Hausrecht in der Schublade hat, aber in einer übergeordneten Schublade liegt.
Aber das bedingt notwendigerweise, daß wir bereits wissen, wo der Gegenstand in L (1) Hausrecht hat.
Wenn wir uns eine transfinite Reihe von Schubladen denken, die der Reihe nach einander untergeordnet sind, mit L (1) als höchster, findet sich nie die Möglichkeit, L (1) = 0 zu setzen. Denn woher wissen wir, daß nicht irgendeine nicht-leere untergeordnete Schublade existiert?
Aber wir brauchen keine transfinite Reihe zu konstruieren, um zu sehen, wie unsicher die Behauptung ist, irgendeine beliebige Schublade L (n) sei 0.
Denn wie wollen wir entscheiden, daß diese Schublade nicht irgendeine *übergeordnete* Schublade L (m) hat, die ein Werkzeug enthält, das ebenfalls in L (n) Hausrecht hat? Woher können wir wissen, daß die Schublade *die höchste* in ihrer Hierarchie ist?
Wir wollen stattdessen untersuchen, unter welchen Bedingungen wir eine beliebige Schublade L *endgültig* auf 1 setzen können.
Die Bedingungen scheinen folgende zu sein:

> *Entweder:* (1) L (n) ist nicht leer, und das, was sie enthält, hat Hausrecht in L (n).
> *Oder:* (2) L (n) ist leer und es existiert eine Schublade L (0), die von L (n) verschieden und nicht leer ist und deren Inhalt Hausrecht in L (0) und L (n) hat und L (0) ist L (n) untergeordnet und es existiert keine Schublade, die L (n) übergeordnet ist.

Mit anderen Worten: die Existenz eines Werkzeugs in einer Schublade, in der es gemäß dem Schubladenetikett Hausrecht hat, garantiert nicht, daß es dort oder nur dort Hausrecht hat, und daß ein Werkzeug in einer Schublade fehlt, garantiert nicht, daß es dort kein Hausrecht hat. Und daß eine Schublade leer ist, garantiert nicht, daß nicht *irgendwo* im System ein Werkzeug liegt, das ebenfalls in dieser leeren Schublade Hausrecht hat.

Unser Spiel fängt an auf bedrohliche Weise dem zu gleichen, womit wir in der Wirklichkeit konfrontiert sind, wenn wir das Verhältnis zwischen Sprache und Ontologie diskutieren wollen.
Nehmen wir an, die oberen und unteren Grenzen der Schubladenhierarchie seien fließend, und im Prinzip könnte jede hierarchische Linie nach oben und nach unten vervollständigt werden.
Für jede hierarchische Linie existiert also eine Kette von Hausrechten, vielleicht aber nur ein Werkzeug, und das muß, wenn es existiert, sich in einer Schublade dieser Kette befinden. Das bedeutet nicht, daß alle Werkzeuge in allen Schubladen Hausrecht hätten. Das System differenziert, es ermöglicht zwischen korrekten und fehlerhaften Bestimmungen zu unterscheiden. Eine Beißzange ist nicht dasselbe wie ein Schraubenzieher. Aber in irgendeiner Schublade haben sie vielleicht ein gemeinsames Hausrecht.
Wenn wir wissen, daß sich *etwas* in einer Schublade befindet, wissen wir doch erst dann, wenn wir das betreffende Werkzeug tatsächlich gesehen haben, in welchen anderen Schubladen es Hausrecht hat.
*Es liegt niemals in mehr Schubladen als der einen, in der es tatsächlich liegt.*
Mit der Einschränkung, daß sie zu einem bestimmten Zeitpunkt ein und denselben Gegenstand zuließ, hatte unsere Wahl der symbolischen Repräsentation einen didaktischen Vorteil:
Der Unterschied zwischen der *Existenz* eines Gegenstandes und der *Möglichkeit, ihn zu bestimmen,* ist dabei deutlicher geworden. In der Sprache kann ein und derselbe Gegenstand gleichzeitig Argument für mehr als ein Prädikat sein. Etwas kann zugleich rot, gefärbt und ausgedehnt sein.
Nicht so in unserem Spiel.
Damit ist aber auch das Abenteuerliche der Behauptung deutlich geworden, daß wir durch das klassifikatorische System einer gegebenen Sprache zu einer anologen Ontologie verpflichtet werden.

»Was ist Wahrheit? In einem tiefen Brunnen lebt die Wahrheit, und wenn sie heraus will, klopft man ihr auf die Finger.«[83] Mit dieser großartigen – und zeittypischen – Formulierung leitet Mauthner in den »Beiträgen« seine Analyse des Wahrheitsbegriffs ein.
Einleitend konstatiert er die Notwendigkeit, zwischen metaphorischen Bedeutungen des Wortes »Wahrheit« und der zentralen Bedeutung des Wortes zu unterscheiden. »Wahrheit in seiner zentralen Bedeutung ist nur für Sätze kennzeichnend, d. h. für unser Denken und Sprechen«, ein Standpunkt, der wohl mit der Linguistischen These übereinstimmt.
Wahrheit ist nach Mauthner die »Übereinstimmung« unserer Sätze mit etwas Wirklichem.[84] Entscheidend wird dann die Frage, was das »Wirkliche« ist.
Hier kommt nun Mauthners Subjektivistische These zur Anwendung. Da ja »die Wirklichkeit«, »das Ding an sich« dem menschlichen Subjekt nie unmittelbar zugänglich ist, sondern sich nur in Form von subjektivem Inhalt repräsentieren läßt, besteht nie eine Möglichkeit, »die Wirklichkeit« mit dem sprachlichen Satz zu vergleichen. Und da ja zwei subjektive Inhalte, die zu zwei verschiedenen Subjekten gehören, sich auch nicht unmittelbar vergleichen lassen, kann folglich die Korrespondenztheorie für Wahrheit aus der Untersuchung gestrichen werden.
Wahrheit – oder wie Mauthner sagt »die formale Wahrheit«[85] – muß in *Kohärenz* (»Übereinstimmung«) in unseren Ideen untereinander bestehen. Und die objektive Wahrheit besteht dann in der allgemeinen Kohärenz, die der allgemeine Sprachgebrauch darstellt.
Mauthner unternimmt in diesem Zusammenhang keinen Versuch, genauer zu fassen, was er mit Kohärenz meint. Bezieht er sich auf logische Vereinbarkeit oder logische Abfolge?
Wie Gershom Weiler hervorgehoben hat[86], hängt Mauthners Konventionalismus damit zusammen, daß er die Vorstellung hat, aus einem *Wort* könne logisch ein *Satz* folgen, eine Lehre, die Mauthner wiederum in den Zusammenhang mit seiner Auffassung von *Klassifikationen* stellt.
Korrespondenz zwischen einem Satz und der Wirklichkeit ist

tatsächlich Korrespondenz zwischen einer sprachlichen Formulierung und der Formulierung im allgemeinen Sprachgebrauch von genau dem, womit der Satz korrespondieren soll – oder: der Behauptung, die implizit in dem *Wort*, das im allgemeinen Sprachgebrauch das Korrelat darstellen soll, enthalten ist.

Wenn eine natürliche Sprache z. B. ein Farbvokabular besitzt, in dem das Wort »braun« enthalten ist, so ist dies implizit eine bestimmte Klassifikation eines Teilbereichs vom sichtbaren Spektrum.

Aber eine Klassifikation bringt – in den Augen Mauthners – immer eine Existenzannahme mit sich. Wenn das Wort »braun« zum allgemeinen Vokabular einer Sprache gehört, ist eine Aussage, daß es nichts Braunes gäbe, logisch widersprüchlich. Andererseits ist die Behauptung, daß es mindestens einen Gegenstand der Farbe Braun gibt, ein notwendig wahrer Satz.

Wenn andererseits eine andere natürliche Sprache für alle Farbnuancen, für die die erste Sprache »braun« konnotiert, »violett« verwendet – eine Sprache mit anderem Klassifikationssystem also –, kann kein Widerspruch darin liegen, daß beide Sprachen ein und denselben Gegenstand »braun« bzw. »violett« nennen. Denn formale Wahrheit ist nichts anderes als der allgemeine Sprachgebrauch.

Genau das dürfte wohl die Bedeutung von Mauthners Sprach- oder Sprechidee sein – dem Gesellschaftsspiel, das durch ein Regelsystem gesteuert wird.

Im vorangegangenen Abschnitt haben wir das Thema der Klassifikation diskutiert und gezeigt, daß es möglich ist, wenigstens ein Klassifikationssystem zu konstruieren, das der natürlichen Sprache relativ nahekommt und bei dem keine Existenzannahmen aus der Existenz einer Kategorie folgen.

Auf der Hand liegt als Gegenargument, daß es zwischen einem Satz und einem Wort weder logische Kontradiktion, Widerspruch noch Folgen geben kann, aus dem Grund, weil ein Wort weder einer Sache widersprechen noch sie bestätigen kann, da es ja nichts behauptet.

Die Schwierigkeiten, in die Mauthner im Zusammenhang mit dem Status falscher Sätze gerät, sind natürlich seltsam, aber eine notwendige Folge seines Standpunkts.

Mauthner behandelt dieses Thema außerordentlich unzufriedenstellend.[87] Man gewinnt geradezu den Eindruck[88], als ob er die Unterscheidung zwischen negativen und falschen Sätzen nicht klar vor Augen gehabt hätte: »Es kann keine Negation der methaphysischen oder objektiven Wahrheit geben, wir wissen nicht, was Unwahrheit sein könnte, weil wir nicht wissen, was Wahrheit ist.«
Mauthner trennt zwischen dieser »objektiven« Falschheit und dem, was wir normalerweise »Falschheit« nennen. Die zuletzt genannte ist entweder eine Negation einer logischen Wahrheit oder auch Negation eines psychischen Inhalts. Das ist Ausdruck für eine Unsicherheit, und Vertrauen in einen empirischen Satz ist nichts anderes als ein psychischer Zustand, der von einer gewissen Emotion gekennzeichnet ist.
In dieser Lehre werden also sowohl Negationen als auch Affirmationen auf Emotionen reduziert, mit denen wir entsprechenden subjektiven Inhalt erleben.
Es ist leicht, in diesem Abschnitt von Mauthners Philosophie eine Reihe von Schwierigkeiten nachzuweisen. Seine Unterscheidung zwischen einem falschen Satz und einem negativen, wahren Satz ist nicht befriedigend. Er trennt nicht zwischen dem Wissen, daß ein einzelner Satz wahr oder falsch ist und dem Wissen, worin Wahrheit oder Falschheit des Satzes bestehen. Er verwechselt einen psychologischen und einen außerpsychologischen Sachverhalt, daß nämlich jemand etwas für wahr oder falsch hält, verwechselt er damit, daß etwas wahr oder falsch ist.
Interessant ist seine Theorie, daß wahre Sätze nicht mit Tatsachen sondern mit anderen Sätzen korrespondieren, die im allgemeinen Sprachgebrauch an den Stellen im System auftreten, wo eigentlich Tatsachen auftreten würden, wenn sie uns zugänglich wären.
Ein empirischer Satz ist also wahr, dann und nur dann, wenn er mit dem allgemeinen Konsensus über das, worüber er sich ausspricht, vereinbar ist, und dieser Konsensus wird vom *corpus* der Behauptungen dargestellt, die eine logische Konsequenz der sprachlichen Klassifikationssysteme sind.
Wie oft in Mauthners Philosophie verbergen sich hinter laienhaften Formulierungen beachtenswerte Gedanken. In diesem Fall handelt es sich wenigstens um zwei.
1) Wenn wir die allgemeine Adäquanzbedingung von Alfred

Tarskis semantischer Wahrheitstheorie an Tarskis eigenem Beispiel exemplifizieren: *Der Satz, »Schnee ist weiß« ist wahr, dann und nur dann, wenn Schnee ist weiß* – und diesen Satz (T) nennen, müssen wir offensichtlich eine *sprachliche* Formulierung verwenden, um (T) zu formulieren, und zwar nicht für das, was in Anführungszeichen vor dem Ausdruck »dann und nur dann, wenn« steht, sondern auch für das, was diesem Ausdruck folgt. Das, was vor dem Ausdruck »dann und nur dann, wenn« steht, ist z. T. deswegen mit Anführungszeichen versehen, um zu zeigen, daß sich das, was innerhalb der Anführungszeichen steht, auf etwas Sprachliches bezieht, während derselbe Satz auf der rechten Seite sich auf etwas Außersprachliches bezieht. Wenn wir aber über den Satz (T) sprechen, bezieht sich auch der rechte Teil in der Form »Schnee ist weiß« auf etwas Sprachliches.

Das, was erfüllt werden muß, damit die Bedingung, die in (T) formuliert ist, erfüllt werden kann, kann nur in sprachlichen Mitteln in (T) ausgedrückt werden. Könnten wir nicht das rechtsseitige Vorkommen von »Schnee ist weiß« durch etwas Außersprachliches ersetzen: könnten wir nicht aufzeigen, welche Voraussetzung erfüllt sein muß, damit der Satz »Schnee ist weiß« zu einem wahren Satz wird, statt sie symbolisch zu repräsentieren?

Nein. Nehmen wir an, daß das, worauf sich die Form »Schnee ist weiß« bezieht, ein Sinnesdatum ist. Wenn wir die rechte Seite der Adäquanzbedingung durch ein Sinnesdatum ersetzen, sagen wir weiß, um »Schnee ist weiß« zu repräsentieren, würden wir eine Hybridform erhalten zwischen einem symbolischen Ausdruck, einer Zeichenfolge und etwas Außersymbolischen, und diese Hybriderscheinung hätte keinen Wahrheitswert. Die logische Konstante »dann und nur dann, wenn« kann nicht einen grammatisch korrekt formulierten Satz mit etwas verbinden, das noch nicht einmal das Vorkommen eines Satzes ist.

Die Bedingung, die einen einzelnen sprachlichen Satz wahr sein läßt, kann selbst nur in einer sprachlichen Satzgestalt formuliert werden.

Dies führt uns zu einer allgemeinen Schwierigkeit semantischer Wahrheitstheorien, auf die wir im nächsten Kapitel zurückkommen werden.

2. Karl Popper hat in »The Logic of Scientific Discovery«[89]

den Namen *Fries' Trilemma* für eine Überlegung geprägt, die in dieser Form zuerst von J. F. Fries[90] formuliert wurde: Wenn wir akzeptieren, daß die naturwissenschaftlichen Aussagen eine empirische Basis haben, d.h. wenn wir sie nicht *dogmatisch* akzeptieren, müssen wir sie *bestätigen* können.[91]
Wenn »bestätigen« (justify) eine *logische* Relation ist, heißt das, daß *Aussagen nur von Aussagen bestätigt werden können*. Wenn wir verlangen, daß alle Aussagen logisch bestätigt werden müssen, landen wir in einer *infiniten Regression*. Wenn wir sowohl dem Dogmatismus als auch der *infiniten Regression* entgehen wollen, bleibt als drittes Horn des Trilemmas der *Psychologismus* übrig.[92]
Mit diesem dritten Standpunkt meinen Fries und Popper den Standpunkt, daß Aussagen nicht nur von Aussagen bestätigt werden können, sondern auch von Erfahrung in Form von Wahrnehmungen.
Die überwiegende Mehrheit empirischer Erkenntnistheoretiker hat nach Popper diesen dritten, psychologistischen Weg gewählt.
Im allgemeinen, fügt er hinzu, ist das Problem nicht so weitgehend behandelt worden wie bei Fries. In der gewöhnlichen positivistischen und sensationalistischen Betrachtungsweise handeln empirisch wissenschaftliche Aussagen letztlich von unseren *Erfahrungen* (oder, in unserer Terminologie: von »subjektivem Inhalt«), unsere unmittelbaren Überzeugungen erhalten eine systematische Darstellung in Form naturwissenschaftlicher Aussagen.
Popper betrachtet z.B. Neuraths und Carnaps *Protokollsätze* als Variante dieses Psychologismus.
Das stärkste Argument gegen den psychologistischen Weg aus Fries' Trilemma sieht Popper in der Tatsache, daß unmittelbare Erfahrungen, Empfindungen, die Ereignisse, die Neuraths und Carnaps Protokollsätze zu berichten meinen, *einzelne* Ereignisse sind, während jede sprachliche Beschreibung ein universelles und induktives Element enthält. Die Aussage: »Hier ist ein Glas Wasser« kann nicht von einer einzelnen Erfahrung bestätigt werden. Eine »innewohnende Transzendenz in jeder Beschreibung« besteht darin, daß die Universalien, die in Beschreibungen enthalten sind, nicht mit einer einzelnen Erfahrung korreliert werden können.
Man könnte vielleicht Poppers Gedanken vereinfacht so

ausdrücken: Der Satz »Hier ist ein Glas Wasser« besteht nie *als Eigenname* von etwas anderem.

Poppers eigener Standpunkt in »The Logic of Scientific Discovery« lautet, daß einzelne subjektive Inhalte eine empirische Aussage wohl *kausal verursachen*, nicht aber *bestätigen* können. Aussagen müssen immer von anderen Aussagen abgeleitet sein.

Will sie jemand in Frage stellen, muß er neue Prämissen suchen, von denen sich die ursprünglichen ableiten lassen, was nach Fries zur infiniten Regression führt. Aber diese Regression ist nicht destruktiver Art.

Popper hebt hervor, daß sein eigener antipsychologistischer Standpunkt der Kantschen Vernunftkritik nähersteht als dem Positivismus.[93]

»Grundlegende Sätze werden als das Resultat einer Entscheidung oder Übereinkunft angenommen, soweit sind sie Konventionen. Entscheidungen werden gemäß einer Prozedur erreicht, die durch Regeln gesteuert wird.«[94]

Wesentlich ist nun, zu erkennen, was Karl Popper und Fritz Mauthner verbindet und was sie trennt.

Poppers Konventionalismus geht von der Problematik naturwissenschaftlicher Theorien aus: von zentraler Bedeutung ist für ihn, daß die Aussagen, die wir wählen, oder über die wir eine Übereinkunft erzielen, logisch nicht isoliert stehen, sondern in einen logisch theoretischen Zusammenhang eingehen.

Mauthners Konvention erstreckt sich über den ganzen Bereich der gesprochenen und geschriebenen Sprache, zu der das Common-Sense-Bild der Welt gehört, wie die Sprache es seiner Meinung nach widerspiegelt. Unter anderem ist er der Überzeugung, daß eine naturwissenschaftliche Theorie nichts darüber hinaus auszusagen vermag, was nicht schon im gesunden Menschenverstand vorhanden ist.

Der wichtigste Unterschied ist indessen, daß Popper den Psychologismus zurückweist, in dem Sinne, daß eine empirische Aussage immer einen subjektiven Inhalt hat und logisch so mit ihm verknüpft ist, daß der subjektive Inhalt die Aussage bestätigt, Mauthner dagegen diesen Psychologismus akzeptiert.

Aber da die Sprache – die symbolische Repräsentation der subjektiven Inhalte – diesen Inhalt nicht von Subjekt zu

Subjekt übertragen kann, ist die einzig mögliche Methode, sprachlich formulierte Aussagen zu bestätigen, ihre Übereinstimmung mit existierenden anderen Sätzen zu zeigen, d.h. letztlich mit dem allgemeinen Sprachgebrauch. Die Wahrheit eines Satzes ist seine Vereinbarkeit mit dem sozialen Spiel.
Diese Bestätigung muß man sich dann als logische Übereinstimmung denken. Aber worin besteht diese logische Relation zwischen zwei Sätzen, z.B. P und Q, wenn deren Wahrheit genau wie eine logische Übereinstimmung definiert ist?
Diese Konsequenz hat Mauthner erkannt: er betrachtet folgerichtig logische Relationen als formale, d.h. syntaktische und nur syntaktische Relationen[95]:

»Grammatik und Logik sind also nur verschiedene Seiten der gleichen Menschensprache.«

Das Vorkommen verschiedener Grammatiken in verschiedenen Sprachen und die Schwierigkeit, die Existenz verschiedener Logiken zu behaupten, verwirren Mauthner etwas, ebenso die Tatsache, daß ein grammatisch wohlgeformter Satz sich selbst widersprechen kann. In einem interessanten Versuch, die Schwierigkeiten zu umgehen, trifft er eine Unterscheidung zwischen dem, was wir heute »Tiefenstruktur« und »Oberflächenstruktur« der Syntax nennen würden. Die Logik entspricht dann der Tiefenstruktur, während die Art von Regeln, die wir in Sprachlehrbüchern antreffen, zur Oberflächenstruktur gehören.
Mauthner verwendet das Bild eines Bahnhofs, von dessen Schienen man zum einen Hochglanz und einwandfreie Beschaffenheit verlangt, von dessen Weichen man zum anderen verlangt, daß sie den Zug auch tatsächlich in die gewünschte Richtung leiten.
Diese letztere Forderung entspricht der Tiefenstruktur, dem Teil der Grammatik, der »logisch« ist.[96]
Mauthner hat die Schwierigkeiten nicht gesehen, auf die man bei jedem Konventionalismus stößt[97]:
Wenn man Logik als Konvention definiert – beispielsweise Schlußfolgerungsschemata –, braucht man weiterhin Logik, um die Gültigkeit des einzelnen Satzes aus dem Schema abzuleiten.
Was ihr Verhältnis zum Psychologismus angeht, unterschei-

den sich Mauthner und Popper entscheidend darin, daß Mauthner – nachdem er wie Popper gesehen hat, daß ein subjektiver Inhalt nicht die Wahrheit eines Satzes bestätigen kann – keine Möglichkeit sieht, *wie* er *sonst* Information übertragen könnte als durch die Tatsache, subjektive Inhalte zu vermitteln.

Mauthner muß folglich die Sprache unter dem Gesichtspunkt von Information und Erkenntnis für ein sinnloses Repräsentationssystem halten, dessen Aussagen einzig und allein emotiv und manipulativ sind.

Popper meint dagegen, daß die Sprache – obwohl sie nicht in der Lage ist, einen subjektiven Inhalt von einem Subjekt auf ein anderes zu übertragen – dennoch in der Lage ist, etwas anderes ohne Beeinflussung der Wahrheit zu übertragen: abstrakte Strukturen.

Ein Zurückweisen der psychologistischen Theorie zur Bestätigung empirischer Sätze scheint mit anderen Worten nur mit Schwierigkeiten mit einer nominalistischen Ontologie vereinbar.

Wir wollen zum Zentrum der Diskussion, dem Trilemma zwischen Dogmatismus, infiniter Regression und Psychologismus zurückkehren.

Was von Mauthners Standpunkt noch übriggeblieben ist, nachdem wir ihn von seinen eingeschmuggelten nominalistischen Prämissen zu befreien versucht haben, besteht in der Beobachtung, daß *eine Aussage nur durch eine Aussage bestätigt werden kann*.

Wir können die psychologistische Problematik mit dem folgenden Spiel veranschaulichen:

Zwei Spieler sitzen in zwei verschiedenen Zimmern, jeder mit einem Kartenspiel, das genau gleich viele Karten enthält wie das des Mitspielers; sie stehen untereinander telefonisch in Verbindung.

Jede Karte des Kartenspiels hat eine Farbe: blau, gelb, rot etc. Die Verteilung der Farben in den jeweiligen Kartenspielen ist gleichgültig. Die einzige Form von Information, die die Spieler per Telefon austauschen dürfen, sind Bezeichnungen für positive ganze Zahlen, »1«, »2«, »3« etc. und die Worte »ja« und »nein«. Die Spielregeln lauten:

Der Spieler A sieht sich die oberste Karte seines Spiels an und teilt deren Farbe als »1« seinem Mitspieler B mit. B notiert

»1« auf seiner obersten Karte. A zieht seine nächste Karte vom Stapel, notiert »1«, wenn die Farbe identisch mit der ersten ist, sonst versieht er die Farbe mit »2«. B hebt seine oberste Karte ab und notiert »2« auf die nächste.

Wenn die Spieler auf diese Weise durchgekommen sind, trägt das Kartenspiel von A auf jeder Karte eine Zahl, die invariabel für Farbe ist, während B's variieren, vorausgesetzt, daß B's Farben durch einen unwahrscheinlichen Zufall nicht gleich verteilt sind. Die Bezeichnungen, die B's Karten tragen, stellen eine Abbildung der Farbenordnung und der Farbenverteilung der Karten in A's Spiel dar, die auf B's Spiel abgebildet sind. In einer anderen Spielrunde, bei der A und B die Rollen tauschen, kann auf dieselbe Weise B seine Verteilung und Anordnung der Farben auf A's Spiel abbilden, bei dem sie dann als Zahlen auftreten.

Die Abbildungen können also ausgeführt werden, ohne daß irgendwelche Farbausdrücke verwendet werden.

Nach den Spielregeln ist es natürlich jedem Spieler unmöglich, festzustellen, *welche* Farben jeweils der Gegenspieler auf seinen Karten hat, dagegen weiß jeder Spieler über den anderen, in welcher Reihenfolge die Farben beim Spielpartner vorkommen und wie sie verteilt sind. Aus Bequemlichkeit kann jeder Spieler die beiden Zahlen, die er auf seiner Karte hat, seine eigene und die Zahl seines Spielpartners, mit Gleichheitszeichen verbinden.

Wir können diese erste Phase des Spiels als *Definitionsphase* bezeichnen.

Nach deren Abschluß trägt jede Karte im Kartenspiel jedes Spielers einen Ausdruck »N = M«, wobei N eine Zahl ist, die angibt, welche Farbe in der entsprechenden Reihenfolge die Karte im Kartenspiel des Gegners hat, und M, welche Karte in der Folge des gegnerischen Kartenspiels die Ordnungsziffer für die eigene Farbordnung trägt.

Logisch ist es möglich, daß es mehr als eine Karte gibt, sowohl im eigenen Spiel als auch in beiden Spielen zusammengenommen, die tatsächlich dieselbe Zahl für »N« und »M« trägt.

(Wir können uns natürlich auch vorstellen, daß das Kartenspiel des einen mehr Farben als das des anderen Spielers enthält. Das wird der Spielpartner leicht feststellen können, da er ja sieht, daß die höchste Zahl N, die er aufschreiben darf, größer ist als die höchste Zahl M, die er den Gegner aufschreiben läßt. Das Vokabular des Spielpartners ist größer als sein eigenes.)

In der zweiten Phase des Spiels – wir wollen sie die *Aussagephase* nennen – zieht A eine *beliebige* Karte aus seinem Spiel und teilt B die Farbe in Form einer Zahl mit. B seinerseits zieht willkürlich eine Karte aus seinem Kartenspiel.

Wenn sie »dieselbe« Farbe hat, d. h. wenn N = M ist, sagt er »ja«, wenn nicht, »nein«.

Wichtig ist die Erkenntnis, daß »dieselbe« Farbe hier nicht länger unserem normalen Verständnis von »dieselbe« Farbe entspricht, sondern daß die Karte des Spielers sich im Farbbereich seines eigenen Spiels befindet, das von einem Farbbereich im Spiel des Partners abgebildet wird, in das die Karte gehört, die er gerade gezogen hat.

Subjektive Inhalte (auf der Objektebene) kommen mit anderen Worten nicht vor, sondern nur Stellen in einer topologisch geordneten Menge. Sie stellen das dar, worauf sich »dieselbe« (Farbe) bezieht.

Der springende Punkt ist nun, daß A, wenn A eine beliebige Karte gezogen hat und B »ja« sagt, nach den Spielregeln keine Möglichkeit hat zu entscheiden, ob die Karte, die B gerade gezogen hat, *dieselbe Karte* ist, die B in der Definitionsphase gezogen hatte. Das einzige, das B's Aussage *bestätigt*, ist, daß die aktuelle Karte von A und B sich in Hinblick auf »dieselbe« Farbe verhalten, wie zwei Karten in der Definitionsphase des Spiels sich zueinander verhalten haben.

Die Karte, die B nun zieht, kann dieselbe Karte oder eine andere Karte sein, es kann dieselbe Karte wie die ursprüngliche sein, aber es kann auch eine andere individuelle Karte sein, die A nun gezogen hat.

*Bei B's Aussage, »ja«, handelt es sich nicht um individuelle Karten!*

B's Antworten »ja« bzw. »nein« vermitteln Information, aber sie vermitteln keine subjektiven Inhalte, sie vermitteln keine Information über irgend etwas Einzelnes, also keine Information, aufgrund derer man die spezielle Karte, die B gerade gezogen hat, identifizieren könnte.

Auf diese Weise kann man die »innewohnende Transzendenz in jeder Beschreibung«, von der Popper spricht, veranschaulichen.

Wir müssen Popper und Fries recht geben: die antipsychologistische Lösung des Trilemmas führt in gewissem Sinn zu einer *infiniten Regression*, wobei Dogmatismus nicht vorstellbar ist, der ja jegliche Änderung von Ansichten über z. B. empirische Gesetze verhindern würde. Aber sich dieser infiniten Regression anzuschließen, bedeutet nicht dasselbe, wie sich im Sinne Mauthners einer Kohärenztheorie für Wahrheit anzuschließen. Offensichtlich ist die Wahrheit einer Aussage mehr als bloß ihr Verhältnis zu anderen Aussagen, denn anscheinend ist es notwendig, die Unterscheidung zwischen analytischen und synthetischen Aussagen aufrechtzuerhalten. Während die analytischen Aussagen von nichts zu handeln scheinen, offenbaren die synthetischen Aussagen etwas.

Die Schlußfolgerung, zu der wir tendieren, ist, daß, wovon sie auch immer handeln mögen, dies im strengen Sinne wohl nichts Einzelnes sein kann.

Wenn wir recht haben, ist es ein Irrtum, mit Carnap[98] zu glauben, daß irgendwelche Einzelelemente der »Konstitution« eines empirischen, kohärenten Weltbildes zugrunde gelegt werden müssen.

# 5. ZU EINER ALLGEMEINEN SCHWIERIGKEIT ARISTOTELISCHER WAHRHEITSTHEORIEN

»Nun würde ein allgemeines Kriterium der Wahrheit dasjenige sein, welches von allen Erkenntnissen, ohne Unterschied ihrer Gegenstände, gültig wäre. Es ist aber klar, daß, da man bei demselben von allem Inhalt der Erkenntnis (Beziehung auf ihr Objekt) abstrahiert, und Wahrheit gerade diesen Inhalt angeht, es ganz unmöglich und ungereimt sei, nach einem Merkmale der Wahrheit dieses Inhalts der Erkenntnisse zu fragen, und daß also ein hinreichendes, und doch zugleich allgemeines Kennzeichen der Wahrheit unmöglich angegeben werden könne.«

(Immanuel Kant, »Kritik der reinen Vernunft«, B 83–84.)

## 5.1 *Aufgaben einer Wahrheitstheorie*

In der bisherigen Diskussion sind wir immer wieder auf die eine Frage zurückgekommen:
Wie sind Bedeutung, Referenz und Wahrheitswert einer Satzgestalt aufeinander bezogen?
Wir haben schon im Einleitungskapitel festgestellt, daß, wenn Bedeutung identisch ist mit Referenz, dies die unannehmbare Konsequenz hat, daß alle Sätze mit demselben Wahrheitswert dieselbe Bedeutung hätten.
Damit ein Satz überhaupt wahr sein kann, muß er eine Interpretation (oder Deutung) haben, und er muß einen Objektbereich, einen speziellen Bereich haben, über den er etwas aussagen kann, das eventuell wahr ist. Wenn wir als speziellen Bereich Dreiecke wählen, kann der Satz: »Alle Menschen sind sterblich«, als deutscher Satz gedeutet über das, was man in diesem speziellen Bereich findet, weder wahre noch falsche Aussagen machen.
Wir haben gesehen, wie Nietzsche, Johnson und Mauthner auf teils ähnliche, teils unähnliche Weise um das Problem kreisen, wie die Sprache Information über die Wirklichkeit vermittelt; Wahrheit und Falschheit eines Satzes stehen offenbar in Bezug zu der Deutung und dem speziellen Bereich. Aber, fragen sich diese Philosophen, wenn die Wahl von Deutung und speziellem Bereich – ebenso wie die Frage, was

etwas sein soll, um ein individuelles Objekt im speziellen Bereich zu konstituieren – etwas Willkürliches hat, oder zumindest einen Hang zur Beliebigkeit, ist dann die Eigenschaft der Sätze, wahr oder falsch zu sein, nicht ebenso willkürlich?

Um über Wahrheit oder Falschheit diskutieren zu können, müssen wir uns vorab entscheiden, *was* diese Eigenschaften überhaupt besitzen kann. Eine Zeichenkette, die so geordnet ist, daß sie mit einer grammatischen Konvention übereinstimmt. In diesem Fall ist ein deutscher Satz:

»Alle Menschen sind sterblich«

das *Vorkommen* einer *Satzgestalt*, die erst dann, wenn sie eine Interpretation erhalten hat – in diesem Fall in Übereinstimmung mit dem, was wir normalerweise mit gesundem Menschenverstand auf das Deutsche beziehen –, im Hinblick auf ihre Wahrheit oder Falschheit diskutiert werden kann.

Aristoteles betont in »De Interpretatione« zum einen, daß ein Satz nur dann Bedeutung hat, wenn ein Teil von ihm, der vom übrigen Satz unabhängig ist[1], bedeutungsvoll ist, und zum anderen, daß nicht alle bedeutungsvollen Sätze imstande sind, wahr oder falsch zu sein.[2] Ein *Gebet* kann z.B. nicht wahr oder falsch sein. Der einfachste, also der am wenigsten zusammengesetzte Satz, der wahr sein kann, ist also ein bedeutungsvoller Satz mit bedeutungsvollen Einzelteilen, die in der Weise *kombiniert* werden[3], daß sie etwas über die Frage aussagen, »ob etwas der Fall ist oder nicht«.[4] (Die Idee, daß Wahrheit oder Falschheit mit *Kombination* zusammenhängt, ist für eine ganze Tradition von Wahrheitstheorien wichtig, auf die ich unter der Bezeichnung *»aristotelisch«* gleich zurückkommen werde.)

Aristoteles knüpft also Begriffe wie Wahrheit und Falschheit an »Sätze«.

Diese Betrachtungsweise bietet große Schwierigkeiten für natürliche Sprachen – und in einer philosophischen Diskussion kann man sie unmöglich außer acht lassen, da wir tatsächlich alle davon überzeugt zu sein scheinen, durch sie Information zu kommunizieren, selbst wenn der alternde Mauthner Schweigen für die logische Konsequenz seiner Denkweise gehalten hat.

Es gibt kein Kriterium, mit dessen Hilfe man genau bestimmen könnte, was zu einer natürlichen Sprache gehört. Wie

die deutsche Grammatik deutsche Sätze generiert, ist unbestimmt. Wie lang ein Satz sein darf, um noch zur deutschen Sprache zu gehören, ist nicht bekannt. Der deutsche Wortschatz findet sich in keinem Buch verzeichnet und läßt sich auch niemals verzeichnen. Das liegt daran, daß die Semantik einer natürlichen Sprache einer ununterbrochenen Auflösung und Veränderung ausgesetzt ist. Theoretisch interessanter sind jedoch die Schwierigkeiten der Entscheidung, was zum Sprachschatz einer natürlichen Sprache gehört oder nicht. Welche metasprachliche Hierarchie können wir angeben?
Hinzu kommen *semantische Störungen*: Unbestimmtheit, Vieldeutigkeit, schwebende Referenz der Gestalten.
Aus Gründen wie diesen sind Philosophen zu dem Schluß gekommen, daß Wahrheit von *Sätzen* so aufgefaßt werden muß, wie wenn man vom »Materialismus des 19. Jahrhunderts« spricht und eigentlich »materialistische Strömungen, die im 19. Jahrhundert vorkamen«, meint.
Was eigentlich wahr oder falsch sein kann, sind nicht Sätze, sondern das, was zwei synonyme Sätze gemeinsam haben und was die verschiedenen Satzgestalten aussagen oder ausdrücken.
»Alle Menschen sind sterblich« und »›All men are mortal« haben nicht nur in den jeweiligen Systemen denselben Wahrheitswert, sie sagen dieselbe *Aussage* aus, und so diskutieren wir denn eigentlich eine Eigenschaft der Aussagen, wenn wir über Wahrheit oder Falschheit sprechen.
Wir stoßen mit diesem Standpunkt auf eine Reihe neuer Schwierigkeiten, deren wichtigste mit einem Begriff wie »dieselbe Bedeutung« verknüpft ist. Andere Theorien besagen z. B., daß Wahrheit und Falschheit nur *Sprachakten* hinzugefügt werden können, wobei ein *Sprachakt* eine *Handlung* ist, die unter bestimmten Umständen mit Hilfe einer interpretierten Satzgestalt ausgeführt wird. Solch eine Handlung kann gelingen oder nicht.
Eine Theorie solcher Art ist ein Beispiel für eine andere umfassende Kategorie von Wahrheitstheorien, nämlich solchen, die zur Konsequenz haben, daß das Wort »wahr« überflüssig wird und immer auf einen Ausdruck von geringerem Abstraktionsniveau reduziert werden kann.
Sätze wie »Alle Menschen sind sterblich« und »der Satz: ›alle Menschen sind sterblich‹ ist wahr« sind gemäß einer Theorie

dieser Art synonym. Und wenn sich das auf alle Sätze der Form »T und T ist ein wahrer Satz« beziehen, kann selbstverständlich das Wort »wahr« aus allen philosophischen Diskussionen gestrichen werden.

Alfred Tarski[5] hat hervorgehoben, daß diese Eliminierung nicht immer durchführbar ist. Ein solcher Fall liegt vor bei universalen Behauptungen, die besagen, daß alle Sätze eines gewissen Typs wahr sind, z. B.:

*»Alle Folgerungen aus wahren Sätzen sind wahr.«*

Und diese Schwierigkeit tritt nach Alfred Tarski nicht nur bei gewissen universalen, sondern auch bei speziellen Behauptungen auf. »Wahr« auszulassen, ist nur in Fällen möglich, wo der Name für den Satz, der wahr sein soll, in einer Form auftritt, die es möglich macht, den Satz selbst zu rekonstruieren.

Mit unserem heutigen geschichtlichen Wissen ist es uns nicht möglich, das Wort »wahr« aus dem folgenden Satz zu eliminieren:

*»Der erste Satz, den Platon geschrieben hat, war wahr.«*

Wir schließen uns im weiteren Aristoleles' Beispiel an und diskutieren Wahrheit als eine Eigenschaft, die

a) primär kennzeichnend für Sätze ist, wobei »Sätze« in gewissem Grad eine Idealisierung entsprechender Komponenten der natürlichen Sprachen sind,

b) nicht eliminiert werden kann.

Bei der Beurteilung, ob eine Theorie gut ist oder nicht, versuchen wir als erstes herauszubekommen, was eine brauchbare Theorie gemäß unserer Forderung erklären soll.

Wenn wir wiederum das Beispiel nehmen:

*»Alle Menschen sind sterblich«,*

müssen wir unterscheiden zwischen dem, was die Scholastiker *ratio essendi* und *ratio cognoscendi* genannt haben. *Ratio essendi* ist dann der Grund dafür, daß sich etwas auf eine gewisse Weise verhält, z. B., daß alle Menschen sterblich sind. Versuchsweise könnte dann *ratio essendi* in unserem Beispiel sein, daß alles menschliche Gewebe im Lauf der Zeit die Fähigkeit zur Regenerierung verliert.

*Ratio cognoscendi*, der Grund dafür, daß wir *wissen*, daß sich etwas in bestimmter Weise verhält, kann in einem empirischen Beispiel wie unserem selbstverständlich etwas ganz anderes sein. In dem obigen Beispiel etwa, daß nie ein physisch unsterblicher Mensch bezeugt worden ist.

In manchen Bereichen ist diese Unterscheidung problematisch. Die Natur der mathematischen Wahrheit ist ein solcher Bereich. Bei dem *intuitionistischen* Programm sind *abstrakte Objekte* wie Funktionen, Funktionen von Funktionen, usw. zugelassen, deren Existenz in der Möglichkeit besteht, sie zu konstruieren, Von einem solchen Objekt kann man also behaupten, daß seine *ratio essendi* mit seiner *ratio cognoscendi* zusammenfällt.

Auch bei empirischen Sätzen kann es vorkommen, daß sich der Grund, weswegen ein Satz wahr ist, anscheinend prinzipiell nicht von dem Grund, weswegen wir wissen, daß er wahr ist, trennen läßt.

Während die beiden Sachverhalte im Satz

*»Mein Sohn hat Zahnschmerzen«*

leicht zu trennen sind, wird die Unterscheidung problematisch in einem Subjektsatz wie

*»Ich habe Zahnschmerzen«.*

Ohne weiter in das Problemfeld vorzustoßen, das diese Gegenbeispiele eröffnen, wollen wir also festhalten, daß dort, wo die Unterscheidung unproblematisch durchführbar ist, eine Wahrheitstheorie eine Theorie der *ratio essendi* dafür sein muß, daß ein Satz wahr ist.

Ebenso notwendig ist eine Unterscheidung zwischen der Theorie von der Wahrheit eines *spezifischen Satzes* und einer allgemeinen *Wahrheitstheorie*.

Die Erklärung dafür, daß ein einziger, spezifischer Satz wahr ist, kann aus unserer für wahr gehaltenen Prämisse folgen, daß eine Annahme seiner Falschheit zu unannehmbaren Konsequenzen führt usw.

Ebensowenig wie ich eine Farbenlehre brauche, um einen skeptischen Zuhörer zu überzeugen, daß Briefkästen in China blau und mit einem gelben Posthorn versehen sind,

genausowenig brauche ich auch eine allgemeine Theorie von der Natur der Wahrheit, um jemanden von der Wahrheit eines Satzes zu überzeugen.
Fassen wir die bisherige Diskussion zusammen.
Plausiblerweise ist folgender Satz wahr:

*»Alle Menschen sind sterblich.«*

1. Über die Wahrheit dieses Satzes zu sprechen ist etwas anderes, als über seine Aussage zu sprechen. Wir diskutieren keineswegs über die Sterblichkeit, sondern über eine Eigenschaft eines Satzes. Und diese ist nicht darauf reduzierbar, daß der Fall ist, was der Satz sagt, was der Fall sei. (Eine Folge dieser Behauptung ist, daß wir die Wahrheit des diskutierten Satzes nicht *definieren* können, als daß der Fall ist, was der Satz sagt, was der Fall sei.)
2. Dort wo eine Trennung möglich ist zwischen der Begründung, daß etwas ist wie es ist, und daß wir *wissen*, daß etwas ist, wie es ist, muß die Theorie von der Wahrheit eines Satzes eine Theorie darüber sein, warum er wahr ist, nicht aber darüber, warum wir wissen, daß er wahr ist.
3. Die Wahrheit des Satzes »Alle Menschen sind sterblich« beruht auf etwas anderem als die Wahrheit des Satzes »Alle Griechen sind Menschen«. Durch den Beweis, daß der erste Satz wahr ist, kann ich nicht beweisen, daß der zweite wahr ist. Es gilt also, daß wir durch die Erklärung, worin die Wahrheit eines spezifischen Satzes beruht, nicht erklärt haben, *in welcher Art alle wahren Sätze etwas gemeinsam haben*. Darauf einzugehen bedeutet, sich mit einer *allgemeinen Wahrheitstheorie* zu befassen.
Welches Bedürfnis besteht nach einer solchen Theorie? Alfred Tarski sagt, es treffe nicht immer zu, daß ein Satz, von dem gesagt wird, er sei wahr, in einer Form auftritt, die die Rekonstruktion des Satzes selbst zuläßt.
Dic Möglichkeit, erkenntnistheoretischen Nihilismus zu meiden (zumindest auf der intuitiven Ebene), scheint eng mit der Möglichkeit verbunden, eine allgemeine Eigenschaft F zu finden, die so beschaffen ist, daß alle wahren Sätze F haben, die falschen Sätze dagegen nicht.
Wenn wir wissen, daß ein Satz wahr ist, wissen wir auch, daß seine Negation falsch ist und umgekehrt. Aber die Kenntnis davon, daß die Negation eines Satzes, über den wir verfügen,

wahr ist, gibt uns keine Möglichkeit, einen spezifischen Satz zu rekonstruieren. Wenn der Satz:

*»Im Hof steht (zu einem bestimmten Zeitpunkt) ein Pferd«*

falsch ist, so ist das mit der Tatsache vereinbar, daß der Hof wie gewöhnlich aussieht, mit ein paar Fahrrädern als den einzigen beweglichen Gegenständen. Aber er ist auch damit vereinbar, daß ein Elefant, ein Esel und ein SS-Offizier im Hof stehen. Alle diese Situationen in meinem Hof sind miteinander vereinbar, und sie sind auch alle damit vereinbar, daß tatsächlich ein Pferd im Hof steht.

Die Tatsache, daß ein Pferd *nicht* im Hof steht, kann nicht mit der Situation *definiert werden*, die im Hof herrscht; denn daß kein Pferd im Hof steht, ist völlig vereinbar mit einer Reihe anderer Situationen: der Unterschied zwischen diesen verschiedenen Situationen ist gleich groß wie zwischen der Tatsache, daß ein Pferd im Hof steht und der, daß keines dort steht.

Wir können uns eine transfinite Menge von Situationen verschiedener Dinge in meinem Hof vorstellen, die den Satz »Es steht kein Pferd im Hof« zu einem wahren Satz machen. Aber es existiert keine spezielle Situation von Dingen, die der *Bedeutung* des Satzes entspricht: »Es steht kein Pferd im Hof.«

Es scheint also, als ob wir entweder eine Eigenschaft finden müssen, die alle wahren Sätze gemeinsam haben, *ungeachtet ihrer Bedeutung*, und die sie von allen falschen Sätzen trennt, ebenfalls *ungeachtet ihrer Bedeutung*, oder aber, daß wir uns sagen müssen, daß es eine allgemeine Eigenschaft dieser Art nicht gibt.

Und in letzterem Fall gibt es kein *Kriterium*, das eine Entscheidung, ob der Satz wahr oder falsch sei, ermöglicht – wenn wir vor der Behauptung stehen, ein bestimmter Satz, den wir nicht rekonstruieren können, sei wahr.

## 5.2 *Die aristotelische Tradition*

Ein zentraler Typus von allgemeinen Wahrheitstheorien, die wir im folgenden *aristotelisch* nennen wollen, versucht ein Kriterium aufzustellen, das auf der Annahme beruht, daß

Wahrheit in Zusammenhang mit »Kombinieren und Unterscheiden« steht: Wie Platon geht auch Aristoteles in »De Interpretatione«[6] davon aus, daß Wahrheit eine Eigenschaft ist, die primär kennzeichnend für Erlebnisse (παθήματα) der Seele, und sekundär zu ihren Symbolen ist. Während die Sätze (λόγοι) bei allen Menschen verschieden sind, sind die Gedanken (νοήματα) gleich.[7] Die Wahrheit des gesprochenen oder geschriebenen Wortes ist also abgeleitet. Die Gedanken sind »Abbildungen« von Dingen oder »Ähnlichkeiten« (ὁμοιώματα) mit ihnen.
Wie andernorts schon hervorgehoben worden ist[9], scheint es, als ob Aristoteles zwischen einem behaupteten Satz und dem *Akt des Behauptens* einer bestimmten, durch den Satz ausgedrückten Aussage nicht unterscheidet.
Ein grundlegender Fortschritt in Aristoteles' Philosophie ist die Vorstellung, daß Wahrheit darin besteht, daß Komponenten der Wirklichkeit (Substanzen, Essenzen, Qualitäten, Dinge) so kombiniert sind, wie wir es gedacht haben, und Falschheit darin, daß sie *nicht* auf dieselbe Weise *kombiniert* sind (μή συγκείται).
Für eine einfache Substanz bedeutet das nach Aristoteles, daß wir sie uns als eine Einheit (τὸ ἕν) vorgestellt haben und zwar in einer *ganz bestimmten Art.* Und wenn sie in dieser Weise (μή ὄυτως) nicht existiert, existiert sie überhaupt nicht.[10]
Man kann also festhalten, daß Aristoteles Wahrheit und Falschheit als Eigenschaften sieht, die auf kombinatorischen Beziehungen zwischen Klassen von Gedanken und Klassen von Erscheinungen beruhen, anderen als jenen Gedanken also, die ihren adäquaten Ausdruck in einer Klasse von grammatisch richtigen Sätzen finden.
Aristoteles kommt einer Wahrheitsdefinition im 4. Buch der Metaphysik in dem Abschnitt am nächsten, wo er das Verhältnis zwischen konträren Gegensätzen diskutiert:

(A1) *»Von dem, was ist zu sagen, daß es nicht ist, oder von dem, was nicht ist (zu sagen), daß es ist, ist falsch, während von dem, was ist, zu sagen, daß es ist oder von dem, was nicht ist, daß es nicht ist, ist wahr.«*[11]

Allgemeine Wahrheitstheorien dieses Typs werden häufig *Korrespondenztheorien* genannt, da sie ja Wahrheit als eine Korrespondenz oder Übereinstimmung definieren zwischen dem, was wahr ist, und dem, worüber es eine wahre Aussage macht.

Aber da »Übereinstimmung« und »Korrespondenz« wirklich vieldeutige und undurchsichtige Formulierungen des Gedankens in (A1) sind und folglich in viel größerem Umfang der Präzisierung bedürfen, werde ich bei dem Ausdruck »aristotelische Wahrheitstheorien« bleiben.

Eine Reihe verschiedener Präzisierungen der Theorie in (A1) ist möglich, auf deren spezifische Schwierigkeiten ich zum Teil später noch eingehen werde.

Was uns hier interessiert, ist eine allgemeine Schwierigkeit, die unauflöslich mit allen von (A1) ausgehenden Definitionen von »Wahrheit« verbunden scheint.

Aristoteles sagt also in seiner Definition, daß alle wahren Sätze (alternativ auch Aussagen und Behauptungen) die Eigenschaft gemeinsam haben, daß sie über das, was ist, aussagen, daß es ist, und über das, was nicht ist, daß es nicht ist. Seine Theorie ist also eine allgemeine Wahrheitstheorie.

Die moderne Debatte über aristotelische Wahrheitstheorien geht vor allem von einem Kreis polnischer Philosophen der Vorkriegszeit aus.[12]

Im Jahre 1900 eröffnete Kazimierz Twardowski mit seinem Aufsatz »O tw. prawdach względnych« (»Über die sogenannten relativen Währheiten«)[13] eine lange Diskussion in Polen, stets mit der aristotelischen Wahrheitstheorie im Vordergrund, eine Diskussion, die nach 1910 bis in die zwanziger Jahre hinein fortgesetzt wurde. Ihre namhaften Vertreter sind die drei Philosophen Tadeusz Kotarbiński, Stanislaw Leśniewski und Kazimierz Twardowski.

Twardowski eröffnet die Debatte mit seinem Aufsatz über die relativen Wahrheiten und stellt sich gegen den Standpunkt, daß es bedingungslos wahre Sätze bzw. solche, die nur relative Wahrheit besitzen, geben könnte. Der Satz:

»Es regnet«

ist nicht relativ wahr, sondern absolut, weil er als verkürzter Ausdruck eines Satzes aufgefaßt werden muß, der im Raum-Zeit-Koordinatensystem exakt angibt, wann es regnet und wann nicht. Nicht wegen seiner Abhängigkeit von dem zeitlichen und räumlichen Zusammenhang, in dem er vorkommt, ist derSatz wahr oder falsch – wie gewisse Relativisten behaupten –, sondern weil derselbe Ausdruck zwei ganz verschiedene Sätze mit verschiedenen Wahrheitswerten darstellt, wenn er zum einen Zeitpunkt in der Sahara und zu einem anderen in Narvik geäußert wird.

»Was die Urteile selbst betrifft, so können wir nicht von deren bedingungsloser oder relativer Wahrheit sprechen, denn jedes Urteil ist entweder zu allen Zeitpunkten und an allen Orten wahr, oder es ist an keinem Ort oder zu keinem Zeitpunkt wahr.«[14]

Twardowskis Theorie ebnet den Weg für eine allgemeine Wahrheitstheorie des aristotelischen Typs. Er erklärt nämlich Wahrheit zu einer Eigenschaft von Sätzen (alternativ auch Aussagen und Behauptungen), die absolut, d. h. unabhängig von Zeit und Ort ist. Ein wahrer Satz ist zu allen Zeitpunkten wahr und ein falscher Satz zu allen Zeitpunkten falsch.

In einer Arbeit von Kotarbiński aus dem Jahre 1929[15] wird die Behauptung aufgestellt, daß ein Satz mit der Behauptung, ein Sachverhalt mit dieser oder jener Eigenschaft träfe zu, dann und nur dann wahr ist, wenn dieser Sachverhalt tatsächlich zutrifft.

Die Übereinstimmung darf man nicht, so behauptete Kotarbiński, als Identität oder Ähnlichkeit auffassen, man muß zwischen der klassisch aristotelischen Wahrheitstheorie und der von den Atomisten[16] verteidigten Bildtheorie für Wahrheit unterscheiden.

Wir werden im folgenden Kapitel auf diese Unterscheidung eingehen, die möglicherweise nicht richtig, Alfred Tarski jedoch ebenso selbstverständlich ist wie seinen Vorgängern in der Warschauer Schule – er spricht in seinem Aufsatz »The Semantic Conception of Truth«[17] in einem Atemzug von »agreement with reality« und »correspondence to reality«.

Die Auseinandersetzung der Warschauer Schule über den aristotelischen Wahrheitsbegriff, die ich hier nur kurz habe andeuten können, bereitete in den ersten Dezennien des zwanzigsten Jahrhunderts den Boden für einen neuen Durchbruch der aristotelischen Theorie mit Alfred Tarskis berühmtem Essay »Der Wahrheitsbegriff in formalisierten Sprachen« (ursprünglich 1933 in Warschau erschienen).[18] Zehn Jahre danach veröffentlichte er ihn erneut zusammen mit einem späteren Aufsatz, der die Grundgedanken der ur-

sprünglichen Theorie wiedergibt, sie kommentiert und gegen die angewachsenen kritischen Einwände der dazwischenliegenden Jahre verteidigt.[19]
Das Bedeutsame an Tarskis Theorie, die er selbst oft die *semantische* Wahrheitstheorie nennt, besteht darin, daß sie konsequent versucht, die aristotelische Definition von Wahrheit (A1) zu interpretieren.
Die Aufgabe, die er sich stellt, ist also, (A1) eine derartige Formulierung (A2) zu geben, daß (A2) eine *formal korrekte* und *materiell adäquate* Definition von »Wahrheit« für eine formalisierte Sprache ergibt.
Wie wir einleitend gesehen haben, geben die natürlichen Sprachen wenig Grund zu der Hoffnung, man könne sie so behandeln. Ihre *Unbestimmtheit* – zum Teil im Hinblick darauf, was wirklich zu einer Sprache und zu einem bedeutungsvollen und grammatisch richtigen Satz gehört, zum Teil im Hinblick auf die Hierarchie von Objektsprache und Metasprache – schließt anscheinend eine formale Definition aus, wenigstens in der Art, wie Tarski sie für eine formalisierte Modellsprache durchführt.
Angewendet auf natürliche Sprachen ist seine Definition eine Idealisierung, die uns jedoch einen wertvollen Hinweis gibt, *in welche Richtung* man eine allgemeine Wahrheitstheorie für natürliche Sprachen suchen könnte.

### 5.3 *Die Konvention (T) und Alfred Tarskis Definition für eine formalisierte Sprache*

In seinem Vorgehen knüpft Tarski tatsächlich sehr nahe an die polnische Debatte vom Beginn der Jahrhundertwende an, speziell an Twardowskis Argumentation aus dem Jahre 1900, die besagt, daß ein eindeutig bestimmter wahrer Satz in allen denkbaren Kontexten und zu allen Zeitpunkten wahr ist.
Die Definition muß *formal korrekt* und *materiell adäquat* sein. Die Forderung nach formaler Korrektheit kann so verallgemeinert werden, daß die formale Struktur der Objektsprache, der Gegenstand der Definition, beschrieben werden muß: Vokabular, Syntax und Semantik müssen eindeutig feststellbar sein. Die Definition muß mit anderen Worten als eine Definition von »wahr« formuliert werden, als Eigen-

schaft von Sätzen in einer Sprache mit definierbarer Struktur. In seiner ausführlichen Darstellung der Theorie[20] wählt Tarski seine Sprache des Klassenkalküls und erweitert dann sukzessiv den Anwendbarkeitsbereich für seine Definitionsmethode zu umfassenderen Klassen von Sprachen, die den deduktiven Wissenschaften angehören. Die über die formale Korrektheit geführte Debatte hat zu keinen entscheidenden Argumenten gegen sie geführt.

Die Forderung nach *materieller Adäquanz* der Theorie, d.h. daß die Theorie wirklich definiert, was sie definieren will, ist dieselbe Forderung wie die nach Erfüllung einer Adäquanzbedingung. Bei einer gelungenen Definition ist eine Adäquanzbedingung ein Satz, der für alles wahr ist, was die durch die Definition bestimmte Eigenschaft haben soll.

Die Adäquanzbedingung kann man als eine Konvention oder eine Übereinstimmung betrachten: genau darüber können wir uns einigen, was erfüllt sein muß, damit die Definition wirklich eine Definition dessen wird, was sie definieren will.

Die Bedingung, die Tarski für die materielle Adäquanz seiner Definition von Wahrheit für eine Sprache (die gewissen formalen Ansprüchen genügt) aufstellt, läßt sich wie folgt formulieren:

> Wir betrachten jeden Satz der folgenden Form als gültig:
> (T) *Der Satz x ist wahr, dann und nur dann, wenn p gilt*, wobei »p« durch jeden beliebigen Satz aus der untersuchten Sprache, und x durch jeden beliebigen Namen für diesen Satz, der in der Metasprache vorkommt, ersetzbar sein soll.[21]

Dies ist die – von vielen Philosophen angezweifelte[22] – Konvention (T). Wir haben bereits in Abschnitt 5.1 hervorgehoben, man könnte bei oberflächlicher Betrachtung der Problematik versucht sein anzunehmen, daß die Wahrheit als Eigenschaft aller wahren Sätze und das *reduziert werden* könnte, was die Sätze sagen, daß es *zutrifft*. Diesen Standpunkt kann man nicht einnehmen, und zwar aus den angeführten Gründen (mit einem von ihnen setzt sich gerade Tarski auseinander). Es gibt Fälle, wo die Wahrheit eines spezifischen Satzes diskutiert werden muß, ohne daß wir Zugang zum Satz selbst haben.

*Wenn* eine solche Reduzierung möglich wäre, wäre eine Umwandlung der Konvention (T) in eine *Definition* natürlich leicht möglich.
Das ist leider nicht möglich, und die wirkliche Definition muß folglich den Begriff Wahrheit auf andere, elementarere *zurückführen.* Tarskis Definition, die *rekursiv* ist, ist von einer starken *physikalistischen* Tendenz geprägt, wie bereits Harty Field[23] hervorgehoben hat. Wenn solche Begriffe wie *Wahrheit, Bedeutung, Übereinstimmung* etc. nicht mit rein logischen Mitteln definiert werden können, stehen sie nicht mit der physikalistischen Auffassung von Wissenschaft in Einklang, da sie in dem Fall »theoretische Terme« im Sinne Carnaps notwendig machen, d.h. solche Begriffe, die sich nicht in Beobachtungssätze übersetzen lassen. In Tarskis Definition dürfen also keine *undefinierten* semantischen Ausdrücke vorkommen.
Er greift dann die kombinatorische Grundidee der aristotelischen Definition (A1) auf. Dies geschieht mit Hilfe des Begriffs *Erfüllung einer Funktion.* Abstrakt und schematisch allgemein kann man Tarskis Definition folgendermaßen formulieren:

(A2) Ein Satz ist wahr, wenn per definitionem gilt: der Satz wird durch jede infinite Reihe von Klassen erfüllt, die über einen nichtleeren Bereich von Individuen konstruiert worden ist.

Um (A2) mehr als eine allgemeine schematische Bedeutung zuzuteilen, müssen wir den Begriff *Erfüllung* (satisfaction) (in einer formalisierten Sprache) erklären. Die allgemeine Idee geht aus einem Tarski-Zitat hervor:

»Die Aussage, der Name x bezeichne einen gegebenen Gegenstand a, ist dieselbe Aussage, wie der Gegenstand a ... erfülle eine bestimmte Satzfunktion. In der Umgangssprache wäre das eine dreiteilige Funktion der folgenden Reihenfolge: eine Variable, das Wort ›ist‹ und der gegebene Name x.«[24]

Wir stellen uns die Methode in ihrer allgemeinsten modelltheoretischen Form vor. Wir haben dann zwei Strukturen. Die eine besteht aus den Formeln, die man aus einem beschränkten Zeichenvorrat für Variablen, Funktionen und Relationen mit Hilfe eines echten Regelsystems generieren kann, das angibt, wie eine zugelassene Zeichenfolge aussehen darf.
Diese Struktur, die also eine formalisierte Sprache ist, nennen wir L.

Die andere Struktur ist die nicht-leere Menge von Individuen, die in Hinblick auf Eigenschaften und Relationen auf eine gewisse Art *geordnet* sind, die entsteht, wenn wir uns eine Formel in L *realisiert* vorstellen.
Wir können dann die Entsprechungen zu »Wahrheit« und »Falschheit« in der unmittelbar höheren Metasprache zu L als *Konstanten* definieren.
In diesem Sinne hat »wahr« für eine in L realisierte Teilmenge eine sehr ähnliche Bedeutung wie für eine Partei die Tatsache, im Parlament des Landes vertreten zu sein.
Wir bemerken zwei Eigentümlichkeiten bei diesem Gedankengang.
Er ist *rekursiv*, d.h. »wahr« wird in der Metasprache durch eine Funktion entsprochen, die selbst in der Sprache der nächst höheren Ordnung erfüllt sein kann oder auch nicht.
Diese Rekursivität bedeutet an und für sich keinen Nachteil, da sie ja durch geeignete technische Kunstgriffe explizit formuliert werden kann, wodurch sie auf eine Metasprache zurückgeführt wird.
Zum zweiten bemerken wir, daß der Gedankengang *extensional* ist.
Welche Eigenschaften ein Individuum haben muß, um in eine Realisation der Sprache L einzugehen, ist dabei nicht festgelegt. Festgelegt ist lediglich, daß der interpretierte Abschnitt von L dort eingehen muß, *wenn* die realisierte Menge *nicht-leer* ist.
(*Wenn* die Sozialdemokraten eine parlamentarische Partei in Schweden sind, und U Schwedens [nicht-leeres] Parlament ist, müssen Sozialdemokraten in U vorkommen, über die übrigen Eigenschaften der Partei brauchen wir dagegen nichts zu wissen.)

## 5.4 *Die Schwierigkeit*

Alfred Tarskis Theorie für Wahrheit führt also den Wahrheitsbegriff – im Bereich einer formalisierten Sprache – auf den Begriff der *Erfüllbarkeit* zurück. Dieser Begriff ist seinerseits auf die Struktur in der behandelten Sprache und auf die Relationen in einem *speziellen Bereich*, den er mittels einer Anzahl Funktionen abbildet, reduzierbar, die Funktionen

aber bilden zusammen mit dem speziellen Bereich eine Inerpretation.
Die Konvention (T) muß, wenn Tarskis Theorie den Anspruch nach »materieller Adäquanz« erfüllen könnte, eine wesentliche Eigenschaft von wahren Sätzen ausdrücken, eine Eigenschaft, die man sich nicht losgelöst vom Begriff denken kann.
Zahlreiche Einwände sind gegen Tarskis ersten Anspruch seiner Argumentation[25] – daß die Konvention (T) eine materiell adäquate Bedingung stellt – erhoben worden. W. Stegmüller führt nicht weniger als fünfzehn verschiedene Einwände dieser Art auf.[26] Andere Kritiker haben geltend gemacht, daß (T) nicht das widerspiegelt, was man *eigentlich* unter Wahrheit verstehe. Tarski hat darauf seinerseits erwidert[27], daß er nie der Auffassung gewesen sei, seine Definition von Wahrheit sei »die richtige« oder »die einzig mögliche«, da er nie der Überzeugung gewesen sei, es müsse so etwas wie »die einzig mögliche« Definition existieren, daß aber (T) tatsächlich exakt einen Gedanken widerspiegele, der für die meisten Menschen eng mit der Idee von Wahrheit verknüpft sei. Letzteres ist tatsächlich in einer empirischen Untersuchung, einer Art »Meinungsumfrage« bestätigt worden, die Arne Naess in Norwegen in den dreißiger Jahren durchgeführt hat.[28]
Es spricht natürlich nichts dagegen, daß wahre Sätze nicht auch *andere* gemeinsame Eigenschaften als die von der Konvention (T) beschriebenen besitzen können, und daß diese anderen Eigenschaften interessanter als die in (T) vorhandenen sein können. Wenn aber die Konvention auf gesunden Annahmen beruht, müssen diese anderen und interessanteren Eigenschaften einsichtigerweise mit (T) vereinbar sein.
Diese anderen Eigenschaften können so beschaffen sein, daß (T) – trotz einer materiellen Adäquanz – im Licht dieser anderen Eigenschaften weniger instruktiv erscheint. Und mit »weniger instruktiv« meinen wir, daß diese anderen Eigenschaften uns vor Fragen stellen, die weder (T) noch Tarskis Definition beantworten können, gleichwohl aber philosophisch bedeutsam sind.
Eine ähnliche Angriffsstrategie verfolgt 1972 Harty Field[29], wenn er in einem Aufsatz in Frage stellt, ob Tarski tatsächlich

den Wahrheitsbegriff auf undefinierte semantische Begriffe zurückführt.

Wir wollen zuerst fragen: in welcher Weise kann Tarskis Theorie unser Wissen, was in einer *natürlichen* Sprache Wahrheit ist, erweitern? Tarskis Theorie steht im Zusammenhang mit einer Reduktion des Begriffes auf drei andere, nämlich eine wohldefinierte formalisierte Sprache, L, einer *Interpretation* von L, die aus einem *speziellen Bereich* besteht, und *Funktionen*, die Elementen aus L Werte im speziellen Bereich zuordnen.

Wie stehen Begriffe wie *Referenz* und *Bedeutung* in natürlichen Sprachen mit einer solchen *Interpretation* in Einklang? Die Annahme scheint plausibel, daß der nicht-leere spezielle Bereich analog zur Referenz strukturiert ist; dies geht aus der Rolle der stets wahren Sätze hervor. Einleuchtenderweise müßten dann die Funktionen, die Variablen der Menge zuordnen, die eine »Realisation« eines solchen Sachverhalts ausmacht, aus Gründen der Symmetrie strukturell analog zu dem sein, was wir »Bedeutung« und »Erfüllung« einer bestimmten Bedeutung nennen.

Es ist leicht zu sehen, daß dies nicht zutrifft.

Die Konvention (T) gibt nur eine extensionale Bedingung für Wahrheit an, aber bereits in der Metaphysik[30] hebt Aristoteles hervor:

»Du bist ja nicht deswegen bleich, weil wir mit Wahrheit meinen, Du seist es, sondern weil Du es bist, so ist unser Urteil, das Dich für bleich erklärte, wahr.«

*»Der Satz x ist wahr, dann und nur dann, wenn p gilt«*, wobei »p« durch jeden beliebigen Satz aus der untersuchten Sprache und »x« durch jeden beliebigen Namen für diesen Satz, der in der Metasprache auftritt, ersetzbar sein soll.

Dieser Satz entwickelt sich zu einer Quelle der Unsicherheit, weil man sich nämlich kaum der Gewohnheit entziehen kann, sich »p« im rechten Teil der Bedingung anders als einem Satz x im rechten Teil der Bedingung vorzustellen, *dessen Bedeutung wir bereits kennen.*

Aber das einzige, das wir entsprechend unseren Voraussetzungen tatsächlich wissen, ist, daß »p« ein beliebiger Satz aus der untersuchten Sprache ist und »x« sein Name. Das ist aber etwas anderes, als die Bedeutung von »p« zu kennen.

Wir haben schon festgestellt, daß die Wahrheit eines Satzes nicht auf seine Aussage reduziert werden kann. Wenn (T) nicht eine Adäquanzbedingung wäre, sondern eine Definition, und wenn folglich Sätze, die nach dem Schema (T) konstruiert wären, analytisch wahr wären, ungefähr so wie der Satz *A+B sind Brüder, dann und nur dann, wenn A+B männliche Geschwister sind*, dann könnten wir aus (T) Sätze ableiten wie: *Wenn (⋁ x; x= Schnee ist weiß) gilt, folgt notwendigerweise (⋁ y; y= der Satz »Schnee ist weiß« ist wahr).*
Und solche Sätze sind, wie Aristoteles oben hervorgehoben hat, nicht plausibel. Denn aus der Tatsache, daß »Schnee ist weiß« im Deutschen Name ist für den Satz *Schnee ist weiß*, folgt nicht, daß wir wissen, welche Bedeutung der Satz hat. Und zwar deswegen, weil wir durch die Kenntnis des Satznamens zu der Überzeugung verleitet werden, das Wissen um die Bedeutung eines Satzes sei dasselbe wie unser Wissen um die Bedeutung der Zeichenfolge »Schnee ist weiß« in der Metasprache.
Genau aus diesem Grund benötigt Tarski seinen Begriff *Erfüllung*.
Viele Einwände gegen seine Theorie rühren von diesem Mißverständnis her.
Wir wollen eine Zeichengestalt ins Deutsche *entlehnen*: xxx xx xxx, deren metasprachlicher Name »xxx xx xxx« ist. Nehmen wir an, der letztere sei der Name für einen *Satz* im Deutschen.
Gemäß der Konvention (T) wissen wir dann, daß »xxx xx xxx« (für einen speziellen Bereich) im Deutschen dann und nur dann wahr ist, wenn ... was? Wenn xxx xx xxx zutrifft, oder mit anderen Worten, wenn der Satz Referenz hat.
Wenn wir zu der Kenntnis gelangen, »xxx xx xxx« sei wahr, wissen wir lediglich, daß »xxx xx xxx« Referenz hat, jedoch nicht, *welche Bedeutung* der Ausdruck hat. (Der Gedankengang wird anschaulicher, wenn man sich vorstellt, wir diskutierten einen chinesischen Satz, seinen Namen im Chinesischen, seine Bedeutung und Referenz, und wir verwendeten beispielsweise ein chinesisches Ideogramm.)
Wir wollen nun eine Aussage annehmen, die die Wahrheit eines Satzes behauptet, ohne daß wir den Satz selbst rekonstruieren können!
Der Satz sei: »xxx xx xxx trifft nicht zu.« Wenn wir von

diesem Satz wissen, daß er wahr ist, so wissen wir, daß er Referenz hat, aber nicht, welche Referenz das ist, denn wir kennen seine Bedeutung nicht. Das einzige, was wir über ihn wissen, daß er *denselben Wahrheitswert* – wahr – hat wie alle anderen Sätze, die wahr sind, z. B. »Schnee ist weiß«. Aber nicht alle Sätze mit demselben Wahrheitswert haben dieselbe Bedeutung, wie wir gesehen haben.[31]

In der Weise, wie Tarski mit Hilfe des Begriffs Erfüllung Wahrheit für eine formale Sprache definiert, bedeutet sie – in übersichtlicher Form ausgedrückt – das Folgende:

Eine Formel A aus L ist wahr, wenn A aus einer Zeichenmenge V (L) korrekt zusammengesetzt ist, wenn es eine bestimmte Menge von Funktionen gibt, die V (L) auf eine nicht-leere Objektmenge U (V [L]) abbilden, und wenn die Abbildung von A entweder Element in U (V [L]) ist oder in sie eingeht.

In dieser Definition gibt es keinerlei Raum für *Bedeutung* oder *dieselbe Bedeutung*. Denn die Abbildung von A auf U (V [L]) ist nicht etwas Einzelnes, sondern entweder ein Element oder eine Folge von Elementen in U (V [L]), die gewisse Bedingungen erfüllen. Und logisch ist es immer möglich, daß U (V [L]) mehr als ein Element oder eine Folge von Elementen enthält, die diese Bedingungen erfüllen.[32]

Worin liegt die Bedeutung dessen, daß »Brüder« und »männliche Geschwister« im Deutschen *dieselbe Bedeutung* hat? Angenommen, wir antworten mit Russell, daß sie »analytisch verbunden« seien. Diese Antwort wäre plausibel, aber nicht zufriedenstellend.

Was uns dabei unzufrieden läßt, ist die Tatsache, daß dieses »analytisch verbunden« sowohl zwischen »Brüdern« und »männlichen Geschwister« auftritt, wie ebenfalls auch zwischen »Schwestern« und »weiblichen Geschwistern«.

Doch *dieselbe Relation ist nicht dasselbe wie dieselbe Bedeutung*. Aber gerade das zeigt, daß Tarskis *Interpretationen* nicht dasselbe sind wie *Bedeutungen*.

In unserer Sprache L haben wir nicht angegeben, wofür die Elemente stehen. Wir haben lediglich gesagt, daß es Funktionen gibt, die sie über Klassen von sich abbilden.

Nehmen wir an, wir wollen »dieselbe Relation« in unserem Beispiel definieren mit: »A + B, das die Bedeutung von Brüder hat, ist genau das A + B, das die Bedeutung von

›männliche Geschwister‹ hat, und B+C, das die Bedeutung von ›Schwestern‹ hat, ist auf genau dieselbe Weise mit dem B+C verbunden, das die Bedeutung von ›weibliche Geschwister‹ hat.«

Analytische Verbundenheit ist dann dasselbe wie Identität zwischen Bedeutungen, aber nicht *Identität zwischen beliebigen Bedeutungen*, sondern zwischen ganz bestimmten.

In einem Sinne ist dies eine Erklärung für Synonyme, aber nur, wenn wir in Kauf nehmen, Carnapsche »Pseudoobjekte« vom Typ »*genau* das B, das F ist«, einzuführen, wobei B ein einzelnes Individuum und F eine Eigenschaft ist.

Eine interessante Eigenschaft von wahren Sätzen, die Tarskis Definition keineswegs ausschließt, übergeht Tarski vollkommen, indem er statt des Begriffs *Bedeutung* den verallgemeinerten Begriff *Interpretation* verwendet.

In Tarskis eigenem Beispielssatz für (T): *Der Satz »Schnee ist weiß« ist wahr, dann und nur dann, wenn Schnee ist weiß,* steckt hinter der Phrase »Schnee ist weiß«, wenn sie das zweitemal vorkommt, eine Vieldeutigkeit, die sich nicht nur durch die Worte »Schnee ist weiß« unterscheiden läßt.

Eine Möglichkeit, die eine Bedeutung in den Griff zu bekommen, ist, dem Satz »es trifft zu« hinzuzufügen, wie es häufig in der philosophischen Literatur geschieht: »Es trifft zu, daß Schnee weiß ist.« Die methodisch exaktere Schreibweise benutzt den Existenzoperator: $\bigvee$

*($\bigvee$x; x= daß Schnee weiß ist)*

»Daß Schnee weiß ist« ist dann eine beschreibende Phrase im Sinne Bertrand Russels[33]. (Gut zu unterscheiden von der Behauptung: [$\bigvee$x; x ist weiß].) Ebensowenig wie in der beschreibenden Phrase »der gegenwärtige König von Frankreich« irgendein Individuum als König von Frankreich auftritt, tritt etwas als individueller Sachverhalt auf, daß Schnee weiß ist, in der Phrase »daß Schnee weiß ist«. Die triviale Wahrheit, daß der individuelle Gegenstand A etwas anderes ist als der Inhalt seiner Beschreibungen (– eine Kaffeetasse zerbricht, wenn man sie allzu hart auf den Boden fallen läßt, eine Beschreibung derselben Kaffeetasse dagegen zerbricht nicht; ein Stück Brot macht satt, eine logische Konstruktion von Sinnesdaten nicht –), ist trügerisch, wenn es um den

Inhalt bei bestimmten Beschreibungen individueller Sachverhalte geht.
Die Vieldeutigkeit einer Phrase wie »daß Schnee weiß ist« besteht darin, daß sie entweder als *Name* aufgefaßt werden kann – und als Name ist sie weder wahr noch falsch, denn sie sagt nichts aus – oder als *Behauptung*:

*(⋁x; x=daß Schnee weiß ist)*

Wie wir seit den um Freges Semantik geführten grundlegenden Diskussionen wissen, sind Sätze nicht *Namen* für Sachverhalte.
Wenn wir dabei bleiben, *es trifft zu, daß Schnee weiß ist,* und andere Inhalte in beschreibenden Phrasen als Pseudoobjekte (Carnap) oder intentionals Objekte (Frege) behandeln, geraten wir in eine infinite Regression:

(⋁x; x=daß Schnee weiß ist)
(⋁y; y=daß Schnee weiß ist) etc.

Mit anderen Worten, wenn wir analytische Verbundenheit auf die Identität von Bedeutungen zurückführen wollen, werden wir mit dem Problem konfrontiert, daß es kein individuelles Objekt gibt, das identisch damit ist, daß Schnee weiß ist und den Namen trägt, »daß Schnee weiß ist«. Bedeutung ist nicht dasselbe wie Referenz. Das ist darin begründet, daß Sachverhalte nicht ihre eigenen optimalen Beschreibungen darstellen. Weil Sachverhalte überhaupt keine Beschreibungen sind.
Die Stärke von Alfred Tarskis Theorie liegt darin, so kann man zusammenfassen, daß sie für eine formalisierte Sprache das Problem dadurch löst, daß sie einen semantischen Begriff, nämlich die einzelne Bedeutung des Satzes, als gegeben annimmt und dann das Problem in einer verallgemeinerten Form behandelt. Vorteilhaft ist an der Theorie u.a., daß Tarski ohne ontologisch zweifelhafte Dinge wie »Aussagen« (»propositions«) und »Sachverhalte« auskommt. Sie werden durch mögliche Realisationen ersetzt.
Die Grenzen von Tarskis Theorie sind dann erreicht, wenn sie keine Erklärung für den Unterschied der analytischen Verbundenheit geben kann, für die Art, in der »Brüder« und »männliche Geschwister« und »Schwestern« mit »weiblichen Geschwistern« verbunden sind. In Tarskis Sinne kann

eine Interpretation die Tatsache (in einer formalisierten Sprache) zwar nicht übergehen, daß sie sich voneinander unterscheiden, aber sie kann nicht erklären, weshalb.
Tarskis *Interpretationen* sind extensional, *Bedeutung* ist ein intensionaler Begriff.
Wir haben schon ein wichtiges Motiv für Theorien vom Tarskischen Typ berührt: unser Gefühl, daß die »analytische Verbundenheit« – zwischen einem Ausdruck wie: »*(⋁ x; x = daß Schnee weiß ist)*« und dem, was er ausdrückt – in irgendeiner Weise mit einem physikalischen Weltbild vereinbar sein muß. Wenn wir die analytische Verbundenheit als »fundamental tie« ansehen, geraten wir in die Nähe einer der Barockästhetik sehr naheliegenden Semantik. Vor Descartes und der von ihm inspirierten Port-Royal-Logik, die zwischen natürlichen und konventionellen Zeichen unterscheidet, war der Name wirklich in fundamentaler Weise eins mit dem Träger.
Der Name war eine von Gott gegebene Verbindung zwischen Dingen und Menschen. Der Name war eine Eigenschaft der Dinge, in gewissen Fällen eins ihrer Geheimnisse. Die Welt zu erforschen, hieß die Ursprache zu rekonstruieren, die den Dingen ihren ursprünglichen Namen hinzufügte, wobei also jedes Ding durch seinen adäquaten Namen vertreten wurde.
Wie die Port-Royal-Logik dieses Problem behandelt, werden wir im nächsten Kapitel ausführen.
Die schwerwiegendste Konsequenz aus der Einführung solcher »theoretischen Relationen«, d. h. semantischen Relationen, die sich nicht auf ein physikalisches System in unserer Ontologie zurückführen lassen, besteht natürlich nicht darin, daß wir eine überreiche Ontologie erhalten, sondern darin, daß unser Begriffsapparat mit derartigen theoretischen Relationen »in sich zusammenfällt«, wie Harty Field scharfsinnig formuliert.[34] Wenn die Bedeutungsrelationen – also letzten Endes die Relationen zwischen unseren Begriffen und der »Welt«, gedacht als Elemente und Klassen sowie Funktionen über diesen Elementen – fundamentale, nicht weiter analysierbare Relationen sind, sind wir in einem fundamentalen Sinn ausgeschlossen von der Erkenntnis, *wovon wir reden*.
Betrachten wir nur »Bedeutung« auf ihrer elementarsten Stufe, z.B. die Verbindung zwischen einem Farbausdruck

»rot« und der Eigenschaftskonstanten *rot*! Wenn diese Verbindung in einem Satz der atomaren Form (⋁x; x ist rot) nicht weiter analysierbar, also fundamental ist, und wenn entsprechende Verbindungen für andere Prädikatskonstanten gleichermaßen fundamental sind, dann verschwindet in der Tat die Möglichkeit, den Unterschied zwischen der Wahrheit und Falschheit eines Satzes zu begründen. Denn die Negation des Satzes: (⋁x; x ist rot) hat dieselbe Referenz wie eine transfinite Menge anderer Sätze, ohne daß »rot« als das Negat irgendeiner Eigenschaft, die diese Sätze einem Objekt zuschreiben, *definiert werden* kann.
In ihrer Absicht, die physikalistische Verbindung mit der Semantik aufrecht zu erhalten und folglich einen derartigen Zusammenbruch zu vermeiden, ist die Idee Saul Kripkes (und anderer) recht anregend[35], daß es nämlich möglich sein muß, die Verbindung in kausalen Termini zu analysieren. Das heißt, es muß jederzeit möglich sein, einen, wenn auch komplizierten, kausalen Zusammenhang zwischen grundlegenden physikalischen Tatsachen und der Tatsache, daß ein Satz die Bedeutung hat, die er hat, zu konstruieren.
Man könnte gegen diese Methode, das Problem anzugeben, folgendes einwenden:
Nehmen wir an, wir forschten polizeilich nach, ob eine gewisse Banknote, die man zu einem bestimmten Zeitpunkt bei einer Person gefunden hat, falsch oder echt sei; und dabei entschlössen wir uns, statt die Eigenschaften der Banknote zu untersuchen, die zeigen könnten, daß das eine oder andere zutrifft, vielmehr Schritt für Schritt zu untersuchen, wie sie in die Hände dieser Person gelangt ist. Eine mehr oder weniger große Zahl Transaktionen führt uns, wenn wir richtig nachforschen, zum Ursprung der Banknote zurück, entweder zu der legalen Druckerei oder der Fälscherwerkstatt.
Eine Schwierigkeit besteht natürlich darin, daß mehr als eine derartige kausale Kette zu dem Ergebnis, daß ein und dieselbe Banknote zu ein und derselben Person gelangt, führen kann und daß keine hypothetische Kausalkette eine andere logisch ausschließt.
Aber eine noch größere Schwierigkeit besteht darin, daß eine derartige Verbindung zwischen Zeichengestalt und, sagen wir, einer elementaren physikalischen Tatsache nichts garantiert, im Unterschied zu der kausalen Verbindung zwischen

einer Banknote und der Reichsbank bzw. der Fälscherwerkstatt.
Es gibt sicherlich eine Möglichkeit, eine kausale Verkettung von einem Wort wie »*Phlogiston*« – dem Feuerelement der mittelalterlichen Chemie, der Substanz, ohne die keine Verbrennung stattfinden kann – und elementaren physikalischen Beobachtungen herzustellen.
Aber die Existenz einer kausalen Verkettung beweist keineswegs, daß ein *Feuerelement* in der Natur vorkommt. Der Grund ist, daß ein und derselbe physikalische Verlauf sich für die Beschreibung in mehreren verschiedenen, selbst unvereinbaren Begriffsapparaten und Vokabularien anbietet.
Es gibt eine strukturelle Gleichheit (die jedoch nicht Identität ist) zwischen diesem Typ von Theorien von Bedeutung und der »empirischen Semantik«, die wir im Kapitel 7.3 diskutieren wollen: mit diesem Namen meinen wir eine Theorie, oder vielmehr eine ganze Tradition von Theorien, die sich im wesentlichen auf zwei Grundannahmen stützen:

1. Eine natürliche Sprache muß Zeichengestalten enthalten, deren Bedeutung nicht ohne infinite Regression mittels anderer Worte erklärt werden kann, die also direkt in Beziehung mit unseren unmittelbaren Sinneserlebnissen stehen müssen.

2. Diese Verbindung kann nur hergestellt werden, indem eine Ideenassoziation zwischen Zeichengestalten und unseren unmittelbaren Empfindungen der Wirklichkeit hergestellt wird.

Die Herstellung der »Ideenassoziation« in 2. stellen sich die meisten Philosophen als eine *ostensive* Prozedur vor, als ostensive Definition. Die Meinungen schwanken, für manche ist die »Ideenassoziation« nur prinzipiell notwendig, andere behandeln sie wie eine *kausale* Rückführung der Bedeutung.
Die bekannteste Schwierigkeit einer solchen Theorie, die am klarsten vielleicht Ludwig Wittgenstein in seinen »Philosophischen Untersuchungen«[36] charakterisiert hat, besteht in der unvermeidlichen *Vieldeutigkeit*, von der jede ostensive Prozedur geprägt ist. Und diese Vieldeutigkeit verhält sich natürlich analog zu der Schwierigkeit, die wir uns bei kausalen Reduktionen des Bedeutungsbegriffs vor Augen

geführt haben: die Außenwelt erlaubt großzügig eine Unzahl von Deutungen, Klassifikationen und Unterteilungen, ohne uns festzulegen, solange wir uns nur mit Terminologien abgeben.

Aus dem in Kapitel 7.3 vorgelegten Material ziehen wir den Schluß, daß die empirische Semantik nicht haltbar ist, darüber hinaus folgern wir, daß auf dem aristotelischen Weg nicht zu einer allgemeinen Wahrheitstheorie zu gelangen ist.

Statt dessen deuten wir die Möglichkeit an, »wahr« als Eigenschaft eines empirischen Satzes zu definieren, als Möglichkeit in einem bestimmten, näher zu beschreibenden Sinn einen Ausschnitt aus der »Wirklichkeit« mit Hilfe des Satzes zu *konstruieren*, und analog dazu, »falsch« als die Unmöglichkeit, eine derartige Konstruktion durchzuführen.

Diese Theorie liegt außerhalb der von uns so genannten »aristotelischen Tradition«.

»Darin haben nämlich die Cartesianer sehr gefehlt, daß sie die Vorstellungen, deren man sich nicht bewußt wird, für nichts rechneten.«

(Leibniz, »Monadologie«, § 14)

Wir haben uns bereits mit der Anmerkung zur Bedeutung des Wortes Gravitation wie Alexander Bryan Johnson sie im 4. Kapitel seines »Treatise on Language« macht, auseinandergesetzt[1]:

»Das Wort Gravitation bezeichnet viele interessante und wichtige Phänomene, aber wenn wir darüber hinaus nach der Gravitation selber suchen, benehmen wir uns wie das Kind in der Oper, das nach ungeduldigem Anhören von Musik, Gesang und Tanz sagte: ›Ich habe genug von alldem, ich will jetzt Oper haben.‹«

Lesern unserer Zeit erscheint dieses Beispiel bekannt: Gilbert Ryle[2] entwickelt in seinem »The Concept of Mind« einen Gedankengang, bei dem ein Besucher einer englischen Universität – nachdem er jedes einzelne College der Universität gesehen hat – schließlich ungeduldig darum bittet, man möge ihm doch die Universität selbst zeigen. Und die kann man ihm nicht zeigen.
Ryle will mit diesem Beispiel eine Analogie zur Frage nach der Existenz der Seele aufzeigen. Die verschiedenen sichtbaren und vernünftigen Verhaltensäußerungen eines Menschen verhalten sich zu seiner Seele wie die verschiedenen sichtbaren Colleges zur (nicht sichtbaren) Gesamtheit der Universität.
Einer der Philosophen, den Alexander Bryan Johnson ganz sicher gelesen hat und von dem er beeinflußt worden ist, war Bischof Berkeley; dieser führt einen analogen Gedankengang über »Anziehungskraft« in seinem »Treatise Concerning the Principles of Human Knowledge«[3]:

»Das große mechanische Prinzip, welches jetzt in Ansehen steht, ist die *Attraktion*. Daß ein Stein zur Erde fällt oder die See zum Monde hin anschwillt, mag einigen hierdurch zureichend erklärt zu sein scheinen. Aber wie sind wir denn aufgeklärt, wenn uns gesagt wird, dies geschehe durch Anziehung? Zeigt dieses Wort die Art des Strebens und bedeutet es, daß die Annäherung durch einen gegenseitigen Zug der Körper erfolgt und nicht dadurch, daß sie zueinander hin gestoßen und gedrängt werden? Aber es ist nichts über die Weise oder Tätigkeit festgestellt, und diese kann vielleicht (soviel wir wissen) mit gleicher Wahrheit als *Impuls* oder *Fortstoßung* wie als *Anziehung* bezeichnet werden. Ferner sehen wir, daß die Teile des Stahls fest aneinander haften, und auch dies wird durch die Attraktion erklärt; aber in diesem Falle wie in den übrigen finde ich nicht, daß irgend etwas Weiteres als der Effekt selbst bezeichnet ist; die Art und Weise der Tätigkeit, wodurch er hervorgebracht wird, oder die Ursache, welche ihn hervorbringt, wird dadurch auch nicht einmal mutmaßlich bestimmt.«

Das Wort »Gravitation« in Johnsons Gedankengang hat mit dem Wort »Anziehungskraft« bei Berkeley eine Eigenschaft gemeinsam. Sie sagen beide über nichts anderes als über konkrete Phänomene aus, die wir schon erwähnt haben.
Ein etwas komplizierteres Beispiel für dieselbe Eigenheit einer Wortbedeutung gibt Johnson im Kapitel XVI von »A Treatise on Language«.[4]
Der dort auftretende Begriff lautet »Form der Erde« oder genauer: »Rundheit der Erde«.
Wenn ich von der Form einer Kugel spreche, die so groß ist, daß ich sie in der Hand halten kann und sage, sie sei rund, bezieht sich das Wort »rund« in der speziellen Bedeutung von »sich beziehen« auf Johnsons »sensible significance«, d.h. auf Referenz zu einer *Empfindung*, auf zwei verschiedene Empfindungen zweier verschiedener Sinnesrichtungen: die Rundheit der Kugel besteht zum einen in einer Tast-, zum anderen in einer visuellen Empfindung. Und diese beiden Empfindungen – so hat es Johnson von Bischof Berkeley übernommen[5] – sind logisch voneinander unabhängig. Die Behauptung, daß ein Objekt sich gleichzeitig rund anfühlt und viereckig aussieht, ist logisch nicht widersprüchlich.
In Johnsons Sinne *besteht* die Rundheit der Kugel in diesen beiden Sinnesempfindungen.
Wenn wir nun andererseits, sagt Johnson, von der Form der Erde sagen, sie sei rund, dann ist die Rundheit etwas anderes als die Kugelform. Denn es gibt keine Tastempfindung der Erdrundung, und die visuelle Empfindung (vor der ersten Raumfahrt!) entspricht der, wie man sie bei Schiffsmasten

hat, die, wenn das Schiff sich vom Beobachter entfernt, gleichmäßig hinter dem Horizont versinken oder wie der Schatten der Erde auf dem Mond.

Das Wort »rund« hat also bei Johnson in beiden Fällen *verschiedene Bedeutungen*.

Solange wir uns mit der Annahme begnügen, daß die Erde eine Sphäre ist, funktioniert das. Das Problem taucht auf, »wenn wie den Namen für eine Autorität halten, die uns berechtigt, der Erde sinnlich wahrnehmbare Eigenschaften zuzuschreiben, die unsere Sinne nicht entdecken können«.[6]

Wenn man das Wort »Sphäre« auf die Erde anwendet, bedeutet das, daß es die Bedeutung jeder Sache annimmt, auf die sich das Wort bezieht.[7] Wenn jemand zum Beispiel behauptete, die Erde sei deswegen eine Sphäre, weil sie sich in der Hand eines Riesen wahrscheinlich rund anfühlt, hat er aus dem Vorhandensein derselben Wortgestalt den unzulässigen Schluß gezogen, man könne mit »Sphäre« sowohl eine Kugelform als auch die Form des Erdballs beschreiben.

Das Wort ist systematisch irreführend, solange wir nicht auf seine *sensible significance* eingehen, d.h. die Phänomene, auf die das Wort sich in beiden verschiedenen Fällen tatsächlich bezieht.

Die scheinbare inhaltliche Einheit beider Worte ist *einzig und allein* eine *verbale* Einheit, die die *verbal significance* des Worts darstellt. Aber lediglich aus verbalen Tatsachen, d.h. aus Eigenschaften, die nur Eigenschaften der Worte sind, kann man keine Schlüsse über die Erscheinungen, für die sie Zeichen sind, folgern.

Was lediglich *verbal significance* bei den Wörtern »Form«, »rund« und »Sphäre« ist, kann sozusagen von dem Gedankengang abgezogen werden.

Wenn wir dieses aus den Augen verlieren, wird uns die Sprache systematisch irreführen und dazu verleiten, Objekte in unsere Wirklichkeitsauffassung einzuführen, die in der Wirklichkeit keine Entsprechung haben. Hierher gehört z.B. »Rundheit« als eine Eigenschaft, die sowohl kleine Kugeln besitzen, die man in der Hand halten kann, als auch der Erdball.

Um diese drei Beispiele abzuhandeln, benötigen wir offenbar einen Begriffsapparat. Wir stellen also fest:

Als *Intension* eines *Begriffs* bestimmen wir (vorläufig, denn was ein Begriff ist, wird im folgenden Gegenstand der Diskussion sein) die Eigenschaften und Qualitäten die – zusammengenommen – den Begriff ausmachen. Beim Begriff *Dreieck* sind diese Qualitäten Umfang, Form, drei Geraden, drei Winkel, eine Winkelsumme, die mit zwei rechten Winkeln gleich ist etc.[8]
Mit *Extension* meinen wir die Objekte, die unter diesen Begriff fallen. Diese können ihrerseits unterschiedlicher Art sein, z.B. Individuen, Eigenschaften, Klassen oder Relationen.
Die *Intension* eines Begriffs entspricht also ungefähr einer n-stelligen Satzfunktion und die *Extension* der Klasse von Objekten, die die Funktion erfüllen, oder klarer ausgedrückt, der Klasse von Objekten, die, wenn sie vorhanden sind, durch die Funktion auf eine Menge von sprachlichen Sätzen abgebildet werden.
Wenn »A ist rot« ein wahrer Satz ist, ist also A ein Element in der Extension zu dem Begriff, dessen Zeichen »rot« ist, und Röte oder die Eigenschaft, rot zu sein, ist die Intension des Begriffs.
Unter *Konnotation* und *Denotation* eines *sprachlichen Ausdrucks*, z.B des Satzes »A ist rot«, verstehe ich folgendes: *Denotation* ist die Extension des Begriffs, der die Bedeutung des sprachlichen Ausdrucks darstellt, also Extension, verstanden als Referenz eines sprachlichen Ausdrucks.
*Konnotation* ist die Intension eines Begriffs, der die Bedeutung des sprachlichen Ausdrucks darstellt, also eine Intension eines Begriffs, der die Bedeutung eines sprachlichen Ausdrucks ist.
Arnauld & Nicole stellen die folgende Beobachtung an[9]:
Ein Objekt oder eine Sache ist das, was man begrifflich als in sich selbst existierend auffassen kann, z.B. eine Kugel. Ein Modus, eine Qualität, ein Attribut sind jeweils eine Bestimmung von Dingen, die man begrifflich auffassen kann als Qualität, Attribut etc. dieses Dings; und die nicht *ohne* Ding existieren können.
In Übereinstimmung mit einer allgemeinen aristotelischen Tradition treffen so die Autoren der Port-Royal-Logik eine Unterscheidung zwischen syntaktischen Begriffen, die durch einen alleinstehenden sprachlichen Ausdruck ausgedrückt

werden können, und Begriffen, die zusammen mit einem anderen sprachlichen Ausdruck auftreten *müssen*.[10]
Eine Substanz oder ein Objekt, begrifflich durch ein Attribut bestimmt, nennt die Port-Royal-Logik »une chose modifée« – auf deutsch etwa »ein bestimmtes Objekt.«
Die bestimmten Objekte sorgen aber leicht für eine Verwechslung der Begriffe. Denn, sagen Arnauld & Nicole[11]:

»Es muß aber angemerkt werden, daß unser Geist, daran gewöhnt, die meisten Dinge als in einem bestimmten Zustand befindliche zu kennen, da er sie fast nur durch die Akzidenzien und Qualitäten kennt, die unsere Sinne affizieren, oft die Substanz selbst hinsichtlich ihres Wesens in zwei Ideen aufteilt, von denen er die eine als Subjekt und die andere als Modus betrachtet. Obgleich so alles, was in Gott ist, Gott selbst ist, unterläßt man es doch nicht, sich ihn als ein unendliches Seiendes vorzustellen; ferner die Unendlichkeit als Attribut von Gott anzusehen und das Seiende als Subjekt dieses Attributes. So betrachtet man auch oft den Menschen als Subjekt der Humanität, als ein *habens humanitatem*, und folglich als ›Ding in einem bestimmten Zustand‹.
Und demzufolge verwandelt man das wesentliche Attribut, weil man es sich einem Subjekt anhaftend vorstellt; genau das ist es, was man ›Abstraktion der Substanzen‹ nennt, wie es das Mensch-Sein, das Körper-Sein, die Vernunft sind.
Es ist trotzdem sehr wichtig zu wissen, was wirklich Modus und was nur dem Schein nach Modus ist; denn eine der hauptsächlichen Ursachen unserer Irrtümer ist die Verwechslung der Modi mit den Substanzen und der Substanzen mit den Modi. Es gehört also zur Natur des wahren Modus, daß man ohne ihn klar und deutlich sich die Substanz, deren Modus er ist, vorstellen kann, und daß man gleichwohl, andererseits, sich nicht klar diesen Modus vorstellen kann, ohne gleichzeitig seinen Bezug zu der Substanz, ohne die er natürlicherweise nicht existieren kann, sich vorzustellen.
Es bedeutet jedoch nicht, daß man sich den Modus nicht vorstellen könnte, ohne die Aufmerksamkeit besonders und ausdrücklich auf sein Subjekt zu richten, aber es zeigt sich, daß der Bezug zu der Substanz zumindest verworrenerweise in der Idee des Modus enthalten ist, denn dieser Bezug des Modus ließe sich nicht verneinen, ohne dabei die Idee, die man von dem Modus hat, zu zerstören; während man beim Sich-Vorstellen von zwei Dingen oder zwei Substanzen die eine der anderen absprechen kann, ohne die Idee, die man von jeder hatte, zu zerstören. Zum Beispiel kann ich sehr wohl die Klugheit negieren, ohne die Aufmerksamkeit besonders auf einen Menschen[12], der klug ist, zu richten; aber ich bin nicht in der Lage, mir die Klugheit vorzustellen, wenn ich den Bezug verneine,

den sie zu einem Menschen oder einem sonstigen vernunftbegabten Wesen, das diese Tugend besitzt, hat.«

Wenn eine Qualität, sagen wir *metallisch*, z. B. in der Aussage *A ist ein metallischer Gegenstand*, für ein Objekt kennzeichnend ist, besteht die Intension des Begriffs metallisch aus den Qualitäten, Eigenschaften oder Attributen, die den Inhalt des Begriffs darstellen, und die sich also durch eine Realdefinition feststellen lassen. Die Extension besteht aus Elementen der Klasse und nur aus diesen, wobei alle die Objekte eingehen, für die das Attribut metallisch kennzeichnend ist. Diese Elemente stellen also den nicht-leeren Durchschnitt der Klasse von Gegenständen und der Klasse von metallischen Objekten dar. (Und es gibt nicht-metallische Gegenstände.)

Arnauld & Nicole bieten einen logischen Test an, um die normale Situation von einer spezielleren zu unterscheiden, die möglicherweise zu Schwierigkeiten führt, wenn man Intension und Extension – oder umgekehrt – verwechselt.

Letzteres geschieht, indem man durch eine Art Verdoppelung der ursprünglichen Operation dem Attribut etwas hinzufügt. Die Port-Royal-Logiker sagen: die Substanz selbst wird in zwei Ideen aufgeteilt, deren eine als Substanz und deren andere als Modus betrachtet wird.

Der Test besteht in der Frage, ob es logisch möglich sei, daß die Extension ohne die Eigenschaft, die die Intension des Begriffs ist, existiert, und ob es umgekehrt möglich sei, die Intension zu begreifen, ohne sie sich gleichzeitig als deren Extension vorzustellen.

Wenn A ein metallischer Gegenstand ist, ist es beispielsweise logisch möglich, daß A ein Gegenstand und nicht metallisch ist, aber wenn A ein metallischer Gegenstand ist, so ist es ebenfalls notwendig, daß A ein Gegenstand ist und – wenn wir uns »Gegenstand« als etwas Materielles vorstellen – beispielsweise auch Ausdehnung hat.

Diesen Test kann man als Adäquanzkriterium ansehen.

Eine Bestimmung ist ein echter Modus, dann und nur dann, wenn es logisch möglich ist, daß die Bestimmung falsch ist und daß das, was in der Bestimmung einem gewissen Attribut hinzugefügt wird, dennoch existiert.

Wenn wir die Aussage *A ist ein ausgedehnter Körper* dem Test unterziehen, finden wir, daß sie die Forderungen von Arnauld & Nicole für einen echten Modus nicht erfüllen. Denn

es ist nicht möglich, daß A ein Körper ist, aber keine Ausdehnung besitzt.
Arnauld & Nicole beschreiben zwei verschiedene Arten, wodurch eine Bestimmung zu einem echten Modus werden kann. Die eine besteht darin, daß die Substanzen mit Modi verwechselt werden, die andere in der Verwechslung von Modus mit Substanz.
In unserer Terminologie können wir die erste Verwechslung als *Extension, die in Termen der Intension bestimmt ist*, und die andere als *Intension, die in Termen der Extension bestimmt ist*, bezeichnen.
Die allgemeine Form des ersten Typus von unechter Bestimmung wäre dann:

(1.1) *Das x, das die Eigenschaft F hat.*
(1.2) *Die Klasse von genau den x, die die Eigenschaft F haben.*

Die allgemeine Form für den zweiten Typus von unechter Bestimmung ist dann:

(2) *Die Eigenschaft, die für alle x kennzeichnend ist, ist F.*

Ein Beispiel für (1.1) ist die Phrase »der höchste Berg der Welt«, und ein weiteres »Aristoteles' Ansicht von der Materie«, ein drittes Beispiel ist »der gegenwärtige König von Frankreich«.
Nach Bertrand Russell[13] nennen wir Ausdrücke dieser Form *beschreibende Phrasen*, und in dem Maße, wie man sie dazu verwendet, um über irgendeine Existenz Aussagen zu machen, *bestimmte Beschreibungen.*
Beispiele für die Kategorie (1.2) liefern Ausdrücke des Typus »die aufgeklärten Menschen«, »das, was mir gehört«. Ausdrücke dieser Form nennen wir *abstrahierte Klassen.*[14]
Beispiele für Ausdrücke der Form (2) sind »Menschlichkeit« (als der Eigenschaften, die für alle Menschen und nur für Menschen kennzeichnend ist) und »Körperlichkeit« (als der Eigenschaft, die für alle Objekte, die einen Körper oder Ausdehnung besitzen, kennzeichnend ist und nur für sie).
Einen Begriff, der in Übereinstimmung mit (2) bestimmt ist, nennen wir nach Arnauld & Nicole eine *Abstraktion.*
Beschreibende Phrasen, Abstraktionsklassen und Abstraktionen werden wir gemeinsam unter den Begriff *unechte Bestimmung* fassen.

Nach diesen begrifflichen Vorarbeiten können wir uns nun wiederum den drei Beispielen zuwenden, mit denen sich Berkeley und Johnson auseinandersetzen: der Gravitation (bei Alexander Bryan Johnson), der Anziehungskraft (in Berkeleys *Principles*) und schließlich Johnsons Diskussion der sphärischen Gestalt der Erde.

An Berkeleys Beispiel ist vielleicht am leichtesten zu verstehen, daß seine Kritik des zeitgenössischen Begriffs der Anziehungskraft davon ausgeht, daß Anziehungskraft eine unechte Bestimmung, spezieller noch, eine *Abstraktion* ist.

Nichts ist durch diese Art und Weise bestimmt, in der die Erscheinung auftritt, sagt Berkeley. Er kann nicht sehen, daß etwas bezeichnet wird, was über den beschriebenen Effekt hinausgeht.

Mit den Kriterien der Port-Royal-Logik für eine echte Bestimmung wird die Aussage zu: *A ist ein Fall von Anziehungskraft*, wobei die Aussage A darin besteht, daß etwa ein Eisennagel von einem Magneten angezogen wird; dies ist eine unechte Bestimmung. Denn es scheint nicht möglich, daß A kein Fall von Anziehungskraft ist und daß der Eisennagel trotzdem vom Magneten angezogen wird. Und wenn A ein Fall von Anziehungskraft ist, scheint daraus nicht zu folgen, daß A irgendeine andere Eigenschaft hat.

So wie Berkeley den Begriff darstellt, scheint Anziehungskraft ein Beispiel für Abstraktion zu sein.

Auch *Gravitation* im ersten Beispiel Johnsons ist eine Abstraktion; seine Analogie zur Opernvorstellung, die nichts anderes ist als die Summe ihrer einzelnen Momente, beleuchtet vortrefflich gerade die logische Eigenschaft von Abstraktionen, die unsere Adäquanzkriterien beschreiben.

Nicht wegen ihrer Vieldeutigkeit, die bei unechten Bestimmungen auftritt, sind komplexe Begriffe irreführend, sagen Arnauld & Nicole.[15]

»Denn das Wort vom »Fürst der Philosophen« kann zum Beispiel nie mehrdeutig sein, wenn man nicht diese Idee vom ›Fürst der Philosophen‹ auf irgendein in der Erkenntnis unterscheidbares Individuum anwendet.«

Damit werden die in der modernen Philosophie bekannten Schwierigkeiten berührt, in einer extensionalen Sprache mit intensionalen Ausdrücken fertig zu werden, und ferner das

Problem, jedes Vorkommen einer *modalitas de re* auf eine *modalitas de dicto* zu reduzieren.[16]

Vieldeutigkeiten entstehen nur dann, wenn wir anstelle dieses verwirrenden (»confus«) Begriffs einen festumrissenen Begriff substituieren.

Denn die Menschen sind unterschiedlicher Auffassung zu diesem Objekt, sie können das Attribut »Fürst der Philosophen« ganz verschiedenen Personen beimessen, die einen Platon, die anderen Aristoteles.[17] Wenn z.B. in einem Buch zu lesen ist: »dieser Fürst kämpfte für die wahre Religion«, ändern sich Bedeutung und Wahrheit dieses Satzes mit den Ansichten des Autors, welches die wahre Religion eigentlich sei. Ein christlicher Autor wird die Meinung vertreten, der Fürst kämpfe für das Christentum, ein arabischer Gelehrter wiederum, der Fürst kämpfe für den Islam.[18]

Fügt man der unechten Bestimmung etwas hinzu, das man *nicht auf andere Art und Weise* bestimmt, bekommt sie *schwebende Referenz*.

Wenn Johnson sagt:

»Wir haben recht, wenn wir die Erde eine Sphäre nennen, aber wir haben unrecht, wenn wir dem Namen die Autorität zusprechen, der Erde sinnliche Fähigkeiten zuzuordnen, die unsere Sinne nicht erfahren können«[19],

zeigt er damit, daß auch er sein Problem im Kern mit komplexen Begriffen verknüpft sah, die unechte Bestimmungen enthalten und die nicht auf andere Weise bestimmt werden.

Allerdings besteht ein entscheidender Unterschied zwischen Johnsons Methode und der der Port-Royal-Logik, und dieser Unterschied ist entscheidender Bedeutung für das Verständnis einer Reihe sprachkritischer Argumente des 19. Jahrhunderts und der Jahrhundertwende

Man kann den Unterschied ganz einfach folgendermaßen ausdrücken: Während für einen Philosophen der Port-Royal-Logik Konnotation eines sprachlichen Ausdrucks nur das ist, was sie ist, ohne Rücksicht auf unsere eigenen Vorstellungen, ist Konnotation bei Johnson dagegen etwas, das abhängig von unseren Vorstellungen ist: in dieser Hinsicht steht er ganz unter dem Einfluß John Stuart Mills.

Und weiter: während Qualitäten wie *Röte* oder die *Eigen-*

*schaft sphärisch zu sein* für die Port-Royal-Logik begriffliche Existenz haben, verneint Johnson mit seinem extremen Nominalismus jegliche Selbstständigkeit von Allgemeinbegriffen.

Das Abstrakte oder Allgemeine eines Allgemeinbegriffs wie Rot muß Johnson ganz einfach als eine Form der *Vieldeutigkeit* erscheinen.

Folglich besteht in Johnsons Philosophie keine Möglichkeit der Unterscheidung zwischen dem, was wir hier *Abstraktionen* genannt haben – einem Spezialfall von unechten Bestimmungen – und *Allgemeinbegriffen.*

Max Black[20] hat in einem engagierten Essay versucht, Johnsons eigenartige Unterscheidung zwischen *verbal significance* und *sensible significance* als Verwechslung von dem, was wir hier *Konnotation* bzw. *Denotation* genannt haben, darzustellen.

Demnach meinte Johnson mit *verbal significance* unseren Begriff Konnotation und mit *sensible significance* unsere Denotation.

Diese Deutung der Begriffe scheint nicht allzu wahrscheinlich, da die daraus sich ergebenden Konsequenzen nicht im Sinne Johnsons wären.

Eine Folge, die stark im Widerspruch zu dem steht, was Johnson ständig betont, daß nämlich Erfahrungen die einzige Quelle für unsere Erkenntnis der Wirklichkeit sind, ist[21]: Wenn die sinnlich wahrnehmbare Bedeutung des Satzes »Schnee ist weiß« identisch mit den Objekten ist, für die der Satz wahr ist, ist es logisch nicht möglich, daß der Satz falsch ist.

Als weitere Folge dieser Deutung ergibt sich anscheinend, daß alle falsifizierten Sätze auch bedeutungslos, nur die verifizierten bedeutungsvoll sind.

Denn wenn Konnotation identisch mit Denotation ist, kann nichts existieren, was die Bedeutung des Satzes »Schnee ist schwarz« darstellen könnte.

Nichts in Johnsons Abhandlungen zur Sprache liefert einen Hinweis darauf, daß er die Worte »falsch« und »bedeutungslos« in einem so exzentrischen Sinne verwendet. Und wenn er auch in seiner gesamten Philosophie sich als eigensinnig und autodidaktisch erweist, dürfte er, der so skrupulös und sorgfältig jeden Schritt seiner Argumentation zu verdeutlichen sucht, es kaum versäumt haben, die Leser auf eine derartige Eigenheit seiner Sprachphilosophie hinzuweisen. Vielmehr sagt er explizit in einem Abschnitt über Hume in »A Treatise on Language«[22]:

»Hume sagt, ›unsere Sinne geben uns Mitteilung von der Farbe, dem Gewicht, der Konsistenz von Brot; aber weder Sinne noch Verstand können uns Mitteilung geben von den Eigenschaften, die das Brot als Nahrungs- und Versorgungsmittel für den menschlichen Körper geeignet machen.‹ Soweit der Satz Humes sinnvoll ist, ist er unwahr (...)«

Johnsons Gedankengang über die sphärische Form der Erde und ihr Verhältnis zur sphärischen Form einer Kugel, die man in der Hand halten kann, zeigt statt dessen mit aller wünschenswerten Deutlichkeit, daß Johnson unter *»purely verbal significance«* einen komplexen Ausdruck versteht, der eine unechte Bestimmung enthält.
Diese Bestimmung – »die Form, die die Erde hat« – ist eine beschreibende Phrase und führt zu Problemen, wenn sie als Name für ganz bestimmte Eigenschaften aufgefaßt wird, z. B. taktile Rundheit.
Durch seine Unbestimmtheit im Hinblick auf individuelle Objekte ist der Ausdruck eine »verbal signification«; eine Präzisierung eines Ausdrucks aber muß darin bestehen, die Beschreibung durch tatsächlich sinnlich wahrnehmbare Eigenschaften zu ersetzen.
Wenn eine beschreibende Phrase wie »die Form, die die Erde hat« Vorstellungen von Qualitäten weckt, ohne daß diese wirklich aus dem Zusammenhang heraus sinnlich wahrnehmbar sind, ist der Ausdruck systematisch irreführend. Die Phrase hat schwebende Referenz.
Allerdings läßt Johnson in seiner Philosophie keinen Raum für Allgemeinbegriffe, die nicht in unechten Bestimmungen auftreten, und das führt zu einer weitgehenden Ablehnung jeglicher Form abstrakter Entitäten, so daß alle nur möglichen Erkenntnisse auf Sinnesempfindungen reduziert werden.
Johnsons Schwierigkeiten mit Beschreibungen, Abstraktionen und anderen unechten Bestimmungen stehen in engem Zusammenhang mit seinem Bedürfnis, sich Konnotation eines sprachlichen Ausdrucks als etwas von *unserer Vorstellungswelt* Abhängiges vorzustellen, also als psychischen Inhalt.

Was z.B. de facto in einer bestimmten Beschreibung zum Ausdruck kommt, braucht nicht irreführend zu sein, aber wenn die psychischen Vorstellungen, welche die Beschreibungen erzeugen, wie z. B. »die Form, die die Erde hat« oder »der größte Philosoph der Welt«, als Präzisierungen aufgefaßt werden, dann entstehen philosophische Probleme.
Am klarsten hat Bertrand Russell dies in »On Denoting«[23] formuliert, wo er die sogenannte Theorie für bestimmte Beschreibungen entwickelt. Was sie von normalen Aussagen unterscheidet, ist, daß sie sich nicht als Eigennamen behandeln lassen. Es treten in ihnen keine Individuen auf:

»Was wir wissen, ist, ›So-und-So hat eine Psyche, die diese und jene Eigenschaften hat‹, aber wir wissen nicht, ›A hat diese und jene Eigenschaften‹, wobei A die in Frage stehende Psyche ist. In diesem Fall kennen wir die Eigenschaften eines Dings, ohne zu dem Ding selbst Zugang zu haben und folglich ohne Kenntnis irgendeiner einzigen Aussage zu haben, von dem das Ding selbst ein Konstituent ist.«

Eine Analyse des Begriffs Bedeutung, die eine Unterscheidung ermöglicht zwischen Allgemeinbegriffen und deren Eigenschaft, allgemein zu sein auf der einen Seite und der speziellen Vieldeutigkeit, die unechten Bedingungen anhaftet, auf der anderen, eine solche Analyse muß Raum zu einer Unterscheidung lassen zwischen dem, was in der Tat in die Bedeutung des Ausdrucks eingeht, und der Frage, welche psychischen Vorstellungen er weckt.
Die historischen Veränderungen des Konnotationsbegriffs sind in diesem Zusammenhang interessant. Im Laufe des 19. Jahrhunderts erfährt nämlich der Begriff eine Psychologisierung, die sicherlich für Nietzsche, Johnson und Mauthner eine Rolle gespielt hat.
Wie Jean Molino in einer begriffsgeschichtlichen Studie[24] klärend hervorhebt, ist »Konnotation« scholastischen Ursprungs, hat aber ursprünglich Bedeutungen, die ganz von denen abweichen, die der Begriff in der zweiten Hälfte des 19. Jahrhunderts bekommen sollte.
Die Scholastiker unterscheiden zwischen Allgemeinbegriffen mit absoluter Bedeutung, *per modum se stantis* (»das Weiß«), und den konkreten Begriffen (»der Mensch«, »dieser Baum«, »dieses Weiße«). Wenn ein Allgemeinbegriff eine Eigenschaft eines Objekts bestimmt und »konnotiert« *per*

*modum alteri adjacentis*, stellt der konnotative Begriff primär den entsprechenden abstrakten Begriff dar und sekundär *(per posterius, ex consequenti)* das Objekt, das auf diese Weise bestimmt wird.[25]

»Die Namen wie rund, hart, gerecht, klug, die die Dinge als in einem bestimmten Zustand befindlich bezeichnen, in erster Linie und direkt, wenn nach unklarer, das Ding, und indirekter aber deutlicher den Modus angebend, werden Adjektive oder Konnotative genannt.«[26]

In der Port-Royal-Logik ist dann die Konnotation die »unklar« (confusement) bestimmte Denotation. Wenn ich sage »das Pferd ist weiß«, wird »weiß« die Vorstellung von dem Objekt wecken, auf das sich das Prädikat bezieht, da ich ja nicht »weiß« sagen kann, ohne das Wort mit irgendeinem anderen zu verbinden.

Konnotation in diesem Sinne ist Extension, intentional bestimmt. (Sie kann also auch zu einem Ausdruck erweitert werden, der eine beschreibende Phrase oder eine Abstraktionsklasse enthält: »das individuelle Tier, das weiß ist« oder »alle Tiere, die weiß sind«.)

»Konnotation« – so wie wir das Wort zu Beginn dieses Kapitels angewendet haben – entspricht in der scholastischen Philosophie »comprehensio«.

Arnauld & Nicole definieren folgendermaßen[27]:

»Ich nenne Inhalt (comprehension) der Idee die Attribute, die die Idee in sich schließt, und die man von ihr nicht entfernen kann, ohne die Idee zu zerstören, so wie der Inhalt die Idee des Dreiecks Ausdehnung, Gestalt, drei Linien, drei Winkel und die Gleichheit dieser drei Winkel mit zwei Rechten usw. in sich schließt.«

Eine Denotation fällt in der Port-Royal-Logik unter die Bezeichnung *»étendue«* und ist mit dem, was wir eingangs eine Denotation genannt haben, identisch.

John Stuart Mill, der nach dem Beispiel Humes den Allgemeinbegriff als etwas Psychisches auffaßt, als verallgemeinerte Bilder einzelner Sinnesempfindungen, schwächt den Begriff im Verhältnis zur scholastischen *comprehensio* erheblich ab.

Konnotation wird sprachlich aufgefaßt als Bedeutung, und diese Bedeutung ihrerseits ist etwas Psychisches.

Jacques Maritain hat diesen Konnotationsbegriff, den er mit

einer gewissen Übertreibung »den englischen Logikern« zuschreibt, in der folgenden Weise beschrieben[28]:

»Der Begriff *Konnotation*, so wie er sich bei den englischen Logikern darstellt, setzt, wenn alles in Bezug gesetzt ist, voraus, daß ein Begriff nur aus dem besteht, was wir *wirklich* und *ausdrücklich* von einigen Kennzeichen oder Eigenschaften denken, derer wir uns bedienen, um den Begriff zu definieren.«

Zu der begrifflichen Verwirrung tragen einige moderne Philosophen bei, die außerdem zwischen einer *objektiven Konnotation*, d.h. dem Begriff, so wie er sich ohne Rücksicht auf unsere Vorstellung darstellt, und dem Begriff, so wie wir ihn auffassen, trennen, d.h. einer *subjektiven Konnotation*.
So unterscheidet E. Goblot in seinem »Traité de logique«[29] zwischen *»connotation objective«* und *»connotation subjective«*.
Anders Wedberg verwendet in seiner »Filosofins historia«[30] im Anschluß an eine Unterscheidung Adolf Phalens in entsprechender Weise die Termini *»intendierte Konnotation«* und *»konfirmierende Konnotation«*.
Jene Tradition in der Logik, die, dem Beispiel Leibniz' folgend, Begriffe als Klassen definiert sehen will, verbindet sich bei den englischen Empiristen des 19. Jahrhunderts mit einer psychologistischen Auffassung von der Natur des Begriffs, die an und für sich keine logische Folge eines Strebens nach rein extensionalen Definitionen darstellt.
Der Begriff »Bedeutung« wird psychologisiert. Alexander Bryan Johnsons Schwierigkeiten, mit unechten Bestimmungen fertig zu werden, ohne sich mit Allgemeinbegriffen abzugeben, spiegelt ganz und gar dasselbe theoretische Dilemma wider, das durch das Bedürfnis nach zwei Begriffen für subjektive und objektive Konnotation hervorgerufen wird.
Die psychologistische Tendenz ist allerdings nicht das einzige Kennzeichen der modernen empiristischen Philosophie.
Bei Moritz Schlick[31], einem Philosophen des Wiener Kreises, wird man sie vergeblich suchen. Der Kerngedanke seines zentralen Aufsatzes »Form and Content« ist gerade der, daß die Sprache niemals psychischen Inhalt vermitteln kann, auch wenn er später diese Einstellung in einem Punkt modifiziert.[32]
Um das Bild noch weiter zu vervollständigen:

In der modernen Linguistik überlebt der Begriff *Konnotation* in einer Bedeutung, die der *connotation* von Arnauld & Nicole nähersteht als deren *compréhension.* Bei Bloomfield und Hjelmslev umfaßt Konnotation den Bereich sekundärer Bedeutungen, die ein Wort – über seine lexikalische Bedeutung hinaus – auf verschiedenen sozialen Ebenen haben kann, um zum Beispiel ein linguistisches Tabu zu umgehen. Bei Bloomfield sind Konnotationen hauptsächlich Gruppenphänomene.[33]
Was der Begriff hier von seiner mittelalterlichen Bedeutung beibehalten hat, ist die Bedeutung von *sekundär, unklar.*

Nehmen wir an, ein Kulturanthropologe auf Exkursion entdeckte, daß die Mitglieder eines isoliert lebenden Volksstammes daran glauben, Gewitter würden von einem großen Drachen hervorgerufen, der bisweilen über den Himmel fährt, mit seinen gewaltigen Flügeln schlägt und Feuer aus seiner Nase sprüht.
Unser Kulturanthropologe, der sich für Sprachphilosophie interessiert, entschließt sich, die Sprachgewohnheiten zu studieren, die in einem solchen Weltbild entstehen. Er möchte nämlich herausfinden, ob der Sprachgebrauch der Stammesmitglieder systematisch irreführende Vorstellungen verursacht.
Zuerst denkt er an Alfred Tarskis Adäquanzkriterium für eine semantische Wahrheitstheorie und schreibt in sein Notizbuch:

(U1) *Der Satz »Es gewittert« ist wahr, dann und nur dann, wenn es gewittert.*

Zweifelsohne ist dieser Satz wahr. Und gleichfalls nicht zu diskutieren ist:

(U2) *Der Satz »Der große Drache fährt über den Himmel« ist dann und nur dann wahr, wenn es mindestens ein x gibt mit der Eigenschaft, daß x ein großer Drache ist, und daß x über den Himmel fährt.*

In dieser Gegend ist der Satz »Es gewittert« zu einigen Zeitpunkten wahr. Und der Satz »Der große Drache fährt über den Himmel« ist zu allen bis jetzt beobachteten Zeitpunkten oder Himmelsrichtungen nicht wahr. Gewitter *kann nicht* von einem großen Drachen verursacht werden.

Gleichzeitig beobachtet der Anthropologe, daß die Stammesmitglieder stets Ausdrücke wie »Der große Drache fährt über den Himmel« verwenden, wenn es gewittert, und »Der große Drache steht und lauert«, wenn sich ein Gewitter zusammenzieht, nie aber in anderen Situationen. Ihr Sprachgebrauch ist also *vollkommen konsequent.*
Der Anthropologe spielt einen Augenblick mit dem Gedanken, daß der Sprachgebrauch der Stammesmitglieder ganz einfach so zu beschreiben ist, daß »der große Drache fährt über den Himmel« »es gewittert« *bedeutet*, d.h., daß die Ausdrücke synonym sind.
Die Unsinnigkeit seiner Annahme geht ihm sofort auf. Denn in der psychischen Vorstellungswelt des Volksstamms scheint teils die Idee von Gewitter mit allen möglichen Vorstellungen von einem Drachen verbunden zu sein, teils zeigt sich, daß sie den Satz »Es gewittert, und der große Drache fährt nicht über den Himmel« für widersprüchlich halten.
Nun erkennt der Anthropologe, daß er tiefer eindringen muß in das Problem, um sich bei der Analyse nicht allen möglichen Schwierigkeiten auszusetzen, d.h. entweder zu behaupten, daß man ihr Weltbild übernehmen muß, um mit ihnen reden zu können, oder auch, daß es in dieser Gegend niemals gewittert, was offenbar falsch ist.
Bei dem in seinen Aufzeichnungen gesammelten sprachlichen Material stößt er auf folgende Äußerung:

(Y) *»Der große Drache, der über den Himmel fährt, hat diesen Baum gespalten.«*

Offenbar ist dies ein Beispiel für eine unechte Bestimmung, genauer gesagt eine, bei der eine Extension durch Referenz zur Intension bestimmt wird, und – da es sich um ein Individuum handelt – eine bestimmte Beschreibung, die in Sätzen, die solche grammatischen Subjekte wie folgt enthalten, umschrieben werden kann:

(Y') *»Es gibt ein einziges x mit der Eigenschaft, daß x ein großer Drache ist und x über den Himmel fährt und x diesen Baum zerspalten hat.«*

Jede naturwissenschaftliche Erfahrung spricht dafür, daß (Y') eine falsche Aussage ist.

Aber was ist nun was? (Y') ist deswegen falsch, weil es Bestimmungen von der Extension von »x« enthält, die falsch sind. Und sie sind falsch, weil sie auf der falschen Prämisse aufbauen, daß *es ein x gibt, mit der Eigenschaft, x ist ein großer Drache und x ruft Gewitter hervor.* Aber das durch die Intension: *ein großer Drache, der über den Himmel fährt* falsch bestimmte x läßt sich durch eine andere unechte Bestimmung festlegen, nämlich: *das x, das das Gewitter hervorruft.* Wir erhalten dann die wahre bestimmte Beschreibung:

(X) *»Es gibt nur ein x, das so beschaffen ist, daß x Gewitter hervorruft, und daß x diesen Baum gespalten hat.«*

Und die Bestimmung von x kann zur folgenden wahrscheinlichen, naturwissenschaftlichen Bestimmung erweitert werden:

(X') *»Es gibt nur ein x, das so beschaffen ist, daß x ein elektrostatischer Ladungszustand in der Atmosphäre ist und x Gewitter hervorruft und x diesen Baum gespalten hat.«*

Was trotz dieser Veränderung konstant geblieben ist, ist die *Extension*, während die *intensionalen* Bestimmungen gewechselt haben. Aber da die Extension gerade durch diese Intensionen, die unterschiedlich waren und von denen einige auf falschen Voraussetzungen beruhten, bestimmt worden war, gibt es keine Möglichkeit zu entscheiden, ob »x« in den verschiedenen Formulierungen für dasselbe Objekt gestanden hat.

Dagegen ist klar, daß (X) sowohl mit dem, was der Anthropologe für wahr hält, vereinbar ist, wie auch mit dem, was die Stammesmitglieder für wahr halten, da ja die einzige in der Aussage enthaltene Beschreibung die Eigenschaft hat, daß man sich über sie einigen kann, ohne Rücksicht darauf, welche psychischen Vorstellungen man im übrigen hat.

Der Anthropologe ist also sehr wohl in der Lage, mit den Stammesmitgliedern zu sprechen, ohne mit der Gesamtheit ihres Weltbildes übereinzustimmen, solange er irgendwelche unechten Bestimmungen findet, über die er sich mit ihnen einigen kann, und solange er sehr genau zwischen echten und unechten Bestimmungen trennt, d. h. in diesem Fall zwischen Aussagen und beschreibenden Phrasen.

Mit anderen Worten, er kann sie verstehen, ohne ihre psychischen Vorstellungen übernehmen zu müssen.
Dies hat nur scheinbar paradox zur Folge, daß wir tatsächlich eine Behauptung aufstellen können, ohne zu wissen, was wir behaupten: aber das scheinbare Paradox ergibt sich nur aus der Tatsache, daß »wissen, was wir behaupten« im modernen Sprachgebrauch zwischen zwei Bedeutungen schwankt. Es wird sowohl für die Konnotation eines Satzes als auch für die psychischen Vorstellungen, die mit dem Satz verknüpft sind, verwendet. Die »eigentliche« Konnotation ist etwas anderes als eine Beschreibung, eine Abstraktionsklasse oder eine Abstraktion.
Unser Gedankengang kann also als implizites Argument für die Notwendigkeit angesehen werden, in der Sprachphilosophie Annahmen von abstrakten Entitäten zu machen, die unabhängig von den Vorstellungen sind, die wir uns von ihnen machen.
Wenn beispielsweise ein Alchimist, der noch nichts von Ionen, Verbindungen und dem periodischen System der Elemente in der modernen Chemie wissen konnte, behauptet hat, daß Quecksilber mit Silber amalgamiert, waren ganz andere psychische Vorstellungen mit der Behauptung verbunden als bei einem modernen Chemiker, aber die Behauptung selber ist wahr. Nur wenn die psychischen Vorstellungen, die mit der Behauptung verbunden waren, für unechte Bestimmungen in Anspruch genommen werden, werden sie falsch.
Wir können ganz falsche Vorstellungen von der Natur des Magnetismus haben und dennoch zu einer korrekten Beurteilung imstande sein, wann ein Gegenstand magnetisch ist oder nicht, vorausgesetzt, wir können uns über die Bestimmung des Gegenstands einigen.
Wenn also Fritz Mauthner sagt, daß Zucker einer sozialen Konvention wegen[34] süß schmeckt, hat er recht, insofern *die Bestimmung* der Qualität »süß« sich in irgendeiner Weise auf eine soziale Übereinkunft gründen muß (wie der Inhalt eines jeden Wortes), aber die *Intension – die Qualität selbst* – würde sich nicht ändern, selbst wenn die soziale Konvention sich änderte.
Ein interessantes Licht auf das Verhältnis zwischen unechten Bestimmungen, die komplexe Aussagen abtrennen, und den Aussagen selbst, werfen diejenigen Richtungen innerhalb der

modernen Begriffsgeschichte, die eine *diskontinuierliche* historische Entwicklung der Begriffe betonen.[35] Michel Foucault[36] und Wolf Lepenies[37] gehören zu diesen – soziologisch orientierten – Historikern der Ideengeschichte, die in den letzten Jahren aufzeigen wollten, wie gewisse zentrale Begriffe durch die Entwicklung von Wissenschaft und Zivilisation sich nicht nur verändert haben (unser eigener Gedankengang zum Konnotationsbegriff ist ein Beispiel dafür), sondern auch derartig gewaltige Veränderungen durchgemacht haben, daß man faktisch von *Kontradiktionen* in der Entwicklung der Begriffe sprechen kann.

Ein beinah schon klassisches Beispiel ist der Begriff *Wahnsinn* (»folie«), dessen Entwicklung Foucault in seiner »Histoire de la Folie à l'Age Classique« schildert.[38]

Im Mittelalter gehören Halluzinationen in der intellektuellen Entwicklung des Menschen zu den normalen Erfahrungen, »Offenbarungen« haben einen großen menschlichen und sozialen Wert.

In der Zeit des französischen Klassizismus sind dagegen Halluzinationen Symptome für mangelnde psychische Gesundheit. Gleichzeitig werden die konformistischen Züge im Begriff Wahnsinn verstärkt.

Zur selben Zeit macht die Auffassung von der Behandlung Geisteskranker radikale Veränderungen durch, die sich praktisch in einer zunehmenden gesellschaftlichen Intoleranz gegen psychisch abnorme Zustände äußert.

Der Spielraum für die empirischen Phänomene, die man allgemein als »psychische Krankheit« auffaßt, wird enger, an gewissen Punkten scheinen sich so große Veränderungen zu vollziehen, daß die Intension des Begriffs in das Gegenteil des früheren Wahnsinnsbegriffs verkehrt wurde.

Im Hinblick auf die Referenztheorie stellt sich bei diesen Beobachtungen (ähnliche Beobachtungen haben Forscher derselben Schule bei Begriffen wie *Verbrechen* und *Strafe*[39], *Melancholie*[40] und bestimmten *chronologischen Begriffen*[41] gemacht) die interessante Frage, welcher ontologische Status einem Begriff wie »psychische Krankheit« auf dem Hintergrund eines sich stets verändernden und bisweilen widersprüchlichen Inhalts beigemessen werden soll.

Der Begriff *Abstraktion*, den wir in diesem Kapitel eingeführt haben, bietet ein angemessenes Werkzeug, um mit diesem

Typ historisch gegebener, begrifflicher Größen umzugehen.

Wenn wir »psychische Krankheit« als »die Eigenschaft derjenigen Phänomene, die Elemente einer Klasse psychischer Krankheitsphänomene sind und nur sie«, bestimmen, ist »psychisch krank« eine unechte Bestimmung.

Der Test von Arnauld & Nicole zeigt dann die logische Notwendigkeit, auch die Existenz der *Intension* zu verneinen, wenn wir die Existenz aller der Phänomene verneinen, die Elemente der Klasse sind. Und wenn »A ist eine Form psychischer Krankheit« (wobei A irgendein zentrales Symptom ist, z.B. Halluzinationen oder ein Rückfall in stark infantiles Verhalten) ein wahrer Satz ist, folgt daraus nicht logisch notwendig, daß es auch ein anderes Attribut gibt, das ebenfalls kennzeichnend für A ist.

Wenn andererseits »folie«, »Wahnsinn« oder »psychische Krankheit« echte Bestimmungen sind (folglich keine Abstraktionen), muß es logisch möglich sein, daß A eine Halluzination ist, ohne psychotisch zu sein, und wenn A eine psychotische Halluzination ist, muß A auch notwendig eine Halluzination sein.

Angesichts der Widersprüchlichkeiten des Begriffs *psychische Krankheit* oder *Wahnsinn* im Lauf der Geschichte, scheinen uns drei Deutungsmöglichkeiten angezeigt:

1. Wir können den Begriff als *Abstraktion* – in der eben beschriebenen Bedeutung des Wortes – behandeln. Eine Abstraktion ist eine unechte Bestimmung und variiert gleichzeitig mit den wechselnden Denotationen des Wortes »psychische Krankheit«. Psychische Krankheit wird dann zu einer Sammelbezeichnung für wechselnde Bezeichnungen zu verschiedenen Zeitpunkten und nichts weiter.

Ein Begriff, der auf Abstraktion beruht, kann nicht durch eine Realdefinition bestimmt werden, da er keinen eigentlichen begrifflichen Inhalt hat, *und weil er auch keinem anderen Begriff widersprechen kann*, da er nur scheinbar ein Begriff ist. Ein Apfel ist kein Widerspruch zu einer Birne.

2. Wir können psychische Krankheit *definieren* als das Auftreten einer Menge abzählbarer Symptome S(1) . . . S(n).

Wenn der Satz »A ist psychisch krank« wahr ist, folgt daraus logisch notwendig, daß A mindestens eines dieser Symptome hat, und wenn A mindestens eines der Symptome

S(1)...S(n) hat, ist A mit logischer Notwendigkeit psychisch krank.
Der deutlichste Nachteil dieser Interpretation besteht darin, daß sie die Möglichkeit, neue Formen psychischer Krankheiten zu finden, überhaupt ausschließt; zweitens, daß dieser Begriff mit keinem psychischen Krankheitsbegriff übereinstimmt; und schließlich hat diese Definition die begriffsgeschichtlich katastrophale Konsequenz zu Folge, daß in der Kulturgeschichte beinahe kein Begriff aufgetreten ist, und daß die wenigen, die noch entstanden sind, in keinem logischen Zusammenhang zueinander stehen.
3. Wir können »psychische Krankheit« als eine echte Bestimmung auffassen und die verschiedenen historischen Gestalten des Begriffs als mehr oder weniger falsch betrachten, mehr oder weniger als Versuch der Annäherung an einen *realen* Begriff »psychische Krankheit«.
Dies ist die begriffsrealistische Alternative.
Das verlangt zunächst, daß der Begriff die Forderung von Arnauld & Nicole erfüllt: der Ausdruck »psychisch krank« darf referentiell nicht undurchsichtig sein (um hier Quines Ausdruck für unechte Bestimmungen anzuwenden[42]).
In dieser Situation entstehen – wie Sören Halldén[43] sie treffend genannt hat – *Wesenssätze*, d.h. Sätze der Form: *»F ist eigentlich ...«* oder *»F ist seinem Wesen nach ...«*. Wie Halldén gezeigt hat, bietet sich eine Reihe verschiedener Deutungsmöglichkeiten für diese Wesenssätze.
Im Fall des Begriffs »folie« tut sich in der dritten Interpretation eine grundlegende Schwierigkeit auf.
Wenn zwei vorgeschlagene Intensionen zum Begriff sich kontradiktorisch zueinander verhalten, was heißt, daß es logisch unmöglich ist, daß beide für denselben Gegenstand kennzeichnend sein könnten, dann entfällt die Möglichkeit, mit Hilfe von Instanzen und Gegeninstanzen für die eine oder andere Intension zu argumentieren.
Wenn z.B. zwei Vorschläge zur Definition von *»Hexe«* vorliegen:

(D1) Eine Hexe ist per definitionem ein weibliches Mitglied einer häretischen Bewegung der Renaissance mit blasphemischen Ritualen, die in Zusammenhang mit bestimmten Drogen und hysterischen Erlebnissen mit eingebildeten Teufeln steht.

(D2) Eine Hexe ist per definitionem eine weibliche Person, die mit dem Teufel in Verbindung steht und über bestimmte magische Kräfte verfügt, mit denen sie der Teufel beim Geschlechtsverkehr ausgestattet hat –

dann ist es nicht ausreichend, als Argument für (D1) gegenüber (D2) zu behaupten, es gäbe gesicherte Instanzen oder Beispiele für Frauen, die die in (D1) definierten Eigenschaften haben (oder gehabt haben), aber keine gesicherten Beispiele für Frauen, die mit dem Teufel Geschlechtsverkehr gehabt haben.

Der Gegner in einer eventuellen Diskussion kann nämlich immer behaupten, daß die abgezählten Beispiele von Frauen mit hysterischen Erlebnissen für die Diskussion nicht relevant seien. Sie seien nicht Beispiel für *echte* Hexen. Eine echte Hexe müsse mit (D2) übereinstimmen.

Wie ich in meinem gemeinsam mit Jan Myrdal verfaßten Buch »Die unnötige Gegenwart«[44] gezeigt habe, ist bei einem gewissen Typ politischer Diskussion diese Situation keineswegs ungewöhnlich. Man versucht die Bedeutung von »Sozialismus« festzustellen und verweist dabei auf Zustände in verschiedenen sozialistischen Staaten. Wer diese Beispiele nicht als kennzeichnende Argumente für die eine oder andere Eigenschaft des Sozialismus gelten lassen will, kann dann behaupten, diese Staaten hätten den *wahren* Sozialismus nicht verwirklicht.

(Für ein eingehenderes Studium der Problematik von Wesenssätzen verweise ich auf Sören Halldéns »Sann humor, sann kärlek och sann religion«.[45])

Damit einem bestimmten Objekt a zu Recht ein gewisses Prädikat F hinzugefügt werden kann, muß der Inhalt von F irgendwie bestimmt werden. Dies geschieht normalerweise, indem man ein *genus proximum* zu F festellt – um mich der scholastischen Ausdrucksweise zu bedienen –, und danach die *differentia specifica* von F, d.h. die Merkmale, die F von seinem genus proximum unterscheiden.

Normalerweise findet man die *differentia specifica* durch die Untersuchung, *was denn der Fall ist*, wenn a identisch F ist, d.h. die Überprüfung der Extension von F.

Aber um diese durchzuführen, muß man eine Form von primären, intuitivem Konsensus über F. erzielen.

An einem Begriff wie »Hexe« oder »Wahnsinn« ist nicht der Mangel an Instanzen problematisch. Denn der Begriff »Gerade« in der Geometrie Euklids entbehrt auch der Instanzen in der Außenwelt und läßt sich dennoch durch exakte Definitionen bestimmen.

Problematisch ist der mangelnde Konsensus: dort, wo der Inhalt eines Begriffs widersprüchlich ist oder, richtiger gesagt, widersprüchlich erscheint, ist weder entscheidbar, was zur Intension des Begriffs noch zu seiner Extension gehört.

*Es ist eine unechte Bestimmung von etwas, das nicht in anderer Weise bestimmt worden ist und dessen sprachlicher Ausdruck folglich schwebende Referenz bekommen muß.*

Daß *Hexe* oder *Wahnsinn* problematische Begriffe sind, während *geometrische Gerade* (Gerade in einem streng geometrischen Sinne) es nicht ist, liegt daran, daß *Hexe* und *Wahnsinn* im strengen Sinne keine Begriffe sind, sondern *Abstraktionen* von nicht-bestimmten Begriffen. Die entsprechenden Wörter »Hexe« und »Wahnsinn« haben schwebende Referenz.[46]

Die Begriffsinhalte sind keine Bestimmungen oder Qualitäten, sondern die Abstraktionen einer *vermutlich* gemeinsamen Eigenschaft einer Klasse von Elementen.

Die Referenz bleibt bei dem entsprechenden Wort *schwebend*, da Elemente dieser Klasse in beliebiger Weise ausgewählt werden können: und der Umfang des Begriffs bleibt *unbestimmt*, da ja der Inhalt vom Umfang bestimmt wird.

Ebenso wie beschreibende Phrasen – wie z. B. »die wahre Religion«, »der gegenwärtige König von Frankreich« und »Aristoteles' Lehre von der Materie« –, die sich nicht auf einen speziellen einzelnen Gegenstand beziehen[47], haben abstrahierende Phrasen die Eigenheit, daß sie sich scheinbar, bei näherer Analyse aber auf *keine spezifische* Bestimmung beziehen.

Die einzige Schlußfolgerung, die wir daraus ziehen können, lautet: *wenn* es irgendwelche Elemente a ... n gibt, und *wenn* es eine Eigenschaft F gibt, in der Weise, daß sie die Funktion F(x) erfüllt, dann ist F die Eigenschaft, in der sie existieren.

Die sogenannte *Mooresche Unterscheidung*[48] ist in diesem Zusammenhang von großem Interesse. Sie wird von G. E. Moore in einem Gedankengang ausgeführt[49], um zu zeigen, daß aus der Behauptung, kein Bewußtsein sei unmittelbar, nicht folge, daß Russells »knowledge by acquaintance« (»Kenntnis durch Bekanntschaft« im Gegensatz zu »Kenntnis durch Beschreibung«) nicht existieren könne. Denn Russells Theorie darüber, was die Konnotation beim Begriff »knowledge by acquaintance« enthält, kann falsch sein, ohne daß dem Begriff deshalb die Konnotation fehlt. Diese sehr brauchbare Unterscheidung bedeutet mit anderen Worten, daß die Frage: »Was meinen wir mit X?« (wobei »X« für einen Begriff steht) doppeldeutig ist. Sie kann bedeuten:

Welche Bestimmungen stellt die Konnotation bei X dar?

Sie kann jedoch auch den Wunsch nach einer Konnotationstheorie darstellen:

Wie haben wir die Bestimmungen, die die Konnotation von X darstellen, *gedeutet*?[50]

Daß unsere Theorie von der Konnotation eines Begriffs falsch ist, schließt mit anderen Worten nicht aus, daß der Begriff eine Denotation haben kann, d. h., daß es Elemente in der Extension des entsprechenden Begriffs gibt.

Durch den Nachweis von – sagen wir – widersprüchlichen Tendenzen in unserer Vorstellung von zeitlicher Veränderung, können wir nicht unmittelbar beweisen, daß nichts eine zeitliche Veränderung durchmacht, denn es ist vollkommen möglich, daß die Phänomene, die die Denotation bei »zeitlicher Veränderung« darstellen, ebenso existieren, wie unsere Vorstellung von der Intension des Begriffs falsch ist.

Aber wie verhält es sich, wenn der diskutierte Begriff Konnotation zu einem Wort mit schwebender Referenz und folglich ein *unbestimmter* Begriff ist?

Offenbar sind dann sowohl Konnotation wie Denotation des Wortes unbestimmt.

Nehmen wir für die Diskussion an, die Auffassung Michel Foucaults von der geschichtlichen Entwicklung des Wahnsinns[51] sei historisch korrekt. Symptome, Verhalten, soziale Zusammenhänge mit untereinander unvereinbaren Eigenschaften sind in verschiedenen Zeitabschnitten der französischen Geschichte auf »folie« bezogen worden. Personen sind von der sozialen Gemeinschaft abgesondert worden, in Irrenhäusern, Kliniken, durch Wasserkuren – als Folge von ganz unterschiedlichem Verhalten –, und das einzig zusammenhaltende Moment ist eigentlich der soziale Isolierungsprozeß gewesen, der durch die Vorstellung von »folie« motiviert worden ist.

Hier ist ganz offensichtlich, daß der *Konnotation* des Wortes nicht miteinander vereinbarte Deutungen gegeben worden sind, aber es scheint auch so zu sein, daß seine *Denotation* unbestimmt ist, in dem Sinne, daß jede Deutung seinen Umfang verändert hat. (Wenigstens teilweise abhängig davon, daß *folie* – im Unterschied zu dem, was bei *zeitlicher Veränderung* vorliegt – ein Begriff sozialer Natur ist: eine bestimmte Deutung seines Inhalts gibt dem Begriff durch bestimmte soziale Operationen eine bestimmte Extension: analog zu der Situation bei den Begriffen *Hexe, Dissident* und *Reaktionär*, wo Deutungen der Konnotation und des Umfangs der Denotation durch eine soziale Operation zu Kovariablen gemacht worden sind.)

Bei dem Typ von Konnotation, der (Wörter für) unbestimmte Begriffe kennzeichnet, ist es offensichtlich, daß Moores Unterscheidung nicht mehr in gleichem Umfang anwendbar ist. Denn das Prinzip, zwischen Konnotation an sich und unserer psychischen Vorstellung davon zu unterscheiden, hat notwendig zur Bedingung, daß ein unabhängiges Kriterium existiert.

Diese Bedingung ist identisch mit der Prämisse, daß die Ideengeschichte nicht ausschließlich eine psychologische Wissenschaft ist, d.h., daß es möglich ist, zwischen der Konnotation, so wie sie ist – unabhängig von unserer Vorstellung –, und der Konnotation, so wie wir sie uns vorstellen, zu unterscheiden.

Eine interessante Form von Extremismus auf diesem Gebiet stellt Paul Feyerabend in seinem Werk »Against Method«[52] vor.

Ein seit Newton allgemein anerkanntes Prinzip für die naturwissenschaftliche Theoriebildung kann so formuliert werden, daß Theorien nicht verändert werden dürfen, außer wenn ein zwingender Grund zur Veränderung vorliegt. Und der einzige zwingende Grund zur Veränderung einer Theorie ist bei einem Konflikt mit den Fakten gegeben.

Dieses Prinzip, das Feyerabend das *Autonomieprinzip* nennt, verlangt natürlich als Prämisse, daß *Fakten* existieren und zugänglich sind, unabhängig davon, welche *Alternative* man zu der Theorie hat, die Gegenstand der Prüfung ist.

Feyerabend behauptet nun, daß diese Prämisse tatsächlich nicht erfüllt ist: verschiedene Theorien schaffen verschiedene Fakten. Und sein Argument kommt dem sehr nahe, was wir hier über unbestimmte Begriffe gesagt haben: neue Hypothesen ad hoc führen zu Operationen (z.B. mit dem Fernrohr), die die Extension des ursprünglichen Begriffs verändern. Auf dem Umweg über verschiedene Operationen entsteht eine Kovariation zwischen Intension und Extension, die die mit neuen Theorien verbundenen Begriffe so weit von ihren ursprünglichen Intensionen und Extensionen fortführt – Feyerabends Beispiel ist Galileis Argumentation für die Drehung der Erde –, daß die Theorien tatsächlich den Charakter der *Überredungsdefinition* erhalten.

Folglich wird *das Erfinden* von empirisch nicht bestärkten Alternativtheorien ein wesentlicher Bestandteil der empirischen Methode: »Anything goes«.

Die *Operationen*, die in Feyerabends Wissenschaftstheorie einen Zusammenhang zwischen Intension und Extension bei den in die neue Theorie eingehenden Begriffen herstellen, müssen natürlich – selbst wenn es sich um Operationen mit Fernrohr oder Teilchenbeschleuniger handelt – letzten Endes als sozial bestimmt angesehen werden.

Die Ähnlichkeit der Sehweise Feyerabends mit der von Nietzsche ist in der Tat auffallend.

Bei Feyerabend müssen »Der große Drache, der über den Himmel fährt, hat den Baum gespalten« und »Elektromagnetische Entladungen in der Atmosphäre haben den Baum gespalten« als gleichartige Hypothesen aufgefaßt werden, die teils dieselben, teils unterschiedliche Fakten zugänglich machen. Sie *konstituieren* teilweise unterschiedliche Fakten. (Feyerabend fordert uns sehr richtig auf, solche alternativen Hypothesen, wie die Vorstellungen eines bestimmten Volks, rituelle Tänze könnten Regen hervorrufen, zu prüfen.)

Ein wichtiger Unterschied zwischen Feyerabends Auffassung und unserer in diesem Kapitel entwickelten ist folgender:

Bei unserem Standpunkt scheint die Aussage plausibel, daß *einige* Sätze schwebende Referenz haben und, analog dazu, daß einige Begriffe unbestimmt sind. Das bezieht sich speziell auf Bereiche, in denen eine Operation (z.B. die Diagnose einer Krankheit, die zum Einsperren des Patienten führt) in der sozialen Praxis eine *Verknüpfung* zwischen Intension und Extension herstellt.

Dagegen unterscheidet sich unsere Auffassung von der Nietzsches, Mauthners und Johnsons – gleichermaßen auch von der Feyerabends – in der Weise, daß wir nicht der Meinung sind, Hypothesen seien immer logisch mit Fakten und deren Zugänglichkeit verbunden.

Dies beruht wiederum darauf, daß der normale Zustand der Konnotation eines Wortes oder die Intension eines Begriffs nicht davon abhängig sind, welche Vorstellungen wir uns davon machen. Der Begriff »geordnetes Paar« ist z. B. so, wie er ist, unabhängig von unserer Vorstellung.

In dem Maße, wie wissenschaftliche Hypothesen Begriffe enthalten, die unabhängig von unserer Vorstellung und unabhängig von irgendwelchen sozialen Operationen, die wir vornehmen, das bleiben, was sie sind, fallen sie nicht unter Feyerabends Urteil.

Seine allgemeine Einstellung ist also von demselben Psychologismus geprägt wie die Standpunkte Nietzsches, Johnsons und Mauthners.

So weit der Unterschied in der Logik.

*In concreto* zu sehen, wo die Unterschiede zwischen echten und unechten Bestimmungen liegen, zwischen Abstraktionen und echten Begriffen, dürfte tatsächlich eine ungeheuer schwierige Aufgabe sein. Wie wir bei der Diskussion von Fries' Trilemma gesehen haben, scheint die infinite Regression die noch am wenigsten problematische Art zu sein, Sätze mit einer empirischen Grundlage zu versehen.

Diese Regression als eine transfinite Reihe sozial verankerter Operationen zu sehen, scheint allzu voreilig.

Diese Problematik ist derjenigen verwandt, die mit logischer Ableitung verbunden ist. Wenn man logische Ableitung als »Übereinstimmung mit einem Ableitungsschema innerhalb einer gegebenen Axiomatik« definiert, entsteht wiederum das Problem, die Gültigkeit des Schemas zu erklären.

Wenn man das Verhältnis zwischen Hypothesen und Fakten, zwischen Konnotation und Denotation generell zur sozialen Konvention erklärt, muß man noch diese letzte Ableitung und ihre Gültigkeit begründen.

Wir ziehen daraus zwei generelle Schlüsse:

1. Der sprachphilosophische Extremismus scheint nach unserer Diskussion mit einer psychologistischen Begriffsauffassung im Zusammenhang zu stehen.

2. Er erklärt nicht, was er erklären will.

»Fragen, wie die Dinge ›an sich‹ sein mögen, ganz abgesehen von unsrer Sinnen-Rezeptivität und Verstandes-Aktivität, muß man mit der Frage zurückweisen: woher könnten wir wissen, *daß es Dinge gibt*? Die ›Dingheit‹ ist erst von uns geschaffen.«

Friedrich Nietzsche, 1880

»(...) wenn leider Philosophie hier und da etwas an solches schizophrene Gebaren erinnert, so spricht das nicht *nur* gegen sie, sondern ein klein bißchen auch für die Schizophrenie.«

Lou Andreas Salomé, Brief an Sigmund Freud am 9. April 1916

## 7.1 *Der Junge und die Steine*

Nehmen wir an, in einem okkupierten Land hätte eine patriotische Befreiungsbewegung einen Jungen, der an einer wichtigen Straße Vieh hütet, damit beauftragt, Bericht über die feindlichen Truppenbewegungen entlang dieser Straße zu erstatten. Die örtlichen Befehlshaber der Befreiungsorganisation interessiert vor allem, wieviele Lastwagen und Panzerwagen auf der Straße vorbeifahren und wieviele davon vor- und wieviele nachmittags. Das Problem ist nun, daß der Junge nicht schreiben und nur bis zehn zählen kann, weil er mit den Fingern rechnet.

Aber der Junge ist schlau und macht folgendes: für jeden vorbeifahrenden Lastwagen steckt er ein weißen Steinchen in die linke Hosentasche, und für jeden Panzerwagen ein schwarzes Steinchen. Wenn er feststellt, daß die Sonne ihren höchsten Stand erreicht hat, geht er dazu über, in derselben Weise schwarze und weiße Steine in die rechte Tasche zu stecken.

Am Abend schleicht der Junge sich fort. Beim Chef der Befreiungsfront des Orts legt er vier Haufen schwarzer und weißer Steine auf ein Stück Tuch.

*»So sah's bei mir aus«*, sagt er vielleicht dabei.

Was da auf dem Tuch liegt, ist eine vollkommen brauchbare Repräsentation oder Abbildung dessen, was der Junge gesehen hat. Sie gibt nicht auf alle Fragen, die man in diesem Zusammenhang stellen kann, eine Antwort – z. B. wieviele Soldaten dabei waren, oder wie sie bewaffnet waren –, aber die Abbildung beantwortet *genau die gestellten Fragen*. Und zu beachten ist, das ist wichtig, daß diese Abbildung dem Empfänger mehr sagt, als der Junge selbst weiß. Es ist also möglich, daß durch eine Abbildung Information vermittelt wird, deren man sich subjektiv nicht bewußt ist.

Dabei sollte man auf mehrere Sachen achten.

Beliebig vieles, das (in ausreichender Menge) vorhanden ist und sich ordnen läßt, kann man zur Abbildung von etwas anderem verwenden, sobald dieses andere ebenfalls eine Ordnung besitzt. In der Gleichung $x = y^2$ bildet eine Menge von Quadratzahlen eine Menge anderer Zahlen mittels einer Funktion ab, die ein-eindeutig jedem $y^2$ ein x zuordnet. Bei Stockholms Untergrundbahn bildet der Streckenplan ein-eindeutig eine Menge von Stationen *auf* einer Menge mit tiefschwarzen Linien verbundenen Kreisen ab, mittels der Funktion vor – nach. Bei Rembrandts »Nachtwache« wird etwas äußerst Komplexes abgebildet, entsprechend einer Funktion, die bedeutend komplizierter ist als eine ein-eindeutige Zuordnung – *in* fein verteilte Erd- und Kohlefarben *hinein,* die in einem Bienenwachsmittel gelöst und auf einem hölzernen Malgrund verteilt sind. (Man kann diese Analyse auch verändern, indem man sagt, daß diese Farbstoffe und dieses Medium das Funktionszeichen sind, mittels deren ein System von visuellen Empfindungen in das System visueller Empfindungen des Empfängers. d. h. des Betrachters, hinein abgebildet wird.)

Dies alles sind Beispiele für Abbildungen in der gewohnten Weise des Wortes. Porträtähnliche Abbildungen sind nur ein Spezialfall, Abbildungen unter einer Klasse von Funktionen, die in unserem symbolischen System besondere Gunst genießen. *Anamorphosen* (verzerrt gemalte Bilder, die in einem besonders geformten Spiegel nicht verzerrt erscheinen) sind ebenso Abbildungen wie zentralperspektivische Bilder.

Aber bestimmte Grundbedingungen müssen erfüllt sein, damit eine Abbildung möglich ist. Sehr deutlich ist das an der Geschichte von dem Jungen mit den Steinen zu sehen.

Man muß eine *Funktion* finden, d. h. eine Regel, wie Elemente des Bildes – d.h. Elemente des Abgebildeten – Elementen der Wirklichkeit zugeordnet werden sollen, und diese Regel muß konsequent angewandt werden. Die Regel kann eine Menge von Elementen *auf* eine andere abbilden, oder sie kann eine Menge von Elementen *in* eine andere *hinein* abbilden. Die Regel kann Elemente der einen Menge ein-eindeutig (eins zu eins) Elementen der anderen Menge zuordnen, oder sie kann die abgebildeten oder abbildenden Elemente zueinander nach bedeutend komplizierteren Auswahlprinzipien auswählen.

Der Befehlshaber kann aus dem Bild, das der Junge in seinen Hosentaschen mitbringt, mehr Information herausholen, als der Junge selbst. Solange ein Bild konsequent einer Regel folgt und diese Regel bekannt ist, ist es durchaus möglich, daß das Bild auf andere als auf die vom Urheber des Bildes gestellten Fragen eine Antwort gibt, Fragen, die der Hersteller des Bildes nicht *im Sinn gehabt* zu haben braucht, als er das Bild ausgeführt hat.

Aus diesem Abbildungsbegriff folgt andererseits, daß der Unterschied zwischen dem Bild, das der Junge herstellt, und einem Delacroix-Bild z.B., auf dem wir mit erlesener Deutlichkeit einen lichtreflektierenden Wassertropfen eine weibliche Schulter hinabfließen sehen, nicht ein Unterschied der Art, sondern ein Unterschied des Grades ist: in derselben grundlegenden Weise liefern beide – mittels einer Funktion – eine Abbildung, indem sie die Elemente einer Menge Elementen einer anderen zuordnen. Gleichgültig ist dabei, daß das Medium im ersten Fall Steine sind, und im zweiten mikroskopische, an Bienenwachs gebundene Farbpartikel. Daß die Farben im Delacroix-Bild »die Farben der Wirklichkeit nachzuahmen« versuchen, d.h., daß der relative Platz des Farbstoffs im Spektrum konsequent auf den Platz einer weiblichen Schulter im Farbspektrum einer bestimmten Beleuchtung bezogen ist, ist nicht seltsamer und auch nicht natürlicher als daß die Steine in der linken Tasche des Jungen »Vormittag« und in der rechten »Nachmittag« bedeuten.

(Das, was Element in einer Abbildung ist, braucht selber nicht eine Abbildung zu sein, und dieselben Relationen brauchen nicht dieselben Relationen abzubilden.)

Der Unterschied zwischen den Bildern (abgesehen davon selbstverständlich, daß beide ganz verschiedene Sachen mittels verschiedener Funktionen abbilden) besteht darin, daß das Delacroix-Bild aus ungeheuer viel mehr Elementen besteht. Es ist Träger einer größeren Menge potentieller Informationen, d.h. es vermag eine größere Anzahl von Fragen nach dem Abgebildeten mit »ja« oder »nein« zu beantworten.

Von zentraler Bedeutung ist dabei, daß dieser Unterschied unabhängig von Wahrheit und Falschheit ist.

Beide Bilder können wahr oder unwahr sein. Möglicherweise hat der Junge die Panzerwagen erfunden. Möglicherweise – sogar mit an Sicherheit grenzender Wahrscheinlichkeit – hat der Salonmaler des 19. Jahrhunderts die biblische Susanna nicht gesehen.

Wahrheit ist nur in einem übertragenen Sinne eine Eigenschaft des Bildes. Im eigentlichen Sinne ist Wahrheit eine Eigenschaft des Universums, nämlich daß sich in einem gegebenen Fall und für eine gegebene Funktion die abbildende Struktur jeweils in anderer Weise zur abgebildeten verhält – je nachdem ob sie wahr oder falsch ist. Etwas abgeleiteter ausgedrückt besteht die Wahrheit einer Abbildung in einer Eigenschaft, die paarweise für Mengen kennzeichnend ist, in der Weise, daß die abbildende Menge sich zur abgebildeten anders verhält, je nachdem, ob die Abbildung wahr oder falsch ist.

Zu beachten ist auch: sollten die Okkupationssoldaten den Jungen festnehmen und durchsuchen, so ist die Aussicht, daß er schlechte Behandlung erfährt, sehr gering. Alle kleinen Jungen stecken doch Steine in die Hosentaschen! Unmittelbar können die feindlichen Soldaten nicht sehen, daß der Junge in seinen Taschen *ein Bild trägt*.

Es reicht nicht aus, etwas konsequent nach einer bestimmten Regel zu ordnen, damit ein Bild als Bild dienen kann: die Ordnung wird erst dann zu einem Bild, wenn der Betrachter ebenfalls die Regel kennt. Etwas als Bild anzusehen, ohne es deuten zu können, bedeutet dasselbe, wie wenn man zwar sieht, daß eine Ordnung sich an eine bestimmte Regel hält, aber nicht weiß, wie die Regel zuordnet, und zu was sie die erkennbare Ordnung zuordnet.

Eng mit diesen verschiedenen Bedingungen ist eine weitere zentrale Bedingung verknüpft: das Bild gibt, wenn es wahr ist, auf eine Klasse von Fragen Antwort. Indem es aber

Fragen außerhalb dieser Klasse nicht beantworten kann, wird es doch weder weniger wahr noch unvollkommener.
Stockholms Streckenplan der U-Bahn kann man – etwas vereinfacht ausgedrückt – als eine topographische Menge betrachten, die mittels der Funktion *vor – nach* ihre Elemente eins zu eins den U-Bahnstationen zuordnet. Die Karte zeigt, daß Mariatorget zwischen Slussen und Zinkens Damm liegt, aber z. B. über den Abstand zwischen drei Stationen vermag sie nichts auszusagen. Sie ist topologisch, nicht metrisch.
Eine andere Karte, z. B. die Generalstabskarte desselben Gebiets, würde auch metrische Fragen zum Verhältnis der verschiedenen Stationen zueinander beantworten, die Karte des Stadtingenieurs würde Auskunft geben, wie tief die verschiedenen Stationsbahnsteige unter dem Meeresspiegel liegen; andere Karten geben Auskunft über das Besitzverhältnis des Gebietes, seine Vegetation usw.
Wichtig ist, sich klar vor Augen zu halten, daß der U-Bahnplan nicht mangelhaft oder unvollkommen ist, auch wenn er diese Fragen nicht beantwortet. Er ist deswegen nicht irreführend, denn er beantwortet korrekt die Fragen und nur diese, die er beantworten soll, und die alle in Bezug zur topologischen Ordnung der Stationen an der U-Bahnlinie stehen.
Korrekt ist eine Abbildung, die dasjenige richtig abbildet, was *mittels ihrer Funktion* möglich ist abzubilden. Aber sie kann nicht etwas, das außerhalb ihrer Funktion liegt, abbilden, noch kann man es von ihr erwarten.
Der U-Bahn-Netzplan bildet wahrheitsgetreu exakt das ab, was er abbilden kann. Wenn der Plan besagt, daß zwischen der Station Gamla Stan und der Station Mariatorget die Station Slussen liegt, und wenn der Reisende auf dem Weg nach Süden nach Slussen kommt, bevor er Mariatorget erreicht, dann und nur dann ist das Bild wahr. Exakt dasselbe – mutatis mutandis – gilt für die Steine in den Taschen des Jungen.
Die Stadtlandschaft zwischen Stockholm Hauptbahnhof und, sagen wir, Zinkens Damm, enthält eine gegebene Menge »geographischer Elemente« (dabei ist beliebig, welches die kleinste Einheit ist, die die Forderung nach einem »geographischen Element« erfüllt; es ist abhängig von Absicht und Ambition des Kartographen – bei einem unrealisti-

schen Anspruchsniveau würde man zur Ausführung dieser Karte Jahrhunderte brauchen), und die Anzahl interner Relationen zwischen diesen Elementen, d.h. Relationen, die man sich nicht wegdenken kann, ohne daß die Landschaft eine andere würde, steht in einer bestimmten mathematischen Funktion zur Kardinalzahl dieser Elemente.

Aus dieser sehr großen Menge interner Relationen wählt der U-Bahnplan eine Teilmenge aus. Seine Struktur bildet eine Teilmenge der Landschaft ab, nicht deren gesamte Struktur (in der Vorstellung als sämtliche interne Relationen zwischen allen Elementen). Man kann dies auch in der Weise formulieren, daß die Karte in ein und derselben Operation etwas aus der Landschaftsstruktur *auswählt* und *abbildet*.

Und das Korrelat zur Abbildung, das Abgebildete, ist nicht die Landschaft in ihrer Gesamtheit (als der Summe ihrer internen Relationen zwischen ihren geographischen Elementen gedacht), sondern diese ausgewählte Teilmenge aus der »totalen« Struktur der Landschaft. Die Karte ist also wahr als Abbildung *in* diese Landschaft, aber nicht nur für diese, sondern für alle Landschaften, die diese Teilmenge enthalten, jedoch nur für diese.

Wenn es – sagen wir in Australien – eine Stadt gäbe, die eine U-Bahn hätte, deren Stationen wie in Stockholm »T-Centralen«, »Gamla Stan«, »Slussen«, »Mariatorget« und »Zinkens Damm« hießen und in einer Linie von Nord nach Süden lägen, wäre dieselbe Karte ebenso korrekt und verwendbar für diesen Teil des U-Bahnnetzes der Stadt wie für Stockholm, auch wenn die Stadt in jeder anderen Hinsicht vollkommen verschieden von Stockholm wäre.

Die Informationsmenge des Plans ist also sehr viel dürftiger als die Landschaft, von deren Teilstrukturen er eine abbildet, aber der Plan ist generischer; eine größere Anzahl von Erscheinungen korreliert mit ihm.

Ist es möglich, eine Karte so zu zeichnen, daß eine und nur eine Landschaft mit ihr korreliert? »Möglich« bedeutet dabei »logisch möglich« – wir sehen davon ab, welche Landschaft tatsächlich auf der Erdoberfläche vorhanden oder nicht vorhanden ist.

Wir gehen den einfachsten Weg. Wir nehmen eine physikalische Landschaft, sagen wir die Innenstadt Stockholms, teilen deren physischen Inhalt in eine Anzahl von Elementen ein (der Grad der Aufteilung oder die Feinheit ist in diesem Zusammenhang gleichgültig, und die Menge der Elemente kann jede beliebige Kardinalzahl haben, kann finit oder transfinit sein) und ordnen alle Elemente in dieser Menge sich selber eins zu eins zu.

In einem gewissen – nicht ganz problemlosen – Sinne kann man das Resultat die vollständigste und informationsreichste Karte von der Stockholmer Innenstadt nennen.

*Logisch* ist es nun *möglich,* daß sich irgendwo im Universum eine Stadt befindet, die exakt so aussieht wie die Stockholmer Innenstadt (die in jeder qualitativen Hinsicht mit ihr identisch ist), eine Stadt also, die zwar qualitativ identisch, jedoch numerisch verschieden von der Innenstadt Stockholms ist; deswegen numerisch verschieden, weil sie – sagen wir – in einer anderen Relation zum Polarstern und einigen anderen Fixpunkten steht. Stockholm (das physische Stockholm) fungiert dann als eine an Information unbegrenzt reiche und wahre Abbildung dieses fremden Stockholms, und es besteht keine Möglichkeit, *von der »Karte«* her darauf zu schließen, welche spezielle Stadt sie abbildet, Stockholm selbst oder den Doppelgänger.

Dieser Gedankengang zeigt, daß die generische oder »generalisierbare« Eigenschaft von Abbildungen (daß es logisch nämlich stets möglich ist, daß sie mehr als nur eine – dann numerisch verschiedene – Erscheinung abbildet) nichts mit ihrem mehr oder weniger hohem Vollständigkeitsgrad zu tun hat. Auch bei der vollständigsten Abbildung (d.h. derjenigen, bei der die höchstmögliche Anzahl von Relationen zwischen den verschiedenen Elementen der ordnenden Menge wiedergegeben wird) – die entsteht, wenn ein Gegenstand dazu verwendet wird, sich selbst abzubilden –, wird nicht die *Anhäufung* abgebildet, d.h. die Summe der Elemente der ordnenden Menge, sondern deren *Ordnung*.

Man kann also sagen, daß die Karte im konkreten Sinne niemals die Landschaft, sondern nur deren Ordnung abbildet und normalerweise nur eine selektive Teilmenge der Relationen, die deren Ordnung darstellt. Wenn man auch die Landschaft eindeutig ihren eigenen geographischen Elementen zuordnet, dann kann sie nicht einmal die Landschaft abbilden, sondern nur die Ordnung der Landschaft, d. h. die Gesamtmenge der Relationen zwischen ihren Elementen in einer gegebenen Ordnung (die wohlgemerkt eine Teilmenge der Gesamtmenge aller *möglichen* Relationen zwischen allen ihren Elementen ist. Wenn man weiß, wieviele Relationen zwischen allen Elementen einer Menge möglich sind, ist das dasselbe, als wenn man ihre Kardinalzahl kennt, aber ihre Kardinalzahl zu kennen, ist nicht dasselbe wie ihre Ordnung zu kennen).

Eine Anhäufung, die als Bild von sich selbst verwendet wird, bildet nicht eine Anhäufung ab, sondern die Art und Weise, in der sie geordnet ist.

Um diese Diskussion zusammenzufassen:

1) Wenn eine differenzierte Menge irgendeiner Art – eine Landkarte, eine geordnete Menge – mittels einer Funktion eine andere differenzierte Menge abbildet, besteht das Abgebildete nicht aus der konkreten *Anhäufung* einzelner (konkreter) Erscheinungen in der abgebildeten Erscheinung, sondern in deren *Ordnung*, die aus einer Menge von Relationen besteht.

2) Wenn eine abgebildete Ordnung mit ihrer Abbildung korrespondiert, ist es logisch stets möglich, daß numerisch verschiedene konkrete Anhäufungen vorhanden sind, die in derselben Weise geordnet sind und deren Ordnung auch mit der Abbildung korreliert.

Im *übertragenen* Sinne, bei dem die Karte die Landschaft abbildet (in concreto und nicht in deren Ordnung) und Leonardos Porträt der »Mona Lisa« eine bestimmte junge Florentinerin abbildet und nicht nur eine spezifische Menge von Relationen zwischen Farbnuancen, Farbintensitäten, Farbklängen und geometrischen Formen, ist es logisch stets möglich, daß mehr als eine Frau existiert, deren entsprechende visuelle Eigenschaften ebenfalls mit Leonardos Porträt korrespondieren. Logisch ist es stets möglich (in der übertragenen Bedeutung, bei der der Träger – die konkrete Anhäufung, die eine bestimmte Struktur aufweist – durch eine isomorphe Struktur abgebildet wird), daß Leonardos »Mona Lisa« mehr als eine Frau abbildet.

(Das hat auch ästhetisch eine interessante Konsequenz; Göran Hermerén diskutiert sie ausführlich in seinem Werk »Representation and Meaning in the Visual Arts«.)[1]

Ist es möglich, die Relation zwischen sinnvollen sprachlichen Satzgestalten (dem, was sie aussagen) und den konkreten Erscheinungen, von denen sie handeln, als eine Relation derselben Art zu interpretieren wie die Relation zwischen den Steinen in den Taschen des Jungen (der Botschaft, die sie vermitteln) und den Fahrzeugen, die der Junge auf der Straße hat vorbeifahren sehen?

Wer diese Frage mit ja beantwortet, schließt sich einer semantischen Bildtheorie an oder – mit anderen Worten – einer Theorie für sprachlichen Sinn, die davon ausgeht, daß der sprachliche Satz seine Bedeutung dadurch erhält, daß er etwas abbildet, das sich von dem Satz selbst unterscheidet.

Eine semantische Bildtheorie erweist sich als sympathisch, weil sie auf sehr ökonomische Art sprachliche Informationsmittel zu derselben Kategorie wie mathematische Funktionen, visuelle Abbildungen und eine Reihe anderer Kommunikationsmittel für Information führen würde, die alle auf einer möglichen Strukturähnlichkeit zwischen Botschaft und Medium beruhen. Informationstheoretisch sind die Vorteile offen erkennbar: die Sprache wird für Modelle der Informationstheorie zugänglich. Auch philosophisch sind die Vorteile klar zu erkennen: eine konsistente Bildtheorie – Wittgenstein hat es in seinem »Tractatus logico-philosophicus« erkannt[2] – bereitet den Weg zu einer Erkenntnistheorie, die sehr nahe bei den Methoden der Naturwissenschaft liegt, und zu einer relativ bequemen Unterscheidungsmöglichkeit zwischen analythischen und synthetischen Sätzen.

Gleichzeitig sind die Schwierigkeiten, die eine solche Theorie bietet, wohl bekannt und schwer zu lösen.

Die zwei wichtigsten sind:

1) Die Schwierigkeit, die Funktion oder den Code konkret anzugeben, wodurch die Elemente der sprachlichen Sätze vermutlich den Elementen der außersprachlichen Wirklichkeit zugeordnet sind. Sprachliche Sätze sind nicht Ketten von Namen; verschiedene Elemente im sprachlichen Satz haben verschiedene Aufgaben. Logische Bindewörter, wie z.B. »und«, »oder« und »wenn – dann«, scheinen ganz andere Funktionen als Eigennamen zu haben, und beide Kategorien sind sehr verschieden von den Eigenschaftswörtern. Wenn die Wahrheit des Satzes »die Katze liegt auf dem Teppich« darin besteht, daß etwas außerhalb des Satzes mit der Struk-

tur dieses Satzes korreliert oder korrespondiert, was korrespondiert dann dabei? Und wenn der Satz unwahr ist und folglich nichts abbildet, wie kann er dann sinnvoll sein? Und wenn »die Katze« der Katze zugeordnet ist und »der Teppich« dem Teppich mittels der Eins-zu-Eins-Funktion, wem oder was ist dann »liegt auf« zugeordnet, und wie lautet die dazugehörige Funktion?

2) Die Schwierigkeit, den wahren negativen Sätzen in einer semantischen Bildtheorie Raum zu geben:

Nehmen wir an, die folgenden zwei Sätze seien wahr:

(S1) »Mittwoch, den 6. April 1977, befindet sich in meinem Arbeitszimmer kein Elefant.«

(S2) »Mittwoch, den 6. April 1977, befindet sich in meinem Arbeitszimmer kein SS-Offizier.«

Wenn die Bildtheorie korrekt ist, muß die Wahrheit eines Satzes, der sinnvoll und wahr die Verhältnisse in meinem Arbeitszimmer behandelt, so wie sie zu einem bestimmten Zeitpunkt sind, darin bestehen, daß der Satz die Struktur, d.h. eine Menge von Relationen hat, derart, daß eine Teilstruktur der Anordnung meines Zimmers mit der Struktur des Satzes korrespondiert, und zwar mittels einer Funktion, die wir hier in Ermangelung eines besseren Namens den semantischen Code nennen können.

Wenn wir uns, wie wir es in diesem Buch getan haben, darüberhinaus einer semantischen Theorie des *F-Typs*[3] anschließen, müssen wir behaupten, daß die einzige Information, die sprachliche Sätze von einem Menschen zum anderen übertragen können, Informationen von Strukturen sind, die in verschiedenen Medien repräsentiert und durch einen abbildenden Code einander zugeordnet sind.

Es ist – relativ – leicht sich vorzustellen, daß die Anwesenheit eines Elefanten im Zimmer die Summe der Relationen zwischen Bestandteilen des Zimmers verändert, und daß diese veränderten Relationen – wie im Falle des Jungen mit den Steinen – sich in einer Anhäufung anderer Gegenstände abbilden lassen, in diesem Falle in Wörtern. Und es ist auch relativ leicht sich vorzustellen, daß die Struktur eines Zimmers, in dem sich ein SS-Offizier aufhält, sich in einer anders strukturierten Kette von Wörtern abbilden läßt.

Mein Zimmer mit dem SS-Offizier darin repräsentiert eine Ordnung, ein »Arrangement« des Zimmers; mein Zimmer mit einem Elefanten darin eine andere, und meine Zimmer mit beiden darin eine dritte usw.

Aber wie verhält es sich mit den negativen Sätzen?

Normalerweise stellt man sich die Schwierigkeit so vor, daß ein Satz wie (S1), wenn er in der Bildtheorie wahr und sinnvoll ist, dazu zwingt, eine Art »negative Fakten« zu gebrauchen, die, wenn die Sätze wahr sind, mit deren Struktur korrespondieren.

Diese Formulierung ist nachlässig. Mit beinahe nicht zu übertreffender Klarheit wird der Sachverhalt bei Arnauld & Nicole in der Port-Royal-Logik dargestellt:[4]

»Die Natur eines verneinenden Satzes läßt sich nicht klarer ausdrükken als indem man sagt, sie sei die Vorstellung, daß ein Ding nicht ein anderes ist.«

Es bedarf keines rätselhaften Zimmers mit negativen Elefanten oder Null-Elefanten darin, damit der Sachverhalt mit (S1) korrespondiert. Es reicht, daß Zimmer, die keine Elefanten enthalten, sich strukturell von Zimmern, die sie enthalten, unterscheiden.

Wenn wir der Port-Royal-Logik folgen, drückt »nicht« in (S1) eine Differenz aus; es fragt sich, ob diese Differenz, ohne nicht annehmbare Folgen nach sich zu ziehen, in einer sprachlichen Struktur abgebildet werden kann.

Schwierigkeiten treten tatsächlich erst auf, wenn wir die Wahrheit von (S1) mit der Wahrheit von (S2) vergleichen. Und die besteht darin, daß mein Arbeitszimmer, so wie es möbliert und eingerichtet ist, in Abwesenheit eines Elefanten und in Abwesenheit eines SS-Offiziers exakt gleich aussieht. Oder anders ausgedrückt, ein und derselbe Inhalt meines Zimmers kann sowohl die Abwesenheit eines Elefanten wie die eines SS-Offiziers konstituieren.

Es ist nichts anderes als das, was man häufig damit ausdrükken will, indem man sagt, daß die Negation einer empirischen Aussage unspezifischer sei als entsprechende affirmative Aussagen.

Was sich nun so erschwerend für eine Bildtheorie für sprachlichen Sinn ausnimmt ist, daß zwei Sätze, die sich aufeinander beziehen wie (S1) und (S2), dieselbe Struktur abbilden müs-

sen, nämlich die Struktur meines Arbeitszimmers an dem entsprechenden Tag, während (S1) und (S2) offenbar doch verschiedene Bedeutungen haben.
Daraus scheint zu folgen, daß die Bedeutung der Sätze nicht darin bestehen kann, daß sie strukturgleich mit dem Zustand meines Zimmers sind.

## 7.2 *Form und Inhalt*

Um diese Diskussion fortsetzen zu können, müssen wir die Diskussion über Form und Inhalt, die eine gewisse leitmotivische Rolle in diesem Buch gespielt hat, zuende bringen.
Bei den Philosophen des Wiener Kreises spielte diese Diskussion in den zwanziger Jahren eine hervorragende Rolle. Sie kulminierte in zwei Arbeiten, nämlich der Bildtheorie, wie sie Ludwig Wittgenstein im »Tractatus logico-philosophicus« entwickelt[5], und in »Form and Content«, der Londoner Vorlesung Moritz Schlicks aus dem Jahre 1932.[6] Bertrand Russell steht für einen Philosophen der Zeit, der durch seine Unterscheidung zwischen »knowledge by acquaintance« und »knowledge by description« negative Stellung zu Theorien des F-Typs bezog.[7]
Nach 1932 verlor diese Debatte an Aktualität, nicht weil das Problem eine eindeutige Lösung gefunden hätte, sondern eher weil andere Probleme in den Vordergrund traten.
Nach der Untersuchung von Jaakko Hintikka[8] wird in Wittgensteins späterer Philosophie die Bildtheorie in ihrem Verhältnis zu Sprache und Wirklichkeit nicht verworfen, vielmehr »verblaßt« sie, als Wittgenstein in der Sprachspielidee eine elementarere Verbindung zwischen Sprache und Wirklichkeit zu sehen meint als die Isomorphie.
Als Vertreter der Theorien des F-Typs ist Wittgensteins Theorie in mehr als einer wichtigen Hinsicht ungewöhnlich. Zu einer Theorie des F-Typs wird sie zweifellos durch den grundlegenden Ansatz, daß das Verhältnis zwischen sprachlichem Satz und der Wirklichkeit eine Isomorphie oder Strukturgleichheit ist[9]:

»Die Welt ist die Gesamtheit der Tatsachen, nicht der Dinge.«

Die Ähnlichkeit zwischen der Theorie des »Tractatus logico-philosophicus« und der modernen *logischen* Semantik, der allgemeinen abstrakten Modelltheorie, besteht darin, daß sie den Begriff »Interpretation« nicht analysiert. Jeder Individualkonstante in der angewandten Sprache entspricht eine geordnete Menge in der Wirklichkeit, aber wie oder weshalb diese Größen gerade in dieser Weise aufeinander bezogen sind, wird in keiner von beiden Theorien erklärt.[10]
Im Fall Wittgensteins aus dem Grunde, weil so eine Analyse nicht möglich ist; der Satz kann nicht die Art und Weise beschreiben, in der er abbildet, nur aufzeigen, da ja das Abbilden darin besteht, daß er, der Satz, eine gemeinsame Struktur mit dem Abgebildeten hat.
In der Modelltheorie wird statt dessen die Relation zwischen Zeichen und Interpretation, zwischen Funktionen und Werten variiert. Dies ist möglich, da ja die Theorie sich nur mit den allgemeinen Abbildungsbedingungen befaßt. Die Modelltheorie nimmt dafür in Kauf, nicht von der Bedeutung *in concreto* zu handeln, sondern nur von den allgemeinen Bedingungen der symbolischen Repräsentationen, bei der die repräsentierende Relation frei variieren darf.
Die Frage nach Form und Inhalt bedeutete: *was kann* überhaupt repräsentiert werden? Man kann also sagen, daß diese philosophische Frage gerade an dem Punkt beginnt, an dem die logische Semantik endet. Im Gegensatz zur modelltheoretischen Frage – *wie* läßt sich etwas durch etwas anderes repräsentieren? – verlangt die philosophische Frage eine Ontologie, eine Lehre, woraus die Wirklichkeit besteht.
Wittgenstein besitzt eine solche Lehre. Sie besteht aus seiner originellen und fruchtbaren Idee vom »logischen Raum«: »Die Tatsachen im logischen Raum sind die Welt«.[11]
Alle einzelnen Dinge können in Relation zu anderen Dingen stehen. Eine *formale* oder interne Eigenschaft des einzelnen Dings besteht darin, daß es diese »Bindungsmöglichkeiten« besitzt. Ein Ding zu kennen bedeutet, alle möglichen Relationen zu kennen, in denen es stehen kann; wenn alle Dinge gegeben sind, sind auch alle möglichen Sachverhalte gegeben. Diese Menge konstituiert den logischen Raum, der also ein Raum aller möglichen Sachverhalte ist. Fakten sind jene Teilmenge dieses Raums von Relationen, die verwirklicht worden sind. Was Wittgenstein »die Welt«

nennt, ist also eine Teilmenge des logischen Raums, die Teilmenge, die als Argument für wahre atomare Sätze fungiert.
Die Möglichkeit eines einzelnen Gegenstands, in Sachverhalten vorzukommen, sein Anteil im logischen Raum, ist seine »Form«. Aber der Gegenstand ist auch eine »Substanz«. Gegenstände bilden die Substanz der Welt.
Der Grund dafür, daß die Welt eine Substanz haben muß, oder richtiger gesagt, daß Wittgensteins Bildtheorie sie als vorhanden annehmen muß, besteht in der Notwendigkeit, zwischen Vorkommen eines Zeichens und seiner Gestalt zu unterscheiden, zwischen *Token* und Struktur, und es wäre also nicht möglich, zwischen sinnvoll und wahr ohne diese Substanz zu unterscheiden. Es wäre nicht möglich, zwischen dem Teil des logischen Raumes, der der Fall ist, und jenem, der nicht der Fall ist, zu unterscheiden.[12]
Die Substanz der Welt kann nur eine Form bestimmen, aber keine materiellen Eigenschaften von Gegenständen, denn die letzteren werden erst durch die Sätze, Konfigurationen von Gegenständen, dargestellt.

»Beiläufig gesprochen: Die Gegenstände sind farblos.«[13]

Wittgensteins Lehre vom logischen Raum ist teilweise dunkel und kaum widerspruchsfrei zu deuten; wir wollen hier auch keinen heroischen Interpretationsversuch vornehmen. Wir begnügen uns mit der Feststellung, daß es sich hier um eine Art Grundidee vom Verhältnis zwischen Inhalt und Form handelt, einer Idee, die davon ausgeht, daß alles, was wir normalerweise qualitative Eigenschaften von Gegenständen nennen, sich auf den Platz des Gegenstands in einer Struktur reduzieren läßt, auf eine Konfiguration, bei der verschiedene Relationen den Gegenstand mit anderen Gegenständen verbinden.
Und diese Konfiguration wird aus der gesamten Summe von Relationsmöglichkeiten des logischen Raums ausgewählt, durch die Art, wie wir den Gegenstand im logischen Raum abbilden.
Auf diese Weise werden alle qualitativen Eigenschaften des Gegenstands auf Relationen reduziert: der einzige nicht reduzierbare Rest, der vom Gegenstand selbst übrig bleibt, und der die Substanz »der Welt« vom logischen Raum trennt,

ist genau dies, *daß* der Gegenstand als Argument für eine atomare Satzfunktion existiert: »Nicht *wie* die Welt ist, ist das Mystische, sondern *daß* sie ist.«[14]

In diesem Sinne enthält Wittgensteins Lehre vom logischen Raum also eine Antwort auf die Frage der *philosophischen Semantik: was* kann von Sätzen repräsentiert werden? – *Relationen* nämlich, *ausschließlich Relationen*.

Die einzige Rolle der Gegenstände bei der Lehre vom logischen Raum besteht darin, daß sie den Unterschied zwischen logischem Raum und der Welt gewährleisten, zwischen dem, was der Fall ist, und dem, was nur der Fall sein könnte, zwischen Strukturen auf der einen Seite und deren Vorkommen oder Tokens auf der anderen.

Diese originelle Theorie ist für die allgemeinere Frage nach Form und Inhalt von Bedeutung.

Interessante Fortschritte bei dem Versuch, die Bildtheorien als Alternative in der semantischen Debatte wieder aufleben zu lassen, haben Stenius (1960) und Hintikka (1973) erreicht. Stenius geht mit seinem Versuch in eine kantianische Richtung. Interessant bei Hintikka ist der Versuch, im Rahmen einer Bildtheorie auch Raum für eine Theorie der Quantifikation zu gewinnen. In einer erweiterten Theorie dieser Art kann der Satz nicht unmittelbar mit der Wirklichkeit verglichen werden wie bei Wittgensteins Bildtheorie. Der Vergleich kann erst dann geschehen, wenn ein hierarchisches Gebäude von verschiedenen zugeordneten Modellen konstruiert worden ist. Dies stellt nach Hintikkas Meinung allerdings keinen Einwand gegen eine allgemeine Bildtheorie dar.

Sehr wichtig ist ein anderer Hinweis Hintikkas, daß Bildtheorien oft allzu voreilig abgetan werden, weil man sich gerne vorstellen möchte, daß die Funktion (»key« bei Hintikka) die Elemente in der abbildenden Struktur Elementen in der abgebildeten zuordnet, eine Eigenschaft besitzen muß, daß sie Elemente mit *gleichartigen* Relationen aus beiden Mengen auswählt, daß räumliche Relationen z. B. räumlichen Relationen zugeordnet werden müssen.

Das muß natürlich nicht der Fall sein.

Wieder aufgelebt ist die Debatte um Form und Inhalt in Gestalt einer Diskussion um *Qualia*[15], d.h. den unmittelbaren Qualitäten unserer psychischen Inhalte und deren Verhältnis zu den symbolischen Repräsentationen.

Aus der schon ziemlich weitläufigen modernen Literatur zu diesem Thema möchte ich eine Diskussion herausstellen, die sich um die philosophische Frage, wie ich sie eben genannt habe, verdient macht, indem sie diese wie folgt auf die Spitze stellt:
In seinem 1950 veröffentlichten Aufsatz »Experience«[16] behauptet B.A.Farrell, *Qualia* oder »rohe« primäre Eigenschaften unserer Wahrnehmungsinhalte müssen einen nicht weiter beschreibbaren – also nicht weiter kommunizierbaren – Rest unserer Kenntnis von der Wirklichkeit darstellen. Denn nachdem alle bestimmten Definitionen, z.B. von Farbempfindungen, bestimmt worden sind, bleibt kein Raum für irgendeine andere Form von Beschreibung als *discrimination,* d.h. für die Aussage, ob etwas identisch mit etwas anderem ist oder nicht. Dies hat, wenn man es bestreitet, die eigenartige Konsequenz, daß alles, das gemäß der Grundannahme bereits bestimmt worden ist, noch nicht bestimmt ist. In ihren niedrigsten Determinaten sind also Wahrnehmungsqualitäten unbeschreibbar, sie sind *Qualia* oder nicht reduzierbare Qualitäten unserer psychischen Inhalte.
Gegen diesen Gedankengang wendet sich Bernard Harrison (1973) in seinem Werk »Form and Content«[17] mit einer sehr ausführlichen Argumentation, die im wesentlichen auf Farberlebnissen beruht. Mit Hilfe eines einfallsreichen abstrakten Modells, einer dreidimensionalen Farbanordnung kommt er zu dem Schluß, daß die Eigenschaft eines einzelnen Dings, eine Farbnuance zu besitzen, sich reduzieren läßt auf deren Platz in einem System interner Relationen[18]:

»Wir scheinen also gezwungenermaßen den Standpunkt annehmen zu müssen, daß das, was uns berechtigt, etwas als farbig anzusehen, die Möglichkeit ist, dem Ding einen Platz im komplexen System innerer Relationen zu geben, die charakteristisch sind für die Farbanordnung. Farbe ist dann einfach der Aspekt von den Dingen, unter dem sie in diesen Beziehungen zueinander stehen.«

Die Frage nach Form und Inhalt besteht eigentlich aus zwei verschiedenen Fragen:

1) *Was* kann von sprachlichen Sätzen repräsentiert werden?

2) Was kann von sprachlichen Sätzen *nicht* repräsentiert werden?

Ebenso wie Schlick und Wittgenstein beantwortet Harrison die erste Frage mit »Form« oder »Strukturen«.
Auf die zweite Frage würde Schlick mit »Inhalt« (oder Qualia) antworten, Wittgenstein dagegen mit »das Mystische«, »Gegenstände«, »daß die Welt vorhanden ist«. Für Schlick und Wittgenstein führt die Bildtheorie zu der Ansicht, daß ein nicht reduzierbarer, ein nicht beschreibbarer und folglich nicht übertragbarer Rest in der Welt besteht. Für Schlick besteht er in »Qualia«, für Wittgenstein in der Beschreibungsmöglichkeit selber, der Möglichkeit, Bilder zu schaffen, also daraus, daß die Welt eine Teilmenge des logischen Raums ist. Gegenstände sind in gewissem Sinn »farblos«, und eben diese farblosen Gegenstände sind der nicht kommunizierbare Rest.
Harrison beantwortet dagegen die zweite Frage mit »nichts«. Es gibt nichts Privates, nichts, das ausschließlich in unserem Erleben vorkommen kann: alle *Qualia* sind auf Relationen reduzierbar[19]:

»In unseren Augen ist etwas, das man als farbig erkennt, offensichtlich *nicht* mit dem Wort ›Farbe‹ *aufgrund einer Assoziation* verbunden. Man muß die Möglichkeit sehen, das in Frage stehende Ding in Relation zu anderen Dingen zu setzen, in der Weise, daß sie an einer Art System teilhaben.«

Harrison scheint damit folgendes zu meinen: für jedes Farbdeterminat gibt es Hinblick auf Sättigung, Intensität und Klang einen Platz in einem dreidimensionalen Relationssystem (und Harrison konstruiert ja selber sehr einfallsreich ein solches System), der aufgrund der internen Eigenschaften des Relationssystems so konstruiert ist, daß genau dieses Determinat diesen, und nur diesen Platz im System einnehmen kann. Mit anderen Worten, er ist eindeutig identifizierbar.
Entscheidend ist natürlich, daß die Relationen im System *intern* sind, d.h. logisch ist es nicht möglich, daß sich eine Relation verändert, ohne daß sich nicht ebenfalls die in Relation befindlichen Objekte verändern. Dann und nur dann, wenn diese Bedingung erfüllt ist, kann das System *eindeutig* einen Platz für jedes niedrigste Farbdeterminat feststellen, und die Qualia oder unmittelbaren Inhalte werden auf kommunizierbare Relationen oder Plätze im Relationssystem reduziert.

Als Folge dieser Theorie muß Moritz Schlicks Theorie von Form und Inhalt in zweierlei Hinsicht »geläutert« werden. Schlicks Semantik ist in höchstem Maße empirisch, in der Weise, daß die Inhalte – als Träger der Strukturen, die die Sprache abbilden – durch ostensive Definitionen mit den Wörtern verbunden sind, d.h. bestimmte Wörter sind assoziativ mit bestimmten inhaltlichen Qualitäten verbunden. Entscheidend gegen ostensive Definitionen spricht der Umstand, daß sie die generative Fähigkeit der Sprache nicht zu erklären vermögen: wodurch sind wir imstande, neue Erlebnisse zu beschreiben, wenn unsere Wörter sich nur auf bestimmte fixierte, einmalige Erlebnisinhalte beziehen können?

Bei Schlick ist es die Aufgabe der ostensiven Definitionen, die Träger der abbildenden Strukturen mit den Trägern der abgebildeten Strukturen, also den Qualia, zu verknüpfen. *Wie* aber, fragt Harrison, können wir Sätze in eine strukturelle Korrelation zu Fakten setzen? Wie können wir wissen, welche »Struktur« der Welt ein gegebener Satz auswählt?[20] Weshalb muß die Struktur der Sätze mit der Struktur der Welt isomorph sein?

Meiner Auffassung nach enthält Harrisons Argumentation trotz allem eine Verwechslung zwischen Inhalt und Form; diese Verwechslung hängt mit der notorischen Verwechslung von »intern relation« und »extern relation« in der philosophischen Literatur zusammen.

(Wir täten gut daran, uns von diesen Termen zu befreien.)

Ingres' Bild »Odalisque en Grisaille« (im Metropolitan Museum of Art in New York) stellt eine Haremsdame in ihrem Boudoir dar. Das ganze Farbsystem auf diesem Bild hält sich innerhalb einer silbergrauen Farbskala. Aber die verschiedenen Nuancen dieser Grauskala sind im Verhältnis zueinander so konsequent durchgehalten, daß wir die Dame, ihre Kleider, die Blumen in ihrem Zimmer nicht als grau erleben, sondern als ganz normale Hautfarben, als Wirkung des Gewebes, als Verzierungen.

Mit anderen Worten, das Farbsystem von Ingres' Bild ist so gehalten, daß das normale Farbspektrum auf einem seiner Teilbereiche, dem Graubereich nämlich, abgebildet wird. In der Malkunst ist es eine bekannte Tatsache, daß eine Farbe durch eine andere Farbe abgebildet werden kann – unter der

Voraussetzung, daß sämtliche Farben eines Bildes im Verhältnis zum abgebildeten Farbsystem strukturgleich abgebildet sind.
Man kann das so formulieren, daß bei Ingres' Grauskala jede Graunuance eine eindeutige, nur für sie kennzeichnende Position hat; diese Position ist strukturgleich zu einer anderen Position im sichtbaren Spektrum, von der Ingres' Grauskala nur einen unbedeutenden Teil bildet. In der praktizierten Malerei jedoch verhält sich Ingres' Grisaille-Malerei so, als ob das sichtbare Spektrum unendlich teilbar wäre; eine Teilmenge kann die Gesamtmenge, in der sie enthalten ist, abbilden.
Eine ganz bestimmte Graunuance in Ingres' »Odalisque en Grisaille« kann folglich eine bestimmte Blaunuance, so wie sie einem normal sehenden Auge erscheinen würde, im Kleid des gemalten Modells abbilden.
Diese Graunuance hat dann eine eindeutige Position in der Grauskala Ingres; ihre Position im normalen, sichtbaren Spektrum liegt aber *nicht im Graubereich,* sondern im Blaubereich.
Wenn ein Farbsystem ein anderes isomorph abbildet, nimmt ein und dieselbe Farbnuance verschiedene eindeutige Positionen in beiden isomorphen Systemen ein, während isomorphe Positionen von verschiedenen Farbnuancen eingenommen werden müssen.
Im Prinzip kann also jede beliebige Farbe jede beliebige andere Farbe repräsentieren, unter der Voraussetzung, daß sie sich auf das umgebende Farbsystem in der Weise bezieht, daß dieses System in seiner Gesamtheit mit dem System, das es abbildet, isomorph ist.
Nächstes Beispiel. In Bachs Partita in a-moll für Soloflöte ist der dritte Satz eine Sarabande. Der siebte Ton dieses Satzes nach Beginn ist ein f' in der mittleren Oktave. Wenn dieses f' um eine Oktave nach oben transponiert wird, der Rest aber in derselben Lage bleibt, entsteht eine neue Melodie, die verschieden ist von der herkömmlichen mit der Bezeichnung »Sarabande der a-moll Partita von Johann Sebastian Bach«.
Wenn dagegen die ganze Sarabande um eine Oktave höher transponiert wird, oder um zwei Oktaven tiefer und von einer Posaune gespielt wird, entsteht keine neue Melodie.

(Ich kann mir vorstellen, daß ein Musiker gegen diesen Gedankengang subtile Einwände hätte, Einwände, die allerdings nicht den Kern meines Gedankengangs träfen, sondern nur verdeutlichten, wie wünschenswert ein neuer Term für das hier mit »Melodie« Bezeichnete wäre – beispielsweise »thematische Grundstruktur«.) Der siebte Ton in der Partitur ist also auf die übrigen Töne im Satz bezogen, so daß er im Hinblick auf die Tonhöhe nicht verändert werden kann, ohne daß sich nicht gleichzeitig sämtliche Relationen mit veränderten. Diese Erscheinung nennt man bisweilen eine »interne Relation«. Die Sarabande bildet ein Relationssystem mit der Eigenschaft, daß dieses f' einen eindeutigen Platz im System hat, der nicht von einem f' eine Oktave höher eingenommen werden kann. In derselben Weise hatte eine gegebene Graunuance bei Ingres einen eindeutigen Platz im Gemälde, der nicht von einer anderen Graunuance eingenommen werden konnte.

Aber wenn wir nun das f' um eine Oktave höher nach f'' transponieren und dieselbe Operation mit sämtlichen Tönen der Partita vornehmen, dann entsteht keine andere Melodie. Der siebte Ton *kann* also in qualitativer Hinsicht verändert werden, ohne daß die umgebenden Relationen sich verändern, dann nämlich, wenn sämtliche Töne der Partita Gegenstand derselben Operation werden, mit derselben Menge an Veränderung als Folge. Ihr eindeutiger Platz in der transponierten Melodie wird dann von einem Ton mit einer anderen Schwingungszahl eingenommen, während ein Ton mit der ursprünglichen Schwingungszahl einen anderen eindeutigen Platz im transponierten System haben wird.

Dies zeigt die Unzulänglichkeit des häufig auftauchenden Begriffs »intern relation«. Eindeutige Positionen eines Relationssystems werden von internen Relationen im System konstituiert, aber die Identität eines in Relation gesetzten Objekts läßt sich nicht mit Hilfe seiner Position feststellen, denn isomorphe Systeme können sehr verschiedene einzelne Objekte in dieselbe Ordnung einsetzen.

Die Kenntnis eines Systems interner Relationen, einer Struktur oder einer Form, gibt uns Auskunft darüber, in welcher Struktur wir uns befinden, nicht aber in welcher Erscheinungsform des Systems.

Ein Dreieck läßt sich nicht so beschreiben, daß seine Spezifikation notwendigerweise logisch nur mit einem Dreiecksvorkommen übereinstimmt. Wenn ein Kartenspiel gewisse Bedingungen erfüllt, liegt notwendigerweise eine Karte obenauf im Spiel, aber für keine spezielle Karte gilt logisch notwendigerweise, daß sie zuoberst liegen muß. Ein anderer »string« von Karten kann eine isomorphe Ordnung besitzen, dabei aber aus Karten mit ganz anderen Zahlen und Kartenbildern bestehen.

Wenn wir der seltsamen Konsequenz nicht zustimmen wollen, daß subjektiv das Erlebnis einer Erscheinung von Grau dasselbe ist wie das Erlebnis von Blau, müssen wir den Gedanken Harrisons, daß eine Farbnuance sich auf einen eindeutigen Platz im Relationssystem reduzieren ließe, ablehnen.

Bei isomorphen Strukturen ist logisch stets die Möglichkeit vorhanden, daß sie durch zwei verschiedene Inhalte repräsentiert werden: also besteht dieselbe Struktur in zwei verschiedenen Erscheinungsformen. Um sich diesen Gedanken zu veranschaulichen, kann man sich z.B. die Navigation in einem Universum mit einer transfiniten Menge von Sternen vorstellen: wie exakt wir auch unsere Position zu einer sich stets vermehrenden Anzahl von Sternen und ihren Winkeln bestimmen, so ist es doch immer möglich, daß auch eine ganz andere Position in einer ganz anderen Ecke dieses Universums besteht, die identische Relationen zu identischen Gestalten von Sternbildern angibt.

Die Existenz nicht beschreibbarer Qualia in unseren subjektiven Inhalten ist keine Frage, die man mit ja oder nein beantworten kann, wenn man an einer Bildtheorie für sprachliche Sätze festhält. Bei dieser Frage ist es unmöglich zu sehen, wie eine Antwort sich motivieren ließe, wie es unmöglich ist, sich eine Antwort vorzustellen. Wenn Qualia existieren, wie können wir sie dann von Positionen in isomorphen Systemen unterscheiden? Wenn zwei Relationssysteme isomorph sind – wodurch erkennen wir dann, daß sie nicht verschiedene Qualia enthalten? (Die Möglichkeit, Ingres' Grau mit normalem Blau zu vergleichen, haben wir nicht bei Vergleichen zwischen subjektiven Inhalten.)

Jetzt können wir zu einem früheren Punkt in der Argumentation zurückkehren, zu unserem beunruhigenden Erlebnis: Wenn es nämlich nicht zutrifft, daß weder ein SS-Offizier noch ein Elefant in unserem Zimmer stehen –, daß das Zimmer in Abwesenheit eines Elefanten anders aussehen sollte als dasselbe Zimmer in Abwesenheit eines SS-Offiziers. Dieses Erlebnis – das mit ganz anderen Schlußfolgerungen im hegelianischen Geist von Jean-Paul Sartre in »L'Etre et le néant«[21] analysiert worden ist – gründet sich auf unsere Vorstellung, daß die Sätze »in meinem Zimmer ist kein Elefant« und »in meinem Zimmer ist kein SS-Offizier«, wenn sie wahr sind, *zwei verschiedene Sachverhalte abbilden* müßten und daß die Verschiedenheit zwischen diesen beiden Sachverhalten zu beobachten sein müßte; und wenn beobachtbar, dann im Zimmer selbst, da ja beide Sätze über den Zustand dieses Zimmers wahre Aussagen machen. Aber im Zimmer können wir nur ein und denselben Zustand sehen, der beide Sätze zu wahren Sätzen macht. Es ist so, als ob wir erwarteten, daß etwas *Bestimmtes* im Zimmer die Abwesenheit des einen und des anderen Lebewesens bestätigen sollte.

An dieser Stelle soll nun die Behauptung aufgestellt werden, daß einesteils diese Schwierigkeit oder Verwirrung bei Bildtheorien keineswegs nur an wahre negative Sätze geknüpft ist, sondern im Zusammenhang mit ihnen nur deutlicher hervortritt, andernteils sie in einem engen Zusammenhang mit Harrisons Fragen stehen: Wie können wir Sätze in eine strukturelle Korrelation zu Fakten, zu Strukturen der Wirklichkeit stellen? *Wie* können wir wissen, welche »Struktur« der Welt ein gegebener Satz auswählt?

Meine Antwort lautet, daß wir bei der Konstruktion von richtigen und sinnvollen sprachlichen Sätzen Sätze nicht in eine strukturelle Relation zu Fakten »stellen«; wir konstruieren ganz einfach eine Struktur. Und die Frage, weshalb die Struktur der Sätze isomorph mit der Struktur der Welt sein muß, stellt sich ganz einfach nicht: wenn es möglich ist, etwas in einer gewissen Struktur zu ordnen (Steine, Morpheme, Farbnuancen), ist es logisch auch stets möglich, daß diese Struktur etwas anderes ordnet.

Man kann das auch so ausdrücken: die Struktur des Satzes und die Struktur der Welt ist immer dieselbe. Nie existiert mehr als ein Exemplar von einer Struktur; das, wovon mehrere Exemplare existieren, sind ihre Erscheinungsformen, Token oder Träger.

Wir selber strukturieren die Welt, wenn wir verschiedenfarbige Steine in unserer rechten oder linken Hosentasche sammeln oder wenn wir äußern: »Gerade jetzt ist in meinem Zimmer kein SS-Offizier.«
Daß Harrison diese Fragen formuliert, zeigt seine Erwartung, daß die »Struktur der Welt« sich auf alle Fälle letztlich als eine Form von Inhalt darstellen soll.
Wie können wir wissen, daß der U-Bahnplan korrekt ist?
M.H.A. Newman wollte 1928 die Behauptung, daß unser einziges Wissen über die Welt sich auf ihre Strukturen bezieht, durch folgenden Gedankengang als Nonsense-Behauptung herausstellen[22]: Wenn wir eine Anhäufung mit beispielsweise N Teilen haben, wissen wir, daß die Anhäufung imstande sein muß, jede beliebige Struktur zu haben, wenn nur die Anzahl der Relationen sich mit der Kardinalzahl der Anhäufung, N, vereinbaren läßt. Außer daß ihre Teile N sind und existieren, besitzen wir, wenn wir wissen, daß die Anhäufung eine Struktur hat, kein Wissen über sie.
Wie Bo Dahlbom u. a. in einer jüngst erschienenen schwedischen Dissertation[23], die sich sehr eingehend mit der Frage nach Form und Inhalt auseinandersetzt, gezeigt hat, ist dieser Einwand grundlos. Er beruht, so könnte man sagen, auf einer Verwechslung von dem, was Wittgenstein den »logischen Raum« nennt, (d.h. die Summe aller möglichen Relationen zwischen einer gegebenen Menge von Teilen), mit dem, was Wittgenstein die »Welt« nennt (d.h. die tatsächlich vorhandenen Relationen).
Die spezielle Anordnung der U-Bahnstationen in Stockholm ist nur eine aus einer großen Zahl möglicher Anordnungen.
Der U-Bahn-Streckenplan wäre jetzt ein Bild, selbst dann, wenn Stockholm niemals eine U-Bahn gehabt hätte, und – wie wir gesehen haben – er wäre selbst dann richtig und wahr, wenn es eine weitere Stadt mit genau derselben U-Bahnordnung, mit denselben Stationsnamen gäbe.
Es gibt nur eine Struktur in dem U-Bahnplan. Sie wird nicht geringer, wenn sie keine Entsprechung in der Wirklichkeit hat, sie wird auch nicht umfassender, wenn sie zwei korrespondierende Entsprechungen in der Wirklichkeit hat.
Die Frage nach der »Richtigkeit« des U-Bahnplans bedeutet deshalb nicht, ob es in Stockholms geographischer Wirklich-

keit *eine andere* Struktur gibt, die mit dem Plan korrespondiert, sondern, ob die Wirklichkeit der U-Bahn mit ihren einzelnen Streckenabschnitten in die Struktur des Plans übernommen werden kann.

(Metaphorisch könnte man fragen, ob die topologische Ordnung des Plans sich vom Papier auf die U-Bahn »transponieren« läßt.)

Das Kriterium dafür, daß die Karte »wahr« (»richtig«, »isomorph«) ist, besteht darin, daß diese Transponierung möglich ist.

(Um dies zu veranschaulichen, stellen wir uns vor, statt wie gewöhnlich die Karte mit der topologischen Wirklichkeit der U-Bahn zu vergleichen, daß man Papier und Kartensymbole aus dem Plan entferne, und an ihre Stelle Zeichen aus Stein, Beton und Eisen setze. Das entspräche dem konsequenten Austausch von Tönen in der mittleren Oktave mit denen einer höheren Oktave in der Partita.)

Diese Transponierung ist beim U-Bahnplan möglich. Sie ist auch bei gewissen Stockholmbildern von Elias Martin möglich. Die Strukturen in diesen beiden Bildkategorien unterscheiden sich außerordentlich voneinander, aber die Möglichkeit einer »Transponierung« in einen Fall schließt die Möglichkeit einer Transponierung im anderen Fall nicht aus.

In derselben Weise läßt sich die Anhäufung von Gegenständen in meinem Zimmer in die Ordnung des Satzes »hier ist kein Elefant« transponieren, wie auch in die Ordnung des Satzes »hier ist kein SS-Offizier«. (Eine transfinite Menge von Melodien läßt sich in die zweite Oktave, aber nur eine finite Menge von Plänen in die U-Bahn von Stockholm transponieren. Der Grund dafür ist, daß die zweite Oktave ein Kontinuum von Frequenzen und Tondauer bieten, während die Wirklichkeit der U-Bahn scharf ausgeprägte Diskontinuität aufweist. In der zweiten Oktave existiert alles, was zu einer beliebigen Konstruktion notwendig ist.) Fassen wir zusammen:

In den Gedankengängen zur Bildtheorie findet sich eine überwältigende Tendenz, abgebildete Strukturen gegenständlich zu machen (zu hypostasieren), sie als Objekte derselben Ordnung wie ihre Träger sehen zu wollen. Die Behauptung, daß Wahrheit in der Korrespondenz zwischen

Strukturen des sprachlichen Satzes und den Strukturen der Wirklichkeit besteht, legt nahe, daß es zwei Bilder gibt, zwei Objekte desselben Typs in einer Situation, und daß das eine mit dem anderen verglichen wird. Aber es gibt nur ein Bild, eine Struktur, denn eine Struktur ist eine Gestalt und keine Vorratsmenge; und die Frage nach der Wahrheit eines Satzes ist die Frage, ob eine gewisse Übertragung, ein Transport (das Wort »Transsubstantiation« wäre hier tatsächlich angebracht, wenn man es von den Assoziationen an die Scholastik befreien könnte) *gelingt* oder nicht *gelingt*.

Wahrheit ist kein Prädikat, das kennzeichnend für Bilder ist. Es ist für eine Operation, nämlich die erfolgreiche Bildübertragung, kennzeichnend.

Die Schwierigkeit, diese Tatsache zu sehen, hängt damit zusammen, daß verschiedene Abbildungen mittels verschiedener Funktionen ein und dieselbe Wirklichkeit abbilden können. Wie wir gesehen haben, braucht eine Abbildung, um wahr zu sein, nicht *erschöpfend* zu sein.

Tarskis Konvention –

> (T) *Der Satz »Schnee ist weiß« ist wahr, dann und nur dann, wenn der Schnee weiß ist*

– ist nicht nur mit einer Bildtheorie für den Sinn sprachlicher Sätze (die in dieser Weise gedeutet werden) vereinbar, sie ist der adäquateste Ausdruck für das, was in dieser Theorie »wahr« bedeuten muß.

### 7.3 *Loslösung von der empirischen Semantik*

Die Wahrheit eines Satzes besteht also darin, daß eine abstrakte Operation gelungen ist; nämlich die Struktur einer spezifischen Satzgestalt in einen Aggregatzustand zu überführen, der verschieden vom Satzvorkommen selber ist. Anstelle von »ist gelungen« können wir schreiben »ist möglich« oder »ist konstruierbar«.

Ein Versuch, dieses »ist möglich« oder »ist gelungen« oder »hat Aussicht zu gelingen« näher zu analysieren, ist gleichbedeutend mit dem Versuch, zu erklären, weshalb das, was zutrifft, wirklich zutrifft, oder – mit Wittgenstein – »daß die Welt existiert«.

Wir müssen also Phrasen wie »eine Überführung der Satzstruktur in etwas, das verschieden ist vom Satz, ist möglich« unanalysiert lassen, in der Hoffnung, daß wir *zeigen* konnten, wie man sie anwendet.

Dies stimmt gut mit Kants Standpunkt in der »Kritik der reinen Vernunft«[24] überein:

»Nun würde ein allgemeines Kriterium der Wahrheit dasjenige sein, welches von allen Erkenntnissen, ohne Unterschied ihrer Gegenstände, gültig wäre. Es ist aber klar, daß, da man bei demselben von allem Inhalt der Erkenntnis (Beziehung auf ihr Objekt) abstrahiert, und Wahrheit gerade diesen Inhalt angeht, es ganz unmöglich und ungereimt sei, nach einem Merkmale der Wahrheit dieses Inhalts der Erkenntnisse zu fragen, und daß also ein hinreichendes, und doch zugleich allgemeines Kennzeichen der Wahrheit unmöglich angegeben werden könne.«

Eine wichtige semantische Asymmetrie, die wohl allen Menschen im Augenblick des Sprechens bewußt ist – auch wenn sie nicht sprachphilosophisch interessiert sind –, ist die folgende:

Wenn S und S' zwei Sätze sind, S wahr ist und S und S' synonym sind, dann ist es logisch notwendig, daß auch S' wahr ist. Wenn aber S sinnvoll ist und S und S' denselben Wahrheitswert haben, ist es logisch nicht notwendig, daß S und S' synonym sind.

Es gibt unzählig viele Beschreibungsmöglichkeiten dieser Asymmetrie: als Unterschied zwischen Extension und Intension, als Schwierigkeit, in einer intuitiven Logik modale Operatoren über intentionalen Kontexten zu quantifizieren, als eine Schwierigkeit, den Synonymbegriff zu definieren.

Das Problem kann durch verschiedene, speziell dazu angelegte formale Systeme umgangen werden, aber dafür muß man nicht-intuitive Begriffe und Regeln in Kauf nehmen.

Das Problem ist eng verknüpft mit der Art, wie »particulars« oder Einzeldinge (individuelle Größen, »Entitäten«, individuelle »Objekte«) in unsere Vorstellung vom sprachlichen Satz gelangen. In diesem ausgedehnten Problemkreis spielt seit den Tagen Lockes die ostensive Definition eine wichtige Rolle: sie ist der zentrale unterschiedlich geformte Baustein dessen, was man am einfachsten *empirische Semantik* nennen könnte, eine Theorie, die sehr häufig mit dem doppelten Anspruch auftritt, sie erkläre, wie Sprachenlernen vor sich

geht, und wie sinnvolle Sprache in hohem Maße mit der außersprachlichen Wirklichkeit verbunden ist.
Dieser Typ von Bedeutungs-Lehren kann in zwei Grundannahmen zusammengefaßt werden:

(1) Damit eine natürliche Sprache Information über etwas anderes außer sich selbst mitteilen kann, muß sie Zeichengestalten enthalten (Locke: Wörter, Quine: Sätze), deren Bedeutung mit anderen Worten nicht ohne infinite Regression erklärt werden kann; also einzig durch deren unmittelbare Relation zum sinnlichen Erlebnis der Wirklichkeit.

(2) Diese Verbindung zwischen sprachlicher Gestalt und Empfindung kann allein darin bestehen, daß die Assoziation einer Idee zwischen Empfindung und sprachlicher Gestalt durch Gesten, Satzsysteme etc. errichtet wird, so daß eine einzelne, subjektive Empfindung als zu derselben Klasse von Empfindungen zugehörig wiedererkannt wird. Diese Klasse ist dann die Extension der Gestalt, das, was das Klassenelement mit der Intension der Gestalt gemeinsam hat. Dieser Vorgang ist dann eine *ostensive Definition*.

Bekannt ist Wittgensteins schlüssige – wie es scheint entscheidende – Kritik an der ostensiven Definition in ihrer einfachsten Form: wie können wir durch die Demonstration einiger Gegenstände (die alle »rot« sind, sagen wir einer reifen Tomate, einer sowjetischen Fahne und eines Feuerwehrwagens) zeigen, *in welcher Hinsicht* wir die Gegenstände verglichen haben wollen? Wir können wir vermeiden, statt dessen die Bedeutung von Wörtern wie »materiell«, »Gegenstand der Schwerkraft«, »beweglich« zu demonstrieren?
Oder – um an das Spiel mit den verschieden etikettierten Schubladen aus dem Kapitel *Ontological commitment* (4.4) anzuknüpfen: *welche Schublade* ziehen wir auf, oder an welche klopfen wir, wenn wir jemandem eine Tomate oder eine sowjetische Fahne zeigen und »rot« sagen? Beide Gegenstände haben gleich großes Hausrecht bei einer unbegrenzt großen Menge von Begriffen.
Wittgensteins Einwand, der ihn eben zu der Theorie führt, daß das, was die sprachliche Gestalt mit der Außenwelt verbindet, deren Platz in einem *Sprachspiel* ist, gleicht eher einem Einwand, den wir in Zusammenhang mit Mauthners Lehre – sprachliche Gestalten sind »Erinnerungszeichen« –

diskutiert haben: wenn jede sprachliche Referenz Referenz auf subjektive Inhalte ist, und wenn Erinnerung nichts anderes ist, als das Einordnen von Wahrnehmungen unter dasselbe sprachliche Zeichen, scheint es, als könnten wir nie aus rationalen Gründen in Frage stellen, ob die Erinnerungen eines anderen Menschen korrekt sind.

Die empirische Semantik scheint in ein Dilemma zu geraten. Sie kann irgendwelche Automaten erklären, die jedesmal, wenn sie mit einer roten Fahne oder einer reifen Tomate konfrontiert werden, »rot« mitteilen, aber sie kann nicht die generativen Eigenschaften der Sprache erklären, d.h., daß wir ständig neue Sätze bilden mit neuen Funktionen, in neuen sprachlichen Zusammenhängen, für das Wort »rot«.

Oder sie ist nicht in der Lage zu erklären, wie theoretische Uneinigkeit überhaupt möglich ist, da jeder, der Sprache anwendet, wohl in jeden Satz einen ganz privaten subjektiven Inhalt legt, der ostensiv definierte Zeichengestalten enthält.

Die in diesem Buch behandelten Philosophen, Friedrich Nietzsche, Alexander Bryan Johnson und Fritz Mauthner, haben zumindest gemeinsam, daß sie in der Sprache eine Eigenschaft zu erkennen meinen, die ich im ersten Kapitel als »schwebende« Referenz beschrieben habe.

Die schwebende Referenz schuf ein willkürliches Verhältnis zwischen Zeichengestalten und einzelnen subjektiven Inhalten, was zur Folge hatte, daß alle empirischen Aussagen sowohl logisch vereinbar als auch logisch unvereinbar waren – und zwar mit jedem beliebigen Satz, in jedem beliebigen Kontext, abhängig nur vom einzelnen subjektiven Inhalt, der repräsentiert werden sollte. Denn eine unabhängige Begriffsbestimmung war nicht möglich.

Dies läßt sich auch als Unvermögen dieser drei Philosophen deuten, die Funktion der Sprache zu begreifen. Man kann es aber auch als *reductio-ad-absurdum*-Argument interpretieren, das sich gegen das hier mit empirischer Semantik Benannte stellt.

Wie Bernard Harrison [25] hervorgehoben hat, ist eine wichtige Erklärung, warum empirische Sinnestheorien immer noch einen solchen Einfluß genießen, daß die Kritiker aus gänzlich unterschiedlichen Richtungen gekommen sind (Wittgenstein, Chomsky), und eine andere, daß eine Alternative als Erklärung dafür, wie natürliche Sprachen »in Kontakt« mit einer außersprachlichen Wirklichkeit stehen, so schwierig scheint.

In raffinierteren Varianten der empirischen Semantik tauchen die alten Schwierigkeiten in neuem Gewand wieder auf – bei Quine[26] z.B. als eine Unbestimmtheit, die darin besteht, daß zwei Sprachen – aufgefaßt als »speech dispositions« – zu rivalisierenden, kohärenten und miteinander unvereinbaren Übersetzungen Anlaß geben können. Die prinzipielle Unmöglichkeit, eine Deutung oder Übersetzung für Quines »stimulus meaning« anzugeben, die alle anderen ausschließt, ist eine Folge desselben grundlegenden Sachverhalts, der die schwebende Referenz der Wörter verursacht, wenn wir uns vorstellen, sie seien auf einen einzelnen subjektiven Inhalt bezogen.

Wenn nicht Ideenassoziationen zu subjektiven Inhalten die Verbindungsglieder zwischen Sprache und Außenwelt darstellen, liegt der Vorschlag nahe, diese Verbindung ganz einfach darin zu sehen, daß einige empirische Sätze wahr, andere nicht wahr sind. Darin, daß etwas sie unterscheidet, besteht die Verbindung der Sprache mit der Welt.

Ein solcher Standpunkt scheint sich in Wittgensteins Worten des »Tractatus logico-philosophicus« widerzuspiegeln[27]:

> »Jeder Satz muß schon einen Sinn haben; die Bejahung kann ihn ihm nicht geben, denn sie bejaht ja gerade den Sinn. Und dasselbe gilt von der Verneinung etc.«

Nehmen wir an, wir hätten zwei Pläne von einem Abschnitt der Stockholmer U-Bahn: der eine ist korrekt und gruppiert daher folgende Stationen in folgender Ordnung von Norden nach Süden:

*T-Centralen – Gamla Stan – Slussen – Mariatorget.*

Der andere Plan ist fehlerhaft, er gruppiert die Stationen folgendermaßen:

*T-Centralen – Slussen – Gamla Stan – Mariatorget.*

Beide Pläne bilden ab. Logisch ist es möglich, daß es eine U-Bahn im Universum gibt, die auch mit dem zweiten Plan korrespondiert. Und analog dazu: auch falsche Sätze sind sinnvoll.

Worin besteht die »Verbindung mit der Außenwelt«?
Darin, daß eine *Operation*, die sich als »Übertragung entsprechender Strukturen des Plans« vom Papier auf die U-Bahn beschreiben läßt, im einen Fall *möglich*, im zweiten Fall *nicht möglich* ist.[28]
Und dieser Unterschied zwischen den beiden Abbildungen scheint nicht mit den subjektiven psychischen Inhalten, die ich mit ihnen verknüpfe, in Zusammenhang zu stehen.
Ich kann selbstverständlich eine derart verschwommene Erinnerung an Stockholm haben (das ich, nehmen wir an, seit meinem siebten Lebensjahr nicht mehr besucht habe) oder (wegen hochgradiger Betrunkenheit z. B.) ein derart undeutliches Bild von verschiedenen Stationen haben, daß die subjektiven Inhalte, die ich während der Reise erlebe, ebenso präzise mit der einen wie mit der anderen Karte korrespondieren. Wenn ich mich an den fehlerhaften Plan halte, wird mein Fehler früher oder später als *Inkohärenz* doch zutage treten, als ein System von Störungen, das sich, wenn ich darauf beharre, nicht nur auf alle weiteren Teile meines »Weltbildes« ausbreiten wird, sondern auch auf *das, was mir tatsächlich zustößt*.
Das Kriterium dafür, ob der U-Bahnplan als Abbildung korrekt ist, ist in gewissem Sinne, ob ich auf der Fahrt von Gamla Stan nach Süden tatsächlich *zur Station Slussen* komme.
Zwei möglichen Mißverständnissen muß aber vorgebeugt werden.
Eines ist, daß dieses »nach Slussen kommen« als subjektiver Erlebnisinhalt gedeutet werden *kann* (ich sehe, höre, erkenne Gerüche spezifischer Erscheinungen). Aber es muß eine transfinite Menge Wahrnehmungsqualitäten dieser Art existieren, die alle mit »nach Slussen gekommen sein« vereinbar sind (auch ein Blinder, der nach Slussen kommt, kommt tatsächlich nach Slussen). Eher besteht dieses »nach Slussen gekommen sein« in einem Zusammenhang.
Wenn ich nach Slussen gekommen bin, kann ich umsteigen nach Medborgarplatsen; *diese Operation ist nicht möglich* von Mariatorget aus.
Das andere mögliche Mißverständnis wäre, die Phrase »er kommt nach Slussen« als etwas *Pragmatisches* zu interpretie-

ren, als etwas, das mit Erfolg, Wert fürs Leben und praktischer Anwendbarkeit zusammenhängt.
M soll eine Menge von Kreisen sein und N eine Menge von Dreiecken, wobei die Kreise in M und die Dreiecke in N in der Größe variieren, aber für jedes einzelne Element metrisch bestimmt sind. M und N sollen gleich groß sein (dieselbe Kardinalzahl haben). F soll eine Funktion sein, die vorschreibt, daß M eins zu eins auf N abgebildet werden soll, in der Weise, daß größtmögliche Dreiecke in jeden Kreis eingeschrieben werden sollen.
Entweder dies gelingt oder auch nicht.
Es hängt nicht im mindesten mit »Anwendbarkeit«, »Nutzen« oder »Wert fürs Leben« zusammen, ob es gelingt oder nicht. Ob es gelingt oder nicht, ist etwas, das *unmittelbar hervorgeht* und keiner weiteren Analyse bedarf.
Unser Vorschlag ist also, daß sprachliche Bedeutung in einer interessanten Hinsicht dazu analog ist, und daß die allgemeine »Verbindung« der Sprache »mit der außersprachlichen Wirklichkeit« nicht in einer Verbindung zwischen Wortgestalten und Satzgestalten auf der einen Seite besteht und einem »unmittelbaren Erlebnis« auf der anderen (alles, was eine Form besitzt, ist ein Bild), sondern darin, daß gewisse empirische Sätze wahr sind, d.h. in dem beschriebenen Sinne erfolgreich.
Es ist logisch möglich, daß ich – um die begonnene Metapher fortzuführen – mit Hilfe eines U-Bahnplans von Stockholm »nach Slussen komme«, aber auf dem falschen Plan »nach Slussen komme«, in einer anderen Galaxis des Universums. (Ich kann mir in der verwegenen Manier wildester Science-fiction-Romane vorstellen nach Slussen zu kommen, aber dem Slussen in einem Paralleluniversum.)
Werde ich in dem Fall meinen Irrtum entdecken?
Die Forderung nach der Existenz einer generellen Methode für solche Entscheidung ist unserer Auffassung nach eine Forderung an die Eigenschaft »Wahrheit«, die unsinnig ist. Die Monaden haben, wie Leibniz sagt, »keine Fenster«.[29]
Im Abschnitt über Fritz Mauthner (4.5) haben wir *»Fries' Trilemma«* behandelt, d.h. den Standpunkt, daß wir den naturwissenschaftlichen Sätzen eine sie *bestätigende empirische Basis* zuerkennen müssen, wenn wir sie nicht dogmatisch akzeptieren wollen. Wenn wir aber behaupten wollen, daß

Bestätigen eine logische Relation ist, können wir nur akzeptieren, daß das, was Aussagen bestätigt, ebenfalls Aussagen sind. Die Alternative wäre *Psychologismus*.

Da wir den Psychologismus gerade zurückgewiesen haben, geraten wir zu der Alternative, die von Fries' Trilemma übrigbleibt: die Forderung nach empirischen Grundlagen für die Aussagen führt zu einer infiniten Regression. Wahrscheinlich muß man einen solchen Standpunkt hinnehmen, wenn man die empirischen Formen der Semantik zurückweist.

Etwas Sensationelles an diesem Standpunkt zu sehen, dürfte schwerfallen: wir besitzen keine Kenntnis über die gesamte Wirklichkeit, jedes »Weltbild« in der Bedeutung logisch kohärenter Systeme von Aussagen muß Gegenstand einer Revision werden können. Diese Form von Bereitschaft zur Loslösung scheint weniger abenteuerlich und weniger beunruhigend als die Vorstellung, daß die Sprache durch schwebende Referenz systematisch irreführend ist.

Zuletzt noch ein Vorbehalt: wir haben zwar angedeutet, *daß* eine Bildtheorie des sprachlichen Sinns möglich ist, wenn sie von dem befreit ist, was wir »die empirische Semantik« genannt haben. Damit haben wir aber nicht gezeigt, *wie* sie aussehen könnte. Alles was eine Form hat, kann zu einem Bild verwendet werden, aber anzugeben, *wie* die Formen sprachlicher Gestalten zu Bildern werden, ist eine umfangreiche und komplizierte Aufgabe.

Ansätze dazu existieren in verschiedener Richtung: in der generativen Grammatik, in der modernen Modelltheorie; die allgemeine mathematische Linguistik weist mögliche gangbare Wege.

Wie Karl Popper gesagt hat[30], gibt es in der Philosophie keine spezifisch philosophische Methode.

## 1 Die allgemeine Gedankenwelt

1 Andersen 1835.
2 Almquist 1839. Deutsche Ausgabe 1912, S. 393, leicht verändert.
3 *Edition Schlechta,* II, S. 916.
4 Ibsen 1882, Akt. V.
5 Charles Maurras, in: *Gazette de France,* 6. Sept. 1898.
6 *Edition Schlechta,* III, S. 309–322.
7 Vgl. Anmerkung 4.
8 Vaihinger 1911.
9 Printz-Påhlson 1964 und 1965
10 Ahlström 1974, S. 63.
11 Björnson 1887.
12 *Beiträge,* I, S. 34–35.
13 Dazu besonders Kapitel 3.7.
14 Lange 1866.
15 Vaihinger 1911.
16 Kneale 1962, S. 21–22.
17 Quine 1960, S. 130.
18 Bacon 1857, Novum Organum, Liber Primus, Paragr. 60.
19 Russell 1905.
20 Bacon 1857, Novum Organum, Liber Primus, Paragr. 60.
21 *Ders.*
22 Schlick 1938.
23 Harrison 1972, S. 7 ff.
24 Sartre 1971, 1, *Naissance d' un cadet,* S. 161. Deutsche Ausgabe 1977, 1, *Die Geburt eines jüngeren Bruders,* S. 162.

## 2 Friedrich Nietzsche – Die klugen Tiere

1 *Edition Schlechta,* III, S. 309.
2 Danto 1968.
3 Deleuze 1962. Vgl. auch Heller 1969, Wurzer 1975.
4 Lukács 1954, *passim.*
5 Wedberg 1958–1966, III, S. S. 21.
6 Klossowski 1963, S. 9–36.
7 Eine im guten Sinne vermittelnde Stellung behaupten Granier 1966 und Kofman 1972.

8 Marc-Wogau 1964–1970, III, S. 135.
9 Carnap 1928, S. 183.
10 Klärend für diese Fragen ist eine Diskussion bei Furberg 1975.
11 *Edition Schlechta,* II, S. 1027–1032.
12 Wittgenstein 1922, Paragraphen 8 und 9. Heller geht vielleicht zu weit in der Annahme einer Ähnlichkeit, entwickelt aber interessante Vergleiche.
13 Vgl. Danto 1968, Heller 1969.
14 Vgl. Myrdal 1969.
15 Vgl. Marx 1927 ff., I, *Die Deutsche Ideologie.*
16 *Edition Schlechta,* IV, S. 495.
17 Vgl. Peirce 1958.
18 *Edition Schlechta,* II, S. 569.
19 Vgl. Halldén 1954.
20 *Edition Schlechta,* III, S. 502.
21 *Dass.*
22 *Dass.,* a.a.O.
23 *Edition Schlechta,* III, S. 495, zweiter Abschnitt.
24 *Edition Schlechta,* II, S. 740–741, Paragr. 268.
25 *Edition Schlechta,* II, S. 959, Paragr. 5.
26 *Edition Schlechta,* III, S. 534–535.
27 *Edition Schlechta,* III, S. 456, zweiter Abschnitt.
28 Vgl. Heeger 1975, S. 10.
29 Diese Tatsache hat ihrerseits eine andere Konsequenz, die das methodische Problem der Nietzscheforschung insgesamt berührt. Es ist keineswegs ungewöhnlich, beim Lesen eines philosophischen Textzusammenhangs auf Aussagen zu stoßen, die einander widersprechen. Gemäß dem Prinzip der *vorsichtigen Deutung* müssen wir vorab versuchen, die anscheinend widersprüchlichen Aussagen so zu deuten, daß sich der Gegensatz auflöst. Maßgebend für eine Interpretation dieser Art muß natürlich die Überlegung sein, welche der Aussagen *die zentrale Stellung* im Text behauptet.

Wie definieren wir »P ist zentral in T« (wobei »P« eine spezielle Aussagegestalt ist und »T« ein philosophischer Textzusammenhang, z. B. das *Corpus Platonicus*)?

Literaturwissenschaftliche Methoden wie Häufigkeitsberechnung sind offensichtlich unzulänglich.

Eine Annäherung an das Definitionsproblem könnte folgender Vorschlag bringen:

*P ist zentral in T,* dann und nur dann, wenn *T ohne P sich seltsam ausnimmt.*

Das »Seltsame« kann sich z. B. darin äußern, daß T ohne P trivial oder widersprüchlich wird.

Dieser Test (der natürlich nur einer von mehreren möglichen ist) scheint ziemlich wenig erfolgversprechend bei einem Phi-

losophen, der – so wie Nietzsche – behauptet, daß die Falschheit oder Wahrheit eines Satzes nicht gegen den Satz selbst angeführt werden kann.
Woher wissen wir dann z. B., daß der sprachskeptische Gedankengang Nietzsches, den wir andeutungsweise dargestellt haben, in seiner Philosophie eine zentrale Stellung einnimmt und nicht nur einer von vielen *peripheren Einfällen* ist?
Können wir unsere Ansicht, daß er von zentraler Bedeutung ist, dadurch stützen, daß wir zu den gegebenen Zitaten andere hinzufügen? Eine solche detaillierte Zusammenstellung finden wir bei Garnier 1966; die Bedeutung der Perspektivemetapher ist bei Kofman 1972 aufgezeichnet.
Bis zu einem gewissen Punkt: aber in einem Textzusammenhang von einem gewissen Umfang und einer gewissen Heterogenität wird die Auswahl selbst stets durch eine Interpretationshypothese suggeriert. Eine ehrlichere Methode scheint uns zu sein, ganz einfach danach zu fragen, ob die Interpretationshypothese *dem Textzusammenhang gerecht wird.*
»Gerecht werden« bedeutet folgendes:
»T« soll ein Textzusammenhang sein, »H(1)« und »H(2)« sollen zwei in ihrer Aussage nicht miteinander übereinstimmende Hypothesen sein. Es gilt dann:
H(1) wird T dann und nur dann *gerechter* als H(2), wenn H(1) in sich *mehr Momente von T integriert* als H(2).
In welchem Ausmaß unsere eigene Nietzsche-Interpretation mehr Momente integriert als andere mögliche Deutungen, müssen wir letzten Endes dem wohlwollenden Leser anheimstellen.

30 Vgl. Kapitel 1.1.
31 Vgl. Kapitel 5.
32 Guillén 1971, S. 283–371 und Kofman 1972.
33 *Edition Schlechta,* II, S. 566.
34 Guillén, a.a.O.
35 *Erste Abhandlung, Edition Schlechta,* II, S. 771–798.
36 *Edition Schlechta,* III, S. 537–538.
37 Das Gedicht *Kväll-morgon* (Abend-Morgen) in: Tranströmer 1954.
38 Die Waxholmgesellschaft unterhält den Fährbetrieb in den Schären vor Stockholm, das Bootspersonal steht in dem Ruf, reichlich dem Alkohol zuzusprechen. (Anm. d. Ü.)
39 Höllerer 1969, S. 206–210.
40 Gilbert & Cohn 1956, S. 142–143.
41 *Edition Schlechta,* III, S. 487, zweiter Abschnitt.
42 *Dass.,* a.a.O.
43 *Dass.,* a.a.O.
44 *Dass.,* S. 487-488.

45 *Edition Schlechta,* III, S.483, dritter Abschnitt.
46 *Edition Schlechta,* III, S.486, dritter Abschnitt.
47 *Edition Schlechta,* II, S.939 ff.
48 *Dass.,* S.957–961.
49 *Dass.,* S.963.
50 *Dass.,* a.a.O.
51 *Edition Schlechta,* II, S.957–961.
52 *Dass.,* S.958.
53 *Edition Schlechta,* III, S.488, zweiter Abschnitt.
54 *Dass.,* S.541, zweiter Abschnitt.
55 *Edition Schlechta,* II, S.565–566.
56 Vgl. Anm. 26.
57 *Edition Schlechta,* I, S.461–462.
58 *Edition Schlechta,* II, S.583–584, Paragr. 20.
59 *Edition Schlechta,* II, S.960, Paragr. 5.
60 Danto 1968.
61 *Ders.,* S.96.
62 Peirce 1958, S.113 ff.
63 Vgl. Layzer 1975 und Kapitel 5, Anm. 32.
64 Descartes 1641.

## 3 Alexander Bryan Johnson – Die Sprache schafft Scheinprobleme

1 *Todd & Blackwood,* S.3–15.
2 *Toodd & Blackwood.*
3 Eine interessante Ausnahme bildet Church 1947.
4 *Todd & Blackwood,* S.XV–XXXIX.
5 *Dies.,* S.16–21.
6 *Dies.,* S.125–141.
7 Johnson 1972.
8 Vgl. Nordhoff 1875 und Noyes 1870.
9 Zitiert nach Todd, in: *Todd & Blackwood,* S.XXII.
10 *Todd & Blackwood,* S.125 ff.
11 *Todd & Blackwood,* S.XI–XIV.
12 Vgl. Anm. 3 und *Todd & Blackwood,* S.49–66.
13 *Utica Morning Herald* vermerkt in seinem Nachruf vom 12. August 1867 wohl irrtümlich »dreiundsiebzigjährig«.
14 *Dass.,* a.a.O.
15 Vgl. Noyes 1870.
16 *Todd & Blackwood,* S.179.
17 *The Western Monthly Review,* VII (März) 1829, S.577.
18 *Rynin* 1959.
Als Rynin 1947 die erste wissenschaftliche Ausgabe von »A Treatise on Language« besorgte, nahm er im Text von 1836 alle

Varianten und abweichenden Lesearten von 1828 mit auf. Außerdem vervollständigte er den Text übersichtlich mit wichtigen Abschnitten aus Johnsons zweitem Buch über das Verhältnis von Sprache und Wirklichkeit, »The Meaning of Words: analysed into Words and Unverbal Things, and Unverbal Things Classified into Intellections, Sensations and Emotions« (1854, mit einer außerordentlich seltenen zweiten Auflage von 1862).

Zwischen 1836 und 1854 hat Johnson außer einer Unzahl politischer und moralischer Pamphlete, die sich mit Themen von der Alkoholfrage bis hin zu den Gefahren allzu strammer Schnürmieder befassen, auch eine moralphilosophische Abhandlung verfaßt: »Religion in Its Relation to the Present Life. In a Series of Lectures, Delivered before the Young Mens's Association of Utica« (1841, zweite Auflage 1862), und »The Philosophical Emperor« (1841). Bei dem erstgenannten Werk handelt es sich um einen Leitfaden für die Moral mit nur unbedeutenden Spuren einer metyphysischen Argumentation. Das Werk ist nur begrenzt von philosophischem Interesse, spiegelt aber Johnsons allgemeine Ansicht von der Sprache und deren suggestiven Fähigkeit wider, indem das Werk seinen Glauben an die Fähigkeit der Riten und der verbalen Ausdrucksgestalten, moralische Gefühle zu wecken, zeigt. Das zuletzt genannte Werk, »The Philosophical Emperor«, ist eine politische Satire zu den Nachwirkungen der Präsidentschaftswahl von 1840, deren Spitze gegen den Präsidenten Martin van Buren gerichtet ist. Diese Schrift ist philosophisch bedeutungslos.

Philosophisch bedeutungsvoller sind hingegen zwei Werke, die Johnson gegen Ende seines Lebens verfaßt hat: »The Physiology of the Senses: or How and What We See, Hear, Taste, Feel and Smell« (1856), das einige der wichtigsten Punkte der beiden früheren Abhandlungen schärfer herausstellt und ergänzt, und »Deep Sea Soundings and Explorations of the Bottom: or The Ultimate Analysis of Human Knowledge« (1861). Trotz seines stolzen Titels ist dieses letztgenannte Werk eher ein Beweis für die nachlassende Schaffenskraft Johnsons. In Wiederholungen, die an Monotonie grenzen, kommt hier Johnson vor allem auf seine Idee von der logischen Unabhängigkeit der verschiedenen Sinnesrichtungen zu sprechen. David Rynin (Rynin 1959, S. 2) hat es »Johnsons metaphysischstes Buch« genannt. »The Encyclopedia of Instruction: or Apologues and Breviats on Man and Manners« aus dem Jahre 1857 ist eher ein Versuch, einige seiner Sprachtheorien, sowohl für die Söhne im College wie für das allgemeine Publikum in eine verständliche Sprache zu übertragen, wie es Charles L. Todd (Todd & Blackwood, S. XXIII)

formuliert hat. Sein predigender Stil und sein etwas verworrener Versuch, die Sprachtheorien auf Themen wie »The Effects of Language on the Speaker and Hearer« und »How to Obtain any Virtue You Desire« zu beziehen, nehmen eher Emile Coués psychotherapeutische Schule mit ihrer Vorstellung von der sprachlichen Macht der Autosuggestion vorweg.
Schließlich bleibt noch anzuführen, daß Johnson in den Jahren 1849 bis 1852 in der großen literarischen Modezeitschrift jener Zeit, »The Knickerbocker Magazine« in New York, eine Reihe Novellen und Essays veröffentlicht hat. Schon bei ihrem Erscheinen haben sie, so charakterisiert sie ein Fachmann wie Thomas F.O.Donnel (Todd & Blackwood, S.209–220), einer bereits vergangenen literarischen Epoche angehört.

19 Vgl.Anm.17.
20 *Todd & Blackwood,* S.20.
21 *Utica Morning Herald,* (anonymer) Nachruf auf Alexander Bryan Johnson, 12.Aug.1867.
22 Zitiert nach *Todd & Blackwood,* S.XXXVII.
23 *Port-Royal-Logik,* Premier discours, Chapitre IV (a). Vgl.auch Foucault 1966, Kapitel III.
24 Vgl.Kapitel 2.
25 Piaget 1968.
26 *Treatise,* S.49.
27 *Dass.,* a.a.O.
28 *Dass.,* S.77.
29 *Todd & Blackwood,* S.49–66.
30 Rynin 1959, *Introduction*.
31 z.B. Simmons 1963, S.29.
32 *Treatise* X, 2, S.145–146. Vgl.auch X, 1–18, S.145–155.
33 Grüsser 1977, S.20–27.
34 Land, E.H.& McCann 1971, *passim.* Vgl.auch Ehrenswärd 1977, S.190 bis 191.
35 Land, E.H.1959.
36 *Treatise,* S.54.
37 *Todd & Blackwood,* S.55.
38 *Treatise,* S.114.
39 *Dass.,* a.a.O.
40 *Meaning,* S.19.
41 Rynin 1959, *Introduction*..
42 *Todd & Blackwood,* S.62.
43 *Treatise,* XXIV, 6, S.278–281.
44 *Treatise,* X, 16, S.153–154.
45 Leibniz 1969, Paragr. 19–25.
46 *Meaning,* S.20.
47 *Treatise,* S.163.
48 *Treatise,* S.162. Vgl.auch: *Dass.,* II, 6, S.48.

49 Berkeley 1709, S.49.
50 *Ders.*, a.a.O.
51 *Treatise,* S.218.
52 Condillac 1854.
53 Reid 1941, S.151.
54 *Treatise,* III, 11, S.69–70 (Textvariante von Johnson 1828).
55 Descartes 1641.
56 *Treatise* II, 6, S.48. Lohnend ist hier der Vergleich mit Nietzsches »Empfindungsgruppen«: »Begriffe aber sind mehr oder weniger bestimmte Bildzeichen für oft wiederkehrende und zusammenkommende Empfindungen, für *Empfindungsgruppen.« Edition Schlechta,* II, S.740–741, (268) (Meine Hervorhebung.)
57 Russell 1946, S.58.
58 Vgl. Kapitel 6.
59 Quine 1953.
60 *Treatise* X, 11, S.149.
61 *Treatise* XII, 2. S.166.
62 *Treatise* XII, 5, S.168.
63 *Treatise* XII, 3, S.167.
64 *Treatise* XII, 15, S.172.
65 *Treatise* X, 12, S.150.
66 *Treatise* X, 1, S.145.
67 *Treatise* I, 14, S.40.
68 *Treatise* IV, 16, S.78.
69 *Treatise* XIV (Kapitelüberschrift), S.193.
70 *Treatise* XII, 10, S.170.
71 *Treatise* XII, 8, S.170.
72 *Treatise* XII, 25, S.178.
73 *Treatise* XIII, 25, S.191–192.
74 *Treatise* XIV, 1–3, S.194–195.
75 *Treatise* XIV, 2, S.195.
76 *Treatise* XIV, 3. S.195.
77 *Treatise* XV, 9, S.202.
78 *Meaning,* S.189.
79 Rynin 1959, *Introduction,* S.22–23.
80 *Meaning,* S.191.
81 Ayer 1936.
82 Wittgenstein 1953, S.288.
83 *Meaning,* S.195.
84 *Treatise* XI, 10, S.162.
85 *Treatise* XI, 11, S.162. Vgl.Thomas Reids Problem, Anm.56.
86 *Todd & Blackwood,* S.54.
87 *Treatise* V, 37–47, S.93–94.
88 *Todd & Blackwood,* S.54.
89 *Treatise* XII, *passim.*

90 *Meaning,* S.74 ff.
91 *Dass.,* S.75.
92 *Meaning,* S.109.
93 *Dass.,* a.a.O.
94 *Meaning,* S.57.
95 *Meaning,* S.79.
96 *Meaning* (Paragr. 1), S.155.
97 Piaget 1968.
98 *Meaning,* S.60.
99 Russell 1956.
100 *Meaning,* S.170 ff.
101 *Meaning,* S.173.
102 *Dass.,* a.a.O.
103 Vgl. Toulmin 1953, 2.5.
104 *Meaning,* S.193.
105 *Meaning,* S.212.
106 *Meaning,* S. 233.
107 Schlick 1938.
108 *Ders.,* S.158.
109 *Ders.,* S.158.
110 *Ders.,* S.192.

## 4 Fritz Mauthner – Die Sprache als soziales Spiel

1 Wittgenstein 1922, Paragr. 4.0031.
2 *Ders.,* Paragr. 6.54.
3 *Beiträge.*
4 *Beiträge,* I, S.2.
5 Vgl. Weiler 1970, S.296.
6 Wittgenstein 1953, Paragr. 282.
7 *Beiträge,* I, S.171.
8 Wittgenstein 1953, Paragr. 21.
9 *Beiträge, passim.*
10 Wittgenstein 1953, Paragr. 293.
11 *Beiträge,* I, S.34.
12 Weiler 1970, *passim.* Kühn 1975, *passim.*
13 Eisen 1929, Vgl. auch Eisen 1924.
14 Weiler 1970.
15 Landauer 1903.
16 Was wir für charakteristisch für z.B. das »Zeitalter der Aufklärung« halten, ist ganz verschieden, je nachdem, ob wir qualitative Kriterien, quantitative oder »Einflußkriterien« zur Anwendung bringen. Ein Philosoph wie z.B. Condorcet ist typisch, atypisch oder idealtypisch, je nachdem, was wir betrachten:

seine Massenwirkung (die Mehrzahl der Europäer hat ein mittelalterliches Weltbild zur Zeit der Aufklärung), seine Bedeutung für die Denker der Aufklärung oder seinen Platz im Zusammenhang der Philosophie der Aufklärung.

17 Kühn 1975, S. 127 ff.

18 *Ders.*, a.a.O.

19 *Ders.*, S. 200.

20 *Ders.*, S. 201.

21 *Beiträge,* I, S. 32–34.

22 Vgl. Linde 1965, S. 30–35.

23 Mauthner 1918, S. 207.

24 Kühn 1975, S. 211–213.

25 *Wörterbuch.*

26 *Atheismus.*

27 *Beiträge,* I, S. 251.

28 Vgl. A. D. Woozley's *Introduction* till Locke, 1964, S. 24–35.

29 *Beiträge,* I, S. 248.

30 *Dass.*, S. 219.

31 *Dass.*, S. 220.

32 *Dass.*, *passim.*

33 *Dass.*, S. 185.

34 Weiler 1970, S. 178–179.

35 Vgl. Anm. 28.

36 Edie-Scanlan-Zeldin 1965, III, S. 457–463.

37 *Dass.*, S. 459.

38 *Beiträge,* I, S. 412, III, S. 266–270, besonders III, S. 267.

39 Locke 1964, S. 260.

40 *Beiträge* I, S. 188.

41 *Dass.*, S. 195–198.

42 *Dass.*, S. 196.

43 *Dass.*, S. 197.

44 *Dass.*, S. 212.

45 *Dass.*, a.a.O.

46 *Dass.*, S. 188.

47 z. B. Wittgenstein 1953, Paragr. 275.

47a Kaila 1930, *passim.*

48 Edie-Scanlan-Zeldin 1965, III, S. 459.

49 Weiler 1970, S. 94.

50 de Saussure 1916.

51 Vgl. Weiler 1970, S. 94.

52 *Beiträge,* I, S. 24.

53 *Beiträge,* III, S. 289.

54 *Beiträge,* I, S. 59.

55 *Dass.*, S. 2.

56 *Dass.*, S. 35, und S. 320–374.

57 In den *Beiträgen,* III, S. 583 zitiert Mauthner aus dem Paragr. 20

von Nietzsches »Jenseits von Gut und Böse«: »Es ist gar nicht zu vermeiden, daß, dank der gemeinsamen Philosophie der Grammatik – ich meine dank der unbewußten Herrschaft und Führung durch gleiche grammatische Funktionen – von vorne herein alles für eine gleichartige Entwicklung und Reihenfolge der philosophischen Systeme vorbereitet liegt: ebenso wie zu gewissen anderen Möglichkeiten der Weltausdeutung der Weg wie abgesperrt erscheint.« *Edition Schlechta,* III, Paragr. 20, S. 584. (Mauthner verlegt irrtümlich diese Textstelle in Paragr. 21.)

58 z.B. *Beiträge,* I, S. 336–337.

59 *Dass.,* S. 347 ff.

60 *Dass.,* S. 341.

61 *Dass.,* a.a.O.

62 *Dass.,* S. 351.

63 *Dass.,* S. 348.

64 *Dass.,* S. 374–375.

65 Es gibt keine »Fakten an sich«. Vgl. Kapitel 2 und Anm. 44 und 45 zum Kapitel 2.

66 *Beiträge,* I, S. 351.

67 Vgl. Phalén 1913, Marc-Wogau 1945.

68 Vgl. Mac Leod 1970.

69 Broad 1925.

70 *Beiträge,* I, S. 34–35.

71 Vgl. Weiler 1970.

72 Mac Leod 1970, S. 535.

73 Weiler 1970, S. 130.

74 *Wörterbuch,* III, S. 317.

75 Vgl. Weiler 1970, S. 130.

76 Quine 1953, S. 1–19, Quine 1960.

77 Weiler 1970, S. 180.

78 *Beiträge,* III, S. 231.

79 *Beiträge,* I, S. 187.

80 Weiler 1970, S. 168.

81 *Dass.,* S. 130.

82 Andersson & Furberg 1966, S. 93–105, verwenden treffend den Ausdruck »Quasiausdehnung« (»kvasiutsträckning«) für diesen Typ von stipulativer Erweiterung der Extension eines Begriffs mit Hilfe von »Anpassungswörtern« (»anpassarord«) oder »Modifikatoren«: »eine Art von« – »ähnlich« etc. Sie spielen selbstverständlich eine Rolle bei den Überredungsdefinitionen. (Bsp.: »Alle Polizisten sind eine Art Faschisten.«) Gleichzeitig muß man selbstverständlich Verwendung für diese sprachlichen Operationen finden, bei denen sie nicht irreführend sind, außerhalb von Überredungstricks. (»Das Isotop Schweres Wasser ist eine Art Wasser.«)

Fesselnd wäre die Aufgabe, eine modelltheoretische Einschränkung zu finden, die den legitimen und illegitimen Gebrauch von Modifikatoren unterschiede. Ist eine solche, selbsttätig wirkende Einschränkung möglich?

83 *Beiträge,* I, S.636.
84 *Dass.,* S.637.
85 *Dass.,* S.638.
86 Weiler 1970, S.216.
87 *Beiträge,* I, S.640, II, S.152, III, S.176.
88 *Beiträge,* I, S.640.
89 Popper 1959, S.93–95, S.104–105.
90 Fries 1828–1831.
91 Popper 1959, S.93–94.
92 *Ders.,* S.94.
93 *Ders.,* S.105, Anmerkung.
94 *Ders.,* S.106.
95 *Beiträge,* I, S.1 ff.
96 *Beiträge,* I, S.3.
97 Vgl. Quine 1949.
98 Vgl. Carnap 1928.

## 5 Zu einer allgemeinen Schwierigkeit aristoletischer Wahrheitstheorien

1 Aristoteles, *De Interpretatione,* 1 b 26.
2 *Dass.,* 1, b 33.
3 *Dass.,* 16 a 9, 17 a 23.
4 *Dass.,* 17 a 23.
5 Tarski 1949, S.16, S.49.
6 *De Interpretatione,* 16 a 9.
7 *Dass.,* 16 a 3.
8 *Dass.,* 16 a 9.
9 Kneale, W. & M. 1962, S.54.
10 Aristoteles, *Metaphysik, Theta* 7–8.
11 *Dass., Gamma* VII 10–11 b 26–27.
12 Vgl. Skolimowski 1967.
13 Twardowski 1900.
14 Twardowski 1900, zit. nach Skolimowski 1967, S.42.
15 Katorbiński 1929.
16 *Ders.,* a.a.O.
17 Tarski 1956 (1936).
18 Tarski 1949 (1944).
19 Tarski 1956 (1936).
20 *Ders.,* a.a.O.
21 *Ders.,* S.404.

22 Stegmüller 1957 verzeichnet fünfzehn verschiedene Einwände, die zentralen werden eingehend bei Tarski 1956 beantwortet.
23 Tarski 1956, S. 194.
24 Field 1972.
25 Tarski 1949, S. 65, vgl. auch S. 55.
26 Stegmüller 1957.
27 Tarski 1956 (1936).
28 Naess 1938.
29 Field 1972.
30 *Metaphysik, Theta* X 1051 b.
31 Sören Stenlund formuliert 1972 im wesentlichen denselben Gedankengang in folgender Weise: Wenn wir eine Semantik haben, die so beschaffen ist, daß der Sinn des Satzes »Der Term t denotiert das Objekt a« von drei unterschiedlichen Dingen bestimmt wird, nämlich von dem Sinn von t als Term, dem Sinn von der Denotationsrelation und dem Sinn von dem Ausdruck a, geraten wir in eine infinite Regression. Denn der Sinn des Ausdrucks »a« ist auch ein Term, der der Sprache angehört, folglich müssen wir, um den zitierten Satz zu verstehen, eine Aussage der Form »der Ausdruck a denotiert das Objekt b« kennen, wobei b ein anderer Ausdruck ist, der das Objekt a denotiert. Aber dann muß diese Tatsache ihrerseits bekannt sein, und wir geraten in eine infinite Regression.
Sein Interesse für eine Semantik des Sprachspieltyps leitet Stenlunds Gedankengang jedoch in eine andere Richtung, daß nämlich die Bedeutung eines Satzes in einem gewissen Sinne identisch mit seiner Existenz sein kann. Wie dem auch sei, es besteht eine tiefere Beziehung zwischen unseren Denkansätzen in dieser Frage.
32 Der in der modalen Logik bewanderte Leser befindet sich hier auf bekanntem Boden, einem wahren Minenfeld philosophischer Schwierigkeiten. Eine Reihe nordeuropäischer Forscher, von Wright, Kanger, Hintikka und Åquist, sind von verschiedenen Ausgangspunkten das Problem angegangen, ein modallogisches System zu konstruieren, das eine sogenannte trans-world-identity zuläßt, vergleichbar mit Kripke.
Verschiedene Strategien haben sich modelltheoretisch als lohnend erwiesen, die Einführung sinnreicher Beschränkungen für das, was ein Objekt ausmachen darf, oder die Einführung einzelner Objekte eines logisch höheren Typs als die, die wir normalerweise mit einzeln meinen.
Die Perspektive, aus der wir uns für das ursprüngliche Problem interessieren, ist teilweise eine andere als die der Modelltheorie. *Wenn* wir uns nämlich den Sachverhalt, *das Schnee weiß ist,* als zusammengesetzes Objekt vorstellen:
*daß-Schnee-weiß-ist,* kann dieses Objekt anscheinend sprachlich

durch eine bestimmte Beschreibung als *das Objekt, das den Satz »Schnee ist weiß« erfüllt,* bestimmt werden (bei einer bestimmten, vorausgesetzten Zuordnung, eine Deutung, die mit Tarskis Definition unvereinbar ist, ohne mit der Konvention (T) unvereinbar zu sein).

Dann zeigt es sich, daß diese Bestimmung absolut nicht fähig ist, die *Identität* eines Objektes *festzustellen.* Und das aus Gründen, die – mindestens – isomorph mit den Gründen sind, die für die Schwierigkeiten mit einer transworld identity verantwortlich sind. Dies wird in dem Augenblick sichtbar, wenn wir zwischen der Beschreibung und dem Objekt, das sie erfüllt, unterscheiden (oder – mit der an dieser Stelle sehr effektiven logischen Terminologie des Mittelalters zu sprechen – wenn wir zwischen *necessitas signi* und *necessitas rei* in einer *suppositio confusa* unterscheiden [vgl. M. & W. Kneale 1962, S. 263]).

Wenn wir danach fragen, was den Satz »Schnee ist weiß« erfüllt, können wir natürlich nicht antworten: *Das Objekt, das den Satz »Schnee ist weiß« erfüllt.* Aber wenn wir uns vorstellen, dieses Etwas sei ein Objekt, haben wir keine Gewähr dafür, daß dieses Objekt immer aus denselben Elementen besteht.

Man kann also mit einem gewissen Recht und in einem gewissen Sinne sagen, daß sich über *einzelne* Sachverhalte nichts sagen läßt.

Das hängt mit einer allgemeinen Schwierigkeit zusammen, die Identität eines einzelnen Gegenstands zu bestimmen als den Gegenstand, der eine gewisse Eigenschaft F hat.

Der Sachverhalt gewinnt durch die folgende Darstellung an Anschaulichkeit: wir wollen uns ein lineares Universum vorstellen, das aus einer an beiden Enden beliebig verlängerbaren Kette oder einer Reihe von Elementen besteht, die eine von zwei Formen – nehmen wir an »0« und »1« – annehmen können. Wir wollen weiterhin annehmen, daß die Elemente 0 und 1 zwar zufällig aber doch statistisch normal verteilt sind, d.h. die Wahrscheinlichkeit, daß das eine oder das andere Zeichen auftaucht, ist 0,5.

Wir wollen weiterhin einen Abschnitt aus diesem Universum betrachten, eine Teilmenge mit der spezifischen Ordnung Q. In einer transfiniten Reihe ist natürlich eine transfinite Menge von Teilsequenzen enthalten, die dieselbe spezifische Ordnung Q erfüllt.

Wir wollen nun annehmen, daß ein Reisender zu Navigationszwecken den Ort einer einzelnen Reihe der Ordnung Q feststellen will. Um eine solche Reihe von allen anderen in derselben Weise geordneten Reihen zu unterscheiden, muß er deren Umgebung angeben, die »Konstellation«, zu der sie gehört. Zu diesem Zweck muß er eine längere Teilsequenz angeben, wobei

der aktuellen Teilsequenz Elemente mit einer bestimmten Ordnung vorangehen und nachfolgen.
Aber diese neue Teilsequenz – wie lang sie auch immer sein mag – wird sich in einer transfiniten Reihe als unzureichend für eine Ortsbestimmung erweisen.
Ein Reisender in dieser Welt, der eine Sequenz mit einer bestimmten Ortsbestimmung in Form von umgebenden Konstellationen wiederfindet, kann nie sicher sein, daß er dieselbe spezielle Sequenz wiedergefunden hat.
(Die Argumentation kann, wie David Layzer 1975 gezeigt hat, für ein gewisses kosmologisches Modell ein Universum angeben, das nicht mikroskopisch, sondern nur makroskopisch beschreibbar ist, d. h. nicht in Eigenschaften von Einzelheiten, sondern nur in Häufigkeiten und Verteilungen.)

33 Russell 1905, S. 109–111.
34 Field 1972, S. 5.
35 Kripke 1971.
36 Wittgenstein 1953, S. 46–58, S. 239–257.

## 6 Abstraktionen

1 *Treatise,* IV, 14, S. 77.
2 Ryle 1949, S. 16.
3 Berkeley 1710, Paragr. CIII, Lindsay 1910, S. 164–165. Deutsche Ausgabe S. 83.
4 *Treatise,* XVI, 11, S. 215.
5 Berkeley 1709.
6 *Treatise,* XVI, 11, S. 215.
7 *Dass.*, a.a.O.
8 Wir entlehnen das Beispiel der *Port-Royal-Logik,* I, 6, S. 87.
9 *Port-Royal-Logik,* I, 2, S. 73.
10 Vgl. Molino 1971, S. 5–6.
11 *Port-Royal-Logik,* I, 2, S. 74–75. Deutsche Ausgabe S. 36–37.
12 Hier wird also eine Unterscheidung getroffen, die der in der modernen Philosophie zwischen einzelnen und intensionalen Objekten entspricht. (Den *individual concepts* bei Frege und Carnap.) Vgl. Anmerkung 5.32. Die Relation zwischen Modus und Substanz, die in dem unmittelbar vorangehenden Abschnitt angegeben wird, könnte als eine *internal relation* im Sinne Moores beschrieben werden: die Bestimmung F steht in einer Relation zu a in der Weise, daß als Konsequenz, daß a nicht F ist, folgt, daß a verschieden ist von a.
13 Russell 1905.
14 Russell & Whitehead 1913, III, 1.
15 *Port-Royal-Logik,* I, 8, S. 99. Deutsche Ausgabe S. 59.

16 z.B. Hugh & Cresswell 1968, S.183–188, S.200, Anmerkung.
17 *Port-Royal-Logik,* I, 8, S.99. Deutsche Ausgabe S.59.
18 *Port-Royal-Logik,* I, 8, S.98. Deutsche Ausgabe S.57.
19 *Treatise,* XVI, 11, S.215.
20 *Todd & Blackwood,* S.49–66.
21 z.B. *Treatise,* V, 1–11.
22 *Treatise,* XXIV, 6, S.278 (Einschub von 1828).
23 Russell 1905, Feigl & Sellars 1949, S.115.
24 Molino 1971, vgl.auch Maritain 1966, S.46.
25 *Dass.,* S.6.
26 *Port-Royal-Logik,* I, 2, S.74. Deutsche Ausgabe S.36.
27 *Dass.,* I, 6, S.87. Deutsche Ausg. S.48.
28 Maritain 1966, S.36.
29 Goblot 1925, S.105 ff.
30 Wedberg 1958–1966, III, 55, S.390–391.
31 Schlick 1938.
32 Ders., S.267 f. und S.337 f. Vgl.auch Kraft 1968, S.40–43.
33 Vgl.Bloomfield 1967, Kap.9, S.139–157, bes.9,9–9,11, S.151–157.
34 *Beiträge,* I, S.35ff.
35 Die erste Stelle, an der ich diesen Gedanken in der Literatur belegen konnte, findet sich in einem Abschnitt aus »Zur Genealogie der Moral« (*Edition Schlechta,* II, S.817–823); dort diskutiert Nietzsche die Bedeutung der *Strafe* für die Entstehung der christlichen Moral: die Geschichte der Strafe bis heute zeigt, daß zu unterschiedlichen Zeiten dem Strafen ganz unterschiedliche Bedeutung beigelegt worden ist. Diese Aktivität bildet eine Ganzheit, die »ganz und gar undefinierbar« ist. »(...) definierbar ist nur das, was keine Geschichte hat.« (*Dass.,* II, 820.) Sicherlich war dieser Abschnitt für den Nietzschekenner Foucault nicht ohne Bedeutung.
36 Foucault 1961, 1966 und 1969, 1975.
37 Lepenies 1972 und 1976.
38 Foucault 1961.
39 *Ders.* 1975.
40 Lepenies 1972.
41 *Ders.* 1976.
42 Quine 1960, S.144–151.
43 Halldén 1960, *passim.*
44 Gustafsson & Myrdal 1974, S.23. Deutsche Ausgabe S.22.
45 Halldén 1969.
46 Vgl. Kapitel 1, S.26–33.
47 Russell 1905, Feigl & Sellars 1949, S.115.
48 Vgl. Marc-Wogau 1937, S.20 ff. und Marc-Wogau 1977.
49 Moore 1919.
50 Wir folgen hier der Darstellung bei Marc-Wogau 1937.

51 Foucault 1961.
52 Feyerabend 1975.

## 7 Vorarbeiten zu einer Sinntheorie

1 Hermerén 1969.
2 Wittgenstein 1922.
3 Vgl. Kapitel 3.7.
4 *Port-Royal-Logik* II, 19, S. 225. Deutsche Ausgabe S. 165.
5 Wittgenstein 1922, Paragr. 1–4.
6 Schlick 1938.
7 Russell 1912, S. 46–60.
8 Hintikka 1976, S. 111–112.
9 Wittgenstein 1922, Paragr. 1.1.
10 Hintikka 1976, S. 108–109, ders. 1973, S. 26–52, Stenius 1960.
11 Wittgenstein 1922, Paragr. 1.13.
12 *Dass.*, Paragr. 2.0211 und Paragr. 2.0212.
13 *Dass.*, Paragr. 2.0232.
14 *Dass.*, Paragr. 6.44.
15 Der Ausdruck findet sich zuerst bei Lewis 1929, danach bei Goodman 1951.
16 Farrell 1950.
17 Harrison 1973.
18 *Dass.*, S. 86.
19 *Dass.*, a. a. O.
20 *Dass.*, S. 47.
21 Sartre 1943, bes. S. 44–45.
22 Newman 1928, S. 140–144.
23 Dahlbom 1977.
24 Kant 1781, B 83–84.
25 Harrison 1972, S. 7–8.
26 Quine 1960, *Radical Translation*, S. 73–79 und *passim*.
27 Wittgenstein 1922, Paragr. 4.064.
28 *Möglich* ist hier ein problematischer Begriff. Er bedeutet nicht »praktisch ausführbar«, das wäre ein allzu schwacher Begriff, aber es wäre ebenso voreilig, ihn mit dem »möglich«, d. h. »nicht widersprüchlich« der Modallogik gleichzusetzen. Er darf natürlich nicht als eine sozial mögliche oder unmögliche Operation aufgefaßt werden, in dem Sinne, wie Mauthner oder Nietzsche sie dem Wort beilegen würden.
Am besten ist es, sich »möglich zu konstruieren« in der Bedeutung vorzustellen, wie es möglich ist, mit einem Zirkel regelmäßige Polyeder zu konstruieren, und »unmöglich zu konstruieren«, wie man die Quadratur des Kreises nicht konstruieren kann.

Sören Stenlunds Argumentation in »Remarks on some Problems of Meaning« ist in Betracht zu ziehen. Er wagt darin die Hypothese zu formulieren, daß die Existenz bestimmter Sätze identisch sei mit ihrer Bedeutung, die ihrerseits in der Möglichkeit bestünde, mit ihnen zu operieren. (Stenlund 1976)
Was möglich ist zu konstruieren odr nicht (z. B. mit dem Zirkel in der Geometrie), *ergibt sich* und kann nicht über die Operation hinaus analysiert werden. Eine Konstruktion ist möglich, wenn eine Operation existiert, die zur Konstruktion führt. Sie ist nicht möglich, wenn eine Operation dieser Art nicht existiert. Allerdings läßt sich eine solche Operation nicht immer von dem Resultat, das hier »Konstruktion« genannt wurde, unterscheiden.

29 Leibniz 1714, S. 7.

30 Popper 1959, S. 15

Ahlström, G. 1974. *Det moderna genombrottet i Nordens litteratur*, 2. veränderte Auflage, Stockholm.

Almqvist, C.J.L. 1839. *Om Poesie i sak*. Stockholm. Deutsche Ausgabe: 1912. *Über sachliche Poesie*, in: Ausgewählte Werke, Band 2, übersetzt von A. Mens, Leipzig.

Andersen, H.C. 1835. *Eventyr of Historier*. Köpenhamn. Deutsche Ausgabe: 1975. *Sämtliche Märchen*, Band 1, übers. von Thyra Dohrenburg, Darmstadt.

Andersson, J. & Furberg, M. 1966. *Språk och påverkan. Om argumentationes semantik*. Stockholm.

Aristoteles, 1894–1964. *Opera*. W.D.Ross u.a. (Hrsg.), in: Oxford Classical Texts. London u.a.

Arnauld, A. & Nicole, P. 1662. *la Logique ou l' Art de penser*. Port-Royal, 2. vermehrte Auflage 1664. Deutsche Ausgabe: Arnauld, A. 1972. *Die Logik oder die Kunst des Denkens*, übers. nach der Ausgabe von 1684 von Christos Axelos. Darmstadt. (Zitiert: *Port-Royal-Logik*.)

Bacon, Sir F. 1857. *Novum Organum*. »Works«, Ausgabe von Spedding & Ellis, 7 Bände.

Balzac, H.de, 1834, *L'Histoire des Treize*. Paris *(Scènes de la vie Parisienne*, Bände 2 u. 3: 1. *Ferragus*, 2. *La Duchesse de Langeais*, 3. *La Fille aux yeux d'or*.).

Berkeley, G. 1709. *Essay towards a New Theory of Vision*. Hier zitiert nach Lindsay, A.D. (Hrsg.), London 1910.

Berkeley, G. 1710. *A Treatise Concerning the Principles of Human Knowledge*. Hier zitiert nach Lindsay (Hrsg.), London 1910. Deutsche Ausgabe: 1954, *Eine Abhandlung über die Prinzipien der menschlichen Erkenntnis* von Alfred Klemmt (Hrsg.) nach der Übers. von Friedrich Überweg. Hamburg.

Björnson, B. 1887. *En hanske*. Kristiania.

Bloomfield, L. 1967. *Language*. London.

Borland, H.H. 1956. *Nietzsche's Influence on Swedish Literature*. Göteborg.

Brandes, G. 1889. *Friedrich Nietzsche – En Afhandling om Aristokratisk Radikalisme*, in: *Tilskueren* (Aug. 1889), S.565–613.

Broad, C.D. 1925. *The Mind and its Place in Nature*. Cambridge.

Bühlow, E. 1972. *Kommunikative Ethik*. Düsseldorf.

Carnap, R. 1928. *Der logische Aufbau der Welt*. Berlin-Schlachtensee.

Church, A. 1947. (Rezension von) *Alexander Bryan Johnson, A Treatise on Language*, in: *Journal of Symbolic Logic*, Band XII, S.96–99.

Condillac, E. 1854. *Traité des Sensations*. Paris. Zitiert nach G. Le Roy (Hrsg.), (*Œvres philosophiques de Condillac,* Paris 1947 ff.
O'Connor, D.J. 1975. *The Correspondence Theory of Truth*. London.
Dahlbom, B. 1977. *Structure, Mind and Meaning. An Essay in Naturalized Philosophy,* Göteborg. (Institut f. Philosophie. Rote Reihe.)
Danto, A.C. 1968. *Nietzsche as Philosopher,* New York.
Deleuze, G. 1962. *Nietzsche et la Philosophie*. Paris.
Descartes, R. 1641. *Meditationes de Prima Philosophia*.
Dionysios Areopagita. 1857. *Über die himmlische Hierarchie,* J.P. Migne (Hrsg.), *Patrologia Graeca,* Bde. III–IV.
Edie, J., Scanlan, J.P. & Zeldin, M. (Hrsg.) 1965. *Russian Philosophy,* 3 Bände, New York.
Ehrensvärd, G. 1977. *Tvärsnitt genom tillvaron – hållpunkter och synpunkter*. Stockholm.
Eisen, W. 1924. *Fritz Mauthner,* in: *Kantstudien,* Band 29, 1924, S. 321–324.
Eisen, W. 1929. *Fritz Mauthners Kritik der Sprache. Eine Darstellung und Beurteilung vom Standpunkt eines kritischen Positivismus*. Diss. Wien und Leipzig.
Eschenbacher, W. 1977. *Fritz Mauthner und die deutsche Literatur um 1900. Eine Untersuchung zur Sprachkrise der Jahrhundertwende*. Frankfurt am Main.
Farrell, B.A. 1950. *Experience,* in: *Mind,* Bd. LIX (1959), S. 170–198.
Feigl, H. & Sellars, W. (Hrsg.) 1949. *Readings in Philosophical Analysis*. New York.
Feyerabend, P. 1975. *Against Method. Outline of an anarchistic theory of Knowledge*. Berkeley. Deutsche Ausgabe: 1976. *Wider den Methodenzwang*. Frankfurt.
Field, H. 1972. *Tarski's Theory of Truth,* in: *Journal of Philosophy 69,* S. 347–375.
Flint, T. 1829. (Rezension von) *Alexander Bryan Johnson, The Philosophy of Human Knowledge,* in: *The Western Monthly Review,* Band II, S. 577 (März 1829).
Foucault, M. 1961. *Histoire de la Folie a l'âge classique*. Paris. Deutsche Ausgabe: 1973. *Wahnsinn und Gesellschaft. Eine Geschichte des Wahns im Zeitalter der Vernunft*. Frankfurt.
Foucault, M. 1966. *Les Mots et les choses*. Paris. Deutsche Ausgabe: 1971. *Die Ordnung der Dinge*. Frankfurt.
Foucault, M. 1969. *L'Archéologie du Savoir*. Paris. Deutsche Ausgabe: 1973. *Archäologie des Wissens*. Frankfurt.
Foucault, M. 1975. *Surveiller et punir. Naissance de la prison*. Paris. Deutsche Ausgabe: 1976. *Überwachen und Strafen. Die Geburt des Gefängnisses*. Frankfurt.
Franzén, L.O. 1971. *Symbolism och reaktion,* in: *Danska bilder,* S. 26–29. Stockholm.

Fries, J.F. 1828–1831. *Neue oder anthropologische Kritik der Vernunft*, Berlin.
Furberg, M. 1975. *Allting en trasa? En bok om livets mening*. Lund.
Gilbert, K.E. & Kuhn, H. 1956, *A History of Esthetics*. London.
Goblot, E. 1925. *Traité de logique*. Paris.
Goodman, N. 1951. *The Structure of Appearence*. Cambridge. Mass.
Granier, J. 1966. *Le problème de la vérité dans la philosophie de Nietzsche*. Paris.
Guillén, C. 1971. *Literature as a System. Essays toward the theory of literary history*. Princeton, New Jersey.
Grüsser, O.J. 1977. *Neurobiologische Grundlagen der Zeichenerkennung*, in: Posner R. & Reinecke, H.-P. (Hrsg.), *Zeichenprozesse. Semiotische Forschung in den Einzelwissenschaften*, S.13–44. Wiesbaden.
Gustafsson, L. 1969. *A Note on the concepts of »Verbal Significance« and »Sensible Significance« in Alexander Bryan Johnson's Treatise on Language*, in: Todd, M. & Blackwood, C. (Hrsg.) *Language and Value*. New York.
Gustafsson, L. 1976. *Grammatik, Logik, Realität*, in: Höllerer, W. & Miller, N. (Hrsg.) *Sprache im technischen Zeitalter*, Band 57 (Januar-März 1976). Berlin.
Gustafsson, L. & Myrdal, J. 1974. *Den onödiga samtiden*. Stockholm (2. Auflage, 1974). Deutsche Ausgabe: 1974. *Die unnötige Gegenwart*. München.
Halldén, S. 1954. *Emotive Propositions*. Uppsala.
Halldén, S. 1960. *True Love, True Humor and True Religion* (Library of Theoria, Nr. 6). Lund/Kopenhagen.
Harrison, B. 1972. *Meaning and Structure. An Essay in the Philosophy of Language*.
Harrison, B. 1973. *Form and Content*. Oxford.
Heeger, R. 1975. *Ideologie und Macht. Eine Analyse von Antonio Gramscis Quaderni*. (Acta Universitatis Upsaliensis, Uppsala Studies in Social Ethics, Nr. 3) Uppsala.
Heller, E. 1969. *Wittgenstein, Unphilosophical Notes*, in: High, M.D. (Hrsg.) *New Essays on Religious Language*, New York.
Hermerén, G. 1969. *Reprensentation and Meaning in The Visual Arts*. Diss. Lund.
Hintikka, J. 1973. *Logic, Language-Games and Information. Kantian Themes in The Philosophy of Logic*. Oxford.
Hintikka, J. 1976. *Language–Games*, in: Hintikka, J. (Hrsg.) *Essays on Wittgenstein in Honour of G.H. von Wright*. (Acta Philosophica Fennica, Band 28, Nr. 1–3.) Amsterdam.
Hughes, E.& Cresswell, M.J. 1968. *An Introduction to Modal Logic*. London.
Höllerer, W. (Hrsg.) 1969. *Erklärbarkeit oder Nicht-Erklärbarkeit der*

*Welt als Axiom der Literatur*. (= Sprache im Technischen Zeitalter, Band 31.) Berlin.

Ibsen, H. 1882. *Vildanden*. Deutsche Ausgabe: 1958: *Die Wildente*. Aus dem Norwegischen von H. E. Gerlach. Stuttgart.

Janik, A.& Toulmin, S. 1973. *Wittgensteins Vienna*. New York.

Johnson, A. B. 1813. *An Inquiry into the Nature of Value and of Capital, and into the Operation of Government Loans, Banking Institutions and Private Credit, with an Appendix Containing an Inquiry into the Causes which regulate the Rate of Interests, and the Price of Stocks*. New York.

Johnson, A.B. 1828. *The Philosophy of Human Knowledge, or A Treatise on Language*. New York. (Textveränderungen dieser Arbeit in der Fassung von 1836 hat Rynin 1947 in seiner Ausgabe in Klammern aufgenommen.)

Johnson, A.B. 1836. *A Treatise on Language, or The Relation Which Words Bear to Things*. New York. (Neue Ausgabe: D. Rynin, Berkeley 1947, hier zitiert nach der 2. Auflage. Berkeley 1959.) (Zitiert: *Treatise*)

Johnson, A.B. 1841. *Religion and Its Relation to the Present Life*. In a Series of Lectures, Delivered before the Young Men's Association of Utica. (In der 2. Auflage mit dem Titel: *Morality and Manners*. New York 1862.)

Johnson, A.B. 1854. *The Meaning of Words, Analysed into Words and Unverbal Things Classified into Intellections, Sensations and Emotions*. New York. (2. Auflage: New York 1862.) Hier zitiert nach der Fassung von 1854, Irving J. Lee (Hrsg.), Milwaukee, Wisconsin 1948. (Zitiert: *Meaning*)

Kaila, E. 1930. *Der logistische Neupositivismus*. (Annales Universitatis Aboensis. Serie B, Band XIII) Åbo.

Kant, I. 1781. *Kritik der reinen Vernunft*. Zitiert nach Weischedel, W. (Hrsg.) Immanuel Kant: *Werke in zwölf Bänden*. Wiesbaden 1960.

Klossowski, P. 1963. *Un si funeste désir*. Paris.

Kneale, W.& Kneale, M. 1962. *The Development of Logic*. Oxford.

Kofman, S. 1972. *Nietzsche et la métaphore*. Paris.

Kotarbiński, T. 1929. *Elementy teorii poznania, logiki formalnej i metadologii nauk*. Lwów. (Englische Fassung: *Gnosiology*. Oxford 1966.)

Kraft, V. 1968. *Der Wiener Kreis. Der Ursprung des Neopositivismus*. 2. erweiterte Auflage. Wien/New York.

Kreisel, G.& Krivine, J.-L. 1970. *Eléments de logique mathématique*. Paris.

Kripke, S. 1971, in: Davidson, D. & Harmann, G. (Hrsg.) *Semantics of Natural Language*. Dordrecht.

Kühn, J. 1975. *Gescheiterte Sprachkritik. Fritz Mauthners Leben und Werk*. Berlin.

Land, E.H.& McCann, J.J. 1971. *Lightness and Retinex Theory*, in: *Journal of the Optical Society of America*, Band 59, S. 103–107.

Landauer, G. 1903. *Skepsis und Mystik*. Berlin.

Lange, F. A. 1866. *Geschichte des Materialismus und Kritik seiner Bedeutung in der Gegenwart.*

Layzer, D. 1975. *The Arrow of Time,* in: *Scientific American,* Band 233/6. (Dezember 1975) New York.

Leibnitz, G. W. 1714. *Monadologi.* (Loemker, L. E. [Hrsg.] *G. W. Leibniz, Philosophical Papers and Letters,* 2. Auflage. Dordrecht 1969.)

Lepenies, W. 1972. *Melancholie und Gesellschaft.* Frankfurt/Main.

Lepenies, W. 1976. *Das Ende der Naturgeschichte. Wandel kultureller Selbstverständlichkeiten in den Wissenschaften des 18. und 19. Jahrhunderts.* München/Wien.

Lewis, C. J. 1929. *Mind and the World Order.* Harvard.

Linde, U. 1965. *Fyra artiklar.* (BLM-biblioteket, Nr. 4) Stockholm.

Lindsay, A. D. (Hrsg.) 1910. *Berkeley. A New Theory of Vision and other Writings.* London.

Locke, J. 1689. *An Essay Concerning Human Understanding.* Hier zitiert nach Woozley, A. D. (Hrsg.) Cleveland, Ohio (1964).

Lukács, G. 1948. *Schicksalswende.* Berlin.

Lukács, G. 1954. *Die Zerstörung der Vernunft.* Berlin.

Mac Leod, A. 1960. *Beskaffenhet och innehåll av ett medvetande.* Uppsala.

Mac Leod, A. 1972. *Verklighet och negation.* Uppsala.

Marc-Wogau, K. 1937. *Zur Analyse des Kausalbegriffs,* in: Hedenius, L. Marc-Wogau, K. & Nordenson, H. (Hrsg.) *Adolf Phalén in Memoriam.* Uppsala/Stockholm, S. 16–53.

Marc-Wogau, K. 1945. *Zur Theorie der Sinnesdaten.* Uppsala.

Marc-Wogau, 1964–1970 (Hrsg.) *Filosofin genom tiderna,* 4 Bände. Stockholm.

Marc-Wogau. 1977. *Mina filosofiska fördomar,* in: Henschen-Dahlquist, A.-M. (Hrsg.) *Filosofiska Smulor,* S. I.–XX, Uppsala.

Marx, K. 1927 ff. *Marx-Engels Gesamtausgabe* (MEGA). Frankfurt/Berlin.

Marx, K. 1962 ff. *Frühe Schriften* (= Band I–II von Lieber, H. J. & Furth, P. *Karl-Marx-Ausgabe, Werke – Schriften – Briefe,* Stuttgart.)

Maritain, J. 1966. *Petite logique.* Paris.

Mauthner, F. 1901–1902. *Beiträge zu einer Kritik der Sprache,* 3 Bände. Leipzig. (Dritte, um Zusätze vermehrte Auflage, Leipzig 1923. Hier zitiert nach 1901–1902.) (Zitiert: *Beiträge.*)

Mauthner, F. 1910. *Wörterbuch der Philosophie,* 2 Bände. München/Leipzig. (2. Auflage Leipzig 1923–1924. Hier zitiert nach 1910.) (Zitiert: *Wörterbuch.*)

Mauthner, F. 1918. *Erinnerungen.* München.

Mauthner, F. 1921–1923. *Der Atheismus und seine Geschichte im Abendlande,* 4 Bände. Stuttgart/Berlin.

Molino, J. 1971. *La Connotation,* in: *Linguistique,* Band 7, fasc. 1.

Moore, G. E. 1919. *Is there Knowledge by Acquaintance?,* in: *Proceedings of The Aristotelian Society,* Band II.

Myrdal, G. 1970. *Objectivity in Social Research*. London.
Naess, A. 1938. *›Truth‹ As Conceived by Those Who Are Not Professional Philosophers*. (Schriften, herausgegeben von der Norwegischen Wissenschaftsakademie in Oslo 11, Band IV.) Oslo.
Newman, M.H.A. 1928. *Mr. Russell's ›Causal Theory of Perception‹*, in: *Mind*, Band 37, S.137–148.
Nietzsche, F. 1954 ff. *Werke*. (Schlechta, K. [Hrsg.] *Friedrich Nietzsche, Werke in drei Bänden*, München 1954–1956. Hier zitiert nach der 6. Auflage, 1969. Einzelne Titel werden im Zusammenhang des Textes aufgeführt.) (Zitiert: *Edition Schlechta*.)
Nordhoff, C. 1875. *The Communistic Societies of the United States. From Personal Visit and Observation*, New York. (Reprint New York, 1966.)
Nowell – Smith, P.H. 1954. *Ethics*. London.
Noyes, J.H. 1870. *Values in a Universe of Chance*. Philadelphia. (Reprint, New York, 1966.)
Peirce, C.S. 1958. *Values in a Universe of Chance*. (Wiener, P.P., Hrsg., New York.)
Phalén, A. 1913. *Beitrag zur Klärung des Begriffs der inneren Erfahrung*. Uppsala.
Piaget, J. 1968. *Le langage et la pensée chez l'enfant*. Neuchâtel. Deutsche Ausgabe: 1972. *Sprechen und Denken des Kindes*. Düsseldorf.
Popper, K. 1959. *The Logic of Scientific Discovery*. London. (Übersetzte und erweiterte Ausgabe: Popper, K. 1935. *Logik der Forschung*. Wien.)
Printz-Påhlson, G. 1964–1965. *Krukan och bitarna, Strindberg och 1800-talets romantradition*, in: *Bonniers Litterära Magasin*, Stockholm, Band 33 (Dezember 1964), S.740–754, Band 34 (Januar 1965), S.12–28.
Quine, W.V.O. 1949. *Truth by Convention*, in: Feigl, H. & Sellars, W. *Readings in Philosophical Analysis*. New York.
Quine, W.V.O. 1953. *Two Dogmas of Empiricism, From a Logical Point of View*. Cambridge, Mass.
Quine, W.V.O. 1960. *Word and Object*. The Massachusetts Institute of Technology.
Reid, T. 1785. *Essays on the Intellectual Powers of Man*. (Woozley, A.D. [Hrsg.], London 1941.
Russell, B. 1905. *On Denoting*, in: *Mind*, Band XIV, S.479–493.
Russell, B. 1912. *The Problems of Philosophy*. London. (Hier zitiert nach der 2. Auflage 1946.)
Russell, B. & Whitehead, A. 1913. *Principia Mathematica*. Cambridge.
Ryle, G. 1949. *The Concept of Mind*. London.
Rynin, D. (Hrsg.) 1947. *Alexander Bryan Johnson, A Treatise on Language* (Vorwort, Textkommentar und Textvarianten von Johnson 1828) Berkeley/Los Angeles. (2. Auflage 1959.)

Sartre, J.-P. 1943. *L'être et le néant*. Paris. Deutsche Ausgabe: 1962. *Das Sein und das Nichts*. Reinbek b. Hamburg.

Sartre, J.-P. 1971. *L'Idiot de la Famille Gustave Flaubert de 1821 à 1857*. Band I, I: *La Constitution*. Paris. (Deutsche Ausgabe: *Der Idiot der Familie*, Band 1, Übersetzung von Traugott König, 1977. Reinbek b. Hamburg.)

de Saussure, F. 1916. *Cours de Linguistique Générale*. Paris.

Schlechta, K. & Anders, A. 1962. *Friedrich Nietzsche. Von den verborgenen Anfängen seines Philosophierens*. Stuttgart-Bad Cannstatt.

Schlick, M. 1938. *Form and Content*, in: *Gesammelte Aufsätze 1926–1936*. Wien.

Simmons, G.F. 1963. *Introduction to Topology and Modern Analysis*. London.

Skolimowski, H. 1967. *Polish Analytical Philosophy. A Survey and a Comparison with British Analytical Philosophy*. London.

Stegmüller, W. 1957. *Das Wahrheitsproblem und die Idee der Semantik*. Wien.

Stenius, E. 1960. *Wittgenstein's Tractatus. A Critical Exposition of its Main Lines of Thought*. Oxford.

Stenlund, S. 1976. *Remarks on Some Problems of Meaning*. (Maschinenschriftl. Forschungsbericht des Philosophischen Instituts in Uppsala) Uppsala.

Stevenson, C. 1944. *Ethics and Language*. New Haven.

Strindberg, A. 1879. *Röda Rummet*. (Hrsg. Landquist, J. Band 5.) Stockholm. Deutsche Ausgabe: *Das Rote Zimmer*. Frankfurt.

Tarski, A. 1949. *The Semantic Conception of Truth*. In: Feigl & Sellars 1949. (Originalausgabe in: *Philosophy and Phenomenological Research*, Nr. 3 [März 1944], S.345 ff.).

Tarski, A. 1956. *The Concept of Truth in Formalized Languages*. In: *Logic, Semantics, Metamathematics*. London. (Polnisch: *Pojęcie prawdy w jęezykach nauk dedukacynich*. Warszawa 1933.)

Todd, Ch. & Blackwood, C. 1969. *Language and Value. Proceeedings of the Centennial Conference on the Life and Works of Alexander Bryan Johnson*. September 8–9, 1967, Utica, New York. (Zitiert: *Todd & Blackwood*.)

Todd, Ch. & Sonkin, R. 1977. *Alexander Bryan Johnson: Philosophical Banker*. Syracuse, N.Y.

Toulmin, S. 1953. *Philosphy of Science: An Introduction*. London.

Tranströmer, T. 1954. *17 dikter*. Stockholm.

Twardowski, K. 1900. *O tzw. prawdach względnych (Über die sogenannten relativen Wahrheiten.)* (Krsięga pamiątkowa Uniwersytetu Łwówskiego) Łwów. (Deutsch in: *Archiv für systematische Philosphie*. Berlin 1902.)

*Utica Morning Herald*. (Anon.) 1867. Nachruf auf Alexander Bryan Johnson. Sept. 12. Utica.

Vaihinger, H. 1911. *Die Philosophie des Als Ob*.
Wedberg, A. 1958 ff. *Filosofins historia*. 3. Band Stockholm 1958–1966. (2. erweiterte Auflage des 3. Bandes, Stockholm 1969.)
Wedberg, A. 1949. Rezension von *Treatise,* in: *Lychnos,* 1948–1949, S. 350 ff.
Weiler, G. 1958. *On Fritz Mauthner's Critique of Language*. In: *Mind,* Band LXVII, S. 80–87.
Weiler, G. 1970. *Mauthner's Critique of Language*. Cambridge.
Wittgenstein, L. 1922. *Tractatus Logico-Philosophicus*. London.
Wittgenstein, L. 1953. *Philosophische Untersuchungen*. Oxford.
Woozley, A.D. 1964 (Hrsg.) John Locke: *An Essay Concerning Human Unterstanding*. Cleveland, Ohio.
Wurzer, W.S. 1975. *Nietzsche and Spinoza*. Meisenheim.

# Neuere Literatur

**Gerhard Roth**
**die autobiographie des albert einstein**
Kurzromane. Band 5070
**Der große Horizont**
Roman. Band 2082
**Ein neuer Morgen**
Roman. Band 2107
**Winterreise**
Roman. Band 2094
**Die schönen Bilder beim Trabrennen**
Band 5400

**Philip Roth**
**Die Brust**
Roman. Band 2113

**Peter Schalmey**
**Meine Schwester und ich**
Roman. Band 2084

**Klaus Schlesinger**
**Alte Filme**
Eine Berliner Geschichte
Band 2091

**Berliner Traum**
Band 2101

**Bruno Schulz**
**Die Zimtläden und alle anderen Erzählungen**
Band 5066

**Gerold Späth**
**Die heile Hölle**
Roman. Band 5063
**Heißer Sonntag**
Band 5076
**Stimmgänge**
Roman. Band 2175
**Unschlecht**
Roman. Band 2078

**Klaus Stiller**
**H-Protokoll**
Band 2102
**Traumberufe**
Band 2096

**Hannelies Taschau**
**Landfriede**
Roman. Band 2099

**Guntrum Vesper**
**Nördlich der Liebe und südlich des Hasses**
Band 2112

**Dieter Wellershoff**
**Ein schöner Tag**
Roman. Band 2114
**Die Schattengrenze**
Roman. Band 5067
**Die Schönheit des Schimpansen**
Roman. Band 2089
**Die Sirene**
Eine Novelle
Band 5080

**Fischer Taschenbuch Verlag**

# Literaturwissenschaft

**Althochdeutsche Literatur**
Mit Proben aus dem Altniederdeutschen. Ausgewählte Texte mit Übertragungen und Anmerkungen.
Band 6455

**Antonin Artaud**
**Das Theater und sein Double**
Band 6451

**Hermann Bausinger**
**Dialekte**
Sprachbarrieren. Sondersprachen
Band 6145

**Jan Berg u.a.**
**Sozialgeschichte der deutschen Literatur von 1918 bis zur Gegenwart.** Band 6475

**Otto F. Best**
**Handbuch literarischer Fachbegriffe**
Definitionen und Beispiele
Überarbeitete und stark erweiterte Ausgabe
Band 6478

**Abenteuer – Wonnetraum aus Flucht und Ferne**
Geschichte und Deutung
Band 6453

**Karl Corino (Hrsg.)**
**Autoren im Exil**
Band 6458

**Johannes Erben**
**Deutsche Grammatik**
Ein Leitfaden
Band 6051

**Hartmann von Aue**
**Erec**
Mittelhochdeutscher Text und Übertragung
Band 6017

**Der arme Heinrich**
Mittelhochdeutscher Text und Übertragung
Band 6138

**Frederik Hetmann**
**Traumgesicht und Zauberspur**
Märchen-Wissen
Band 6456

**Kindlers Literaturgeschichte der Gegenwart**
Aktualisierte und vollständig überarbeitete Ausgabe
12 Bände in Kassette
Band 6460

**Klassiker heute**
**Zwischen Klassik und Romantik**
Herausgegeben von Hans-Christian Kirsch
Band 3024

**Klassiker heute**
**Die Zeit des Expressionismus**
Herausgegeben von Brigitte Dörlamm und Hans-Christian Kirsch
Band 3026

**Dieter Kühn**
**Luftkrieg als Abenteuer**
Kampfschrift
Band 1998

# Literaturwissenschaft

**Ernst Loewy (Hrsg.)**
**Exil**
Literarische und politische Texte aus dem deutschen Exil 1933–1945
Band 1
**Mit dem Gesicht nach Deutschland.** Bd. 6481
Band 2
**Erbärmlichkeit und Größe des Exils.** Bd. 6482
Band 3
**Perspektiven.** Bd. 6483

**Hans Mayer (Hrsg.)**
**Deutsche Literaturkritik**
Band 1
**Von Lessing bis Hegel.** Bd. 2008
Band 2
**Von Heine bis Mehring.** Bd. 2009
Band 3
**Vom Kaiserreich bis zum Ende der Weimarer Republik.** Bd. 2010
Band 4
**Vom Dritten Reich bis zur Gegenwart.** Bd. 2011

**Das Nibelungenlied 1 und 2**
Mittelhochdeutscher Text und Übertragung
2 Bände: Bd. 6038/6039

**Monika Plessner**
**Ich bin der dunklere Bruder**
Die Literatur der schwarzen Amerikaner. Von den Spirituals bis zu James Baldwin
Band 6454

**Fritz J. Raddatz**
**Revolte und Melancholie**
Essays zur Literaturtheorie
Band 6480

**Walter H. Sokel**
**Franz Kafka**
Tragik und Ironie
Band 1790

**Susan Sontag**
**Kunst und Antikunst**
**24 literarische Analysen**
Band 6484

**Bernhard Sowinski**
**Deutsche Stilistik**
Band 6147

**Walther von der Vogelweide**
**Gedichte**
Mittelhochdeutscher Text und Übertragung
Band 6052

**Wernher der Gartenaere**
**Helmbrecht**
Mittelhochdeutscher Text und Übertragung
Band 6024

**Andreas Werner (Hrsg.)**
**Fischer Almanach der Literaturkritik 1980/81.** Band 6473

**Fischer Almanach der Literaturkritik 1979.** Band 6452

**Fischer Almanach der Literaturkritik 1978/79.** Band 6450

**Fischer Taschenbuch Verlag**

## Perspektiven der Anthroposophie

**Erhard Fucke**
**Lernziel: Handeln können**
Erfahrungen u. Überlegungen zu einem erweiterten Bildungskonzept.
Band 5501

**Frans Carlgren**
**Erziehung zur Freiheit**
Die Pädagogik Rudolf Steiners.
Berichte aus der internationalen Waldorfschulbewegung
Band 5502

**Rudolf Frieling**
**Christentum und Islam**
Der Geisteskampf um das Menschenbild.
Band 5503
**Christentum und Wiederverkörperung**
Band 5516

**Rudolf Meyer**
**Die Weisheit der deutschen Volksmärchen.**
Band 5505

**Emil Bock**
**Wiederholte Erdenleben**
Die Wiederverkörperungsidee der deutschen Geistesgeschichte
Band 5506

**Karl König**
**Die ersten drei Jahre des Kindes**
Erwerb des aufrechten Ganges
Erlernen der Muttersprache
Erwachen des Denkens
Band 5507

**Johannes Hemleben**
**Das haben wir nicht gewollt**
Sinn und Tragik der Naturwissenschaft
Band 5508

## Perspektiven der Anthroposophie

**Hermann Poppelbaum**
**Mensch und Tier**
Fünf Einblicke in ihren Wesensunterschied
Band 5509

**Friedrich Husemann**
**Vom Bild und Sinn des Todes**
Geschichte, Physiologie und Psychologie
des Todesproblems
Band 5510

**Alfred Schütze**
**Das Rätsel des Bösen**
Band 5511

**Ehrenfried Pfeiffer/Erika Riese**
**Der erfreuliche Pflanzgarten**
Anleitung zur Gartenpflege
nach der biologisch-dynamischen Wirtschaftsweise
Band 5512

**Walter Abendroth**
**Rudolf Steiner und die heutige Welt**
Ein Beitrag zur Diskussion um die menschliche Zukunft
Band 5513

**Walther Bühler**
**Nordlicht, Blitz und Regenbogen**
Metamorphosen des Lichts
Band 5515

**Friedrich Hiebel**
**Goethe.**
**Die Erhöhung des Menschen**
Perspektiven einer morphologischen Lebensschau
Band 5517